中华民族现代文明
研究阐释工程重大项目

建设中华民族现代文明研究丛书

"两个结合"
基本问题研究

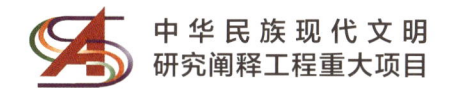

中 国 社 会 科 学 院
习近平新时代中国特色社会主义思想研究中心 ◎ 著

中国社会科学出版社

图书在版编目（CIP）数据

"两个结合"基本问题研究 / 中国社会科学院
习近平新时代中国特色社会主义思想研究中心著．
—北京：中国社会科学出版社，2024.5
（建设中华民族现代文明研究丛书）
ISBN 978-7-5227-3331-9

Ⅰ.①两… Ⅱ.①中… Ⅲ.①马克思主义—发展—研究—中国 Ⅳ.①D61

中国国家版本馆 CIP 数据核字（2024）第 055241 号

出 版 人	赵剑英
项目统筹	朱华彬 喻 苗
责任编辑	郝玉明 李 立 刘亚楠
责任校对	王佳玉
责任印制	王 超

出　　版	中国社会科学出版社
社　　址	北京鼓楼西大街甲 158 号
邮　　编	100720
网　　址	http://www.csspw.cn
发 行 部	010-84083685
门 市 部	010-84029450
经　　销	新华书店及其他书店

印刷装订	北京君升印刷有限公司
版　　次	2024 年 5 月第 1 版
印　　次	2024 年 5 月第 1 次印刷
开　　本	710 毫米×1000 毫米 1/16
印　　张	31.25
字　　数	312 千字
定　　价	82.00 元

凡购买中国社会科学出版社图书，如有质量问题请与本社营销中心联系调换
电话：010-84083683
版权所有　侵权必究

总　序

2023年6月2日，习近平总书记到中国社会科学院中国历史研究院考察，出席文化传承发展座谈会并发表重要讲话。讲话着眼于强国建设、民族复兴，立足于赓续中华文脉、建设现代文明，对文化传承发展的一系列重大理论和现实问题作了深入系统阐述，提出了一系列新思想新观点新论断，发出了担负起新的文化使命、努力建设中华民族现代文明的时代强音。这在中华文明发展史、马克思主义文化理论发展史上都具有里程碑意义，为新时代中国特色社会主义文化建设指明了前进方向、提供了根本遵循。

（一）

文化关乎国本、国运。党的十八大以来，以习近平同志为核心的党中央将文化建设摆在治国理政的突出位置，坚定文化自信、秉持开放包容、坚持守正创新，不断深化对中华文明发展规律的认识、对中国特色社会主义文化建设规律的认识，丰富和发展了马克思主义文化理论，形成了习近平文化思想。

习近平总书记在文化传承发展座谈会上的重要讲话，贯通历史、现实和未来，融通中国与世界，对中华文明的突出特性进行深刻揭示，对"两个结合"的重大意义进行深刻阐述，对建设中华民族现代文明进行战略部署，蕴含深厚的思想智慧、丰富的理论内涵和重大的方向指引。讲话标志着我们党对中国特色社会主义文化建设规律的认识达到了新高度，是马克思主义文化理论的重大创新成果，是习近平文化思想的重要内容和习近平文化思想成熟的标志。

"建设中华民族现代文明"，作为习近平文化思想的重大标识性概念和重大原创性论断，是坚持和发展中国特色社会主义的历史必然，是以中国式现代化全面推进中华民族伟大复兴的内在要求，不仅在实践层面确立了当代中国文化发展的战略目标，也必将为我们增强历史自觉、坚定文化自信、开辟中国特色社会主义广阔前景进一步增添新的优势和新的动力。

（二）

中国文化源远流长，中华文明博大精深。我国具有百万年的人类史、一万年的文化史、五千多年的文明史。中华文明是世界上唯一绵延不断并以国家形态发展至今的伟大文明，中华优秀传统文化是中华民族生生不息、长盛不衰的文化基因，也是我们在世界文化激荡中站稳脚跟的根基。习近平总书记以科学缜密的历史思维和宏阔深邃的世界眼光，从中华优秀传统文化的内在机理和重要元素中，全面系统深刻揭示出中华文明具有突出的连续性、突出的创新性、突出的统一性、突出的包容性、突出的和平性。这"五个突出特性"是对中国历史的深刻总结，科学揭示了中华文明深厚的历史底蕴，深刻阐明了中华民族的文化基因所在、精神命脉所系、价值追求所向。

中华文明的突出特性，决定了我们独特的发展道路和历史命运。习近平总书记指出："如果没有中华五千年文明，哪里有什么中国特色？如果不是中国特色，哪有我们今天这么成功的中国特色社会主义道路？"只有全面深入了解中华五千多年文明史，深刻把握中华文明的突出特性，才能真正理解中国道路的历史必然、文化内涵与独特优势，才能更有效地推动中华优秀传统文化创造性转化、创新性发展，更有力地推进中国特色社会主义文化建设，建设中华民族现代文明。

不忘本来，才能开辟未来。我们要全面客观地认识中华优秀传统文化，就要正确认识中国共产党人精神谱系与中华优秀传统文化之间的内在联系，把红色文化与中华优秀传统文化更加有机地结合起来、融合起来，在传承中华优秀传统文化中更好地赓续红色血脉。要坚持以科学态度对待传统文化，不割裂历史、不僵化保守，始终走在时代进步的最前沿。

（三）

旗帜决定方向，道路决定命运。中国特色社会主义是科学社会主义理论逻辑和中国社会发展历史逻辑的辩证统一，植根于中国大地和中华文化沃土、反映中国人民意愿、适应中国和时代发展进步要求。坚持把马克思主义基本原理同中国具体实际相结合、同中华优秀传统文化相结合，这是我们党在探索中国特色社会主义道路中得出的规律性认识，是我们取得成功的最大法宝，揭示了建设中华民族现代文明的源头活水，指明了建设中华民族现代文明的前进方向。

马克思主义是我们党推进理论创新的"魂脉"，中华优秀传统文化是我们党推进理论创新的"根脉"。习近平总书记指出："马克思主义和中华优秀传统文化来源不同，但彼此存在高度的契合性。""结合"的前提是彼此契合，相互契合才能有机结合；"结合"的结果是互相成就，造就了一个有机统一的新的文化生命体，让马克思主义成为中国的，中华优秀传统文化成为现代的，让经由"结合"而形成的新文化成为中国式现代化的文化形态；"结合"筑牢了道路根基，让中国特色社会主义道路有了更加宏阔深远的历史纵深，拓展了中国特色社会主义道路的文化根基，中国式现代化赋予中华文明以现代力量，中华文明赋予中国式现代化以深厚底蕴；"结合"打开了创新空间，让我们掌握了思想和文化主动，并有力地作用于道路、理论和制度，更重要的是，"第二个结合"是又一次的思想解放，让我们能够在更广阔的文化空间中，充分运用中华优秀传统文化的宝贵资源，探索面向未来的理论和制度创新；"结合"巩固了文化主体性，有了文化主体性，就有了文化意义上坚定的自我，文化自信就有了根本依托。创立习近平新时代中国特色社会主义思想就是这一文化主体性的最有力体现。

习近平总书记关于"两个结合"特别是"第二个结合"的重要阐述，表明我们党对中国道路、理论、制度的认识达到了新高度，表明我们党的历史自觉、文化自信达到了新高度，表明我们党在传承中华优秀传统文化中推进文化创新的自觉性达到了新高度。建设中华民族现代文明，最根本、最重要的就是坚持以习近平新时代中国特色社会主义思想为指导，沿着习近平总书记指引的方向推动文化繁荣、建设文化强国。

（四）

文化是一个国家、一个民族的灵魂。中国共产党领导人民一百多年的伟大历史，是不断探索强国复兴道路的奋斗历程，也是不断推进文化发展、文明转型的奋斗历程。党的十八大以来，以习近平同志为核心的党中央深入把握中华民族伟大复兴战略全局和世界百年未有之大变局，把文化发展列入国家"五位一体"总体布局之中，强调文化自信是更基础、更广泛、更深厚的自信，是更基本、更深沉、更持久的力量，就文化建设作出一系列新的战略部署和战略举措，引领中国特色社会主义文化开辟新的境界。

习近平总书记在文化传承发展座谈会上强调："在新的起点上继续推动文化繁荣、建设文化强国、建设中华民族现代文明，是我们在新时代新的文化使命。"我们所建设的中华民族现代文明，是中国共产党领导的社会主义文明，是植根中华优秀传统文化、具有中华文化主体性的文明，是借鉴吸收人类一切优秀文明成果的文明。这种新型文明既遵循人类文明发展的普遍规律，又具有鲜明的民族特色和时代特征，体现科学社会主义先进本质，代表人类文明进步的发展方向。要坚定文化自信，坚守中华文化立场，坚持走自己的路，立足中华民族伟大历史实践和当代实践，提炼展示中华文明的精神标识和文化精髓，增强传承发展中华文明的志气、骨气、底气，巩固文化主体性，实现精神上的独立自主。要秉持开放包容，树立平等、互鉴、对话、包容的文明观，以开放的姿态、包容的胸怀，广泛参与世界文明对话，更加积极主动地学习借鉴人类创造的一切优秀文明成果，融通中外、贯通古今，不断丰富和发展中华文化，不断培育和创造新时代中国特色社会主义文化。要坚持守正创新，以科学的态度对待科学，以真理的精神追求真理，以守正创新的正气和锐气，把坚守马克思主义这个"魂脉"和中华优秀传统文化这个"根脉"，融入中国式现代化的伟大实践之中，在推进中国式现代化的伟大进程中建设中华民族现代文明。

总　序

（五）

国家之魂，文以化之，文以铸之。坚持以习近平文化思想为指引，当代中国哲学社会科学必须按照建设中华民族现代文明的使命要求，紧紧围绕中国式现代化这个最大的政治，提炼出有学理性的新理论，概括出有规律性的新实践，不断推动中华优秀传统文化创造性转化、创新性发展，不断推进知识创新、理论创新、方法创新，加快构建具有中国特色、中国风格、中国气派的哲学社会科学，努力建构中国自主的知识体系，积极服务建设中华民族现代文明大局。

作为马克思主义的理论阵地、为党和国家决策服务的思想库、中国哲学社会科学研究的最高学术机构和全国哲学社会科学综合研究中心，中国社会科学院有责任、有义务在深入学习贯彻习近平文化思想、建设中华民族现代文明上走在前、作表率。习近平总书记在文化传承发展座谈会上发表重要讲话以来，中国社会科学院党组以高度的政治责任感和使命感，充分发挥学科门类齐全、人才资源集中的优势，组织实施中华民族现代文明研究阐释工程，围绕习近平总书记关于建设中华民族现代文明的重要论述，设计重大选题，设置重大项目，组建跨学科团队，从多学科视角开展理论性、综合性、基础性研究，探索建立全方位、成系统的中华民族现代文明研究体系，努力推出有思想、有价值、有分量的研究成果，努力为建设中华民族现代文明贡献智慧和力量。

为系统展示关于建设中华民族现代文明研究阐释的原创性成果，推动理论界学术界的深入交流，推进党员干部的学习思考，中国社会科学院策划推出《建设中华民族现代文明研究丛书》，作为中华民族现代文明研究阐释工程的重大项目。丛书编撰工作在中国社会科学院院长、党组书记高翔统筹指导下进行，副院长、党组成员甄占民参与组织，科研局具体实施。丛书坚持以习近平文化思想为指导，坚持政治性与学理性、思想性与知识性相统一，着力推出一批有代表性的精品力作。

习近平文化思想是一个不断展开的、开放式的思想体系，建设中华民族现代文明的伟大实践正持续深入推进，为此，丛书将秉持开放性原则，立足理论与实践的双重探索，陆续推出最新研究成果。我们真诚欢迎社科理论界同仁推荐更多相关主题的优秀成果，共同为创造属于我们这个时代的新文化、建设中华民族现代文明搭建良好平台。

敬请学界同仁和广大读者批评指正。

中国社会科学院中华民族现代文明
研究阐释工程领导小组办公室
2024 年 5 月

目　录

导　论 …………………………………………………… （1）
　一　"两个结合"具有深远的世界历史意义 ………… （1）
　二　"两个结合"开辟马克思主义中国化时代化
　　　新境界 ……………………………………………… （8）
　三　"两个结合"彰显高度的历史自信和文化
　　　自信 ………………………………………………… （13）
　四　"第二个结合"是又一次的思想解放 …………… （15）

第一章　"两个结合"提出的时代要求和理论逻辑 ……… （19）
　第一节　中国特色社会主义不断发展的客观需要 …… （19）
　　一　"两个结合"是开辟发展中国特色社
　　　　会主义的必由之路 ……………………………… （20）
　　二　"两个结合"是全面建设社会主义现代化
　　　　国家的客观需要 ………………………………… （28）
　　三　"两个结合"是实现中华民族伟大复兴的
　　　　客观需要 ………………………………………… （39）
　第二节　应对世界百年未有之大变局的客观需要 …… （45）

— 1 —

一　在世界百年未有之大变局中开新局 …………（46）
　　二　确立文明交流互鉴主体性的内在要求 ………（54）
第三节　马克思主义中国化时代化飞跃的
　　　　客观需要 ………………………………………（59）
　　一　马克思主义中国化时代化的新时空坐标 ……（60）
　　二　马克思主义中国化时代化的不断
　　　　深化和拓展 ……………………………………（69）
　　三　"两个结合"是发展当代中国马克思主义、
　　　　二十一世纪马克思主义的内在要求 …………（74）

第二章　"两个结合"形成发展的历史脉络 …………（81）
第一节　"两个结合"是对马克思主义中国化时代化
　　　　历史经验的深刻总结 …………………………（81）
　　一　新民主主义革命时期的艰辛探索 ……………（82）
　　二　社会主义革命和社会主义建设时期的曲折
　　　　发展 ……………………………………………（86）
　　三　改革开放和社会主义现代化建设时期的
　　　　拓展深化 ………………………………………（91）
第二节　党的十八大前习近平同志对"两个结合"的
　　　　思考与探索 ……………………………………（98）
　　一　在河北正定的思考与探索 ……………………（99）
　　二　在福建的思考与探索 ………………………（100）
　　三　在浙江的思考与探索 ………………………（104）
　　四　在上海的思考与探索 ………………………（109）

五　从党的十七大到党的十八大前的思考与探索 … (110)
　第三节　"两个结合"的明确提出和系统阐发 ……… (113)
　　一　"两个结合"的提出 …………………………… (114)
　　二　"两个结合"的系统阐发 …………………… (123)

第三章　"两个结合"的基本内涵和基本关系 ………… (141)
　第一节　"两个结合"的内在构成要素 …………… (142)
　　一　"两个结合"的主体要素 …………………… (142)
　　二　"两个结合"的客体要素 …………………… (154)
　　三　"两个结合"的成果要素 …………………… (166)
　第二节　"两个结合"构成要素之间的相互作用 …… (171)
　　一　"两个结合"是多要素互动的历史开放性
　　　　过程 ……………………………………………… (172)
　　二　马克思主义基本原理与中国具体实际之间的
　　　　良性互动 ………………………………………… (178)
　　三　马克思主义基本原理与中华优秀传统文化的
　　　　贯通融合 ………………………………………… (188)
　第三节　"两个结合"的基本内涵 …………………… (195)
　　一　"两个结合"是建立在文化主体能动性
　　　　基础上的创造性结合 …………………………… (196)
　　二　"两个结合"是文化契合前提下的贯通性
　　　　结合 ……………………………………………… (200)
　　三　"两个结合"是深刻的"化学反应"式的
　　　　差异性结合 ……………………………………… (204)

四 "两个结合"是科学方法论指导下的能动性
　　　　结合 …………………………………………（207）
　第四节 "两个结合"的相互关系 ………………………（213）
　　一 "两个结合"的内在逻辑 ………………………（214）
　　二 "两个结合"的侧重点 …………………………（220）

第四章 "两个结合"的哲学基础 ………………………（229）
　第一节 "两个结合"中的"新实践论"
　　　　"新矛盾论" ……………………………………（229）
　　一 "结合"的哲学意涵 ……………………………（229）
　　二 "两个结合"是"实践论"逻辑的深化与
　　　　发展 ……………………………………………（232）
　　三 "从实际出发"逻辑的深化与"矛盾论"的
　　　　新形态 …………………………………………（243）
　　四 "从实际出发"的中国哲学谱系 ………………（250）
　第二节 "两个结合"中蕴含的大历史观 ………………（253）
　　一 大历史观为历史自信奠定思想基础 …………（253）
　　二 大历史观是唯物史观的丰富发展 ……………（256）
　　三 "两个结合"的唯物史观基础 …………………（258）
　　四 "两个结合"中蕴含的历史主动精神 …………（260）
　第三节 "两个结合"中蕴含的新哲学构想与新文明
　　　　蓝图 ……………………………………………（265）
　　一 "两个结合"丰富了中国化时代化马克思
　　　　主义哲学 ………………………………………（265）

二 "两个结合"中蕴含着中国化时代化马克思主义哲学的世界观和方法论 ……………………… (268)

三 "两个结合"中蕴含着的新文明蓝图 ………… (273)

第五章 "两个结合"的根本要求、基本路径 ………… (289)

第一节 "两个结合"的根本要求 ………………… (289)

一 坚持中国共产党的文化领导权 ……………… (290)

二 坚持马克思主义魂脉 ………………………… (298)

三 坚守中华优秀传统文化根脉 ………………… (304)

四 深刻把握不断发展的中国实际 ……………… (306)

第二节 "两个结合"的基本路径 ………………… (309)

一 坚持问题导向,切实回答实践提出的重大问题 ……………………………………………… (309)

二 弘扬中华优秀传统文化,实现创造性转化和创新性发展 ……………………………………… (315)

三 融通人民群众日用而不觉的共同价值观念,涵养社会主义核心价值观 ……………………… (332)

四 用中国道理总结好中国经验、把中国经验提升为中国理论 ……………………………… (336)

第三节 推进"两个结合"必须反对错误倾向 ……… (338)

一 反对"马教条"和"洋教条" ……………… (339)

二 反对文化复古主义和文化虚无主义 ………… (343)

三 完整准确理解和推进"两个结合" …………… (348)

第六章 新时代"两个结合"的光辉典范 (351)

第一节 建设中华民族现代文明的行动指南 (351)
一 全面系统深刻揭示中华文明的"五个突出特性" (352)
二 为建设中华民族现代文明提供了根本遵循 (353)

第二节 人类命运共同体与"天下为公" (354)
一 "天下为公"是大同理想社会的核心价值观 (355)
二 天下为公的价值追求具有强大的包容性与凝聚力 (356)
三 人类命运共同体是吸收天下为公思想的时代精华 (357)

第三节 人民至上与"民为邦本" (359)
一 中华优秀传统文化中的民本思想精华 (360)
二 创造性改造传统的民本思想 (361)
三 人民至上赋予以民为本新的时代内涵 (362)

第四节 以德治国与"为政以德" (363)
一 "为政以德"体现中华传统德治思想特征 (364)
二 以德治国吸收"为政以德"思想之精华 (365)
三 以德治国必须培育和践行社会主义核心价值观 (367)

第五节 全面深化改革与"革故鼎新" (368)
一 中华民族自古以来就富有创新精神 (368)

二　"革故鼎新"与马克思主义发展观是
　　　相通的 …………………………………… (369)
　三　全面深化改革是新时代对"革故鼎新"
　　　精神基因的传承与发展 …………………… (370)

第六节　德才兼备与"任人唯贤" ……………………… (372)
　一　"任人唯贤"是中国古代政治思想的精华 …… (372)
　二　德才兼备、以德为先，一直是中国共产党
　　　选人用人的标准 …………………………… (375)

第七节　"人与自然是生命共同体"与"天人
　　　　合一" ………………………………………… (376)
　一　"天人合一"思想蕴含着天人协调的积极
　　　因素 ………………………………………… (377)
　二　"人与自然是生命共同体"吸收天人合一
　　　思想精华 …………………………………… (378)

第八节　自信自强与"自强不息" …………………… (379)
　一　"自强不息"贯穿着中华民族的精神血脉 …… (380)
　二　独立自主是自强不息精神基因的传承 ……… (381)
　三　自信自强是新时代鲜明的精神标识 ………… (381)

第九节　正确义利观与"厚德载物" ………………… (383)
　一　"厚德载物"蕴含着兼容并包、和而不同的
　　　古老智慧 …………………………………… (383)
　二　"正确义利观"体现了中华民族
　　　"厚德载物"的博大胸怀 …………………… (384)

第十节　合作共赢与"讲信修睦" …………………… (386)

— 7 —

一 "讲信修睦"贵在"信" …………………………（386）
二 合作共赢必须建立在"讲信修睦"的
基础之上 …………………………………………（389）
第十一节 真实亲诚理念与"亲仁善邻" ………………（390）
一 "亲仁善邻"是中华民族的价值追求 …………（391）
二 真实亲诚理念是"亲仁善邻"在新时代的
传承发展 …………………………………………（392）

第七章 "两个结合"的成果和意义 ……………………（395）
第一节 中华优秀传统文化与马克思主义具有高度
契合性 ……………………………………………（396）
一 高度契合的内在原因 …………………………（396）
二 高度契合的具体表现 …………………………（400）
三 有机结合的演进脉络 …………………………（406）

第二节 互相成就，造就新的文化生命体 ……………（410）
一 造就中国化时代化的马克思主义 ……………（411）
二 激活中华文明的生命力 ………………………（414）
三 充实马克思主义的文化生命 …………………（416）

第三节 铸牢道路根基，夯实中国特色社会主义的
历史基础 …………………………………………（421）
一 中国特色的关键在"两个结合" ………………（422）
二 "两个结合"是开辟和发展中国特色社会
主义的必由之路 …………………………………（427）

三 "两个结合"赋予中国道路以更加深厚的
　　文明底蕴 ……………………………………… (436)
第四节　打开创新空间，实现新的思想解放 ………… (441)
一 深层解决马克思主义同中华优秀传统文化
　　融合的问题 ……………………………………… (441)
二 回答传统与现代关系问题 ……………………… (448)
三 破解"古今中西之争"的世纪难题…………… (453)
第五节　巩固文化主体性，提供文化自信的根本
　　依托 ………………………………………………… (457)
一 新时代文化主体性的建立 ……………………… (458)
二 文化自信的根本依托 …………………………… (464)

结语　在推进"两个结合"中谱写马克思主义中国化
　　时代化新篇章 ……………………………………… (469)

参考文献 …………………………………………………… (476)

后　记 ……………………………………………………… (481)

导　论

党的十八大以来，习近平总书记立足中华民族伟大复兴战略全局和世界百年未有之大变局，科学总结党的百年奋斗历程中马克思主义中国化时代化的经验，深刻揭示马克思主义在中国创新发展的现实路径和内在规律，创造性地提出"把马克思主义基本原理同中国具体实际相结合、同中华优秀传统文化相结合"的重要思想。"两个结合"是推进马克思主义中国化时代化的根本途径，是在中华文明深厚基础上开辟和发展中国特色社会主义的"必由之路"，是中国特色社会主义取得成功的"最大法宝"。"两个结合"是习近平新时代中国特色社会主义思想的重大原创性理论贡献，具有深远的历史意义。习近平新时代中国特色社会主义思想是坚持"两个结合"的最新理论成果，开辟了马克思主义中国化时代化新境界。

一　"两个结合"具有深远的世界历史意义

马克思主义经典作家一贯要求马克思主义基本原理与具体

实际相结合。恩格斯在给查苏利奇的信中指出："马克思的历史理论是任何坚定不移和始终一贯的革命策略的基本条件；为了找到这种策略，需要的只是把这一理论应用于本国的经济条件和政治条件。"① 毛泽东同志也指出："马克思列宁主义的伟大力量，就在于它是和各个国家具体的革命实践相联系的。对于中国共产党来说，就是要学会把马克思列宁主义的理论应用于中国的具体环境。"② 把马克思主义基本原理同中国具体实际相结合，是中国共产党推进马克思主义中国化时代化的一贯原则。中国共产党提出"两个结合"经过了百年的艰难探索，在这个过程中付出了不小的代价，借鉴了马克思主义俄国化的历史经验，打破了对马克思主义教条主义的、经验主义的精神束缚，克服了把共产国际决议和苏联模式神圣化的倾向，坚持解放思想、实事求是、与时俱进、守正创新，开辟了马克思主义中国化时代化的新境界。在我们党长期坚持把马克思主义基本原理同中国具体实际相结合的基础上，习近平总书记明确提出"第二个结合"，是我们党对马克思主义中国化时代化历史经验的深刻总结，是对中华文明发展规律的深刻把握，表明我们党对中国道路、理论、制度的认识达到了新高度，表明我们党的历史自信、文化自信达到了新高度，表明我们党在传承中华优秀传统文化中推进文化创新的自觉性达到了新高度。"两个结

---

① 《马克思恩格斯文集》第10卷，人民出版社2009年版，第532页。
② 《毛泽东选集》第2卷，人民出版社1991年版，第534页。

合"的提出，是习近平新时代中国特色社会主义思想对马克思主义的重大原创性贡献。"两个结合"的提出和实践，实现了马克思主义中国化时代化新飞跃，回答了中国之问、世界之问、人民之问、时代之问，具有深远的世界历史影响。

第一，"两个结合"发展了马克思主义，为准确把握世界百年未有之大变局提供了理论指导。"两个结合"的提出和实践，在马克思主义发展史上具有重大创新意义，开启了广阔的理论和实践空间。

从理论上讲，"两个结合"拓宽了世界马克思主义的发展途径，丰富了马克思主义基本原理。马克思主义诞生后，各国在运用过程中，一定程度上强调马克思主义基本原理同各国实践相结合，但缺乏把马克思主义基本原理同各国优秀传统文化相结合的理论自觉。马克思主义基本原理只有深植于各国的文化土壤中，才能夯实历史基础和群众基础，真正实现马克思主义大众化。从中国马克思主义发展史来看，马克思主义需要用中国文化来充实。马克思主义诞生时，由于历史的限制，对中国文化关注不够。作为拥有五千多年历史的世界上唯一没有中断的中华文明，"将中华民族的伟大精神和丰富智慧更深层次地注入马克思主义"[1]，可以极大丰富发展马克思主义，夯实马克思主义的文化支撑。党的十八大以后，以习近平同志为核心

---

[1] 《不断深化对党的理论创新的规律性认识 在新时代新征程上取得更为丰硕的理论创新成果》，《人民日报》2023年7月2日。

的党中央在总结中国共产党百年探索经验的基础上，把"第二个结合"从实践上升为理论，作为推动马克思主义中国化时代化的根本途径之一。党的二十大报告深刻阐释了为什么要坚持"第二个结合"、怎样坚持"第二个结合"。"第二个结合"原则的提出，具有超出一国范围的普遍真理性，发展了马克思主义的基本原理。毛泽东同志在《矛盾论》中指出："普遍性即存在于特殊性之中"，"无个性即无共性"。① "第二个结合"不仅揭示了马克思主义中国化时代化的特殊规律，也揭示了世界马克思主义发展的普遍规律，即马克思主义基本原理同各国优秀传统文化相结合。这是对世界马克思主义发展的重大贡献。

从实践上讲，"两个结合"把世界马克思主义发展到二十一世纪马克思主义阶段，即习近平新时代中国特色社会主义思想阶段。百年以来，中国共产党领导中国人民取得伟大胜利，使具有五千多年文明史的中华民族全面迈向现代化，让中华文明在现代化进程中焕发出新的蓬勃生机；使具有500年历史的社会主义主张在世界上人口最多的国家成功开辟出具有高度现实性和可行性的正确道路，让科学社会主义在21世纪焕发出新的蓬勃生机。中国共产党人深切认识到，"'第二个结合'让我们掌握了思想和文化主动，并有力地作用于道路、理论和制度"。"'第二个结合'让马克思主义成为中国的，中华优秀传统文化成为现代的，让经由'结合'而形成的新文化成为中国

---

① 《毛泽东选集》第1卷，人民出版社1991年版，第318、320页。

式现代化的文化形态"。①"第二个结合"让中华优秀传统文化充实了马克思主义的文化生命，显示出日益鲜明的中国风格与中国气派，使中国化马克思主义成为中华文化和中国精神的时代精华。习近平新时代中国特色社会主义思想作为当代中国马克思主义、二十一世纪马克思主义以及中华文化和中国精神的时代精华，通过把马克思主义基本原理同中国具体实际相结合、同中华优秀传统文化相结合，有力彰显了中华文化的主体性，显示了马克思主义的强大生命力，扩大了马克思主义在世界上的影响。

第二，"两个结合"推动了世界社会主义发展，为应对百年未有之大变局注入强大力量。"中国特色社会主义道路是在马克思主义指导下走出来的，也是从五千多年中华文明史中走出来的；'第二个结合'让中国特色社会主义道路有了更加宏阔深远的历史纵深，拓展了中国特色社会主义道路的文化根基。"② 中国特色社会主义之所以能够生机勃勃、充满活力，关键就在于中国特色，在于"两个结合"。在五千多年中华文明深厚基础上开辟和发展中国特色社会主义，把马克思主义基本原理同中国具体实际、同中华优秀传统文化相结合是必由之路。这是中国共产党在探索中国特色社会主义道路中得出的规律性认识。如果没有中华五千多年文明，哪里有什么中国特

---

① 习近平：《在文化传承发展座谈会上的讲话》，人民出版社2023年版，第6页。

② 习近平：《在文化传承发展座谈会上的讲话》，人民出版社2023年版，第7页。

色？如果不是中国特色，哪有今天这么成功的中国特色社会主义道路？正是因为立足波澜壮阔的中华五千多年文明史，中国特色社会主义才具有历史必然、文化内涵与独特优势。历史正反两方面的经验表明，"两个结合"是中国共产党取得成功的最大法宝。党的十八大以来，中国特色社会主义取得举世瞩目的伟大成就，开创了中国特色社会主义新时代，开辟了世界现代化史上全新的社会主义现代化道路，创造了崭新的人类文明形态。中国特色社会主义道路越走越宽广，使科学社会主义在21世纪的中国焕发新的蓬勃生机，使世界上正视和相信马克思主义、社会主义的人多了起来，使世界范围内两种意识形态、两种制度的历史演进及其较量发生了有利于马克思主义、社会主义的重大转变，推动世界社会主义逐步走出低谷，迎来了世界社会主义的光明前景。有外国政党评价：习近平新时代中国特色社会主义思想是21世纪社会主义的"杰出"代表，使中国步入了"人类自我解放"的新境界，使世界社会主义事业呈现勃勃生机。[①]

第三，"两个结合"打破了西方中心论，推动人类文明发展，展现了百年未有之大变局下的文明前景。"'第二个结合'是又一次的思想解放，让我们能够在更广阔的文化空间中，充分运用中华优秀传统文化的宝贵资源，探索面向未来的理论和

[①] 参见中共中央对外联络部《对人类文明进步的重大贡献——国外政党眼中的中国改革开放40年》，《求是》2019年第3期。

制度创新。"① 人类文明发展到近代，由于资本主义兴起于欧洲、近代科技革命开始于欧洲、现代化起步于欧洲，由此形成了现代化等同于西化甚至美国化的迷思、现代文明等同于西方文明的偏见。以西方为中心看待世界，就容易导致把非西方国家的历史视为停滞的，把来源于西方的知识当作人类普遍知识，把资本主义当作人类的最高理想，把西方的今天视为广大非西方国家的明天。面对西方的长期霸权，广大非西方国家陷入文化自卑状态，处于精神不自立的境地。世界历史表明，任何文化要立得住、行得远，有引领力、凝聚力、塑造力、辐射力，就必须有自己的主体性。中国近代以来的历史证明，"这一主体性是中国共产党带领中国人民在中国大地上建立起来的；是在创造性转化、创新性发展中华优秀传统文化，继承革命文化，发展社会主义先进文化的基础上，借鉴吸收人类一切优秀文明成果的基础上建立起来的；是通过把马克思主义基本原理同中国具体实际、同中华优秀传统文化相结合建立起来的"②。创立习近平新时代中国特色社会主义思想就是中华民族文化主体性的最有力体现。习近平新时代中国特色社会主义思想是中华文化和中国精神的时代精华，集中体现了新时代中国共产党人对马克思主义文化理论的原创性发展和博大情怀，生

---

① 习近平：《在文化传承发展座谈会上的讲话》，人民出版社2023年版，第8页。

② 习近平：《在文化传承发展座谈会上的讲话》，人民出版社2023年版，第8页。

动反映了中国人民在文化上的创造力、进取心。习近平新时代中国特色社会主义思想，让中国共产党有了引领时代的强大文化力量，使中华民族在新时代有了文化意义上坚定自我和文化自信的根本依托，增强了中国人民对国家认同的坚实文化基础，彰显了中华文明和世界其他文明交流互鉴的鲜明文化特性。

二 "两个结合"开辟马克思主义中国化时代化新境界

习近平总书记在党的二十大报告中指出："我们创立了新时代中国特色社会主义思想，明确坚持和发展中国特色社会主义的基本方略，提出了一系列治国理政新理念新思想新战略，实现了马克思主义中国化时代化新的飞跃。"[①]

第一，坚持把马克思主义基本原理同中国具体实际相结合。党的十八大以来，中国特色社会主义进入新时代，国内外形势新变化和实践新要求，迫切需要中国共产党从理论和实践的结合上深入回答关系党和国家事业发展的一系列重大时代课题，这一过程中取得一系列重大理论创新成果。

首先，与社会主义初级阶段这一最大国情和中国特色社会主义进入新时代这一历史方位相结合。总结世界社会主义500

[①] 习近平：《高举中国特色社会主义伟大旗帜 为全面建设社会主义现代化国家而团结奋斗——在中国共产党第二十次全国代表大会上的报告》，人民出版社2022年版，第6页。

多年的经验教训，提出了中国共产党的领导是中国特色社会主义的最本质特征、中国特色社会主义制度最大优势，确立市场在资源配置中的决定性作用和更好发挥政府作用等一系列具有原创性的思想观点，从理论和实践相结合的角度创造性回答了新时代坚持和发展什么样的中国特色社会主义、怎样坚持和发展中国特色社会主义这个重大时代课题，把中国特色社会主义推进到一个新的阶段，极大彰显了科学社会主义的优势，推进了世界社会主义事业发展。

其次，与全面建设社会主义现代化国家实际相结合。总结世界现代化经验教训，特别是总结新时代社会主义现代化实践，指出"中国式现代化是强国建设、民族复兴的康庄大道，开辟的是人类迈向现代化的新道路，开创的是人类文明新形态"[①]，创造性地回答了建设什么样的社会主义现代化强国、怎样建设社会主义现代化强国，初步构建中国式现代化理论体系，揭示中国式现代化的科学内涵、本质要求、重大原则，标注了社会主义现代化理论新高度，发展了世界现代化理论，开辟了世界现代化新道路。

最后，与新时代全面从严治党实际相结合。总结国际共产主义运动史上马克思主义执政党建设经验教训，总结中国共产党百年伟大自我革命实践经验，特别是新时代中国共产党全面

[①] 《习近平为第六批全国干部学习培训教材作序》，《人民日报》2024年3月1日。

从严治党实践，创立了习近平总书记关于党的建设的重要思想和关于党的自我革命的重要思想，回答了建设什么样的长期执政的马克思主义政党、怎样建设长期执政的马克思主义政党的重大时代课题，找到了跳出历史周期率的第二个答案。

第二，坚持把马克思主义基本原理同中华优秀传统文化相结合。习近平总书记指出："没有文明的继承和发展，没有文化的弘扬和繁荣，就没有中国梦的实现。"[①] 习近平总书记以高度的文化自觉、文化自信，把新时代中国特色社会主义与中华优秀传统文化深度结合，形成如下成果。

首先，中国特色社会主义道路植根于中华五千多年文明的沃土之中。2013年3月17日，在第十二届全国人民代表大会第一次会议上的讲话中，习近平总书记明确指出，实现中华民族伟大复兴必须走中国特色社会主义道路，"这条道路来之不易，它是在改革开放30多年的伟大实践中走出来的，是在中华人民共和国成立60多年的持续探索中走出来的，是在对近代以来170多年中华民族发展历程的深刻总结中走出来的，是在对中华民族5000多年悠久文明的传承中走出来的，具有深厚的历史渊源和广泛的现实基础"[②]。中国人民自古以来走的就是独特的发展道路。对天下为公的大同理想社会的追求是中国人民五千多年不变的情怀。主张人类解放的科学社会主义与主

[①] 习近平：《出席第三届核安全峰会并访问欧洲四国和联合国教科文组织总部、欧盟总部时的演讲》，人民出版社2014年版，第16—17页。

[②] 《习近平谈治国理政》第一卷，外文出版社2018年版，第39—40页。

张天下大同的中华文化高度契合。独特的文化传统，独特的历史命运，独特的基本国情，注定了中国必须走适合自己特点的发展道路。习近平总书记指出："中国特色社会主义，是科学社会主义理论逻辑和中国社会发展历史逻辑的辩证统一，是根植于中国大地、反映中国人民意愿、适应中国和时代发展进步要求的科学社会主义，是全面建成小康社会、加快推进社会主义现代化、实现中华民族伟大复兴的必由之路。"①

其次，习近平新时代中国特色社会主义思想汲取了中华优秀传统文化的思想精髓。习近平总书记明确指出："中国优秀传统文化的丰富哲学思想、人文精神、教化思想、道德理念等，可以为人们认识和改造世界提供有益启迪，可以为治国理政提供有益启示，也可以为道德建设提供有益启发。"② 党的十八大以来，习近平总书记既赋予中华优秀传统文化以马克思主义内涵，也经常以典雅凝练的传统经典名句来表达其治国理政思想。

再次，中国特色社会主义制度植根于中华文明的文化沃土。习近平总书记强调："各国国情不同，每个国家的政治制度都是独特的，都是由这个国家的人民决定的，都是在这个国家历史传承、文化传统、经济社会发展的基础上长期发展、渐进改进、内生性演化的结果。中国特色社会主义政治制度之所

---

① 习近平：《关于坚持和发展中国特色社会主义的几个问题》，《求是》2019年第7期。

② 《习近平著作选读》第一卷，人民出版社2023年版，第278页。

以行得通、有生命力、有效率，就是因为它是从中国的社会土壤中生长起来的。"① "我们党开创的人民代表大会制度、政治协商制度，与中华文明的民本思想，天下共治理念，'共和'、'商量'的施政传统，'兼容并包、求同存异'的政治智慧都有深刻关联。我们没有搞联邦制、邦联制，确立了单一制国家形式，实行民族区域自治制度，就是顺应向内凝聚、多元一体的中华民族发展大趋势，承继九州共贯、六合同风、四海一家的中国文化大一统传统。"② 习近平总书记高度重视制度建设，遵循中国特色社会主义制度的历史逻辑、实践逻辑，把经过实践检验、根植于中国历史传统的优秀制度固定下来，推动中国特色社会主义制度定型完善。

最后，中国特色社会主义文化源自中华优秀传统文化。在党的十九大报告中，习近平总书记明确强调："中国特色社会主义文化，源自于中华民族五千多年文明历史所孕育的中华优秀传统文化，熔铸于党领导人民在革命、建设、改革中创造的革命文化和社会主义先进文化，植根于中国特色社会主义伟大实践。"③ "自强不息、厚德载物的思想，支撑着中华民族生生不息、薪火相传，今天依然是我们推进改革开放和社会主义现

---

① 《习近平谈治国理政》第二卷，外文出版社2017年版，第286页。
② 习近平：《在文化传承发展座谈会上的讲话》，人民出版社2023年版，第8页。
③ 习近平：《决胜全面建成小康社会 夺取新时代中国特色社会主义伟大胜利——在中国共产党第十九次全国代表大会上的报告》，人民出版社2017年版，第41页。

代化建设的强大精神力量。"① 他还指出："我们提出的社会主义核心价值观，把涉及国家、社会、公民的价值要求融为一体，既体现了社会主义本质要求，继承了中华优秀传统文化，也吸收了世界文明有益成果，体现了时代精神。"② 新时代，习近平总书记坚持古为今用、推陈出新，坚持创造性转化、创新性发展，把马克思主义思想精髓同中华优秀传统文化精华贯通起来、同人民群众日用而不觉的共同价值观念融通起来，夯实了马克思主义中国化时代化的历史基础和群众基础，让马克思主义在中国牢牢扎根。

三 "两个结合"彰显高度的历史自信和文化自信

文化是一个国家、一个民族的灵魂。历史和现实都表明，一个抛弃了或者背叛了自己历史文化的民族，不仅不可能发展起来，而且很可能上演一幕幕历史悲剧。文化自信，是更基础、更广泛、更深厚的自信，是更基本、更深沉、更持久的力量。坚定文化自信，是事关国运兴衰、事关文化安全、事关民族精神独立性的大问题。中国共产党自成立以来，既是中国先进文化的积极引领者和践行者，又是中华优秀传统文化的传承者和弘扬者。中国特色社会主义新时代，以习近平同志为核心

---

① 《习近平谈治国理政》第一卷，外文出版社2018年版，第158页。
② 习近平：《青年要自觉践行社会主义核心价值观——在北京大学师生座谈会上的讲话》，人民出版社2014年版，第5页。

的党中央，前所未有地高度重视中华优秀传统文化，创造性提出"两个结合"，彰显了高度的历史自信和文化自信。

第一，"两个结合"标注了中国共产党对中华优秀传统文化的认识达到了新高度。"两个结合"深刻阐明了中国的历史传统、文化积淀、基本国情，决定了中国发展道路必然有着自己的特色；深刻阐明了中华文化积淀着中华民族最深沉的精神追求，是中华民族生生不息、发展壮大的丰厚滋养；深刻阐明了中华优秀传统文化是中华民族的突出优势，是我们最深厚的文化软实力；深刻阐明了中国特色社会主义有着深厚历史渊源和广泛现实基础。把马克思主义基本原理同中华优秀传统文化相结合，找到了实现中华优秀传统文化创造性转化与创新性发展的科学路径，彰显了中国共产党和中国人民坚定的历史自信和文化自信。

第二，"两个结合"为创造中华民族现代文明提供了根本遵循。中华民族创造了源远流长的中华文化，中华民族也一定能够创造出中华文化新的辉煌。自信才能自强。有文化自信的民族，才能立得住、站得稳、行得远。中华文明历经数千年而绵延不绝、迭遭忧患而经久不衰，这是人类文明的奇迹，也是文化自信的底气。坚定文化自信，就是坚持走自己的路。坚定文化自信要求我们以"两个结合"为指导，创造中华民族现代文明。"两个结合"巩固了我们的文化主体性，增强了我们建设中华民族现代文明的坚定性和自觉性。文化自信来自文化主体性。有了文化主体性，就有了文化意义上坚定的自我，中国共产党就有了引领时代的强大文化力量，中华民族和中国人民就有了国家认同的坚实文化基础。"两个结合"推动习近平新时代中国特色社会主义思想实现马克思主义中国化时代化新的飞跃，成为中华文化和中国精神的时代精华，是创造中华民族现代文明的根本遵循。

四 "第二个结合"是又一次的思想解放

在我们党的百年发展史上，延安整风、真理标准问题大讨论等都是进行思想解放的生动实践，习近平总书记提出"第二个结合"是又一次的思想解放。"第二个结合"让我们能够在更广阔的文化空间中，充分运用中华优秀传统文化的宝贵资源，探索面向未来的理论和制度创新。

第一，使我们能够更加自觉地运用马克思主义世界观和方法论，辩证科学地认识中华民族的历史演进，更加客观全面地认识中华文明的突出特性。

习近平总书记在庆祝改革开放40周年大会上的重要讲话中指出："以数千年大历史观之，变革和开放总体上是中国的历史常态。"① 变革在中华民族历史上连绵不绝：春秋战国时期的商鞅变法、吴起变法、赵武灵王的"胡服骑射"都是变革的代表，秦王嬴政的郡县制改革深刻影响了中国两千多年的历史

---

① 习近平：《在庆祝改革开放40周年大会上的讲话》，人民出版社2018年版，第40页。

发展，汉代的文景之治、唐代的贞观之治都是变法的产物，北宋的王安石变法、明代的张居正变法都是巨大的社会变革。正如习近平总书记所说："中华文明具有突出的创新性……从根本上决定了中华民族守正不守旧、尊古不复古的进取精神，决定了中华民族不惧新挑战、勇于接受新事物的无畏品格。"[①]

中华文明具有开放包容性。习近平总书记指出，自古以来，中华民族就以"天下大同""协和万邦"的宽广胸怀，自信而又大度地开展同域外民族交往和文化交流，曾经谱写了万里驼铃万里波的浩浩丝路长歌，也曾经创造了万国衣冠会长安的盛唐气象。

第二，使我们能够充分运用中华优秀传统文化的宝贵资源，探索面向未来的观念、体制、制度等创新。

中国特色社会主义制度的创新离不开中华优秀传统文化的沃土。党的十九届四中全会明确提出：中国特色社会主义制度是党和人民在长期实践探索中形成的科学制度体系。实践证明，中国特色社会主义制度和国家治理体系是以马克思主义为指导，植根中国大地，具有深厚中华文化根基，深得人民拥护的制度和治理体系。这一制度和国家治理体系是从中国悠久历史中走出来的，中华优秀传统文化是其深厚的文化沃土。

中国式现代化的推进离不开中华优秀传统文化的沃土。

---

① 习近平：《在文化传承发展座谈会上的讲话》，人民出版社2023年版，第3页。

2023年2月7日，习近平总书记在学习贯彻党的二十大精神研讨班开班式上发表重要讲话强调：中国式现代化，深深植根于中华优秀传统文化。中国式现代化，植根于哪些中华优秀传统文化？植根于中华文明具有的突出的和平性，使我们能够坚定不移走和平发展道路；植根于天下情怀，使我们敢于打破"现代化＝西方化"的迷思，展现了现代化的另一幅图景，拓展了发展中国家走向现代化的路径，为人类对更好社会制度的探索提供了中国方案；植根于农耕文明，这是我们建设农业强国的重要特色，什么时候都不能忘记中国是一个有着悠久农耕历史传统的国家。

第三，使我们党的创新理论深深植根于中华优秀传统文化。

"结合"有力地作用于道路、理论和制度。正是通过"第二个结合"，习近平新时代中国特色社会主义思想不仅成为中华文化和中国精神的时代精华，而且有力地推动了中华优秀传统文化的创造性转化和创新性发展。习近平新时代中国特色社会主义思想站在时代高度充分阐明了中华文明的显著优势和特点：具有突出的连续性、具有突出的创新性、具有突出的统一性、具有突出的包容性、具有突出的和平性。

"第二个结合"，使作为习近平新时代中国特色社会主义思想的世界观和方法论集中体现的"六个必须坚持"，充分展现了中华优秀传统文化的理念与价值。人民至上的根本立场体现了民为邦本、为政以德的价值理念；自信自立体现了"天行健，君子以自强不息"的刚毅追求；守正创新的基本要求体现了"苟日新，日日新，又日新"的进取精神；问题导向体现了"吾日三省吾身"的自省要求；系统观念体现了"不谋万世者，不足以谋一时；不谋全局者，不足以谋一域"的整体理念；胸怀天下体现了"大道之行也，天下为公"的信念。

习近平总书记在党的二十大报告中指出："只有把马克思主义基本原理同中国具体实际相结合、同中华优秀传统文化相结合，坚持运用辩证唯物主义和历史唯物主义，才能正确回答时代和实践提出的重大问题，才能始终保持马克思主义的蓬勃生机和旺盛活力。"① "两个结合"是中国共产党百年奋斗成功经验的科学结论和最大法宝，是推进党的理论创新的科学方法和重要原则。"两个结合"是在探索中国道路过程中得出的规律性认识，是习近平新时代中国特色社会主义思想的原理性贡献，明确了开辟马克思主义中国化时代化新境界的方位、方向、方法，为实现中华民族伟大复兴和更好担负起新时代继续推动文化繁荣、建设文化强国、建设中华民族现代文明新的文化使命提供了根本遵循。

---

① 习近平：《高举中国特色社会主义伟大旗帜 为全面建设社会主义现代化国家而团结奋斗——在中国共产党第二十次全国代表大会上的报告》，人民出版社2022年版，第17页。

第一章
"两个结合"提出的时代要求和理论逻辑

在 2023 年 6 月 2 日召开的文化传承发展座谈会上，习近平总书记强调："在五千年中华文明深厚基础上开辟和发展中国特色社会主义，把马克思主义基本原理同中国具体实际、同中华优秀传统文化相结合是必由之路。这是我们在探索中国特色社会主义道路中得出的规律性的认识。""两个结合"尤其是"第二个结合"的提出，是基于对历史的深刻洞察、对现实的敏锐把握和对未来的远见卓识，站在中华民族伟大复兴和中华文明永续传承的战略高度，贯通历史与未来、中国与世界，深刻把握历史发展逻辑和文化建设规律的结果，深刻反映了马克思主义中国化时代化的客观要求，鲜明体现了发展当代中国马克思主义、二十一世纪马克思主义的内在需求。

第一节　中国特色社会主义不断发展的客观需要

习近平总书记指出："我们的社会主义为什么不一样？为

什么能够生机勃勃、充满活力？关键就在于中国特色。中国特色的关键就在于'两个结合'。"[①] 中国特色社会主义的理论和实践，从本质上说正是"两个结合"的产物和体现。在此意义上，"两个结合"特别是"第二个结合"的自觉提出，归根到底乃是中国特色社会主义事业得以发展、中华民族伟大复兴赖以实现的客观需要。

一 "两个结合"是开辟发展中国特色社会主义的必由之路

中国特色社会主义植根于五千多年中华文明的历史积淀和深厚土壤。中国特色塑造了中国所特有的具体国情，在中国大地上建设社会主义，离不开标识中国特色的独特历史轨迹和独特的历史文化。历史的正反两方面经验都反复证明了这一点。因此，可以说，"两个结合"是开辟和发展中国特色社会主义的必由之路。

1840年鸦片战争的爆发，拉开了中国近代史的序幕。西方列强凭借坚船利炮打开了中国国门，中华民族遭遇了历史上不曾有过的严重挫折，中国由此沦为半殖民地半封建社会。马克思和恩格斯指出，"历史向世界历史的转变"，使"东方从属于西方"。中华民族在晚清所遭遇的历史挫折，是在"世界历史"崛起的背景下发生的，这意味着老祖宗的路已然不通。魏源提

---

① 习近平：《在文化传承发展座谈会上的讲话》，人民出版社2023年版，第7页。

出的"师夷之长技以制夷"这一口号，反映了当时一批志士仁人的共识和取向。但是，重演西方资本主义近代文明的路遇到了双重限制，即客观上的不可能和主观上的不情愿。正如毛泽东同志所指出的："帝国主义列强侵入中国的目的，决不是要把封建的中国变成资本主义的中国。帝国主义列强的目的和这相反，它们是要把中国变成它们的半殖民地和殖民地。"① 因此，西方列强对中国的殖民统治，并不是让中国变成一个同它们势均力敌、分庭抗礼的"对手"，而是想把中国变成一个永远丧失自主性的附庸。中国倘若走资本主义道路，就不能摆脱殖民统治，无法反抗民族压迫，不可能实现民族独立、获得民族尊严。毛泽东同志说："资产阶级的共和国，外国有过的，中国不能有，因为中国是受帝国主义压迫的国家。"② 1914年爆发的第一次世界大战，充分暴露了资本主义文明"野蛮"的一面。1918年，德国学者斯宾格勒在《西方的没落》中提出，现代西方文明已经失去了其最初的创造力和生命力，无法再生产出具有真正创新精神的文化成果。资本主义文明带来的消极历史后果，使中国人意识到资本主义道路也不值得选择，以至于梁启超在其《欧游心影录》中惊呼西方的"科学之梦"破产了。在《东西文明根本之异点》等文章中，李大钊对东西方文明进行了系统比较，认为东方文明是主静的文明、灵的文明，

---

① 《毛泽东选集》第2卷，人民出版社1991年版，第628页。
② 《毛泽东选集》第4卷，人民出版社1991年版，第1471页。

而西方文明是主动的文明、肉的文明。而中国未来追求的应该是避免双方弊端、吸取双方优长的"第三文明","乃灵肉一致之文明,理想之文明,向上之文明也"①。1917年俄国十月革命的成功,为中国人的历史选择昭示了新的可能性。因为在中国人看来,马克思主义所指引的社会主义道路,既能满足中华民族实现独立和解放的诉求,也能满足中国实现由传统社会向现代社会转变的需要。因此,正如毛泽东同志所指出的那样,"十月革命一声炮响,给我们送来了马克思列宁主义"。于是,"走俄国人的路——这就是结论",因为"一切别的东西都试过了,都失败了"。②

在20世纪50年代,毛泽东就鲜明地指出:"当人民推翻了帝国主义、封建主义和官僚资本主义的统治之后,中国要向哪里去?向资本主义,还是向社会主义?有许多人在这个问题上的思想是不清楚的。事实已经回答了这个问题:只有社会主义能够救中国。"③后来,邓小平同志同样指出:"只有社会主义才能救中国,这是中国人民从五四运动到现在六十年来的切身体验中得出的不可动摇的历史结论。"④ 在改革开放时期,邓小平同志曾强调,"如果搞资本主义,可能有少数人富裕起来,但大量的人会长期处于贫困状态,中国就会发生闹革命的问

---

① 《李大钊全集》第1卷,人民出版社2013年版,第340页。
② 《毛泽东选集》第4卷,人民出版社1991年版,第1471页。
③ 《毛泽东文集》第7卷,人民出版社1999年版,第214页。
④ 《邓小平文选》第2卷,人民出版社1994年版,第166页。

题。中国搞现代化，只能靠社会主义，不能靠资本主义"①。因此，历史的结论只能是："只有社会主义才能救中国，只有社会主义才能发展中国。"②

历史事实告诉我们，马克思主义来到中国不是没有阻力的，不是一帆风顺的，而是遇到过种种错误思潮的干扰和阻挠，其中最主要的有两种错误倾向：一个是过分夸大中国国情的特殊性，否定马克思主义的普遍真理性，从而拒绝马克思主义的指导，认为马克思主义是"舶来品"，不合乎中国国情；另一个则是完全无视中国国情的特殊性，把马克思主义抽象化教条化，使之沦为一种脱离中国具体实际，可以到处套用的空洞信条。这两种偏执虽然表面上截然相反，其错误的实质却是相同的，即都割裂了马克思主义基本原理同中国具体实际之间的有机联系。梁漱溟当年就认为未来的中国不能走革命的路，只能走改良的路，因为中国传统社会只有"职业分途"而无阶级差别。基于这种判断，梁漱溟选择搞"乡村建设试验"。毛泽东同志则不同意这种观点，认为中国固然有其特殊的国情，但它终究是普遍性约束下的特殊形态，并未超出普遍性的支配。《毛泽东选集》第1卷首篇论著就是《中国社会各阶级的分析》，它为中国革命的合法性提供了根本依据，所以毛泽东同志选择了走"井冈山道路"，也就是革命的路。后来的历史

---

① 《邓小平文选》第3卷，人民出版社1993年版，第229页。
② 《邓小平文选》第3卷，人民出版社1993年版，第311页。

事实证明，只有这条道路才是合乎中国具体实际的，因而才是正确的，也是成功的，改良方案则是错误的，是没有出路的。在中国革命的历史上，教条主义的教训极其深刻。例如，第五次反"围剿"的失败固然有敌我力量悬殊等客观原因，但教条主义的错误则是主观上的原因。其结果是白区的革命力量几乎损失百分之百，苏区的革命力量也损失了百分之九十。正是由于遵义会议确立了毛泽东同志在全党的实际领导地位，才挽救了革命、挽救了党，使中国革命摆脱了教条主义造成的严重偏差，不断从胜利走向胜利。毛泽东同志之所以能够带领中国革命取得成功，归根到底就在于他不仅把握了马克思主义的精髓，谙熟中国实际和中国国情，而且在具体实践中把这两者有机地结合起来。

在今天，"中国共产党和中国人民以英勇顽强的奋斗向世界庄严宣告，中华民族迎来了从站起来、富起来到强起来的伟大飞跃，实现中华民族伟大复兴进入了不可逆转的历史进程！"[①] 中国特色社会主义道路，是实现中华民族伟大复兴这一历史目标唯一正确的道路。这已经并将继续为历史事实所证明。正是中国共产党领导中国人民选择并成功探索出了一条中国特色社会主义道路，才使得中华民族迎来了从站起来、富起来到强起来的历史性跨越。离开了中国特色社会主义的理论和实践，中华民族伟大复兴的中国梦就不可能实现。

---

① 《习近平谈治国理政》第四卷，外文出版社2022年版，第6页。

我们党通过把马克思主义基本原理同中国具体实际相结合、同中华优秀传统文化相结合，开创、坚持、捍卫和发展了中国特色社会主义。基于五千多年中华文明及其传统而形成的中国特色，只有通过"两个结合"特别是"第二个结合"，才能真正融入中国的社会主义理论和实践之中。无论是从历史层面看，还是从逻辑的层面看，中国特色社会主义事业本身归根到底都是"两个结合"的产物和体现，离开了"两个结合"也就无所谓中国特色。中国特色的关键在于"两个结合"。马克思主义学说在一个国家的成功运用，必须同这个国家的经济条件和政治条件有机地结合起来，否则就会犯教条主义的错误。从历史上看，毛泽东思想之所以能够指导中国革命在实践中取得成功，关键就在于它是马克思主义普遍真理同中国革命的具体实际相结合的产物。毛泽东同志深谙中国国情，从中国的具体实际出发，把马克思主义当作指导中国革命具体实践的科学方法和思想武器，而不是到处套用的抽象教条。毛泽东同志特别强调"反对本本主义"，认为那种"言必称希腊"的洋教条只能是"死的马克思主义"，而不是"活的马克思主义"。与那些教条主义者完全相反，毛泽东同志对于马克思主义的学习和掌握，重在"神似"而非"形似"，其关键不在于背诵条文，而在于把握马克思主义的活的灵魂和精髓。也正因此，他才能够把中国革命事业不断地引向胜利。作为中国特色社会主义的开创者，邓小平同志同样强调并在实践中贯彻一切从实际出发、实事求是、理论联系实际的思想路线，从而开辟了改革开放的新时期。邓小平同志反复告诫并强调："我们的现代化建设，必须从中国的实际出发。"① 党的十一届三中全会做出改革开放的抉择，表明我们党对从新的实践和时代特征出发坚持和发展马克思主义，推进马克思主义中国化时代化有着高度的思想自觉。在党的十一届三中全会的主题报告《解放思想，实事求是，团结一致向前看》中，邓小平同志强调，"要努力把马克思主义的普遍原则同我国实现四个现代化的具体实践结合起来"②。这一报告被誉为"开辟新时期新道路、开创建设有中国特色社会主义新理论的宣言书"③。邓小平同志强调，"把马克思主义的普遍真理同我国的具体实际结合起来，走自己的道路，建设有中国特色的社会主义，这就是我们总结长期历史经验得出的基本结论"④，"马克思主义必须是同中国实际相结合的马克思主义，社会主义必须是切合中国实际的有中国特色的社会主义"⑤。此外，邓小平还用《礼记》中的"小康"一词来阐释"中国式的现代化"，赋予社会主义现代化理论以鲜明的中国风格。后来，小康社会的理论不断得到丰富和发展，"小康社会"也成为建设中国特色社会主义和实现社会主义现代化的一个经典表达。这无不表明，中国共产党在推进马克思主义中国化

---

① 《邓小平文选》第3卷，人民出版社1993年版，第2页。
② 《邓小平文选》第2卷，人民出版社1994年版，第153页。
③ 中共中央党史和文献研究院编：《全面建成小康社会重要文献选编》（上），人民出版社、新华出版社2022年版，第382页。
④ 《邓小平文选》第3卷，人民出版社1993年版，第3页。
⑤ 《邓小平文选》第3卷，人民出版社1993年版，第63页。

的过程中，始终注重把马克思主义的基本原理同中国的具体实际相结合，努力使马克思主义的理论和实践具有鲜明的中国特色、中国风格。经过长期实践，马克思主义在中国呈现出勃勃生机，成为深深植根于中国社会和文化沃土的"活的马克思主义"。

中国特色社会主义内在地体现着普遍性与特殊性及其辩证统一。如果说中国特色意味着特殊性，那么社会主义道路则意味着普遍性。中国特色社会主义无论怎样特殊，都不过是普遍性规定的具体表现形式，未曾超出普遍性的约束。它所蕴含的社会主义的一般规定，归根到底来自马克思主义基本原理。历史事实早已证明，离开了马克思主义在中国的广泛而深入的传播，就不可能成立中国共产党；没有中国共产党的领导，中国也不可能选择并走上社会主义道路，从而在中国建立起社会主义制度。因此，中国特色社会主义实质上是马克思主义在中国得以实现的实践形式和理论形式。

中国特色社会主义所体现出来的特殊形式，归根到底又不能离开中华优秀传统文化的积淀和塑造。习近平总书记指出："中华文明的连续性，从根本上决定了中华民族必然走自己的路。"[①] 因此，"只有立足波澜壮阔的中华五千多年文明史，才能真正理解中国道路的历史必然、文化内涵与独特优势"[②]。中

[①] 习近平：《在文化传承发展座谈会上的讲话》，人民出版社2023年版，第2页。

[②] 习近平：《在文化传承发展座谈会上的讲话》，人民出版社2023年版，第7页。

国特色的关键就在于"两个结合",特别是"第二个结合"。马克思主义作为指导思想,构成我们的"魂脉";中华优秀传统文化作为民族形式和文化底色,构成我们的"根脉"。两者相契相因、相辅相成,共同铸就我们的道路自信、理论自信、制度自信和文化自信。

我们所坚持的马克思主义,不是抽象的、教条的马克思主义,而是"中国的"马克思主义。只有这样的马克思主义,才能在过去把中国的革命、建设、改革事业引向胜利,取得成功;也只有这样的马克思主义,才能在现在和未来把新时代中国特色社会主义历史伟业不断地引向新的胜利,取得新的成功。因此,在 21 世纪继续把中国特色社会主义事业推向前进,就必须将"两个结合"特别是"第二个结合"自觉地提出来并加以主题化,确立为我们进行思考和必须把握的基本主题,这是中国特色社会主义实践不断深化和拓展的客观需要。

二 "两个结合"是全面建设社会主义现代化国家的客观需要

习近平总书记在庆祝中国共产党成立一百周年大会上庄严宣告:"经过全党全国各族人民持续奋斗,我们实现了第一个百年奋斗目标,在中华大地上全面建成了小康社会,历史性地解决了绝对贫困问题,正在意气风发向着全面建成社会主义现代化强国的第二个百年奋斗目标迈进。"① 中国共产党自从诞

---

① 《习近平谈治国理政》第四卷,外文出版社 2022 年版,第 3 页。

生之日起，就把实现共产主义作为自己的最高纲领。但这一崇高目标的实现必须基于中华民族的独立和解放，基于中国实现由传统社会向现代社会的转变。这一进程无法绕开全面建设社会主义现代化国家这一重要历史环节。中国式现代化既是中国共产党领导的社会主义现代化，又是具有中国特色的、植根于中华优秀文化传统的现代化。正因如此，它所取得的历史性成功，打破了"现代化＝西方化"的神话，开创了人类文明新形态。

无论是回顾社会主义现代化建设已经走过的路，还是展望未来将要走的路，都离不开把马克思主义基本原理同中国具体实际相结合、同中华优秀传统文化相结合。我们党基于中国社会所处的特定历史方位，提出了"两个一百年"的奋斗目标，即到中国共产党成立一百年时全面建成小康社会；在此基础上，再经过三十年的继续奋斗，到中华人民共和国成立一百年时，基本实现现代化，把我国建成社会主义现代化强国。今天，我们在新的历史起点上，正在迈向第二个百年奋斗目标。这就要求我们必须进一步拓展和深化"两个结合"特别是"第二个结合"，以使中国式现代化秉持和光大自身所固有的"根脉"和"魂脉"，从而能动地避免西方式现代化存在的痼疾、弊端和陷阱，凸显中国式现代化的巨大优势，把中国特色社会主义事业不断推向前进。

建设社会主义现代化强国、实现中华民族伟大复兴，都离不开中国式现代化道路的不断探索和实践推进。习近平总书记指出:"中国式现代化是强国建设、民族复兴的康庄大道。"[①]中国式现代化不是西方式的现代化,也不是资本主义的现代化,而是中国共产党领导的以中华民族为主体的、合乎中国具体国情、继承了中华优秀传统文化的现代化,是按照唯物史观指引的走社会主义道路的现代化。这就从民族性和时代性双重坐标规定了中国式现代化的特质。这是我们建设社会主义现代化强国的特点,同时也是优点。既然是"现代化",当然离不开它的一般特点和规律。但是,正如习近平总书记所说的那样,"一个国家选择什么样的现代化道路,是由其历史传统、社会制度、发展条件、外部环境等诸多因素决定的。国情不同,现代化途径也会不同。实践证明,一个国家走向现代化,既要遵循现代化一般规律,更要符合本国实际,具有本国特色。中国式现代化既有各国现代化的共同特征,更有基于自己国情的鲜明特色"[②]。他特别强调:"中国式现代化既有各国现代化的共同特征,更有基于自己国情的鲜明特色。"[③]

那么,中国式现代化具有哪些突出的特点呢?党的二十大报告明确揭示了中国式现代化有五个方面的中国特色,具体包括:中国式现代化是人口规模巨大的现代化;中国式现代化是

[①] 习近平:《中国式现代化是强国建设、民族复兴的康庄大道》,《求是》2023年第16期。

[②] 习近平:《中国式现代化是强国建设、民族复兴的康庄大道》,《求是》2023年第16期。

[③] 习近平:《中国式现代化是强国建设、民族复兴的康庄大道》,《求是》2023年第16期。

全体人民共同富裕的现代化；中国式现代化是物质文明和精神文明相协调的现代化；中国式现代化是人与自然和谐共生的现代化；中国式现代化是走和平发展道路的现代化。① 这些特点，既是中国具体实际决定的结果，也是中华优秀传统文化深刻塑造的结果，充分反映了中国国情的特殊性。在这一基础上实现现代化，就必须以马克思主义基本原理为指导，走出一条适合中国国情的现代化之路。它必然要求我们在新的历史起点上，进一步推进"两个结合"特别是"第二个结合"，为建设中国特色社会主义现代化国家提供可靠保障和有利条件。党的二十大报告指出："从现在起，中国共产党的中心任务就是团结带领全国各族人民全面建成社会主义现代化强国，实现第二个百年奋斗目标，以中国式现代化全面推进中华民族伟大复兴。"② 这一历史任务，决定了我们必须在新的历史实践中不断地探索"两个结合"特别是"第二个结合"的新内容、新路径、新方法、新机制。这既是发展当代中国马克思主义、二十一世纪马克思主义的迫切需要，也是全面建设社会主义现代化国家的客观需要。

第一，人口规模巨大植根于中华优秀传统文化的"大一

---

① 参见习近平《高举中国特色社会主义伟大旗帜 为全面建设社会主义现代化国家而奋斗——在中国共产党第二十次全国代表大会上的报告》，人民出版社2022年版，第22—23页。

② 习近平：《高举中国特色社会主义伟大旗帜 为全面建设社会主义现代化国家而奋斗——在中国共产党第二十次全国代表大会上的报告》，人民出版社2022年版，第21页。

统"的国家观与"生生""厚生"的繁育观。中国历来是一个人口大国,这在世界上是独一无二的。西汉元始二年(2),记录在籍的人口达1223万余户,5959万余口人①,这可视为中国人口发展的第一个高峰。宋朝政治上虽弱,经济上却有较大发展,南方生产繁盛,农业、手工业以及科学技术都居于当时世界先进水平。推算北宋后期记录在籍人口达0.94亿—1.04亿人②,中国的人口到13世纪初突破1亿2千万③。乾隆四十四年(1779),中国人口已增加到2.75亿人,乾隆五十九年(1794),中国记录在籍人口为3.13亿人。④ 今天,我国拥有14亿多人口,规模超过发达国家人口的总和,是在五千多年的文明史中繁衍生息、不断发展而来的。中国自古就是人口众多、土地辽阔、多民族一体的国家,这一方面得益于东亚大陆的地理环境和农耕文明的生产方式,更重要在于中国形成了"大一统"的国家体制和治理传统。在近代国家形态的形成过程中,不同于欧洲从帝国内部分裂出独立自决的民族国家,中国是直接从古代"大一统"国家过渡到现代的主权国家,过去"天下"的范围基本被纳入近现代中国的版图之中,不仅妥善处理了中央与地方、汉族与少数民族的关系,而且形成了国土不可分、国家不可乱、民族不可散、文化不可断的共同信念。

---

① 参见葛剑雄《中国人口发展史》,福建人民出版社1991年版,第32页。
② 参见葛剑雄《中国人口发展史》,福建人民出版社1991年版,第192页。
③ 参见葛剑雄《中国人口发展史》,福建人民出版社1991年版,第202页。
④ 参见葛剑雄《中国人口发展史》,福建人民出版社1991年版,第245页。

"大一统"的国家观与"生生""厚生"的繁育观以及"民为邦本"的理念一起,为中国成为广土众民的文明国家奠定了基础。所以,在推进中国式现代化过程中,要解决庞大人口规模带来的艰巨而复杂的问题,就必须在维护国家独立和统一的基础上更好发挥集中力量办大事的优势,把人口规模转化为人才资源和人力资本,团结全国各族人民共同奋斗,在共享美好生活和民族复兴荣光的道路上做到"一个都不能少"。

我们推进中国式现代化,要高度重视人的现代化,防止西方现代化过程中出现的少数人获利、多数人受苦难的现象。马克思和恩格斯在批判资本主义现代文明时,深刻地揭露了那种"一切人反对一切人的战争"的"丛林法则"和"零和博弈"对人类社会造成的戕害。他们把资本主义现代化看作一种"暂时的必然性",而非"历史的最高成就"或"永恒的必然性"。唯物史观认为,人类的历史解放必须以共同占有生产资料为前提,这一前提派生出来的历史结果只能是全体社会成员的共同富裕。这正是马克思所谓的"经济解放"的历史内涵,而在他看来,这种"经济解放"构成人的历史解放的真正基础。马克思和恩格斯指出:"'解放'是一种历史活动,不是思想活动,'解放'是由历史的关系,是由工业状况、商业状况、农业状况、交往状况促成的。"① 也就是说,人的历史解放必须具备经济基础,而这一经济基础只能表征为人的现实生活的普遍改

---

① 《马克思恩格斯选集》第1卷,人民出版社1995年版,第74—75页。

善。否则的话,"解放"就是虚幻的、不真实的。

第二,共同富裕植根于中华优秀传统文化的富民厚生、天下同利的经济伦理。在中国传统文化中,共同富裕的思想也很丰富。以儒家为例,孔子就说过:"不患寡而患不均,不患贫而患不安。"(《论语·季氏》)这一思想不应被解释成平均主义,它其实反映了儒家对于共同富裕的期待。再如《礼记·礼运》对于大同社会理想的描述:"大道之行也,天下为公。选贤与能,讲信修睦,故人不独亲其亲,不独子其子,使老有所终,壮有所用,幼有所长,矜寡孤独废疾者,皆有所养。"这样一种祥和的景象,离开了"共同富裕"这一物质基础,是不可想象的。道家也有类似的思想资源。《老子》曰:"天之道,其犹张弓欤!高者抑之,下者举之;有余者损之,不足者补之。天之道,损有余而补不足;人之道则不然,损不足以奉有余。孰能有余以奉天下?唯有道者。"(《老子·第七十七章》)显然,在老子看来,在人为的社会,是损不足以奉有余的,因而造成了贫富两极分化;在一个有道的社会亦即老子所理想的社会,则是损有余而补不足的。这里隐含的正是"共同富裕"的思想。从这个意义上说,中国式现代化只能是全体人民共同富裕的现代化。

第三,物质文明和精神文明相协调植根于中华优秀传统文化的心物合一思想。马克思认为,共产主义就意味着"消灭旧式分工",就是物质劳动与精神劳动之间的分工。在马克思所期待的理想社会,这一分工被历史地扬弃了。正是物质劳动和精神劳动派生出物质文明和精神文明。唯物史观所追求的"三大差别"即工农差别、城乡差别、体力劳动和脑力劳动的差别的"消灭",正是物质文明同精神文明的逻辑的和历史的统一。儒家有"富而后教"的思想。例如,《论语》曰:"子适卫,冉有仆。子曰:'庶矣哉!'冉有曰:'既庶矣,又何加焉?'曰:'富之。'曰:'既富矣,又何加焉?'曰:'教之。'"(《论语·子路》)荀子亦曰:"不富无以养民情,不教无以理民性。"(《荀子·大略》)《管子》上则说:"仓廪实而知礼节,衣食足则知荣辱。"(《管子·牧民》)《韩非子·大体》对于未来社会的构想,特别强调依法治理,通过法治建成一个身心安宁的至安之世,"法如朝露,纯朴不散,心无结怨,口无烦言。故车马不疲弊于远路,旌旗不乱乎大泽,万民不失命于寇戎,雄骏不创寿于旗幢;豪杰不著名于图书,不录功于盘盂,记年之牒空虚"。中国古代的这些思想,都旨在强调物质文明对于精神文明的基础作用,同时也强调物质文明发展之后必须有精神文明相配合,最终取得两者的均衡进步和协调发展。应该说,在古代就提出这种思想,是富有智慧的,它也以其朴素的形式契合马克思主义历史观所追求的理想社会的目标。中国式现代化作为物质文明与精神文明相协调的现代化,无疑深受马克思主义和中国传统文化思想资源的影响。

第四,人与自然和谐共生植根于中华优秀传统文化的天人合一思想。按照唯物史观,人与自然之间矛盾的彻底解决,正是人类历史发展的根本目标和方向。马克思认为:"共产主义……是人和自然界之间、人和人之间的矛盾的真正解决。"① 恩格斯同样指出:"我们这个世纪面临的大变革,即人类同自然的和解以及人类本身的和解。"② 我们坚持以马克思主义基本原理为指导,坚持走社会主义道路,就必须在实现现代化的过程中,以人与自然的和谐共生为根本取向,防止重蹈西方资本主义现代化的"老路"及其带来的生态环境代价的覆辙,以便为中国人民和整个人类谋取福祉。如果说,在五四新文化运动这一现代性语境中,传统文化更多的是一个负面的形象,那么到了今天,中华优秀传统文化的积极意义和启示价值则越来越突出,从而变成了一种正能量。西方的有识之士在现代性危机来临之后,纷纷把自己的目光转向东方,特别是中国传统文化,这并不是偶然的;其背后隐含的深刻理由就是中国文化对于诊疗现代性弊病所具有的启示意义。中国文化历来主张"天人合一"的理念,最大限度地寻求人与自然的和谐。在"两个结合"基础上所选择并践行的社会主义现代化道路,只能是人与自然和谐共生的现代化。

第五,走和平发展道路植根于中华优秀传统文化的睦邻友好、协和万邦思想。在一定意义上,可以说,21世纪乃是通过中国式现代化实现中华民族伟大复兴的世纪。和平性是中华文明所固有的一个突出特点。习近平总书记指出:"中华文明具

---

① [德] 马克思:《1844年经济学哲学手稿》,人民出版社2000年版,第81页。
② 《马克思恩格斯全集》第1卷,人民出版社1956年版,第603页。

有突出的和平性。和平、和睦、和谐是中华文明五千多年来一直传承的理念，主张以道德秩序构造一个群己合一的世界，在人己关系中以他人为重。"① 中国在历史上从来就没有殖民传统，这同以古希腊为摇篮而兴起的西方文明形成鲜明对照。意大利传教士利玛窦曾经讲："如果我们停下来想一想，就会觉得非常值得注意的是，在这样一个几乎具有无数人口和无限幅员的国家，而各种物产又极为丰富，虽然他们有装备精良的陆军和海军，很容易征服邻近的国家，但他们的皇上和人民却从未想过要发动侵略战争，他们很满足于已经有的东西，没有征服的野心。在这方面，他们和欧洲人很不相同，欧洲人常常不满意自己的政府，并贪求别人所享有的东西。西方国家似乎被最高统治权的念头消耗得筋疲力尽，但他们连老祖宗传给他们的东西都保持不住，而中国人却已经保持了数千年之久。我们的一些作者就这个帝国最初创立所做的论断中，断言中国人不仅征服了邻国，而且把势力扩张到远及印度。我仔细研究了中国长达四千多年的历史，不得不承认我从未见到有这类征服的记载，也没听说过他们扩张国界。正相反，我常常就这一论断询问中国博学的历史学家们，他们的答复始终如一：即情形不是这样的，而且也不可能是这样的。"② 从历史上看，中国同周

---

① 习近平：《在文化传承发展座谈会上的讲话》，人民出版社2023年版，第4页。
② 《中国学》编辑委员会：《中国学》第8辑，上海人民出版社2020年版，第9—10页。

边国家和民族的关系,不是殖民和被殖民的关系,而是藩属国的关系,中国对外实行的是"怀柔政策"。孔子曰:"近者悦,远者来。"(《论语·子路》)历史上的中国不能用"帝国"来称谓,否则就是一种误用,因为只有建立殖民统治的国家才能称作"帝国"。与此迥异的是,西方自古希腊城邦开始就有殖民统治的传统,一直持续到20世纪,西方列强将整个世界瓜分完毕。历史事实充分证明中华民族及其文明传统的和平性格和取向。中华民族这一悠久的历史传统和文化品格,决定了中国只能走和平发展的道路,而不是像西方国家那样,靠对外掠夺和殖民扩张来实现自身发展的目标。中国作为社会主义国家,其基本社会制度也决定了中国只能走和平发展的道路。正如习近平总书记所说的那样:"中国式现代化是走和平发展道路的现代化。我国不走一些国家通过战争、殖民、掠夺等方式实现现代化的老路,那种损人利己、充满血腥罪恶的老路给广大发展中国家人民带来深重苦难。"[1] 世界上的冲突以至战争,往往表现为民族矛盾激化的结果,其实质却是阶级对立和冲突的产物。唯物史观所追求的和平,是基于阶级对抗赖以存在的条件的历史消解。这是对人类社会矛盾和冲突的一种釜底抽薪式的解构。就此而言,马克思主义和中华优秀传统文化的旨趣,共同规定了中国式现代化的和平发展道路。

---

[1] 习近平:《高举中国特色社会主义伟大旗帜 为全面建设社会主义现代化国家而团结奋斗——在中国共产党第二十次全国代表大会上的报告》,人民出版社2022年版,第23页。

中国式现代化所具有的五个基本特征，其实质都在于它们内在地蕴含并体现着马克思主义基本原理同中国具体实际相结合、同中华优秀传统文化相结合。离开了"两个结合"，中国式现代化既谈不上中国特质，也谈不上克服并超越资本主义现代化的历史能动性。正是在这个意义上，我们说"两个结合"是全面建设社会主义现代化国家的客观需要。

三 "两个结合"是实现中华民族伟大复兴的客观需要

实现中华民族伟大复兴，需要坚定道路自信、理论自信、制度自信和文化自信，文化自信自强是更加持久、更具韧性的力量。习近平总书记指出："全面建设社会主义现代化国家，必须坚持中国特色社会主义文化发展道路，增强文化自信，围绕举旗帜、聚民心、育新人、兴文化、展形象建设社会主义文化强国，发展面向现代化、面向世界、面向未来的，民族的科学的大众的社会主义文化，激发全民族文化创新创造活力，增强实现中华民族伟大复兴的精神力量。"[1] 同时也应该看到，我们提出文化自信自强，彰显中华民族的文化自主性，是有充分的历史根据和理由的。

今天的中国已经拥有坚定文化自信的足够底气和实力。可

---

[1] 习近平：《高举中国特色社会主义伟大旗帜 为全面建设社会主义现代化国家而团结奋斗——在中国共产党第二十次全国代表大会上的报告》，人民出版社2022年版，第42—43页。

以说，从硬实力到软实力都出现了历史性的转折点。从历史上看，中华民族从未像今天这样如此接近实现伟大复兴的目标。中华民族迎来从站起来、富起来到强起来的历史性跨越，使其所扮演的历史角色也实现了由过去被奴役、被支配、被掠夺、被边缘化的存在，走向了今天跻身于世界民族之林，变成一种不能被无视的主格的存在。正如邓小平同志所说："中国人有自信心，自卑没有出路。过去自卑了一个多世纪，在中国共产党领导下站起来了。"[1]

　　自晚清以来，中华民族就有一种文化意识上的逐步自觉。随着东西方两大文明的相遇，随着"西学东渐"的发生，中国人有了一个达到文化上的自我意识的契机，也就是通过西方文化这一中介看清本土文化的面貌。两次鸦片战争和中日甲午海战的失败，使中华民族陷入被动挨打的局面。我们遭遇了"数千年来未有之变局"（李鸿章语）。在这一历史背景下，不少国人的文化心理一度出现自卑的情形，其典型表现就是主张"全盘西化"。胡适就认为，从物质文明到精神文明，从科学技术到文学艺术，我们是"百事不如人"。作为一次划时代的思想解放，五四新文化运动对于中华民族的近代启蒙具有不可替代的重要作用。但也必须承认，当时对传统文化的认知也存在历史局限性。孟子曰："夫人必自侮，然后人侮之；家必自毁，而后人毁之；国必自伐，而后人伐之。"（《孟子·离娄上》）

---

[1]《邓小平文选》第3卷，人民出版社1993年版，第326页。

倘若丧失文化自信，一个民族不仅不能实现现代化，反而会失去现代化赖以实现的主体本身，从而根本谈不上伟大复兴。因此，文化自信乃是实现中华民族伟大复兴的重要文化心理基础。没有文化自信，就不能极大地提升并增强中华民族的凝聚力和向心力。只有实现文化意识上的根本转变，即由文化自卑转向文化自信，才能为中华民族伟大复兴提供文化共识基础和精神动力。在今天，对于中华民族来说，文化自信自强绝不是虚妄的，我们已经有了走向文化自信自强的充分理由。

首先，从硬实力的角度看，中国已经成为世界第二大经济体，对外贸易总额名列世界前茅，经济实力得到空前提升。目前，我国在世界经济和全球治理中的分量迅速上升，我国是世界第二经济大国、最大货物出口国、第二大货物进口国、第二大对外直接投资国、最大外汇储备国、最大旅游市场，成为影响世界政治经济版图变化的一个主要因素。尽管"我国经济大而不强问题依然突出，人均收入和人民生活水平更是同发达国家不可同日而语，我国经济实力转化为国际制度性权力依然需要付出艰苦努力"[①]；但中国已经成为国际社会的一种不能被无视的存在，已经达到了近代以来的一个历史性转折点，中华民族伟大复兴已经成为不可逆转的大趋势。

其次，从软实力的角度看，早在中华人民共和国成立前夕，毛泽东同志就指出，"自从中国人学会了马克思列宁主义

---

① 《习近平谈治国理政》第二卷，外文出版社2017年版，第213页。

以后，中国人在精神上就由被动转入主动。从这时起，近代世界历史上那种看不起中国人，看不起中国文化的时代应当完结了"，因为"这种中国人民的文化，就其精神方面来说，已经超过了整个资本主义的世界"。① 当然，文化上的自信自强，不仅在于我们掌握了先进的思想武器，还在于中华优秀传统文化的当代价值日益得到彰显。

中国传统文化的这种积极价值多维度地被表征出来。例如，在人与自然的关系维度上，由于全球化带来的负面后果，全球性问题给人类的生存环境造成了严重损害。生态失衡、环境恶化、能源短缺、淡水资源匮乏、粮食危机、核威胁等所造成的生存危机，早在20世纪60年代就已经被提出来了。但是迄今为止，西方国家也未曾找到真正有效的解决之道。这些问题的出现，实际上意味着以工业文明为主导的路径造成了发展的不可持续性。工业文明是以现代技术为基础的，而现代技术内蕴的文化理念是戡天役物，即人类对自然的征服。这种对自然的支配、驾驭、奴役和占有的取向，导致了大自然对人类的报复。近代英国哲学家培根提出"知识就是力量"的口号，他所谓的"知识"主要指自然科学。按照马克思的说法，资本主义生产方式在历史上第一次把生产变成了科学的应用。但正如恩格斯所告诫的那样：人固然能够"通过他所作出的改变来使自然界为自己的目的服务，来支配自然界"；但"我们不要过

---

① 《毛泽东选集》第4卷，人民出版社1991年版，第1516页。

分陶醉于我们人类对自然界的胜利",因为"对于每一次这样的胜利,自然界都对我们进行报复"。① 20世纪下半叶出现的人类生存危机,充分证实了恩格斯的预警。问题在于,出路究竟何在呢?应该承认,中国古代的"天人合一"理念,对于疗治现代技术带来的弊病具有深刻的启示价值,这也正是西方一些思想家试图在中国传统文化资源中寻求拯救之道的一个重要原因。

在人与人的关系维度上,现代社会也出现了社会信任危机,而且这是一种全球性现象。对于人与人的交往来说,社会信任具有前提性的意义。抛弃了社会信任,人与人之间的任何交往都将无法达成。所以,社会信任的重要性不言而喻。社会信任大厦的基石不是法律而是道德,因为法律作为以国家意志表达的契约,它的达成必须基于缔约双方彼此的信任。这只能诉诸道德才能维系。因此,信任危机归根到底折射着道德的衰弱。随着市场经济的发展,人们的功利追求日益凸显,义利关系变成一个无法回避的重要问题。道德感的弱化意味着义利关系的失衡。我们今天面临的一个重要任务,就是重建社会信任体系。要实现这个目标,就必须重建它的道德基础。在这个方面,中华优秀传统文化将能够发挥积极的启迪作用。因为中国文化所蕴含的德性优先和以义制利的价值取向,对于优化人与人的关系、恢复人们之间的信任,具有重要的借鉴意义和价

---

① 《马克思恩格斯选集》第4卷,人民出版社1995年版,第383页。

值，从而构成一种宝贵的文化资源。如果能够在人们的交往中真正贯彻并体现这些理念，将在很大程度上有助于维系整个社会的公序良俗，最大限度地降低人们交往活动中的交易成本，使整个社会趋于稳定、和谐、有序，提升社会整体的有机性。

在人与自我的关系上，现代社会也出现了异化，即人的存在的意义感的丧失。这在西方社会表现得相当突出。在当代，资本主义制度所造成的人的异化，已经由肉体层面过渡到了精神层面。要走出这一困境，就必须重建人的意义世界。正是在这方面，中华优秀传统文化具有显著的优势。罗素说："我们的文明的显著长处在于科学的方法；中国文明的长处则在于对人生归宿的合理理解。"[1] 中国文化更擅长为人们确立健全的人生观提供支持。以儒家为代表的中国传统文化，讲究人生境界的提升。钱穆说："孔子所讲的道理，即中国文化之最独特、最有价值处，是要懂得人之一生，在他内心应能天天有进步。每一人有他一分最高可能的理想与境界。……可由此知道中国文化之高深独特处。"[2] 在中国文化看来，人生境界有自然境界、功利境界、道德境界、天地境界四个层次，分别对应于庶人、小人、君子、圣人人格形式。这就为人的修身养性提供了一个自我反省的参照系。因此，中华优秀传统文化为提升人生境界准备了丰富的思想资源，这对于疗治现代人遭遇的精神危

---

[1] ［英］罗素：《中国问题》，秦悦译，学林出版社1996年版，第153页。
[2] 钱穆：《新亚遗铎》，生活·读书·新知三联书店2004年版，第487页。

机，从而克服"现代病"，无疑具有积极意义。

实现中华民族伟大复兴的过程，是中国式现代化不断探索的过程，是中国特色社会主义取得成功的过程，也是建设中华民族现代文明的过程。只有坚定文化自信，才能为实现中华民族伟大复兴提供坚强思想保证、强大精神力量和有利文化条件。而"两个结合"特别是"第二个结合"，恰恰给出了文化自信的内在根据和历史理由。

第二节　应对世界百年未有之大变局的客观需要

人类文明从来都不是在孤立封闭的状态中存在和演变的，而是在交流互鉴的交往过程中得以存续和发展的。随着"历史向世界历史的转变"，这一点变得更加明显并获得实质性的意义。世界上的任何一种文明，要想绵延昌盛，都需要与时俱进，不断地吸收时代精神的精华。在当今时代，经济全球化、义化多样化，给各民族文明的发展带来了新的机遇和新的希望；同时，国际局势的不确定性不稳定性也日益凸显，团结还是分裂、开放还是封闭、合作还是对抗，关乎人类整体利益，也考验着各国回应挑战的选择和智慧，"人类文明的存亡已是必须面对的现实课题"[①]。提出并强调"两个结合"，乃是回应世界

[①] 中华人民共和国国务院新闻办公室：《携手构建人类命运共同体：中国倡议与行动》，人民出版社2023年版，第1页。

百年未有之大变局的挑战，勇于担当中华民族的历史责任的客观要求，也是为创造人类文明新形态贡献中国经验、中国方案、中国智慧，开辟整个人类社会更加美好未来的客观需要。

一 在世界百年未有之大变局中开新局

世界百年未有之大变局加速演进，世界政治经济格局正在发生深刻调整，出现了从"一超多强"到新兴经济体加快发展、发展中国家群体性崛起的历史转变。一方面，和平、发展、合作、共赢的历史潮流不可阻挡；另一方面，一些西方国家，固守冷战思维，奉行对竞争对手的全面遏制战略。以中国为代表的广大发展中国家，主张人类命运共同体理念，秉持文明多样性和多元文明交流互鉴立场，在求变图强中不断发展。不可否认，发达国家尤其是美国对全球和地区事务的主导作用呈现下降趋势，广大新兴经济体和发展中国家将具有越来越明显的战略自主。这虽然在短期内增加了地区局势的变数，但从长期看则越来越推动世界格局向多极化和均衡化演进。

这场变局是世界范围的，无远弗届地席卷了全球每一个角落；这场变局又是系统性的，涵盖政治、经济、社会、文化、科技、军事、环境等各个方面，不但面面俱到，而且环环相扣，乃至息息相关，呈现"一荣俱荣，一损俱损"的特点。这场变局影响深远，无论在深度上，还是在广度上，都是前所未有的。面对世界之变局，如何做到方寸不乱，初心不改，是中国共产党走过百年辉煌历程后又一场历史性考验。当前，"西强东弱"的态势依然没有改变，在短期内还将维持，但从宏大历史视野看，"东升西降"则构成总体演进态势。发展中国家特别是中国的和平崛起，构成不可逆转的大趋势。中国共产党不骄傲、不松懈、不畏难、不信邪，"乱云飞渡仍从容"，坚持"两个结合"，在应对这场变局中谋新篇布新局，充分展现了高瞻远瞩的敏锐眼光和守正创新的文化自信。

习近平总书记指出："中华民族具有百万年的人类史、一万年的文化史、五千多年的文明史。"[①] 可以说，这在世界上是独一无二的。人类历史演进到今天，许多既往文明的辉煌早已黯淡下去，甚至掩埋在时间的沙丘中了。世界上有四大文明古国，即古代埃及、古代巴比伦、古代印度、古代中国，但唯有中华文明在历史上从未中断过，而且是以国家的形态一直延续至今，生生不息、历久弥新，堪称人类历史上的奇迹。这一特点无疑表明了中华文明所具有的独特优势，体现出绵延不绝的生命力、无与伦比的凝聚力和与时俱进的创造力，展现出守正不守旧、尊古不复古的刚健进取、温柔敦厚、互补相协的精神气质。尽管经历了无数历史磨难，种种内忧外患，却愈益激发并形成了中华文明刚柔相济的优秀品格。随着历史条件的变迁而不断调整和优化自身的强大适应能力，古老的中华文明不断焕发出新的生机和活力，正所谓"周虽旧邦，其命维新"。

---

① 习近平：《在文化传承发展座谈会上的讲话》，人民出版社 2023 年版，第 1 页。

中华文明具有突出的连续性、创新性、统一性、包容性、和平性，这不仅是中华文明的基本特征，同时也是中华文明的优势。它们赋予中国式现代化以深邃的历史内涵和厚重的文明底蕴，从而为建设中华民族现代文明、构建人类文明新形态奠定了坚实基础。

鉴古以知今，继往而开来。应在新的世界历史格局中，特别是在世界百年未有之大变局中，确立中华文明的时空坐标，在此基础上对西方现代化的发展路径作出审慎甄别和批判借鉴，以建设中华民族现代文明作为中华民族伟大复兴的目标得以实现的衡准。

从历史上看，西方国家率先走上现代化之路，并一度以其比较优势深刻地影响了晚清以来中国社会的发展进程，并建立起所谓的"普世价值"，试图主宰后发展国家的现代走向。它所带来的历史后果，大致表现在三个方面。

第一，西方现代化国家力图从实践层面将其发展道路和模式变成唯一可能的样板，强加给发展中国家和民族。不可否认，资本主义生产方式在历史上主导了工业革命，深刻地改变了传统的农业文明。资产阶级在其统治的时代，造成了现代和传统二分模式，导致了一种历史性的断裂，极大地改变了世界历史的面貌。因此，对古老的东方特别是中国走上现代化道路，"欧风美雨"的确带来某种启蒙作用。但是，无论如何"现代化"，无论走怎样的道路，各个国家、各个民族并没有一成不变、普遍有效的模式、路径和步骤，它们只能依据本身的文化传统和具体国情，选择走什么样的现代化道路。由依附性发展到自主性发展的历史转变，不仅是后发展国家和民族的权利，更是其责任。

第二，西方现代化国家还力图从理论层面垄断意识形态的解释权和话语权。在西方所主导的现代化叙事中，现代化被等同于西方化。这一"迷思"把对后发展国家和民族的征服和殖民统治视作"拯救"，把西方式现代化模式泛化为进入现代文明的唯一有效的路径，从而变成一种普世价值。美国学者海斯等人1932年所著《世界史》一书，就是这种叙事的典型代表，它主张各国的现代化都要毫无例外地走西方国家的道路，甚至认为："欧洲的白种人对于他们的黄色、棕色和黑色的同胞们施以教诲，必要时不惜使用强迫手段，叫他们采用欧洲人的方法。"[①] 1981年，埃里克·琼斯（Eric Jones）出版了其著作《欧洲奇迹：欧洲和亚洲历史上的环境、经济和地缘政治》，体现的是欧洲中心主义。可以说，这种把现代化同西方化完全等价的发展公式，不仅折射出西方式的自负，而且体现着西方式的狭隘，因为它完全无视非西方国家和民族走向现代文明道路的独特性和多样性。

第三，西方现代化的历史经验曾在近现代中国引发激烈争论和历史迷思，但中国共产党领导中华民族所作出的文化选择

[①] [美]海斯等：《世界史》，费孝通等译，世界图书出版公司2010年版，第470页。

克服并超越了中西文化论战,探索出一条综合创新之路。晚清以降,特别是五四时期,"全盘西化"论一度甚嚣尘上。20世纪上半叶的中国,曾产生过激烈的古今中西文化大论战。保守主义的国粹派拒绝和反对"全盘西化"派,但无力抵抗后者咄咄逼人的攻势。1933年7月,《申报月刊》在其创刊一周年的"特大号"上设立"中国现代化问题"特辑,提出了"中国现代化问题",以及现代化中"工业化"意义和道路等问题,成为中国思想界第一次以"中国现代化"为主题进行的思想交流和交融,其中也不乏见解相异的思想交锋。"中国现代化问题"特辑,重于经济方面的"现代化"问题的探讨,主要有两大基本问题:一是"中国现代化的困难和障碍是什么?要促进中国现代化,需要甚么几个先决条件";二是"中国现代化当采取哪一个方式,个人主义的或社会主义的?外国资本所促成的现代化,或国民资本所自发的现代化?又实现这方式的步骤怎样?"但实际讨论的内容,既超出了这两个基本问题的范围,也多有超出经济上的现代化问题。"中国现代化问题"特辑编者把各家来稿分作"短文"和"专论"两类,其中"短文"10篇、"专论"16篇。各撰稿者不管是在"短文"还是"专论"中,论题尽管不一,但在阐释的内容上颇为接近,在阐释的题目上,"短文"集中于对专辑两个问题的直接的回答,"专论"则重于对两个问题作专题性的论述。从内容上看,"短文"和"专论"并没有严格的区分。

中国共产党登上历史舞台,领导中华民族致力于独立、解放和伟大复兴的历史伟业。这为从中国具体实际出发，激活中国发展的内在基因，特别是文化基因提供了难得的历史机遇。在中国究竟向何处去、中国未来道路究竟如何选择等关系到中华民族命运的大是大非问题上，中国共产党坚定地把握中华优秀传统文化这一"根脉"和马克思主义这一"魂脉"，从而使得古老的中国在实现现代化的发展中得以生生不息，焕发出新的生命活力。从文化的角度说，既反对激进的"全盘西化"派，也反对抱残守缺的"国粹"派，体现了中华民族现代文明的基本取向。正如习近平总书记所指出的那样："中国特色社会主义道路首先是社会主义，这是从马克思主义那里来的；同时，中国文化中朴素的社会主义元素也提供了中国接受马克思主义的文化基础。"①

阐旧邦以辅新命，顺大势而成伟业。关于中国传统文化，毛泽东同志说过："我们这个民族有数千年的历史，有它的特点，有它的许多珍贵品。对于这些我们还是小学生。今天的中国是历史的中国的一个发展：我们是马克思主义的历史主义者，我们不应当割断历史。从孔夫子到孙中山，我们应当给以总结，承继这一份珍贵的遗产。"② 这充分体现了中国共产党对中华优秀传统文化所持有的一种实事求是的自信态度。同时，毛泽东同志又进一步指出，马克思主义者必须具有世界眼光和

---

① 习近平：《在文化传承发展座谈会上的讲话》，人民出版社2023年版，第7页。
② 《毛泽东选集》第2卷，人民出版社1991年版，第533—534页。

博大胸襟,清醒地看到走向现代文明是世界各民族和国家发展的大趋势。这意味着中国共产党确立起远远高于同时代探索者的立足点,并把握住了人类文明的发展方向:无论各个民族是主动还是被动,最终都不可避免地在冲突融合中参与到现代文明的潮流之中。

中国共产党领导中华民族,历经种种磨难和挫折,最终找到了一条既符合马克思主义基本原理,又合乎中国具体实际,同中华优秀传统文化相契合的革命、建设、改革之路,成功地探索出了中国式现代化道路。在这一进程中,中国共产党深刻总结了正反两方面的经验教训,更加重视马克思主义基本原理同中国具体实际相结合、同中华优秀传统文化相结合。经过以毛泽东、邓小平、江泽民、胡锦涛同志为主要代表的中国共产党人不懈奋斗和艰辛努力,特别是党的十八大以来,在以习近平同志为核心的党中央坚强有力的领导下,创造性地提出"两个结合"特别是"第二个结合",成功地打破了"现代化＝西方化"的历史迷思,取得了里程碑式的突破和进展,使中华民族屹立于世界东方。

着眼历史,我们不难发现,任何成功的现代化都离不开传统文化中优秀因子的传承和弘扬。雅斯贝斯认为:"使我们成为人类的不是遗传,而往往是传统的内容。"[①] 传统文化是有生

[①] [德]卡尔·雅斯贝斯:《历史的起源与目标》,魏楚雄、俞新天译,华夏出版社1989年版,第272页。

命的，是有血脉精神的，它勾连着历史和当下，培育了一个民族的文化心理、精神气质和品性。在此意义上，文化具有超越性的维度，无论如何时移世易，其道统和根脉总是不绝如缕地延续下来，构成一个民族的精神底蕴和魂魄。只有在历史性的文化母体中，一个民族才能找到自身的归属感和认同感，这就是人们赖以生存的根基。按照雅斯贝斯的考察，在公元前800年到公元前200年这一过程中产生了世界发展的历史轴心。"自它产生以后，历史产生了人类所能达到的一切。它的特征即使在经验上不必是无可辩驳的和明显确凿的，也必是能使人领悟和信服的，以便引申出一个为所有民族——不计特殊的宗教信条，包括西方人、亚洲人和地球上一切人——进行历史自我理解的共同框架。"① 雅斯贝斯不无感慨地说："直至今日，人类一直靠轴心期所产生、思考和创造的一切而生存。每一次新的飞跃都回顾这一时期，并被它重燃火焰。自那以后，情况就是这样。轴心期潜力的苏醒和对轴心期潜力的回忆，或曰复兴，总是提供了精神动力。对这一开端复归是中国、印度和西方不断发生的事情。"②

建设中华民族现代文明由于依托自身固有的优秀文化因子，并实事求是地依照中国具体实际来展开，形成了更具优势

---

① [德]卡尔·雅斯贝斯：《历史的起源与目标》，魏楚雄、俞新天译，华夏出版社1989年版，第7页。
② [德]卡尔·雅斯贝斯：《历史的起源与目标》，魏楚雄、俞新天译，华夏出版社1989年版，第14页。

和免疫作用的现代化新路径。这对因饱受西方现代化弊病带来的苦痛而拒斥现代化的民族来说，无疑更有启迪价值，也为解决全球治理难题提供了中国方案。

二 确立文明交流互鉴主体性的内在要求

习近平总书记强调，中华文明的固有性格，"决定了中国不断追求文明交流互鉴而不搞文化霸权"，"决定了中华文化对世界文明兼收并蓄的开放胸怀"。① 在文明交流互鉴中，始终保持文化主体性是其内在要求，因为"任何文化要立得住、行得远，要有引领力、凝聚力、塑造力、辐射力，就必须有自己的主体性"②。文化主体性的确立和巩固，需要兼具"海纳百川"的胸怀与"壁立千仞"的风骨。只有在人类文明新形态的能动建构中，通过"两个结合"，才能真正确立和巩固中华民族的文化主体性。

首先，中华优秀传统文化博大精深，在塑造民族文化性格上可以媲美任何一种文明。

放眼世界，法兰西民族长于其革命传统和浪漫气质，日耳曼民族长于其哲学思辨和严谨缜密，英吉利民族长于其务实事功和重视经验。同样地，中华民族也有其独到之处和优长所

---

① 习近平：《在文化传承发展座谈会上的讲话》，人民出版社2023年版，第7页。

② 习近平：《在文化传承发展座谈会上的讲话》，人民出版社2023年版，第8页。

在。中华文明具有鲜明的连续性、创新性、统一性、包容性、和平性。这是经过漫长的历史演进，同其他文明相比较而显现出来的基本特征，它既是特点，也是优点。100多年前，造访中国的罗素曾说过："如果中国人没有被驱使而实行军国主义，他们可能会创造出一种真正的新文明。这种灿烂的新文明将比我们西方已经产生的任何文明都好。"[①] 中华优秀传统文化为中华民族沉淀出真正稳定而自信的文化心理和气质。我们也许从表面上难以发现传统对我们行为方式、思维方式、心理习惯等的深刻影响，但对传统文化了解越深，就越发体会到传统之根与我们之间血脉相连。在中华民族走向现代化的过程中，中国传统文化的精华必将发挥其积极作用，从而焕发出勃勃生机。

中国传统文化是一种以儒家为主干，融诸子百家特别是儒道释为一体的综合文化形态。尽管人的理智和情感常常处于冲突之中，中国传统文化却在这种冲突中找到了最好的平衡，"真正的中国人是过着成熟理性生活却不失赤子之心的人"[②]。辜鸿铭曾经推崇孔夫子是中国文明所产生的最完美的人格，是真正的中国人。这种文化认同不是依靠严密的逻辑论证，却是起于心发于胸的真情流露。林语堂同样指出了中国文化的这个特点，认为儒家传统教育下的中国人，确实觉得孔夫子的传统

[①] [英] 罗素：《罗素论中西文化》，杨发庭等译，北京出版社2010年版，第105页。

[②] 辜鸿铭：《中国人的精神》（英文版），外语教学与研究出版社1998年版，第62页。

已经解决了从道德素养理解人生，解决伦理与政治关系的重要命题。"中华民族受了孔子教化的洗礼虽经过了很长的时期，这个民族的生命好像倒并未达到成熟衰老的年龄，而享受着绵长的童年生活。"[①] 可以说，中国传统文化的这种独特魅力，为确立自信自强的文化主体性提供了坚实基础。

其次，中华优秀传统文化只有在"两个结合"中才能真正焕发自身的荣光，从而为构建人类文明新形态奠定基础。

中国传统的优秀精神产品的文化浸润力通过现代解释会更为直观地抵达中国人心灵深处，甚至在某种程度上因其不可复制、不可仿制而具有历史的穿透力。在五四新文化运动中，虽然各家各派都在诊断传统文化的弊病，并试图拿出济世良方来。但即使是最为激进的人物，其身上也流淌着传统文化的血液。他们的激进主张不过是出于心理上的"哀其不幸，怒其不争"，因而"爱之深，责之苛"罢了。如果说，辜鸿铭、冯友兰、林语堂等人奋力阐发传统文化中优秀的一面，还不足以证明中华优秀传统就可以直接有现代之用，但他们毕竟道出了传统可以融入现代甚至超越现代的价值。

重新审视传统文化，重估其当代价值，以便激活中国传统文化中的优秀因子，乃是走向中国式现代化的必然诉求。因为中国式现代化的"中国特质"，在很大程度上就取决于它的中国传统文化背景。也正是在此意义上，中国共产党领导中国人

---

① 林语堂：《吾国与吾民》，宝文堂书店1988年版，第37页。

民把马克思主义基本原理同中华优秀传统文化相结合，并以此为基础实现传统文化的创造性转化和创新性发展，开辟出一条超越资本主义和西方模式的中国式现代化道路。

最后，秉持开放包容，积极吸收人类文明一切优秀成果，在交流互鉴中保持中华民族的文化主体性。

应该说，西方很多有识之士已不再把现代化等同于西方化，甚至在某种程度上看到了东西方文明交流互鉴的重要作用，但也不可否认，还有一些西方人士总是自觉或不自觉地强调不同文明之间的彼此对抗，固守"零和博弈"的过时思维。布热津斯基说："美国政策的最终目标应该是善良的和有眼光的：依照长期的潮流和人类的根本利益建立一个真正合作的全球大家庭。"① 但在美国一些政客那里，这一"最终目标"始终不过是一种空谈。作为世界上唯一的超级大国，美国在全球占有军事优势，在尖端科技领域地位领先，还有美国价值观作为"软实力"，以维持其世界霸权地位。为此，它不能容忍出现任何一个与之匹敌的新兴国家。具体地说，就是把中国看作21世纪与之博弈的最大竞争对手。亨廷顿就曾预言："最重要的权力增长正在并将继续发生在亚洲文明之中，中国正逐渐成为最有可能在全球影响方面向西方挑战的国家。这种文明间的权力转移正在并将继续导致非西方社会的复兴和日益伸张其自

---

① ［美］兹比格纽·布热津斯基：《大棋局——美国的首要地位及其地缘战略》，中国国际问题研究所译，上海人民出版社1997年版，第3页。

身文化，并摒弃西方文化。"① 尽管亨廷顿秉持的是斯宾格勒式西方衰落的论点，并真切感受到世界格局"东升西降"的不可逆性，但他同样未曾准确把握中国和平崛起的世界历史意义。相反，亨廷顿强调的是"文明的冲突"，这无法解释建立在人类普遍交往基础上的"世界历史"及其全球化后果。从人类文明演进的实际历史过程看，只有文明交流互鉴才是文明发展和成就的正道，也是人类文明发展的常态。在今天这样一个全球化时代，只有超越"零和博弈"的狭隘逻辑，转向"正和博弈"的对话和合作，寻求双赢，人类文明的发展和进步才能获得真正可靠的保障。

历史已经并将继续证明，只有和平发展合作共赢才是人类文明发展的真正出路。尽管当前的世界处在一种动荡、冲突和不确定的状态，但人类文明多样性更加彰显，世界各国开放包容、多元互鉴依然是主基调。世界上绝大多数国家和人民是渴望和平发展的。因此，在中国共产党强有力的领导下，中华民族伟大复兴虽然不可避免地遇到前所未有的重重阻碍、遏制和挑战，但依然不可逆转。某些西方国家的担忧和质疑，除了既得利益的限囿，不过是对中华优秀传统文化误读、对中国和平发展误解的结果，必将为历史所证伪。

---

① ［美］塞缪尔·亨廷顿：《文明的冲突和世界秩序的重建》，周琪等译，新华出版社1998年版，第77页。

第三节　马克思主义中国化时代化飞跃的客观需要

习近平总书记指出："中国共产党为什么能，中国特色社会主义为什么好，归根到底是因为马克思主义行。马克思主义之所以行，就在于党不断推进马克思主义中国化时代化并用以指导实践。"[1] 只有同中华优秀传统文化有机"结合"了的马克思主义，才能在中国变成一种有生命的"活的马克思主义"；离开了这种结合，马克思主义顶多是"在中国"，而不可能变成"中国的"。这是中国革命、建设、改革的历史经验一再证明的实践结论，也是"两个结合"提出的理论逻辑。中华民族伟大复兴历史伟业的不断深化和拓展，要求我们必须从中华民族五千多年文明史和人类文明演变史的宏阔视野来看待"两个结合"特别是"第二个结合"得以提出的时代背景和重大意义。正是基于对中国特色社会主义进入新时代这一时空坐标的恰当定位，基于马克思主义中国化时代化不断深化和拓展的必然要求，基于新时代坚持和发展当代中国马克思主义、二十一世纪马克思主义的内在要求，"两个结合"才得以被自觉提出。

---

[1] 《继续把党史总结学习教育宣传引向深入　更好把握和运用党的百年奋斗历史经验》，《人民日报》2022年1月12日。

一 马克思主义中国化时代化的新时空坐标

马克思和恩格斯说:"一切划时代的体系的真正的内容都是由于产生这些体系的那个时期的需要而形成起来的。"① 在新的历史语境中,马克思主义中国化时代化必然具有新的时空维度,从而获得特定的历史坐标。马克思主义的新发展、新飞跃,必然以新的实践状况及其所建构的特定历史条件作为坚实基础。坚持和发展中国特色社会主义,必须把握时代特点,直面时代课题。唯其如此,马克思主义才能在不断创新中保持自身的生机与活力。中国特色社会主义进入新时代,多维度地凸显了马克思主义中国化时代化的新时空坐标。这是"两个结合"得以自觉提出的时代条件。

首先,更好担负起新时代新的文化使命的需要。

习近平总书记在文化传承发展座谈会上,从党和国家事业发展全局战略高度,对中华文化传承发展的一系列重大理论和现实问题作了全面系统深入阐述,强调在新的起点上继续推动文化繁荣、建设文化强国、建设中华民族现代文明,是我们在新时代新的文化使命,要坚定文化自信、担当使命、奋发有为,共同努力创造属于我们这个时代的新文化,建设中华民族现代文明。②

---

① 《马克思恩格斯全集》第3卷,人民出版社1960年版,第544页。
② 参见习近平《在文化传承发展座谈会上的讲话》,人民出版社2023年版,第10—12页。

这为坚定文化自信自强，更好担负起新时代新的文化使命，扎实推进中华民族现代文明和社会主义文化强国建设，指明了前进方向，提供了根本遵循。

继续推动文化繁荣。文化兴则国家兴，文化强则民族强。党的十八大以来，我们党把文化建设提升到一个新的历史高度。习近平总书记指出，统筹推进"五位一体"总体布局、协调推进"四个全面"战略布局，文化是重要内容；推动高质量发展，文化是重要支点；满足人民日益增长的美好生活需要，文化是重要因素；战胜前进道路上各种风险挑战，文化是重要力量源泉。这些重要论述系统阐明了文化繁荣发展的极端重要性。新的文化使命内含实现人民对美好生活向往的任务，这就要求创造出更多的精神财富以满足人民日益增长的文化需要。我们党一直重视文化事业与文化产业的发展，坚持把社会效益放在首位、坚持社会效益和经济效益相统一，推进文化事业和文化产业全面发展，繁荣文艺创作，完善公共文化服务体系，为人民提供了更多更好的精神食粮。新的文化使命内含以文化繁荣发展推进中国式现代化的任务。没有社会主义文化繁荣发展，就没有社会主义现代化。党的二十大报告强调，中国式现代化是物质文明和精神文明相协调的现代化。物质富足、精神富有是社会主义现代化的根本要求。物质贫困不是社会主义，精神贫乏也不是社会主义。一个民族的复兴需要强大的物质力量，也需要强大的精神力量。更好担负起新时代新的文化使命，要求我们大力发展社会主义先进文化，加强理想信念教育，传承中华文明，促进物的全面丰富和人的全面发展，使社会主义中国处处充满着昂扬向上的力量。

建设文化强国。一个国家是否强盛，文化强不强是一个重要方面。在五千多年文明发展进程中，中华民族创造了高度发达的文明，我们的先人发明了造纸术、火药、印刷术、指南针，在天文、算学、医学、农学等多个领域创造了累累硕果，为世界贡献了无数科技创新成果，对世界文明进步影响深远、贡献巨大，也使我国长期居于世界强国之列。几千年来，中华民族不仅产生了老子、孔子等闻名于世的伟大思想巨匠，而且创作了很多伟大的文化作品。实践证明，文化兴盛始终是国家强盛的重要条件。中华民族要实现伟大复兴，既需要强大的物质力量，也需要强大的精神力量。党的二十大报告把"建成教育强国、科技强国、人才强国、文化强国、体育强国、健康中国，国家文化软实力显著增强"作为到2035年我国发展的总体目标之一。我们要建设的文化强国既有一般文化强国的共同特征，又有基于自身国情的显著特色。就共同特征而言，文化强国具有文化供给能力强、文化产品质量高、公共文化服务完善、文化制度健全、文化法治体系运转良好等因素。就鲜明特征而言，文化强国是社会主义性质的，是以马克思主义为指导的，文化是生机勃勃的，是体现普惠性、公平性的。推进文化强国建设要把握好几个方面的工作。一是要增强公共文化建设能力。二是要增强优质文化产品供给能力。三是要提高全社会文明程度。要把提高社会文明程度作为建设社会主义文化强国的重大任务，坚持重在建设、以立为本，坚持久久为功、持之以恒，努力推动形成适应新时代要求的思想观念、精神面貌、文明风尚、行为规范。

建设中华民族现代文明。文明是现代化国家的显著标志。中国共产党人用马克思主义的真理力量激活了中华民族历经几千年创造的伟大文明，使中华文明再次迸发出强大精神力量。建设中华民族现代文明，成为新时代新的文化使命的重要内涵。一是坚定文化自信。建设中华民族现代文明，必须坚持走自己的路，立足中华民族伟大历史实践和当代实践，用中国道理总结好中国经验，把中国经验提升为中国理论，实现精神上的独立自主。二是更加充分地激发亿万人民群众的文明创造力。中国人民是有伟大创造精神的人民。中华人民共和国成立后特别是改革开放后，中国人民焕发出前所未有的积极性、主动性、创造性，在社会主义现代化建设中展现出气吞山河的强大力量。人民用自己的聪明才智不仅改造着大自然的地貌，使板结的土壤变肥沃、沙漠变绿洲，而且改造着经济社会的地貌，使贫瘠的山村变成振兴的乡村。在新时代，14亿多人追逐现代化的动能澎湃，14亿多人实现美好生活的愿望强烈，这一切让中国社会每天都发生着美好的变化。可以说，人民群众不仅是物质文明发展的主体，也是精神文明发展的主体，更是创造先进文化和先进生产方式的主体。三是秉持开放包容，在吸收借鉴中培育现代文明。世界文明历史揭示了一个规律，任何一种文明都要与时偕行，不断吸纳时代精华。中华文明自古就以开放包容闻名于世，张骞出使西域、玄奘西行天竺、郑和七下西洋，中华文明在同其他文明的一次次交流互鉴中不断焕发新的生命力。中华文明五千多年发展史充分说明，无论是物种、技术，还是资源、人群，甚至是思想、文化，都是在不断传播、交流、互动中得以发展、得以进步的。中华文明是历史的，也是当代的；是民族的，也是世界的。在新的历史起点上继续推动文化繁荣、建设文化强国、建设中华民族现代文明，要坚持马克思主义中国化时代化，传承发展中华优秀传统文化，促进外来文化本土化，不断培育和创造新时代中国特色社会主义文化。这是对历史最好的继承，也是对人类文明最大的礼敬。

其次，社会主要矛盾历史性变化构成深刻认识"两个结合"的重要视角。

习近平总书记指出："要坚定文化自信，推动中华优秀传统文化创造性转化、创新性发展，继承革命文化，发展社会主义先进文化，不断铸就中华文化新辉煌，建设社会主义文化强国。统筹推进'五位一体'总体布局、协调推进'四个全面'战略布局，文化是重要内容；推动高质量发展，文化是重要支点；满足人民日益增长的美好生活需要，文化是重要因素；战胜前进道路上各种风险挑战，文化是重要力量源泉。"[1] 这"四个重要"深刻阐明了文化在中国特色社会主义事业发展中的极端重要性。在这"四个重要"中，文化在满足人民日益增长的美好生活需要中具有特殊意义。

---

[1] 《习近平谈治国理政》第四卷，外文出版社2022年版，第309—310页。

中国特色社会主义进入新时代，我国社会主要矛盾转化为人民日益增长的美好生活需要和不平衡不充分的发展之间的矛盾。要解决这个矛盾，就要把握美好生活需要中文化需要的丰富内涵。为此，一是必须坚持以人民为中心，着眼于丰富人民群众精神文化生活、满足人民群众精神文化需要，更好保障人民文化权益。二是要大力推动文化领域供给侧结构性改革，以高质量文化供给满足多样化的文化需求，增强人民群众的文化获得感幸福感。三是要解决人的全面发展问题。习近平总书记指出："人，本质上就是文化的人，而不是'物化'的人；是能动的、全面的人，而不是僵化的、'单向度'的人。"[1] 按照唯物史观，资本主义生产方式所造成的人与人之间的分裂的状态必然被历史地克服和超越。在中国特色社会主义的既有发展过程及积累的巨大成就中，不平衡不充分的问题，既表现为不同地域、不同领域发展速度、质量不同，也表现为物质文明与精神文明发展的不平衡。新时代的发展任务，绝不仅仅是只重视物质文明的高度发达，物质与精神的和谐发展，人民道德水平的提高、人的精神层次的提升至少是同样重要的内容。这就要求我们在继续推动发展的基础上，着力解决好发展不平衡不充分问题，更好推动人的均衡发展和社会的全面进步。在迈向第二个百年奋斗目标的征程中，道德文化、精神文明、公民素质等软实力，是全面建设社会主义现代化国家的必备要素。在

---

[1] 习近平：《之江新语》，浙江人民出版社2007年版，第150页。

这个方面，中华优秀传统文化有着天然的优势。深入挖掘、大力弘扬中华优秀传统文化蕴含的丰富的哲学思想、人文精神、教化思想、道德理念等价值内涵，对于我们奋进新征程、建功新时代、创造人民向往的美好生活具有重要意义。注重精神力量，强调从精神上解决问题，是习近平总书记治国理政思想的一个鲜明特征，这构成我们深刻认识"两个结合"的重要视角。

最后，中国和世界关系的急剧变动凸显了文化的重要性。

"文化关乎国本、国运。"[①] 新时代以来，习近平总书记基于人类社会发展的新趋势和世界格局的新变化，基于世界力量对比和中华民族伟大复兴的坐标，科学地界定了当今世界大势和我国所处的历史方位。习近平总书记指出："放眼世界，我们面对的是百年未有之大变局。"[②] 世界之变、时代之变、历史之变正以前所未有的方式展开，远远超越一时一事、一域一国之变，其范围之广、程度之深、影响之远，都是史无前例的。在习近平总书记提倡的"世界那么大，问题那么多，国际社会期待听到中国声音、看到中国方案，中国不能缺席"[③] 的理念下，党的十八大以来，我们更加自信地敞开胸怀、拥抱世界，开放的大门越开越大。今日的中国不仅是中国之中国，而且是

[①] 习近平：《在文化传承发展座谈会上的讲话》，人民出版社2023年版，第1页。

[②] 《习近平关于中国特色大国外交论述摘编》，中央文献出版社2020年版，第74页。

[③] 《习近平主席新年贺词（2014—2018）》，人民出版社2018年版，第13页。

世界之中国。恩格斯指出："文明是实践的事情，是社会的素质。"① 面对地缘冲突加剧，经济复苏乏力，冷战思维回潮这样一个不确定的世界，我们必须充分运用好文化的力量，特别是运用好中华优秀传统文化。中华优秀传统文化给我们提供了认识不确定世界的丰富智慧与方法，使我们认识到中国与世界从来都是紧密相连的。

随着中国和世界关系的新变化，双方不论是在科技领域、经济领域，还是在思想文化领域，其关系都会愈发复杂，在思想文化领域，交流交融交锋更加频繁，交流交融更加深入、广泛。2021年，我国对外文化贸易额首次突破2000亿美元，同比增长38.7%。我国的影视剧、网络文学、网络视听、创意产品等领域出口迅速发展。② 2023年7月，在共建"一带一路"倡议提出十周年之际，由中国外文局等机构主办的首届"海丝国际纪录片大会"吸引了来自法国、英国、加拿大、日本、韩国、柬埔寨等40多个国家和地区的400多名纪录片导演、制作人、制播机构代表及享誉全球的纪录片专家学者参加。③ 在这一过程中，交锋也更加激烈、尖锐。各种敌对势力一直企图在我国制造"颜色革命"，千方百计要在思想上、政治上搞乱我

---

① 《马克思恩格斯文集》第1卷，人民出版社2009年版，第97页。
② 《2021年我国对外文化贸易额首次突破2000亿美元》，新华社，2022年7月21日，https://h.xinhuaxmt.com/vh512/share/10969730?channel=weixin。
③ 郑娜：《携手共建文明百花园——2023海丝国际纪录片大会侧记》，《人民日报（海外版）》2023年7月17日。

们，妄图颠覆中国共产党领导和我国社会主义制度。习近平总书记意味深长地指出："我们中国共产党人能不能打仗，新中国的成立已经说明了；我们中国共产党人能不能搞建设搞发展，改革开放的推进也已经说明了；但是，我们中国共产党人能不能在日益复杂的国际国内环境下坚持住党的领导、坚持和发展中国特色社会主义，这个还需要我们一代一代共产党人继续作出回答。做好意识形态工作，做好宣传思想工作，要放到这个大背景下来认识。"[①] 对此，习近平总书记一再启发人们正确认识中国，指出"脱离了中国的历史，脱离了中国的文化，脱离了中国人的精神世界，脱离了当代中国的深刻变革，是难以正确认识中国的"[②]，而"西方很多人习惯于把中国看作西方现代化理论视野中的近现代民族国家，没有从五千多年文明史的角度来看中国，这样就难以真正理解中国的过去、现在、未来"[③]。"两个结合"彰显了中华民族数千年来不断探索自身发展道路所积淀的最深层精神追求在新时代中国的自然表达，能够使新时代党的创新理论更加深入人心，使社会主义核心价值观广泛传播，使中华优秀传统文化得到创造性转化、创新性发展，使全党全国各族人民文化自信明显增强、精神面貌更加奋发昂扬，进而对确保党的长期执政、确保国家长治久安、确保

---

① 《党的二十大报告辅导读本》，人民出版社2022年版，第410页。
② 《习近平外交演讲集》第一卷，中央文献出版社2022年版，第128页。
③ 习近平：《把中国文明历史研究引向深入 增强历史自觉坚定文化自信》，《求是》2022年第14期。

中华民族长盛不衰起到文化支撑作用。

二 马克思主义中国化时代化的不断深化和拓展

习近平总书记指出："在五千多年中华文明深厚基础上开辟和发展中国特色社会主义，把马克思主义基本原理同中国具体实际、同中华优秀传统文化相结合是必由之路。这是我们在探索中国特色社会主义道路中得出的规律性认识。"[①]"两个结合"的提出，是马克思主义中国化时代化不断深化和拓展的体现和要求。从马克思主义基本原理同中国具体实际相结合，到马克思主义基本原理同中华优秀传统文化相结合，既是实践不断创新的结果、历史不断拓展的体现，也是逻辑不断深化的要求。

首先，"马克思主义中国化时代化"的理论逻辑。

对非西方的国家和民族而言，马克思主义无疑是一种外来的思想文化。它的传入要先图生存，再图发展。其生存的关键就是能不能嵌入这个文化土壤里去，能不能和这个民族的文化相契合和融通。我国自古以来，就是世界上无神论思想占重要地位的唯一大国。我国在历史上形成的无神论思想，既促进了古代的文化繁荣，又为马克思主义在中国的广泛传播奠定了思想基础。其发展的关键是能不能解决这个民族面临的问题，特别是关系到前途和命运的大问题。中华文明是世界上唯一没有

---

① 习近平：《在文化传承发展座谈会上的讲话》，人民出版社 2023 年版，第 5 页。

中断过的文明，马克思主义必须同中华民族的理想、向往，以及那些决定人们生活和行为方式的文化特质相结合。中国革命、建设、改革的历史实践充分凸显了这一逻辑。马克思主义的人民立场同传统文化中的民本思想，其革命理论同传统的革故鼎新思想，共产主义学说同传统社会的大同理想，唯物论、辩证法同中国古代"实事求是"和辩证思维等，一直都在以相互契合，进而有机结合，从而无法剥离的形式发挥独特的作用。在中国共产党第七次全国代表大会上，毛泽东同志曾指出："我们历史上的马克思主义有很多种，有香的马克思主义，有臭的马克思主义，有活的马克思主义，有死的马克思主义，把这些马克思主义堆在一起就多得很。我们所要的是香的马克思主义，不是臭的马克思主义；是活的马克思主义，不是死的马克思主义。"[1]他强调说，"从孔夫子到孙中山，我们应该给予总结，承继这一份珍贵的遗产"，马克思主义应该具有"新鲜活泼的、为中国老百姓所喜闻乐见的中国作风和中国气派"。[2]为此，他严厉批评那种"言必称希腊"[3]的教条主义作风和倾向。

马克思主义中国化时代化既强调让马克思主义穿上中华民族的服装，植根于中华优秀传统文化，具有中国特色、中国气派、中国风格，是以中国化马克思主义与以马克思主义化中国的统一，又强调立足新的实践和时代要求，不断创新发展马克

---

[1] 《毛泽东文集》第3卷，人民出版社1996年版，第331—332页。
[2] 《毛泽东选集》第2卷，人民出版社1991年版，第534页。
[3] 《毛泽东选集》第3卷，人民出版社1991年版，第797页。

思主义，用发展的马克思主义来回应时代需要，引领时代发展。如果没有马克思主义在中国的传播，就不可能产生中国共产党，没有中国共产党的领导，也不可能在中国这片土地上建立社会主义制度。从这个意义上说，马克思主义极大地改变了中国历史进程和发展方向。党的二十大报告指出："不断谱写马克思主义中国化时代化新篇章，是当代中国共产党人的庄严历史责任。"[①] 在文化传承发展座谈会上，习近平总书记强调："只有全面深入了解中华文明的历史，才能更有效地推动中华优秀传统文化创造性转化、创新性发展，更有力地推进中国特色社会主义文化建设，建设中华民族现代文明。"[②] 在马克思主义中国化时代化进程中，中华传统文化经过马克思主义的过滤和改造，既实现了自身的现代化，也极大地丰富了马克思主义。马克思主义和中华优秀传统文化是互为中介的关系，两者相辅相成、彼此成就。"两个结合"重大论断反映了新时代中国共产党人对中华优秀传统文化地位和作用的全新认识，极大地丰富并深化了马克思主义中国化时代化的内涵。

马克思主义基本原理同中国具体实际的结合，是百年党史中一条最宝贵的经验，也是中国共产党事业不断成功的法宝。

[①] 习近平：《高举中国特色社会主义伟大旗帜 为全面建设社会主义现代化国家而团结奋斗——在中国共产党第二十次全国代表大会上的报告》，人民出版社2022年版，第18页。

[②] 习近平：《在文化传承发展座谈会上的讲话》，人民出版社2023年版，第1页。

而马克思主义基本原理同中华优秀传统文化的结合，是对党的理论的又一重大创新，开创了我们党理论创新的新格局、新气象。中国共产党人深刻认识到，只有把马克思主义基本原理同中国具体实际相结合、同中华优秀传统文化相结合，坚持运用辩证唯物主义和历史唯物主义，才能正确回答时代和实践提出的重大问题，才能始终保持马克思主义的蓬勃生机和旺盛活力。"开辟马克思主义中国化时代化新境界"，既是基于历史总结基础上对规律的深刻揭示，也是对未来理论发展的正确引领，它代表了中国共产党人新的觉悟、新的认识高度，也体现了中国共产党和中国人民强烈的文化自觉与文化自信。

其次，"两个结合"深化拓展了马克思主义中国化时代化。

习近平总书记指出："历史表明，社会大变革的时代，一定是哲学社会科学大发展的时代。当代中国正经历着我国历史上最为广泛而深刻的社会变革，也正在进行着人类历史上最为宏大而独特的实践创新。这种前无古人的伟大实践，必将给理论创造、学术繁荣提供强大动力和广阔空间。这是一个需要理论而且一定能够产生理论的时代，这是一个需要思想而且一定能够产生思想的时代。"[①] 马克思主义理论不是教条而是行动指南，必须随着实践发展而发展，必须中国化才能落地生根、本土化才能深入人心。党的百年历史充分表明，马克思主义中国

---

① 习近平：《在哲学社会科学工作座谈会上的讲话》，人民出版社2016年版，第8页。

化时代化的每一次飞跃都是对时代呼唤的深切回应，都源自历史使命的强大推动。马克思主义中国化时代化没有完成时和休止符，它既立足于中国具体实际，又回应时代问题、升华时代实践。

习近平总书记特别强调把马克思主义与中国国情相结合。这个中国国情既有现实的国情，又有包括文化国情在内的历史的国情。习近平总书记指出，中国特色社会主义道路来之不易，具有深厚的历史渊源和广泛的现实基础，体现了中国社会发展历史逻辑和科学社会主义理论逻辑的辩证统一。建成社会主义现代化强国、实现中华民族伟大复兴，在实践中凸显的是马克思主义的"现代化维度"，体现着现代化的中国特质。这就要求我们的理论创新必须从传承民族文化血脉中开拓前进，既从中华优秀传统文化中汲取治国理政的智慧，又以马克思主义这一指导思想引领中华优秀传统文化实现创造性转化和创新性发展。

习近平总书记强调："中国走上这条道路，跟中国文化密不可分。我们走的中国特色社会主义道路，它内在的基因密码就在这里，有中华优秀传统文化这个基因。所以我们现在就是要理直气壮、很自豪地去做这件事，去挖掘、去结合中华优秀传统文化，真正实现马克思主义中国化时代化。"[1]

---

[1] 杜尚泽：《"就是要理直气壮、很自豪地去做这件事"》，《人民日报》2022年10月19日。

三 "两个结合"是发展当代中国马克思主义、二十一世纪马克思主义的内在要求

习近平总书记指出:"我们一直强调把马克思主义基本原理同中国具体实际相结合,现在我们又明确提出'第二个结合'。"[①] 把马克思主义中国化从"一个结合"发展为"两个结合",是对建党百年实践史、认识史和理论发展创新史的总结,是习近平总书记推进马克思主义中国化的原创性贡献,是对继续发展当代中国马克思主义、二十一世纪马克思主义的明确宣示,为世界社会主义思想史贡献了宝贵财富。党的二十大报告强调,"中国共产党人深刻认识到,只有把马克思主义基本原理同中国具体实际相结合、同中华优秀传统文化相结合,坚持运用辩证唯物主义和历史唯物主义,才能正确回答时代和实践提出的重大问题,才能始终保持马克思主义的蓬勃生机和旺盛活力"[②]。可以说,"两个结合"乃是在新时代实践基础上不断推进当代中国马克思主义、二十一世纪马克思主义的内在要求。

首先,发展当代中国马克思主义,需要以高度的自信自立推进理论创造。

马克思主义无疑是真理,但它绝不是封闭的、完成的、僵

---

① 习近平:《在文化传承发展座谈会上的讲话》,人民出版社 2023 年版,第 5 页。

② 习近平:《高举中国特色社会主义伟大旗帜 为全面建设社会主义现代化国家而团结奋斗——在中国共产党第二十次全国代表大会上的报告》,人民出版社 2022 年版,第 17 页。

化的"真理",而是不断发展着的真理。在中国的特定历史语境中,对它正确把握并在实践中创造性地运用,就需要继续推进马克思主义的中国化时代化,而不能将其当成"本本"式的教条。马克思主义作为全人类的共同精神财富,具有世界性和未来性,但要为不同民族、不同国家的人们所掌握,就必须获得"民族形式"。实践也反复证明,马克思主义在中国的传播和发展,只有具备中国风格和中国气派,才为中国人民所接受进而得到"实践能力的明证",变成物质力量。因此,在新时代坚持和发展中国的马克思主义,就无法回避进一步实现马克思主义基本原理同中国具体实际相结合、同中华优秀传统文化相结合的问题。

要实现中华民族伟大复兴,就要实现中华民族文化的复兴,必须凸显中华民族的文化主体性。强调文化自信,最直接的问题导向是涤除文化自卑和文化焦虑,为国家和民族发展提供最基本、最深沉、最持久的力量。鸦片战争以后,中华民族遭受了前所未有的劫难,国家蒙辱、人民蒙难、文明蒙尘,相当一部分中国人的文化自信、文明自信消失殆尽。中国共产党自成立以来,坚持走自己的路,带领中国人民历经千辛万苦、付出巨大代价,开创了中国特色社会主义道路。习近平总书记曾说,中华文化渗透到中国人的骨髓里,是文化的 DNA[①];

---

① 参见赵卫、霍小光、李寒芳《凝聚澳门心 共圆中国梦——习近平主席考察澳门纪实》,《人民日报》2014 年 12 月 22 日。

"人们怎么想问题,都跟五千年文化积淀下来的基因血脉有关"①;"如果没有中华五千年文明,哪里有什么中国特色?如果不是中国特色,哪有我们今天这么成功的中国特色社会主义道路?"② 正因如此,习近平总书记特别强调"文化自信",特别强调文化主体性。《中共中央关于党的百年奋斗重大成就和历史经验的决议》指出:"中华优秀传统文化是中华民族的突出优势,是我们在世界文化激荡中站稳脚跟的根基,必须结合新的时代条件传承和弘扬好。"③ 在文化传承发展座谈会上,习近平总书记强调:"有了文化主体性,就有了文化意义上坚定的自我,文化自信就有了根本依托,中国共产党就有了引领时代的强大文化力量,中华民族和中国人民就有了国家认同的坚实文化基础,中华文明就有了和世界其他文明交流互鉴的鲜明文化特性。"④ 在给宣传思想文化工作的重要指示中,习近平总书记再次强调,"着力赓续中华文脉、推动中华优秀传统文化创造性转化和创新性发展"⑤。随着中华民族的不断奋斗、不

---

① 杜尚泽、张音:《这十年,总书记的两会故事》,《人民日报》2022年3月15日。

② 《习近平谈治国理政》第四卷,外文出版社2022年版,第315页。

③ 《中共中央关于党的百年奋斗重大成就和历史经验的决议》,人民出版社2021年版,第46页。

④ 习近平:《在文化传承发展座谈会上的讲话》,人民出版社2023年版,第9页。

⑤ 《坚定文化自信秉持开放包容坚持守正创新 为全面建设社会主义现代化国家 全面推进中华民族伟大复兴提供坚强思想保证强大精神力量有利文化条件》,《人民日报》2023年10月9日。

断发展和走向历史性的崛起，我们的文化心理也逐步从鸦片战争以来的文化自卑中走出来，转向了文化自信。习近平总书记强调，要以新的时代精神激活中华优秀传统文化生命力，可以说是为文化自信的实践明确了方向和路径。"两个结合"的提出，意味着我们已经形成对从文化、文明的角度提炼中国道路的内涵与独特规定性的高度自觉和自信。这不仅将激活中华优秀传统文化的生命力，引导人民树立并坚持正确的历史观、民族观、国家观、文化观，不断增强中华民族的归属感、认同感、尊严感、荣誉感，提振做中国人的志气、骨气和底气，而且将极大地拓展马克思主义中国化的文化维度，提升中华文明发展的新高度，让当代中国马克思主义放射出更加灿烂的真理光芒。

习近平总书记在二十届中共中央政治局第六次集体学习时强调："马克思主义中国化时代化这个重大命题本身就决定，我们决不能抛弃马克思主义这个魂脉，决不能抛弃中华优秀传统文化这个根脉。坚守好这个魂和根，是理论创新的基础和前提……理论创新必须讲新话，但不能丢了老祖宗，数典忘祖就等于割断了魂脉和根脉，最终会犯失去魂脉和根脉的颠覆性错误。"[1] 中华优秀传统文化是中华民族的根和魂，是中国特色社会主义植根的文化沃土。源远流长、博大精深的中华文明，具有突出的连续性、创新性、统一性、包容性、和平性特点和优点。可以说，中国特色社会主义从理论到实践，在其文化底色

---

[1] 习近平：《开辟马克思主义中国化时代化新境界》，《求是》2023年第20期。

上无不隐含中华文明的基因。只有把马克思主义基本原理同中国具体实际相结合、同中华优秀传统文化相结合，才能始终保持马克思主义的蓬勃生机和旺盛活力。

其次，发展二十一世纪马克思主义，需要以精神上的自立自强推进理论和实践创造。

早在1920年，毛泽东同志在发起文化书社时就说过："澈底些说吧，不但湖南，全中国一样尚没有新文化。全世界一样尚没有新文化。一枝新文化小花，发现在北冰洋岸的俄罗斯。几年来风驰雨骤，成长得好，与成长得不好，还依然在未知之数。诸君，我们如果晓得全世界尚没有真正的新文化，这到是我们一种责任呵！"① 当毛泽东同志把十月革命之后出现的新社会看作新文化的雏形时，已经彰显了其胸怀天下的情怀。从毛泽东同志到邓小平同志、江泽民同志、胡锦涛同志，都反复强调过中国要对世界有更大的贡献。

在纪念马克思诞辰200周年大会上，习近平总书记指出："我们纪念马克思，是为了向人类历史上最伟大的思想家致敬，也是为了宣示我们对马克思主义科学真理的坚定信念。"② 科学社会主义在中国的成功，对马克思主义、科学社会主义、世界社会主义，意义是重大而深远的。我们建设的中国特色社会主

---

① 中共中央文献研究室、中共湖南省委《毛泽东早期文稿》编辑组编：《毛泽东早期文稿（1912.6—1920.11）》，湖南出版社1990年版，第498页。

② 习近平：《在纪念马克思诞辰200周年大会上的讲话》，人民出版社2018年版，第27页。

义，一方面，"科学社会主义基本原则不能丢，丢了就不是社会主义"；另一方面，科学社会主义也绝不是一成不变的教条。"当代中国的伟大社会变革，不是简单延续我国历史文化的母版，不是简单套用马克思主义经典作家设想的模板，不是其他国家社会主义实践的再版，也不是国外现代化发展的翻版。社会主义并没有定于一尊、一成不变的套路，只有把科学社会主义基本原则同本国具体实际、历史文化传统、时代要求紧密结合起来，在实践中不断探索总结，才能把蓝图变为美好现实。"① 历史总是按自己的逻辑向前演进，社会形态的更替实际上也是文明形态的更替，社会主义文明是建立在人类文明全部成果基础上，超越资本主义文明的新型文明。

中国特色社会主义进入新时代，中国对世界的贡献是经济上的，更是文化上的。习近平总书记说："我们从事的是前无古人的伟大事业，守正才能不迷失方向、不犯颠覆性错误，创新才能把握时代、引领时代。我们要以科学的态度对待科学、以真理的精神追求真理……不断拓展认识的广度和深度，敢于说前人没有说过的新话，敢于干前人没有干过的事情，以新的理论指导新的实践。"② 西方式的现代化有自己的文化传统，并

---

① 习近平：《在纪念马克思诞辰 200 周年大会上的讲话》，人民出版社 2018 年版，第 26—27 页。

② 习近平：《高举中国特色社会主义伟大旗帜 为全面建设社会主义现代化国家而团结奋斗——在中国共产党第二十次全国代表大会上的报告》，人民出版社 2022 年版，第 20 页。

凭借其现代化的优势向世界各国输出，推行文化霸权，奉行文化帝国主义。近年来，逆全球化、贸易保护主义、极端主义、民族主义、排外主义、分裂主义等思潮在全球蔓延，世界秩序规则规范面临被颠覆、被解构、被践踏的困境和危机。我们创造了中国式现代化道路，创造了人类文明新形态，这是在"中国之治"与"西方之乱"的对比中得出的符合事实的结论。今天，我们提出"建设中华民族现代文明"的历史使命，即意味着古老的中华文明通过现代化的"洗礼"，实现现代转化。一方面，马克思主义中国化时代化规定着中华文明现代转化的历史走向，为中国的现代化进程提供大趋势的历史向导，从而引领现代中国的发展方向。另一方面，中国特色社会主义从中华五千多年文明史中走出来，携带着中华文明的基因，并自觉吸取中华文明的成果。这正是中国的社会主义之"中国特色"之所在。因此，中国共产党带领中国人民创造的人类文明新形态，不仅是中华文明的新形态、是中国特色社会主义文化的新形态，还是社会主义现代化文明的新形态、是人类历史解放的新形态。

第二章
"两个结合"形成发展的历史脉络

"两个结合"是中国共产党百年探索的必然结果，是坚持把马克思主义基本原理同中国具体实际相结合的拓展和深化，是长期以来传承发展中华优秀传统文化的宝贵经验的科学总结，是不断推进马克思主义中国化时代化的根本途径，是习近平总书记立足新时代的理论创新和实践探索提出的极其重要的科学论断。

第一节 "两个结合"是对马克思主义中国化时代化历史经验的深刻总结

习近平总书记指出："十月革命一声炮响，给中国送来了马克思列宁主义。在中国人民和中华民族的伟大觉醒中，在马克思列宁主义同中国工人运动的紧密结合中，中国共产党应运而生。中国产生了共产党，这是开天辟地的大事变，深刻改变了近代以后中华民族发展的方向和进程，深刻改变了中国人民和中华民族的前途和命运，深刻改变了世界发展的趋势和格局。"① 中国共产党一经成立就高举马克思主义伟大旗帜，确立为中华民族谋复兴、为中国人民谋幸福的初心使命，领导中国人民为国家独立、民族振兴、人民解放而斗争，致力于完成"站起来"的历史任务。但是，要完成这个重大历史任务首先必须弄清楚：中国人要坚持什么样的马克思主义和怎样坚持马克思主义，中国的具体实际究竟是什么样的，以及怎样把马克思主义与中国的具体实际结合起来，其中当然也包括如何在马克思主义指导下改造中国传统文化以推进中国革命事业走向胜利。

一　新民主主义革命时期的艰辛探索

19 世纪末 20 世纪初，马克思主义在中国零星传播之时，就有一部分有识之士如梁启超、朱执信等，开始初步思考如何把马克思主义同中国实际、同中国文化结合起来，但是并未取得成功。② 这说明，要想真正把马克思主义与中国具体实际以及中国文化结合起来，必须有一个坚持马克思主义理论指导的政党来领导，才能完成这一伟大历史任务。

建党初期，一批先进知识分子就尝试运用马克思主义来认

---

① 习近平：《在庆祝中国共产党成立 100 周年大会上的讲话》，人民出版社 2021 年版，第 3 页。
② 参见金民卿《"两个结合"的思想渊源和原创性理论贡献》，《历史研究》2022 年第 6 期。

识中国国情和传统文化。李大钊、陈独秀、瞿秋白、毛泽东等都对中国国情以及传统文化提出了一些重要见解。如毛泽东同志先后创作了《中国社会各阶级的分析》《湖南农民运动考察报告》等论著,开启我们党以马克思主义理论为指导正确认识中国国情以及中国革命的先河。

为了引导中国革命走上正道,毛泽东同志和教条主义作了长期斗争。1930年5月,毛泽东同志总结中国革命的经验教训,在《反对本本主义》一文中明确提出,"我们的斗争需要马克思主义……马克思主义的'本本'是要学习的,但是必须同我国的实际情况相结合",同时强调"中国革命斗争的胜利要靠中国同志了解中国情况"。[①] 这一重要论断,标志着"第一个结合"的初步提出。

1935年遵义会议的召开,标志着中国共产党人开始运用马克思主义基本原理独立自主地解决中国自己的问题。正如毛泽东同志指出的那样:"真正懂得独立自主是从遵义会议开始的,这次会议批判了教条主义。教条主义者说苏联一切都对,不把苏联的经验同中国的实际相结合。"[②]

毛泽东同志1937年撰写的《实践论》和《矛盾论》两部著作从哲学上对教条主义和经验主义进行了彻底清算,强调正确处理马克思主义真理普遍性与中国问题特殊性的辩证关系。

[①] 《毛泽东选集》第1卷,人民出版社1991年版,第111—112、115页。
[②] 《毛泽东思想年编(一九二一——一九七五)》,中央文献出版社2011年版,第923页。

1938年10月，在党的六届六中全会上，毛泽东同志明确提出"马克思主义中国化"的科学命题，"马克思主义的中国化，使之在其每一表现中带着中国的特性，即是说，按照中国的特点去应用它"①，马克思主义中国化，就是运用马克思主义的"普遍"（马克思主义基本原理），去说明和解决中国的"特殊"（中国的具体实际），实现马克思主义基本原理同中国具体实际相结合，形成中国化的马克思主义。

延安整风时期，毛泽东同志发表了《改造我们的学习》《整顿党的作风》《反对党八股》等重要文献，反对主观主义以整顿学风、反对宗派主义以整顿党风、反对党八股以整顿文风，提出了"马列主义普遍真理与中国具体实践相结合"②的口号，在党内确立了一切从实际出发，理论联系实际，实事求是的思想路线，实现了全党的思想解放。从此，中国共产党真正懂得了把马克思主义基本原理同中国革命具体实际相结合。

必须指出，把马克思主义基本原理同中国具体实际相结合，这里面的"中国具体实际"，既包含现实的革命实际，也包含历史实际。毛泽东同志强调，"今天的中国是历史的中国的一个发展；我们是马克思主义的历史主义者，我们不应当割断历史。从孔夫子到孙中山，我们应当给以总结，承继这一份

---

① 《中共中央文件选集（一九三六——一九三八）》第11册，中共中央党校出版社1991年版，第658—659页。

② 《毛泽东文集》第8卷，人民出版社1999年版，第339页。

珍贵的遗产"①。中国共产党人必须"善于应用马克思列宁主义的立场、观点和方法，善于应用列宁斯大林关于中国革命的学说，进一步地从中国的历史实际和革命实际的认真研究中，在各方面作出合乎中国需要的理论性的创造，才叫做理论和实际相联系"②。1943年5月，《中国共产党中央委员会关于共产国际执委会主席团提议解散共产国际的决定》中还明确提出，"中国共产党人是我们民族一切文化、思想、道德的最优秀传统的继承者，把这一切优秀传统看成和自己血肉相连的东西，而且将继续加以发扬光大。中国共产党近年来所进行的反主观主义、反宗派主义、反党八股的整风运动就是要使得马克思列宁主义这一革命科学更进一步地和中国革命实践、中国历史、中国文化深相结合起来"③。这一时期，毛泽东同志提出的党的建设、武装斗争、统一战线三大法宝和实事求是思想路线、独立自主原则、愚公移山精神等，都体现了中国共产党人把马克思主义基本原理同中华优秀传统文化的结合。

总之，在新民主主义革命时期，以毛泽东同志为主要代表的中国共产党人，通过艰辛探索、付出巨大牺牲，提出了"第一个结合"的重要思想，作出了一系列理论概括，开辟了农村

---

① 《毛泽东著作选读》上册，人民出版社1986年版，第287—288页。
② 《毛泽东著作选读》下册，人民出版社1986年版，第497页。
③ 《中共中央文件选集（一九四三——九四四）》第14册，中共中央党校出版社1992年版，第41页。

包围城市、武装夺取政权的正确革命道路，创立了毛泽东思想，实现了马克思主义中国化的第一次历史性飞跃，为夺取新民主主义革命胜利指明了正确方向。

二 社会主义革命和社会主义建设时期的曲折发展

中华人民共和国成立后，在推进社会主义革命和建设，以及改革开放的伟大事业中，我们党继续坚持把马克思主义基本原理同中国具体实际相结合，同时也更加关注中国传统文化因素在社会主义建设中的重要作用，形成了革命文化和社会主义先进文化，为中华文化注入新的血液和动力，推动中华文化发展进入一个新的历史阶段，为"第二个结合"准备了充分的历史条件和宝贵的历史经验。

社会主义基本制度确立以后，如何在中国建设社会主义，是我们党面临的崭新课题。从走俄国人的路到走自己的路，需要回答的是，这是一条什么样的路？如何走好？这都需要进行新的理论探索。习近平总书记指出：毛泽东同志"以苏联的经验教训为鉴戒，提出要创造新的理论、写出新的著作，把马克思列宁主义基本原理同中国实际进行'第二次结合'，找出在中国进行社会主义革命和建设的正确道路，制定把我国建设成为一个强大的社会主义国家的战略思想"[1]。以毛泽东同志为主

---

[1] 习近平：《在纪念毛泽东同志诞辰120周年座谈会上的讲话》，人民出版社2013年版，第7—8页。

要代表的中国共产党人,立足中国国情,着力推进"第二次结合",艰辛探索符合中国国情的社会主义建设道路,形成了一系列关于社会主义建设的理论成果。1956年4月4日,毛泽东同志在中央会议上明确提出:"最重要的是要独立思考,把马列主义的基本原理同中国革命和建设的具体实际相结合……现在是社会主义革命和建设时期,我们要进行第二次结合,找出在中国怎样建设社会主义的道路。"① 这个思想贯穿在随后的道路探索之中。

这一探索面临着非常复杂的国际环境。1960年年底在莫斯科召开的各国共产党和工人党代表会议(以下简称"莫斯科会议")在一系列重大问题上对中国共产党进行攻击和指责,内容涉及五个方面,其中之一就是"马克思主义中国化"问题。按照议程安排,从11月10日至24日,这一阶段主要是大会发言,先后有77个党的代表依次发言,共举行了十三次会议。在11月15日第五次会议上,一些国家共产党和工人党代表集中围攻"马克思主义中国化"命题。最先发难的是德国统一社会党中央第一书记、国务委员会主席乌布利希,接着叙利亚共产党中央总书记巴格达什、美国共产党中央书记杰克逊、法国共产党中央总书记多列士等,都对"马克思主义中国化"进行了攻击。11月18日第八次会议,蒙古人民革命党中央第一书记、蒙古部长会议主席泽登巴尔对"马列主义中国化"攻击,

---

① 吴冷西:《忆毛主席》,新华出版社1995年版,第9—10页。

指责"马列主义中国化"只能导致"民族主义"。11月21日第十次会议，玻利维亚共产党总书记蒙赫认为"马列主义中国化"不正确。

面临这种复杂国际环境，以毛泽东同志为主要代表的中国共产党人强调坚持"把马克思列宁主义的普遍真理同中国社会主义建设的具体实际，并且同今后世界革命的具体实际，尽可能好一些结合起来"①。在推进"第二次结合"过程中，毛泽东同志提出："任何国家的共产党，任何国家的思想界，都要创造新的理论，写出新的著作，产生自己的理论家，来为当前的政治服务，单靠老祖宗是不行的……我们已经进入社会主义时代，出现了一系列的新问题，如果单有《实践论》、《矛盾论》，不适应新的需要，写出新的著作，形成新的理论，也是不行的。"② 正是有了这种理论自觉，我们党在推进"第二次结合"中形成了一系列重要的创新性思想。

实事求是地分析中国国情。开展社会主义建设，必须把马克思主义和本国具体国情结合起来。这个国情，当然包括历史文化因素。毛泽东同志特别指出："在文化方面，各国人民应该根据本民族的特点，对人类有所贡献。各国文化有共同点但也有差别。共同点是都在同一时代，都处于二十世纪的下半个世纪，总有共同点。"③ 毛泽东同志对中国具体实际做了更为具

---

① 《毛泽东文集》第8卷，人民出版社1999年版，第302页。
② 《毛泽东文集》第8卷，人民出版社1999年版，第109页。
③ 《毛泽东文集》第8卷，人民出版社1999年版，第226页。

体的分析。"我国是一个社会主义的大国,但又是一个经济落后的穷国,这是一个很大的矛盾。要使我国富强起来,需要几十年艰苦奋斗的时间"[1];我国的现实情况是"一穷二白",人口多,底子薄,要赶上发达国家需要几十年乃至上百年的时间。他还做出了我国处于"不发达的社会主义"[2] 阶段的判断。党的八大形成了比较准确的国情思想,在这个基础上确定的理论路线方针是正确的,为我国社会主义事业的发展指明了方向。

创立十大关系理论以及社会主义基本矛盾和人民内部矛盾学说。1956年4月,毛泽东同志在《论十大关系》的报告中全面阐述社会主义建设中的十大关系,强调"把国内外一切积极因素调动起来,为社会主义事业服务",着力"调动一切直接的和间接的力量,为把我国建设成为一个强大的社会主义国家而奋斗"。[3] 毛泽东同志后来还讲道,"一九五六年四月的《论十大关系》,开始提出我们自己的建设路线,原则和苏联相同,但方法有所不同,有我们自己的一套内容"[4]。十大关系理论是探索中国社会主义建设道路的开篇之作,对社会主义建设形成了初步而较系统的思路,是把唯物辩证法运用到社会主义建设探索的典范,在中国化马克思主义思想史上具有重要价值。面对社会主义建设中出现的新情况新问题,毛泽东同志在1957

---

[1] 《毛泽东文集》第7卷,人民出版社1999年版,第240页。
[2] 《毛泽东文集》第8卷,人民出版社1999年版,第116页。
[3] 《毛泽东文集》第7卷,人民出版社1999年版,第23—24页。
[4] 《毛泽东文集》第7卷,人民出版社1999年版,第369—370页。

年 2 月 27 日作了《如何处理人民内部的矛盾》的讲话，经过反复修改完善后，于 6 月 19 日以《关于正确处理人民内部矛盾的问题》为题正式发表。1960 年 6 月，毛泽东同志在《十年总结》中指出："前八年照抄外国的经验。但从一九五六年提出十大关系起，开始找到自己的一条适合中国的路线。"①《论十大关系》和《关于正确处理人民内部矛盾的问题》，是党立足中国实际推进"第二次结合"的代表性文献，是被实践证明了的正确的理论原则和经验总结。除上述重要思想以外，在这一时期，以毛泽东同志为主要代表的中国共产党人，结合新的实际丰富和发展毛泽东思想，还提出了关于社会主义建设的一系列重要思想。例如，社会主义社会是一个很长的历史阶段，走出一条适合我国国情的工业化道路，尊重价值规律，在党与民主党派的关系上实行"长期共存、互相监督"的方针等。

如何科学对待中国传统文化，如何处理好中国文化和外国文化的关系，这是一个必须回答的重大问题。1956 年 8 月 24 日，毛泽东同志同中国音乐家协会负责人谈话时指出："马列主义的基本原理在实践中的表现形式，各国应有所不同。在中国，马列主义的基本原理要和中国的革命实际相结合……民族形式可以掺杂一些外国东西，要把外国的好东西都学到，也要把中国好的东西都学到。但是要中国化，把学的东西中国

---

① 参见《建国以来重要文献选编》第 13 册，中央文献出版社 1996 年版，第 418 页。

化……中国的和外国的要有机地结合，而不是套用外国的东西。外国有用的东西，都要学到，用来整理、改进和发扬中国的东西，创造中国自己的、有独特民族风格的新东西。应该越搞越中国化，而不是越搞越洋化。"[①] 特别是，毛泽东同志提出的"古为今用、洋为中用"的社会主义文化建设基本原则，以及"百花齐放、百家争鸣"的方针，是毛泽东文化建设思想的重要内容，体现了党对马克思主义基本原理同中华优秀传统文化相结合的深入思考。

三　改革开放和社会主义现代化建设时期的拓展深化

党的十一届三中全会作出了把党和国家的工作中心转移到经济建设上来、实行改革开放的重大决策，实现了具有深远意义的伟大转折。党的十一届三中全会后，以邓小平、江泽民、胡锦涛等为主要代表的中国共产党人，紧紧围绕着中国特色社会主义这个根本主题，继续推进马克思主义基本原理同中国具体实际相结合，形成了中国特色社会主义理论体系，实现了马克思主义中国化新的飞跃。成功实现并不断推进马克思主义中国化时代化，就是改革开放和社会主义现代化建设新时期的新"结合"。

邓小平理论主要围绕"什么是社会主义、怎样建设社会主义"，推进新的"结合"。习近平总书记指出，"邓小平同志留

---

① 《毛泽东思想年编（一九二一——一九七五）》，中央文献出版社2011年版，第808页。

给我们的最重要的思想和政治遗产，就是他带领党和人民开创的中国特色社会主义，就是他创立的邓小平理论"，"中华民族创造了具有5000多年悠久历史的辉煌文明，中国人民在中国共产党领导下创造了建设社会主义的辉煌成就，我们应该在这个基础上继续创造"。① 在开创中国特色社会主义的过程中，1979年10月30日，邓小平同志在中国文学艺术工作者第四次代表大会上致祝词时指出："坚持百花齐放、推陈出新、洋为中用、古为今用的方针"②。1982年9月，邓小平同志在党的十二大开幕词中明确指出："我们的现代化建设，必须从中国的实际出发……把马克思主义的普遍真理同我国的具体实际结合起来，走自己的道路，建设有中国特色的社会主义，这就是我们总结长期历史经验得出的基本结论。"③ "建设有中国特色的社会主义"这个新的重大命题的提出，为改革开放新时期党的理论和实践探索指明了方向。这个命题的提出，是一次极大的思想解放，既破除了对马克思主义的"左"的教条式的理解，又破除了世界范围内对马克思主义中国化的实践探索的质疑。在1983年召开的世界社会主义圆桌会议上，中国代表团所作的关于"建设有中国特色社会主义"的报告，引起众多专家学者的关注，但也遭到苏联的抨击，指责这是搞社会主义多元化。

---

① 习近平：《在纪念邓小平同志诞辰110周年座谈会上的讲话》，人民出版社2014年版，第21、22页。
② 《邓小平文选》第2卷，人民出版社1994年版，第210页。
③ 《邓小平文选》第3卷，人民出版社1993年版，第2—3页。

面对来自国内外的各种质疑，邓小平同志把马克思主义的普遍真理与中国实际紧密结合，科学地回答了中国的基本国情问题。1987年8月，他提出，"社会主义本身是共产主义的初级阶段，而我们中国又处在社会主义的初级阶段，就是不发达的阶段。一切都要从这个实际出发"①。随后，党的十三大报告指出：我国正处在社会主义的初级阶段。同年，邓小平同志在会见外国客人时强调："只有结合中国实际的马克思主义，才是我们所需要的真正的马克思主义。"② 在1992年年初的南方谈话中，邓小平同志对社会主义的本质做了系统概括，提出了计划和市场都是经济手段等重要论断，意义重大，影响深远。特别是这一时期，我们党提出的"小康社会""三个有利于""一国两制"等，都充分彰显了中华优秀传统文化经世致用、多元一体、开放包容的鲜明特色。总之，以邓小平同志为主要代表的中国共产党人，第一次系统回答了在中国这样的经济文化比较落后的国家如何建设社会主义、如何巩固和发展社会主义的一系列基本问题，创立了邓小平理论。邓小平理论是贯通哲学、政治经济学、科学社会主义等领域，涵盖经济、政治、科技、教育、文化、民族、军事、外交、统一战线、党的建设等方面的完备的科学体系。

"三个代表"重要思想在把中国特色社会主义成功推向21

---

① 《邓小平文选》第3卷，人民出版社1993年版，第252页。
② 《邓小平文选》第3卷，人民出版社1993年版，第213页。

世纪中推进新的"结合"。习近平总书记指出:"三个代表"重要思想"进一步回答了什么是社会主义、怎样建设社会主义的问题,创造性回答了建设什么样的党、怎样建设党的问题,深化了我们对新的时代条件下推进中国特色社会主义事业、加强党的建设的规律的认识,以新的思想、观点、论断,继承、丰富、发展了马克思列宁主义、毛泽东思想、邓小平理论"[①]。党的十三届四中全会后,在国际国内十分复杂的形势下,以江泽民同志为主要代表的中国共产党人深刻认识世情、国情、党情的变化,形成"三个代表"重要思想,丰富和发展了中国特色社会主义理论体系。1991 年 7 月 1 日,江泽民同志在庆祝中国共产党成立 70 周年大会上的讲话中强调:"中华民族是有悠久历史和优秀文化的伟大民族。我们的文化建设不能割断历史。对民族传统文化要取其精华、去其糟粕,并结合时代的特点加以发展,推陈出新,使它不断发扬光大。"[②] 1992 年党的十四大正式宣布,我国经济体制改革的目标就是建立社会主义市场经济体制。1997 年,党的十五大报告进一步论述了初级阶段的具体内涵、基本特征、历史任务,社会主义初级阶段理论更加完善。在 2001 年的全国治安工作会议上,江泽民同志指出:"我们必须坚持马克思主义基本原理,但对于马克思主义经典作家针对当时的具体情况、具体条件、具体斗争提出的具体观

[①] 习近平:《在江泽民同志追悼大会上的悼词》,《人民日报》2022 年 12 月 7 日。

[②] 《江泽民文选》第 1 卷,人民出版社 2006 年版,第 159—160 页。

点、具体行动纲领，就不能不顾历史条件和现实实际的变化，照搬照抄。继承是创新的前提，创新是最好的继承。老祖宗不能丢，又要说新话。理论只有联系实际，正确回答和指导解决现实问题，才能发挥更大威力和真正掌握群众。"[①] 江泽民同志提出"三个代表"重要思想，其中特别强调我们党"代表着中国先进文化的前进方向"。他还鲜明提出，我们党要始终成为中国工人阶级的先锋队，同时成为中国人民和中华民族的先锋队。这都体现了马克思主义基本原理同中华优秀传统文化相结合的重要思想。这一时期，我们党提出抓住机遇、深化改革、扩大开放、促进发展、保持稳定的基本方针，正确处理改革发展稳定关系，全面阐述了正确处理社会主义现代化建设中的十二大关系，确定了党在社会主义初级阶段的基本纲领，确立了社会主义市场经济体制的改革目标和基本框架，把发展作为党执政兴国的第一要务，发展社会主义民主政治，把依法治国与以德治国紧密结合起来，发展社会主义先进文化，提出一系列外交和国际战略思想，打开外交工作崭新局面，推进新时代党的建设新的伟大工程等，都是深化新的"结合"取得的一系列重要成果和重要成就。

科学发展观在新形势下成功坚持和发展中国特色社会主义的进程中推进新的"结合"。习近平总书记指出："科学发展观，进一步回答了什么是社会主义、怎样建设社会主义和建设

[①] 《江泽民文选》第3卷，人民出版社2006年版，第229页。

什么样的党、怎样建设党的问题，创造性地回答了新形势下实现什么样的发展、怎样发展等重大问题，形成了涵盖改革发展稳定、内政外交国防、治党治国治军各方面的系统科学理论，实现了我们党在指导思想上的又一次与时俱进，开辟了当代中国马克思主义发展新境界。"① 党的十六大以后，以胡锦涛同志为主要代表的中国共产党人顺应国内外形势变化，坚持理论创新和实践创新，形成了科学发展观，深化和丰富了中国特色社会主义理论体系。2003年12月26日，胡锦涛在纪念毛泽东同志诞辰110周年座谈会上的讲话中指出："我们必须始终坚持解放思想、实事求是、与时俱进，继续在新的时代条件下把马克思主义基本原理同中国具体实际相结合，不断推进马克思主义中国化……坚持一切从实际出发，理论联系实际，不断探索适合中国国情的发展道路，确定党带领人民推进事业发展的正确的路线方针和战略策略，为党和人民事业发展提供科学指导，是我们党坚持先进性、增强创造力的决定性因素。"② 2004年9月，党的十六届四中全会首次提出构建社会主义和谐社会的历史任务。2006年3月，胡锦涛同志提出以"八荣八耻"为主要内容的社会主义荣辱观。同年10月，党的十六届六中全会通过《关于构建社会主义和谐社会若干重大问题的决定》，其中还明确阐述了构建社会主义核心价值体系的任务。2007年

---

① 习近平：《在学习〈胡锦涛文选〉报告会上的讲话》，人民出版社2016年版，第4—5页。

② 《胡锦涛文选》第2卷，人民出版社2016年版，第138—139页。

10月，党的十七大总结了我国改革开放"十个结合"的宝贵经验，同时还提出兴起社会主义文化建设新高潮，激发全民族文化创造活力，提高国家文化软实力的任务。2011年10月，党的十七届六中全会通过《中共中央关于深化文化体制改革推动社会主义文化大发展大繁荣若干重大问题的决定》，提出了坚持中国特色社会主义文化发展道路、努力建设社会主义文化强国的战略任务。这一时期，我们党完善社会主义市场经济体制、推动社会主义文化大发展大繁荣、构建社会主义和谐社会、加快生态文明建设、推动建设和谐世界、实施人才强国战略、加强党的执政能力建设和先进性建设等方面，都是推进新的"结合"的重要成果和重要体现。

党的理论创新必然带来精神文化的不断丰富、经济社会的不断发展。改革开放和社会主义现代化建设时期诞生的改革开放精神、特区精神、抗洪精神、抗击"非典"精神、抗震救灾精神、青藏铁路精神、女排精神等一系列伟大精神，不但推进了中国特色社会主义事业发展，同时赋予了民族精神以新的时代特色。

回顾党的历史，"在马克思主义基本原理同中国具体实际结合的过程中，也同样内在地包含了对中国传统文化的改造和继承"[1]。在新时代之前，中国共产党要完成的历史任务，首先

---

[1] 李毅：《从"一个结合"到"两个结合"不断开辟马克思主义中国化时代化新境界》，《马克思主义研究》2022年第12期。

是实现民族独立和人民解放，进行社会主义革命，推进社会主义建设，并继续探索中国建设社会主义的正确道路，解放和发展社会生产力，使人民摆脱贫困、尽快富裕起来，为我们党在新时代一以贯之地持续推进"两个结合"，特别是推进"第二个结合"，提供宝贵的历史经验，奠定坚实的理论基础。

第二节　党的十八大前习近平同志对"两个结合"的思考与探索

习近平同志很早就关注马克思主义基本原理与中国实际、中华优秀传统文化相结合的问题。早在陕西省延川县文安驿公社的梁家河插队期间，他就反复研读马克思主义经典著作，通读过三遍《资本论》，记了很多本笔记。今天，在梁家河知青旧居三号院知青窑洞——习近平同志当年在这里的最后一个住处，就陈列着《马克思恩格斯军事文集》《中世纪史》《列宁论战争与和平》《钢铁是怎样炼成的》《中国古代思想史》《华盖集》《史记选注》等二三十本书。习近平同志后来回忆这段经历时说："我的成长进步应该说起始于陕北七年。最大的收获有两点：一是让我懂得了什么叫实际，什么叫实事求是，什么叫群众。这是让我获益终生的东西。"[①] 这段经历是习近平总书记治国理政思想与实践的历史起点，也是他酝酿和探索"两

[①] 习近平：《我是黄土地的儿子》，《全国新书目》2002年第12期。

个结合"的最早出发点。此后，习近平同志从河北正定到福建到浙江再到上海，以及从党的十七大到党的十八大前的工作经历和取得一系列重要成就，说明他对"两个结合"这一重大课题有着深刻思考和积极探索，为我们党在新时代正式提出"两个结合"奠定了坚实的理论与实践基础。

一　在河北正定的思考与探索

在河北正定工作期间，习近平同志坚持解放思想，实事求是，带头深入调查研究，带头坚持学习，提出要以共产主义理想和信念教育为核心，抓党风带民风，抓县城带农村，制定"人才九条"广招天下英才，使正定摘掉"高产穷县"的帽子，走出"半城郊型"经济发展新路。特别是，习近平同志身体力行推动文物抢救和保护工作。组织文物普查、修复古寺古碑、健全保护制度，将古建、古树、古文物，划定保护范围、建立明确保护标识……正是这些高瞻远瞩的决策，让正定真正成为一座"有记忆的城"。在习近平同志的推动下，正定县特别对一大批革命遗址进行了修缮保护。2013年8月，习近平总书记就正定古城保护工作作出重要批示。当地政府启动古城风貌恢复提升工作，全面点亮古城区建筑群，大力收集保护正定古城文物、历史文化传说，等等。这一系列举措更让正定"文"名远播。

在正定工作期间，特别能够体现习近平同志对文化工作高度重视的就是为拍摄电视连续剧《红楼梦》修建"荣国府"，促进文化旅游。1983 年，中央电视台筹拍大型电视连续剧《红楼梦》，已经在北京选址建大观园，还有意在北京周边选址搭建荣国府和宁荣街。正定是我国北方著名的文化古城。习近平同志希望将"荣国府"引进正定，建成永久性建筑，与闻名世界的宋代大型寺院、全国首批重点文物保护单位——正定隆兴寺一起成为一条旅游线路。经与中央电视台电视剧制作中心接触沟通，对方同意荣国府和宁荣街选址正定，搭建临时外景地，由正定县无偿提供场地，中央电视台负责投资。经过习近平同志的反复工作，正定县很快做出兴建荣国府的决定，成立了筹建荣国府的专门机构，将修建地址选在隆兴寺西北角的一片空地。正定还多次邀请全国知名专家、学者就工程施工等进行专题论证。1986 年 8 月，在习近平同志离开正定一年多后，"荣国府"景区终于竣工。在《红楼梦》拍摄过程中，荣国府就"火"了。1986 年国庆节，游客超过 1 万人次。20 世纪 90 年代，"荣国府"年接待游客最高达 138 万人次，直到今天还在大量接待游客、创造效益，创下中国旅游的"正定模式"。

二 在福建的思考与探索

福建是习近平新时代中国特色社会主义思想的重要孕育地和实践地。朱子文化、闽都文化、海洋文化、闽南文化、客家文化、妈祖文化在这里汇聚，文化底蕴丰厚。1985 年 6 月，习近平同志从河北正定到福建厦门任职，其间曾主持编写了《1985—2000 年厦门经济社会发展战略》，其中重要的一项内容就是将鼓浪屿视作"国家瑰宝",从这个高度统一规划并进行保护与建设。1988年6月,习近平同志来到当时福建沿海欠发达的宁德地区担任地委书记。他不畏艰难,勇于开拓,形成了"四下基层""滴水穿石"和"弱鸟先飞"的工作方法,总结出"闽东精神"的实践风格。1989年12月,习近平同志在《建设好贫困地区的精神文明》一文中,运用历史唯物主义观点,从社会发展史的高度,指出"追求物质文明和精神文明是社会进步的内在驱动力"①,进而强调一方面要让人民过上比较富足的生活,另一方面要提高人民的思想道德水平和科学文化水平,这才是真正意义上的脱贫致富,并结合闽东实际,从任务、方法等方面提出要求。1990年1月,他在《闽东之光——闽东文化建设随想》中又进一步指出:"从整个国家来说,中华民族的传统文化在民族的延续和发展中起到了积极的作用。在几千年的文明发展史中,我们已经树立了强烈的民族自信心,无论是在民族危亡,还是在民族昌盛时期,这种自信心都是我们民族精神中最稳定的成分。正是这种自信心,使中华民族渡过了近代史上许多内忧外患的危机,使中华民族在世界上有了令人敬佩的今天……我们有一个明确目标:通过文化建设,弘扬民族文化传统,不仅增强我们的自信心,而且提高外界对闽东的信心。"② 习近平同志高度重视畲族文化。1989年1

---

① 习近平:《摆脱贫困》,福建人民出版社1992年版,第111页。
② 习近平:《摆脱贫困》,福建人民出版社1992年版,第17页。

月和 6 月,他明确要求,抓紧修建畲族博物馆,办好畲族研究会和畲族歌舞团,以丰富我国多民族的文化宝库。在习近平同志的倡导和推动下,1990 年 10 月,首届福建省闽东畲族文化艺术节在宁德成功举办。习近平同志还亲自推动《闽东报》复刊,并创设了当时全国绝无仅有的新闻"两会"制度。

在担任福州市委书记期间,习近平同志充分运用马克思主义的立场观点方法来解决实践中遇到的重大现实问题。1993 年,习近平同志高瞻远瞩地指出,"福州在大踏步迈向新世纪的进程中,首先要有一个立足于科学、切合于实际的长远的战略设想,才能使福州的改革开放事业谱写出最宏壮的乐章"①。他亲自主持编制了《福州市 20 年经济社会发展战略设想》(以下简称"3820"战略工程),系统谋划了福州 3 年、8 年、20 年经济社会发展的目标、步骤、布局、重点等,明确了"建设现代化国际城市"的宏伟目标,为福州擘画了美好蓝图,确立了总纲领、总方略。1992 年 5 月 19 日,在福州市纪念毛泽东同志《在延安文艺座谈会上的讲话》发表 50 周年大会上,习近平同志明确提出,到 20 世纪末,福州的文艺事业要提高到一个新水平,做到"三个相适应":与福州作为省会城市的地位相适应,与福州作为沿海对外开放城市的现代化建设发展程度相适应,与福州作为国家历史文化名城所应起的作用相适

---

① 习近平主编:《福州市 20 年经济社会发展战略设想》,福建美术出版社 1993 年版,第 1 页。

应。1993 年 6 月 10 日的《福州晚报》（当时的福州市委机关报）在头版头条报道了"市委书记与作家畅谈创作"，体现了习近平同志对文艺工作的高度重视。在福州工作期间，习近平同志重视发挥党报作为党和人民的喉舌的作用，经常关心《福州晚报》的发展，帮助其解决实际困难和问题。对于省委机关报《福建日报》，习近平同志更是关爱有加，在为党报事业发展排忧解难的同时，还身体力行为《福建日报》撰稿。据不完全统计，习近平同志在《福建日报》上共刊发 32 篇署名文章，包括词作《念奴娇·忆焦裕禄》、诗作《七律·军民情》、谋划福州发展的思考《再造一个"金三角"》和《关于扩大开放的思考》、总结"晋江经验"的《研究借鉴晋江经验，加快构建三条战略通道》等。闽剧，是闽都特色文化之一。习近平同志主政福州期间，在推进改革开放和现代化建设的同时，始终高度重视振兴闽剧、繁荣文艺文化。2001 年，闽剧《画龙记》荣获"五个一工程"奖，实现了福州市该奖项零的突破。

在福建担任省委副书记、省长期间，习近平同志高度重视对马克思主义哲学、政治经济学、科学社会主义的学习和掌握，充分运用马克思主义的世界观和方法论，去解决实践中的问题。例如，他在 1997 年发表的《论〈政治经济学批判〉序言的时代意义》一文中指出，要正确处理新形势下改革生产关系与大力发展社会生产力的关系，要正确处理坚持社会主义基本制度与大力发展市场经济的关系，要正确处理转变经济体制和转变经济增长方式的关系，要正确处理加强社会主义精神文明建设与物质文明建设的关系。习近平同志高度重视历史文化遗产的保护工作。2002年4月，习近平同志在为《福州古厝》一书撰写的序言中指出：保护好古建筑、保护好文物就是保存历史，保存城市的文脉，保存历史文化名城无形的优良传统。在福州，他为保护以三坊七巷为代表的福州古厝做了大量工作，形成保护城市文脉的制度性安排；积极协调推动武夷山申报世界文化和自然遗产，实现了福建世界遗产零的突破；治理木兰溪，让千年农业灌溉工程焕发新的生机；使"南方周口店"三明万寿岩遗址幸免于被摧毁；积极推动福建土楼申报世界文化遗产；积极研究、推动"海上丝绸之路：泉州史迹"申报世界文化遗产工作等。2021年3月22日，正在福建南平武夷山市考察的习近平总书记来到朱熹园，了解朱熹生平及理学研究等情况，特别强调"我们要特别重视挖掘中华五千年文明中的精华，把弘扬优秀传统文化同马克思主义立场观点方法结合起来，坚定不移走中国特色社会主义道路"[①]。总之，习近平同志在福建工作了17年半，开创性地提出了一系列重要理念、推进了一系列重大实践，留下了许多宝贵的思想财富、精神财富和实践成果，有力地进行着"两个结合"重要思想的酝酿。

三 在浙江的思考与探索

习近平同志2002年10月任浙江省委副书记、代省长，

[①] 《习近平谈治国理政》第四卷，外文出版社2022年版，第315页。

2002年11月到2007年3月任浙江省委书记、省人大常委会主任。这段历程，在习近平同志的地方领导实践中具有关键性的意义。习近平同志贯彻党的理论和路线方针政策，紧密结合浙江实际，提出并落实了作为浙江省域治理总纲领和总方略的"八八战略"，为浙江转型发展和长远发展奠定了坚实基础，是习近平新时代中国特色社会主义思想在浙江萌发与实践的集中体现，也是"两个结合"思想酝酿、产生的重要历史环节。"八八战略"涵盖各个领域，是中国特色社会主义省域实践系统化的理论总结。习近平同志在浙江工作期间的一系列探索和实践，涉及中国特色社会主义经济、政治、文化、社会、生态文明建设和党的建设各个领域，共同构成了一个完整的思想理论体系，在省域层面具体回答了"怎样建设社会主义""怎样建设党""怎样实现发展"等重大理论和实践问题。

在浙江工作期间，习近平同志特别提出要深入研究浙江现象，总结完善浙江经验，推进"浙江精神"的与时俱进。他强调："历史文化、革命文化与现代文化的交相辉映，使浙江文化闪耀出夺目的光彩。这种文化传统构成代代相传的文化基因，千百年来始终流淌在浙江老百姓的血液之中，形成了浙江特有的文化精神和人文优势。它们不仅与浙江的历史相伴，而且更与浙江人民的现实生活与未来创造相随。"[①] 2005年7月，浙江省委召开了十一届八次全会，主题就是研究浙江的文化发

---

① 习近平：《与时俱进的浙江精神》，《哲学研究》2006年第4期。

展问题。习近平同志在这次全会上作了长篇讲话，系统阐述了什么是文化、文化的意义和价值、文化建设与增强浙江软实力之间的关系，以及今后浙江发展过程中为什么要把文化放在重要位置等重大问题。这次全会作出了《中共浙江省委关于加快建设文化大省的决定》，进一步把准了浙江文化建设的方向，擘画了浙江文化工作未来的发展蓝图，在浙江文化建设历史上具有战略意义和深远影响。此前，2005年6月，习近平同志率领浙江代表团访问中国社会科学院，与该院领导和专家学者会聚一堂，商讨浙江省与中国社会科学院开展全面合作事宜，双方签署了合作意向书。一年半后，一套140多万字、共六卷本的哲学社会科学巨制——《浙江经验与中国发展——科学发展观与和谐社会建设在浙江》在杭州首发。该书是中国社会科学院与浙江省共同主办的国情调研重点项目，包括总报告篇、经济篇、社会篇、文化篇、政府管理篇和党建篇的理论性与资料性内容，从多重角度深入分析浙江经济社会发展的基本经验及对全国的借鉴意义。

在担任浙江省委书记期间，习近平同志曾以"哲欣"的笔名，在《浙江日报》"之江新语"专栏发表文章。这些文章观点鲜明，形式活泼，文字简洁明快，论述精辟有力，凝结着他对浙江治理的深刻思考。《之江新语》中有60余篇文章涉及传统文化。例如，《多读书，修政德》一文，以"修其心、治其身，而后可以为政于天下"，"为政以德，譬如北辰，居其所而众星拱之"等名句，勉励党员领导干部不断提高党性修养和道德素养，自觉做到为政以德、为政以廉、为政以民。《权力是个神圣的东西》一文，以"国家之权乃是'神器'，是个神圣的东西，非'凡夫俗子'所能用"①的古代哲理，要求各级领导干部慎用权、善用权、用好权，教育广大干部要会做人，做好人，洁身自好，做一个有高尚品德的人。这些重要观点和论述，与新时代以来习近平总书记有关加强党员干部学习教育的重要论述一脉相承，充分体现了习近平总书记宏阔的历史视野、深邃的历史智慧和对党员干部的惕厉关切之情。

在浙江工作期间，习近平同志特别重视文化建设。按照习近平同志的指示，杭州市精心保护、管理运河，不断挖掘、保护沿线遗址遗迹，并在此基础上创建起一座座运河特色文化小镇。2012年，运河杭州景区成功创建国家4A级景区。2014年，大运河成功申遗。2023年9月20日，习近平总书记在浙江考察时来到绍兴市浙东运河文化园，详细了解浙东运河发展演变史和当地合理利用水资源、推进大运河保护等情况，强调"大运河是世界上最长的人工运河，是十分宝贵的文化遗产。大运河文化是中华优秀传统文化的重要组成部分，要在保护、传承、利用上下功夫，让古老大运河焕发时代新风貌"②。习近平同志在浙江工作期间，还特别强调保护好良渚文化遗址。2023年12月3日，习近平总书记向首届"良渚论坛"致

---

① 习近平：《之江新语》，浙江人民出版社2007年版，第260页。
② 《始终干在实处走在前列勇立潮头 奋力谱写中国式现代化浙江新篇章》，《人民日报》2023年9月26日第1版。

贺信指出,"良渚遗址是中华五千年文明史的实证,是世界文明的瑰宝。在悠远的历史长河中,中华文明以独树一帜的创新创造、一脉相承的坚持坚守,树立起一座座文明高峰。中华文明开放包容、兼收并蓄,不断丰富发展、历久弥新,不断吸取世界不同文明的精华,极大丰富了世界文明百花园"[①]。首届"良渚论坛"主题为"践行全球文明倡议,推动文明交流互鉴"。在浙江工作期间,习近平同志还强调加强对西湖文化的保护;亲力推动编纂《宋画全集》,后来这个项目扩展到"中国历代绘画大系";指示加强对上山文化的研究和宣传;要求维修保护金华市磐安县古茶场;支持建设龙泉青瓷博物馆;关心文渊阁本《四库全书》影印工作;支持绍兴大禹陵祭典申报第一批国家级非物质文化遗产名录;对浙江的戏剧发展和人才培养多次作出批示;大力推动浙江文化"走出去"等。总之,习近平同志在领导浙江转变经济增长方式、建设先进制造业基地、提高对内对外开放水平、统筹城乡发展和区域发展、创建生态省、建设法治浙江和平安浙江、建设文化大省、推进民生实事、加强党的建设等实践中,充分展现了高超的思想理论水平和宏观决策水平、突出的政治驾驭能力和组织领导能力,对"两个结合"进行了深入探索和生动实践,是习近平新时代中国特色社会主义思想形成的重要理论准备和实践准备。

---

① 《习近平向首届"良渚论坛"致贺信》,《人民日报》2023年12月4日第1版。

四　在上海的思考与探索

习近平同志2007年3—10月任上海市委书记。他履职后第一场公开活动是瞻仰党的一大和二大会址，重温党的光荣历史，强调传承革命传统。他自觉把上海工作放在全党全国工作大局中来审视和部署，提出上海要坚定不移高举改革开放旗帜，并归纳各方意见和建议，概括了"海纳百川、追求卓越、开明睿智、大气谦和"的上海城市精神，振奋了上海广大干部群众的信心和士气。他始终心系人民，倾心倾力关注和解决民生问题。他高度重视党的建设特别是党风廉政建设，走访街道、乡村、企业、"两新"组织等，提出要走出一条符合改革开放和发展社会主义市场经济条件下党建工作规律、具有上海特大型城市特点的基层党建新路子。2007年8月21日，习近平同志在文艺单位调研座谈时讲话指出，上海作为一个移民城市，海纳百川、兼收并蓄，中西交融的文化特质更突出一些。建设国际大都市，综合实力反映在文化上。9月6日，习近平同志到上海师范大学考察时强调，我们国家有很多优秀的文化传统，要保护好这些文化遗产，并在前人基础上进一步总结、传承和弘扬等。此外，中国国家馆建设是上海世博会筹办工作中的一件大事。2007年8月，上海市委的一次专题会上专门研究了中国馆的主题演绎方案。习近平同志对当时提出的"城市发展中的中国智慧"这一中国馆主题表示肯定。他说，"中国智慧"要体现中华民族的大智慧，比如大象无形、大方无隅、大智若愚、大音希声，这些"中国智慧"若体现出来，会很有意思。从包容性看，改造、融合、兼收并蓄，都是"中国智慧"的特点。要通过中国馆的舞台，借鉴国际化的传播方式，将东方的智慧变成世界的智慧。① 习近平同志对"中国智慧"的诠释，不仅融入后来中国馆布展中，更融入世博会举办和上海城市发展之中。总之，习近平同志在上海虽然只工作7个月，却为上海发展明确目标、指引方向，以发展实绩获得干部群众的高度认可和衷心拥护。

五 从党的十七大到党的十八大前的思考与探索

2007年党的十七大，习近平同志担任中央政治局常委、中央书记处书记。从党的十七大到党的十八大，习近平同志对"两个结合"有了更进一步的思考。

习近平同志强调马克思主义理论的系统化学习，强调运用马克思主义的基本原理来创造性开展工作。他在中央党校发表的《关于中国特色社会主义理论体系的几点学习体会和认识》《改革开放30年党的建设回顾与思考》《在全国党校工作会议上的讲话》《关于新中国60年党的建设的几点思考》《关于建设马克思主义学习型政党的几点学习体会和认识》《深入学习中国特色社会主义理论体系 努力掌握马克思主义立场观点方

---

① 参见樊丽萍、徐蒙《"开明睿智才能进一步海纳百川"——"习近平在上海"系列报道之二》，《解放日报》2017年9月27日第1版。

第二章 "两个结合"形成发展的历史脉络

法》《领导干部要重视学习马克思主义经典著作》《领导干部要读点历史》等一系列重要讲话，提出了一系列重要论断。第一，强调领导干部要重视马克思主义经典著作学习，通过研读马克思主义经典著作深入理解马克思主义基本理论、全面掌握马克思主义基本原理具有前提性、本源性意义。他指出，学懂学通马克思主义基本原理"要破除对马克思主义的教条式理解，澄清一些人附加在马克思主义名义下的错误观点，深刻认识和剖析各种非马克思主义特别是反马克思主义错误思潮的本质，这样才能完整准确地理解马克思主义，更好地掌握和运用马克思主义"[①]。第二，强调要努力掌握马克思主义立场观点方法。他指出："学习和掌握正确的世界观和正确的方法论，始终是马克思主义政党思想建设的重大任务。"[②] "党员领导干部只有努力学习和掌握马克思主义立场观点方法，才能从根本上不断提高自己的思想理论水平和辨别是非能力，增强认识世界和改造世界的能力，坚定中国特色社会主义信念和共产主义理想；才能全面、正确地理解和贯彻党的基本理论、基本路线、基本纲领、基本经验和各项方针政策，坚定不移地继续解放思想、坚持改革开放、推动科学发展、促进社会和谐，为夺取全面建设小康社会新胜利而奋斗；也才能不断改进工作作风和工作方法，增强工作的原则性、系统性、预见性、创造性，克服

[①] 习近平：《党校十九讲》，中共中央党校出版社2014年版，第265页。
[②] 习近平：《党校十九讲》，中共中央党校出版社2014年版，第209页。

和避免摇摆性、片面性、盲目性,把自己的工作做得更好。"①第三,强调学习马克思主义,重点是要解决好理想信念问题。他指出,"这种理想信念,由此确定的崇高的共产主义精神和道德,是我们事业不断前进的动力,也是共产党人的立身之本,是领导干部'拒腐蚀、永不沾'、始终保持同人民群众密切联系的思想保证","我们要通过学习马克思主义经典著作,把共产党人的理想信念坚定地、牢固地树立起来,把崇高的理想同实事求是精神和脚踏实地工作统一起来,毫不动摇地为中国特色社会主义事业不懈奋斗"。②

习近平同志十分重视中华优秀传统文化的继承和弘扬,强调在运用马克思主义的基本原理和方法论中去认识中国的历史和文化。第一,强调中华文明具有突出的特点。2011年9月1日,习近平同志在中央党校2011年秋季学期开学典礼上的讲话中指出:"几千年来,我国流传下来的各种历史文化典籍浩如烟海,其丰富和完备的程度,没有任何一个国家可以相比。这是中华文明特有的重要标志,是中华民族的宝贵财富。""我们学习中国历史,就要继承中华民族的优良传统,从中汲取思想精华,结合新的实践不断发扬光大。"第二,强调认识中国传统文化必须坚持马克思主义的历史观和方法论。他说:"在学习历史知识的时候,要坚持马克思主义的历史观和方法论,

---

① 习近平:《深入学习中国特色社会主义理论体系 努力掌握马克思主义立场观点方法》,《求是》2010年第7期。

② 《习近平党校十九讲》,中共中央党校出版社2014年版,第266—267页。

不能读死书，要同工作实际结合起来，对所读之书要取其精华、去其糟粕，做到'博学之，审问之，慎思之，明辨之，笃行之'，知古鉴今、古为今用，这样才能在我们认识和处理现实问题中发挥历史知识应有的积极作用。"① 这一系列深刻论述，为新时代"两个结合"的形成和提出奠定了重要基础。第三，强调领导干部要学习中国历史，了解和懂得自古以来中国人民创造的灿烂历史文化，从中汲取有益于加强修养、做好工作的智慧和营养。他指出，自古以来，中国先贤在对待民族、邦国的关系上，倡导以"协和万邦"即和平共处为邦交原则，以"天下大同"即共同社会理想为追求目标。他强调："春秋时期，孔子修订《春秋》，包含'大一统'思想。到了秦汉时期，'大一统'已成为当时政治思想领域中的主流。基于这种认识，各族人民都把维护国家统一看作天经地义、义不容辞的神圣使命与责任。尽管在一些历史时期也曾出现过分裂局面，但统一始终是主流。而且不论分裂的时间有多长、分裂的局面有多严重，最终都会重新走向统一。"②

第三节 "两个结合"的明确提出和系统阐发

党的十八大以来，以习近平同志为核心的党中央统筹把握

---

① 习近平：《领导干部要读点历史——在中央党校 2011 年秋季学期开学典礼上的讲话》，《党建研究》2011 年第 10 期。

② 《习近平党校十九讲》，中共中央党校出版社 2014 年版，第 272—273 页。

中华民族伟大复兴战略全局和世界百年未有之大变局，深刻总结并充分运用党成立以来的历史经验，从新的实际出发，明确提出并深入推进"两个结合"，创立并不断发展习近平新时代中国特色社会主义思想，成功开辟了马克思主义中国化时代化的新境界。

一 "两个结合"的提出

（一）坚持马克思主义基本原理不断推进党的理论创新的动力

列宁曾经在《怎么办》中强调了一个重要观点："没有革命的理论，就不会有革命的运动。"他说，这个原则是必须始终坚持的，而对于俄国社会主义者来说，由于存在三种情况，"理论的意义就显得更为重要了"。这三种情况一是俄国社会主义运动刚刚开始，在实践上同企图使运动离开正确道路的非马克思主义派别进行思想上的清算远没有结束。二是俄国的社会主义运动要运用别国的经验，但是简单了解别国经验或抄袭别国的文件是不够的，必须用批判的态度来看待别国的经验，"并且独立地加以检验"，"为了完成这个任务，需要多么雄厚的理论力量和多么丰富的政治经验"。三是俄国社会主义者面临的任务是世界上任何一个国家的社会主义者都不曾有过的，他们必须首先把人民从封建专制统治下解放出来，在这种情况下，"只有以先进理论为指南的党，才能实现先进战士的作用"。列宁在120多年前提出的这一分析对于我们今天的理论创新仍然有重要的指导价值。

在当代中国，至少存在以下三种情况凸显理论创新的极端重要性。一是中华民族伟大复兴进入了最为关键的历史阶段。在这个阶段，各种可以预料和难以预料的风险挑战会时时刻刻横亘在我们面前，美西方敌对势力一直对我们实施"西化""分化"战略，必须警惕和防范所谓"宪政"、多党轮流执政、"三权鼎立"等政治思潮的侵蚀。要防止这些思潮的侵袭，一方面要加大对这些错误思潮的辨析批判，另一方面要用更加系统的理论创新和实践创新来讲好中国的政治故事。

二是中国特色社会主义事业已经达到非常大的规模，我们不仅创造了无数的经济财富、社会财富，还有无数文化的财富，任何颠覆性错误都会带来致命的危险。没有创新理论指导的实践，很可能就会出现颠覆性或者是全局性失误，我们的事业就可能毁于一旦。中国特色社会主义事业任何一个领域都是既蓬勃发展又充满着矛盾的领域，都需要创新理论的指导。

三是世界社会主义要复兴，必须进行不断的理论创新。由于中国特色社会主义不断成功，冷战结束后世界社会主义万马齐喑的局面得到很大程度的扭转，共产主义失败的论调得到很大程度的扭转，社会主义在同资本主义竞争中的被动局面得到很大程度的扭转，社会主义优越性得到很大程度的彰显，社会主义的吸引力得到很大程度的提升。"世界范围内社会主义和资本主义两种意识形态、两种社会制度的历史演进及其较量由于马克思主义在中国的成功发生了有利于社会主义的重大转变"①，这种转变是苏联解体以来世界社会主义重要的事件之一。但应该清醒地看到，这种转变并没有最终完成，还在进行中，如果没有理论创新，这一重大转变也许最终难以完成，或许还会使世界社会主义再次陷入低谷。习近平总书记在2018年4月指出："我今年年初在新进两委和省部级主要领导干部专题研讨班上讲过：'如果社会主义在中国没有取得今天的成功，如果中国共产党领导和我国社会主义制度也在苏联解体、苏共垮台、东欧剧变那场多米诺骨牌式的变化中倒塌了，或者因为其他原因失败了，那社会主义实践就可能又要长期在黑暗中徘徊了，又要像马克思所说的那样作为一个幽灵在世界上徘徊了。'"② 这绝不是危言耸听，而是历史发展告诉我们的。要使世界社会主义真正走出低谷、实现复兴，一个重要的方面就是要推动理论创新。

（二）在发展当代中国马克思主义与二十一世纪马克思主义进程中提出"两个结合"

在新时代党的理论创新进程中，以习近平同志为核心的党中央更加注重运用开阔的历史文化视野来观察和分析问题，在坚持"第一个结合"的同时，加快了孕育"第二个结合"重要

---

① 《中共中央关于党的百年奋斗重大成就和历史经验的决议》，人民出版社2021年版，第63—64页。

② 习近平：《论党的宣传思想工作》，中央文献出版社2020年版，第312—313页。

第二章 "两个结合"形成发展的历史脉络

思想的实践。

第一，强调坚持党的文化领导权。2013年8月19日，习近平总书记在全国宣传思想工作会议上强调，"意识形态工作是党的一项极端重要的工作。面对改革发展稳定复杂局面和社会思想意识多元多样、媒体格局深刻变化，在集中精力进行经济建设的同时，一刻也不能放松和削弱意识形态工作，必须把意识形态工作的领导权、管理权、话语权牢牢掌握在手中，任何时候都不能旁落，否则就要犯无可挽回的历史性错误"[①]。2019年10月，党的十九届四中全会审议通过的《中共中央关于坚持和完善中国特色社会主义制度、推进国家治理体系和治理能力现代化若干重大问题的决定》深刻总结社会主义文化建设的规律，明确提出坚持马克思主义在意识形态领域指导地位的根本制度。

第二，强调推动物质文明和精神文明协调发展。2013年8月19日，习近平总书记在全国宣传思想工作会议上强调："党的群众基础和执政基础包括物质和精神两方面。精神上丧失群众基础，最后也要出问题。只有物质文明建设和精神文明建设都搞好，国家物质力量和精神力量都增强，全国各族人民物质生活和精神生活都改善，中国特色社会主义事业才能顺利向前推进。"[②] 2014年10月15日，习近平总书记在文艺工作座谈会

---

① 习近平：《论党的宣传思想工作》，中央文献出版社2020年版，第21页。
② 《习近平关于社会主义精神文明建设论述摘编》，中央文献出版社2022年版，第17页。

上强调，两个文明都搞好才是中国特色社会主义。2015年2月28日，习近平总书记强调，"要坚持'两手抓、两手都要硬'，以辩证的、全面的、平衡的观点正确处理物质文明和精神文明的关系"①，把精神文明建设贯穿改革开放和现代化全过程、渗透社会生活各方面，"紧密结合培育和践行社会主义核心价值观，大力倡导共产党人的世界观、人生观、价值观，坚守共产党人的精神家园；大力加强社会公德、职业道德、家庭美德、个人品德建设，营造全社会崇德向善的浓厚氛围；大力弘扬中华优秀传统文化，大力加强党风政风、社风家风建设，特别是要让中华民族文化基因在广大青少年心中生根发芽。要充分发挥榜样的作用，领导干部、公众人物、先进模范都要为全社会做好表率、起好示范作用，引导和推动全体人民树立文明观念、争当文明公民、展示文明形象"②。

第三，强调坚定文化自信。2014年2月24日下午中共中央政治局就培育和弘扬社会主义核心价值观、弘扬中华传统美德进行第十三次集体学习。中共中央总书记习近平在主持学习时强调，要讲清楚中华优秀传统文化的历史渊源、发展脉络、基本走向，讲清楚中华文化的独特创造、价值理念、鲜明特色，增强文化自信和价值观自信。2016年11月30日，习近平总书记指出："文化是一个国家、一个民族的灵魂。历史和现

---

① 《做合格共产党员》，人民出版社2016年版，第159页。
② 习近平：《论党的宣传思想工作》，中央文献出版社2020年版，第133页。

第二章 "两个结合"形成发展的历史脉络

实都表明,一个抛弃了或者背叛了自己历史文化的民族,不仅不可能发展起来,而且很可能上演一幕幕历史悲剧。文化自信,是更基础、更广泛、更深厚的自信,是更基本、更深沉、更持久的力量。坚定文化自信,是事关国运兴衰、事关文化安全、事关民族精神独立性的大问题。没有文化自信,不可能写出有骨气、有个性、有神采的作品。"①

第四,强调培育和践行社会主义核心价值观。2014年2月24日,习近平总书记在中共中央政治局第十三次集体学习时强调,要把培育和弘扬社会主义核心价值观作为凝魂聚气、强基固本的基础工程,继承和发扬中华优秀传统文化和传统美德。"培育和弘扬社会主义核心价值观必须立足中华优秀传统文化。牢固的核心价值观,都有其固有的根本。抛弃传统、丢掉根本,就等于割断了自己的精神命脉。对我们来说,博大精深的中华优秀传统文化是我们在世界文化激荡中站稳脚跟的根基。"② 要认真汲取中华优秀传统文化的思想精华和道德精髓,大力弘扬以爱国主义为核心的民族精神和以改革创新为核心的时代精神,深入挖掘和阐发中华优秀传统文化讲仁爱、重民本、守诚信、崇正义、尚和合、求大同的时代价值,使中华优秀传统文化成为涵养社会主义核心价值观的重要源泉。2014年

---

① 习近平:《在中国文联十大、中国作协九大开幕式上的讲话》,人民出版社2016年版,第6页。
② 《习近平关于社会主义文化建设论述摘编》,中央文献出版社2017年版,第107—108页。

10月15日，习近平总书记在文艺工作座谈会上发表重要讲话指出，核心价值观是一个民族赖以维系的精神纽带，是一个国家共同的思想道德基础，"如果没有共同的核心价值观，一个民族、一个国家就会魂无定所、行无依归。为什么中华民族能够在几千年的历史长河中生生不息、薪火相传、顽强发展呢？很重要的一个原因就是中华民族有一脉相承的精神追求、精神特质、精神脉络"①。习近平总书记围绕中华优秀传统文化在培育和践行社会主义核心价值观中的作用，提出了一系列论述：培育和弘扬社会主义核心价值观必须立足中华优秀传统文化；我们倡导的富强、民主、文明、和谐，自由、平等、公正、法治，爱国、敬业、诚信、友善的社会主义核心价值观，体现了古圣先贤的思想，体现了仁人志士的夙愿，体现了革命先烈的理想，也寄托着各族人民对美好生活的向往；不论时代发生多大变化，不论生活格局发生多大变化，我们都要重视家庭建设，注重家庭、注重家教、注重家风，紧密结合培育和弘扬社会主义核心价值观，发扬光大中华民族传统家庭美德。

第五，强调中华优秀传统文化的创造性转化和创新性发展。2013年12月30日下午中共中央政治局就提高国家文化软实力研究进行第十二次集体学习，习近平总书记指出，要继承和弘扬我国人民在长期实践中培育和形成的传统美德，坚持马克思主义道德观、坚持社会主义道德观，在去粗取精、去伪存

---

① 习近平：《论党的宣传思想工作》，中央文献出版社2020年版，第111页。

真的基础上，坚持古为今用、推陈出新，努力实现中华传统美德的创造性转化、创新性发展。2014年2月24日，习近平总书记指出，要处理好继承和创造性发展的关系，重点做好创造性转化和创新性发展。围绕"双创"，习近平总书记提出一系列重要论述：中国共产党人是马克思主义者，坚持马克思主义的科学学说，坚持和发展中国特色社会主义，但中国共产党人不是历史虚无主义者，也不是文化虚无主义者。我们从来认为，马克思主义基本原理必须同中国具体实际紧密结合起来，应该科学对待民族传统文化，科学对待世界各国文化，用人类创造的一切优秀思想文化成果武装自己；传统文化在其形成和发展过程中，不可避免会受到当时人们的认识水平、时代条件、社会制度的局限性的制约和影响，因而也不可避免地会存在陈旧过时或已成为糟粕性的东西，要坚持古为今用、以古鉴今，坚持有鉴别的对待、有扬弃的继承，而不能搞厚古薄今、以古非今，努力实现传统文化的创造性转化、创新性发展，使之与现实文化相融相通，共同服务以文化人的时代任务；要推动中华优秀传统文化创造性转化、创新性发展，更要揭示蕴含其中的中华民族的文化精神、文化胸怀和文化自信，为新时代坚持和发展中国特色社会主义提供精神支撑。

第六，强调促进文明交流互鉴。2014年3月27日，习近平主席在联合国教科文组织总部的演讲中指出："文明因交流而多彩，文明因互鉴而丰富。文明交流互鉴，是推动人类文明进步和世界和平发展的重要动力。"① 推动文明交流互鉴,需要秉持正确的态度和原则,最重要的是坚持:文明是多彩的,人类文明因多样才有交流互鉴的价值,人类文明多样性赋予这个世界以姹紫嫣红的色彩,多样带来交流,交流孕育融合,融合产生进步;文明是平等的,人类文明因平等才有交流互鉴的前提,各种人类文明在价值上是平等的,各有千秋,也各有不足,文明没有高低、优劣之分;文明是包容的,人类文明因包容才有交流互鉴的动力,文明差异不应该成为世界冲突的根源,而应该成为人类文明进步的动力,每种文明都有其独特魅力和深厚底蕴,都是人类的精神瑰宝。不同文明要取长补短、共同进步,让文明交流互鉴成为推动人类社会进步的动力、维护世界和平的纽带。

在推进理论与实践创新的基础上,在庆祝中国共产党成立100周年大会上,习近平总书记明确提出"两个结合","新的征程上,我们必须坚持马克思列宁主义、毛泽东思想、邓小平理论、'三个代表'重要思想、科学发展观,全面贯彻新时代中国特色社会主义思想,坚持把马克思主义基本原理同中国具体实际相结合、同中华优秀传统文化相结合,用马克思主义观察时代、把握时代、引领时代,继续发展当代中国马克思主义、21世纪马克思主义!"② 习近平总书记提出的"两个结

---

① 《习近平谈治国理政》,外文出版社2014年版,第258页。
② 习近平:《在庆祝中国共产党成立100周年大会上的讲话》,人民出版社2021年版,第13页。

合"，为我们不断开辟马克思主义中国化时代化新境界提供了科学指南。2021年11月，党的十九届六中全会以决议的形式对"两个结合"进一步论述，《中共中央关于党的百年奋斗重大成就和历史经验的决议》明确指出："党之所以能够领导人民在一次次求索、一次次挫折、一次次开拓中完成中国其他各种政治力量不可能完成的艰巨任务，根本在于坚持解放思想、实事求是、与时俱进、求真务实，坚持把马克思主义基本原理同中国具体实际相结合、同中华优秀传统文化相结合，坚持实践是检验真理的唯一标准，坚持一切从实际出发，及时回答时代之问、人民之问，不断推进马克思主义中国化时代化。"[①]

二 "两个结合"的系统阐发

党的二十大是在我国迈上全面建设社会主义现代化国家新征程、向第二个百年奋斗目标进军的关键时刻召开的一次十分重要的大会。自党的二十大以来，习近平总书记对"两个结合"展开了全面系统的阐述，生动体现了我们党对"两个结合"的深刻把握和科学认识。

（一）"两个结合"的集中阐释

2022年10月，习近平总书记在党的二十大报告中更加详细地阐述了"两个结合"的重要地位和丰富内涵，强调"只有

[①] 《中共中央关于党的百年奋斗重大成就和历史经验的决议》，人民出版社2021年版，第66—67页。

"两个结合"基本问题研究

把马克思主义基本原理同中国具体实际相结合、同中华优秀传统文化相结合，坚持运用辩证唯物主义和历史唯物主义，才能正确回答时代和实践提出的重大问题，才能始终保持马克思主义的蓬勃生机和旺盛活力"①。党的二十大对"两个结合"的基本内涵和实践意义展开科学阐释，强调马克思主义基本原理同中国具体实际相结合是要运用马克思主义科学的世界观和方法论解决中国的问题，而不是要背诵和重复其具体结论和词句，更不能把马克思主义当成一成不变的教条，必须坚持解放思想、实事求是、与时俱进、求真务实，一切从实际出发；强调马克思主义基本原理同中华优秀传统文化相结合，必须坚定历史自信、文化自信，坚持古为今用、推陈出新，把马克思主义思想精髓同中华优秀传统文化精华贯通起来、同人民群众日用而不觉的共同价值观念融通起来，不断赋予科学理论以鲜明的中国特色。党的二十大闭幕不久，习近平总书记带领新当选的二十届中共中央政治局常委瞻仰延安革命纪念地，庄严宣示新一届中央领导集体赓续红色血脉、传承奋斗精神，在新的赶考之路上向历史和人民交出新的优异答卷的坚定信念。10月28日，习近平总书记在河南安阳殷墟博物馆考察时，第一次提出了建设中华民族现代文明的重要论断。他说，"殷墟出土的甲骨文为我们保存3000年前的文字，把中国信史向上推进了约

---

① 习近平：《高举中国特色社会主义伟大旗帜 为全面建设社会主义现代化国家而团结奋斗——在中国共产党第二十次全国代表大会上的报告》，人民出版社2022年版，第17页。

第二章 "两个结合"形成发展的历史脉络

1000年。殷墟我向往已久,这次来是想更深地学习理解中华文明,古为今用,为更好建设中华民族现代文明提供借鉴"①。

在这一系列重要论述的基础上,2023年6月2日,习近平总书记在文化传承发展座谈会上发表重要讲话,集中概括了中华文明的突出特性,系统阐述了"两个结合"的科学内涵和重要意义,进一步丰富和发展了马克思主义文化理论,对建设中华民族现代文明进行了全面战略部署,是新时代党领导文化建设实践经验的科学总结,为建设中华民族现代文明和社会主义文化强国提供了根本遵循和行动指南。这次会议还明确提出文化建设方面的"十四个强调",鲜明提出坚持党的文化领导权、担负新的文化使命等重大创新观点。"十四个强调"是指:(1)强调坚持和加强党对宣传思想文化工作的全面领导,担负起新的文化使命,建设社会主义文化强国,铸就社会主义文化新辉煌;(2)强调坚持马克思主义在意识形态领域指导地位的根本制度,推进马克思主义中国化时代化,建设具有强大凝聚力和引领力的社会主义意识形态;(3)强调坚定文化自信,推动社会主义文化繁荣兴盛,建设中华民族现代文明;(4)强调以社会主义核心价值观引领文化建设,广泛开展中国特色社会主义和中国梦宣传教育,使全体人民在理想信念、价值理念、道德观念上紧紧团结在一起;(5)强调加快构建中国特色哲学

---

① 《全面推进乡村振兴 为实现农业农村现代化而不懈奋斗》,《人民日报》2022年10月29日。

社会科学，以我国实际为研究起点，阐释中国道路、解读中国实践、构建中国理论；（6）强调推动中华优秀传统文化创造性转化、创新性发展，让中华文化展现出永久魅力和时代风采；（7）强调提高新闻舆论传播力、引导力、影响力、公信力，弘扬主旋律、传播正能量，巩固壮大奋进新时代的主流思想舆论；（8）强调坚持以人民为中心的创作导向，把社会效益放在首位，推出更多增强人民精神力量的优秀作品；（9）强调要像爱惜自己的生命一样保护历史文化遗产，加强文物保护利用和文化遗产保护传承，守护好中华文脉；（10）强调中国式现代化是物质文明和精神文明相协调的现代化，能促进全体人民精神生活共同富裕，促进人的全面发展；（11）强调铸牢中华民族共同体意识，建设中华民族共有精神家园；（12）强调过不了互联网这一关就过不了长期执政这一关，要把互联网这个变量变成事业发展的增量，培育积极健康向上向善的网络文化，建设网络文明；（13）强调提升国家文化软实力和中华文化影响力，加强国际传播能力建设，讲好中国故事，推动中华文化更好走向世界；（14）强调弘扬全人类共同价值，落实全球文明倡议，推动文明交流互鉴，丰富世界文明百花园；等等。这些表明我们党对文化建设和文明发展规律的认识达到了新高度。

2023年6月30日，二十届中共中央政治局就开辟马克思主义中国化时代化新境界进行第六次集体学习，这次学习从根脉和魂脉角度更加深入地阐释了"两个结合"的内在逻辑。习近平总书记在主持学习时强调："马克思主义中国化时代化这个重大命题本身就决定，我们决不能抛弃马克思主义这个魂脉，决不能抛弃中华优秀传统文化这个根脉。坚守好这个魂和根，是理论创新的基础和前提。理论创新必须讲新话，但不能丢了老祖宗，数典忘祖就等于割断了魂脉和根脉，最终会犯失去魂脉和根脉的颠覆性错误。我们必须坚持马克思主义这个立党立国、兴党兴国之本不动摇，坚持植根本国、本民族历史文化沃土发展马克思主义不停步，坚定历史自信、文化自信，坚持古为今用、推陈出新，以马克思主义为指导对中华五千多年文明宝库进行全面挖掘，用马克思主义激活中华优秀传统文化中富有生命力的优秀因子并赋予新的时代内涵，将中华民族的伟大精神和丰富智慧更深层次地注入马克思主义，有效把马克思主义思想精髓同中华优秀传统文化精华贯通起来，聚变为新的理论优势，不断攀登新的思想高峰。我们要拓宽理论视野，以海纳百川的开放胸襟学习和借鉴人类社会一切优秀文明成果，在'人类知识的总和'中汲取优秀思想文化资源来创新和发展党的理论，形成兼容并蓄、博采众长的理论大格局大气象。"[1]

（二）习近平文化思想是"两个结合"的最鲜明成果

党的十八大以来，习近平总书记在系统总结新时代党领导文化建设实践经验的基础上，就新时代文化建设提出一系列新

---

[1] 参见《不断深化对党的理论创新的规律性认识 在新时代新征程上取得更为丰硕的理论创新成果》，《人民日报》2023年7月2日第1版。

思想新观点新论断，形成了习近平文化思想。习近平文化思想内涵十分丰富、论述极为深刻、逻辑科学严密，这一重要思想深刻回答了新时代我国文化建设举什么旗、走什么路、坚持什么原则、实现什么目标等根本问题，丰富和发展了马克思主义文化理论，丰富和发展了世界文明理论，构成了习近平新时代中国特色社会主义思想的文化篇。在2023年11月6日举行的学习贯彻习近平文化思想座谈会上，中共中央政治局常委、中央书记处书记蔡奇同志指出：要深入领会这一重要思想蕴含的重大创新观点、科学方法论和关于文化建设的战略部署，深刻认识这一重要思想是一个不断展开的、开放式的、科学系统的思想体系，必将随着实践深入不断丰富发展。蔡奇同志还强调了这一重要思想蕴含的重大创新观点、科学方法论和关于文化建设的战略部署，为我们深入把握这一重要思想的科学体系及其内在逻辑指明了方向。

第一，习近平文化思想蕴含的重大创新观点。在回答新时代我国文化建设举什么旗、走什么路、坚持什么原则、实现什么目标等根本问题的过程中，在解决人民群众文化需求、推进人类文明交流互鉴的过程中，习近平文化思想形成了一系列创造性的理论观点。

"文化领导权论"，也就是中国共产党在文化建设领域中的领导地位。习近平总书记指出："守正，守的是马克思主义在意识形态领域指导地位的根本制度，守的是'两个结合'的根本要求，守的是中国共产党的文化领导权和中华民族的文化主

第二章 "两个结合"形成发展的历史脉络

体性。"① 习近平文化思想中坚持党的文化领导权包括：创造性提出"经济建设是党的中心工作，意识形态工作是党的一项极端重要的工作"，强调坚持和加强党对宣传思想文化工作的全面领导；宣传思想工作就是要巩固马克思主义在意识形态领域的指导地位，巩固全党全国人民团结奋斗的共同思想基础；必须把意识形态工作的领导权、管理权、话语权牢牢掌握在手中，任何时候都不能旁落，否则就要犯无可挽回的历史性错误等。

"两个文明协调论"，也就是物质文明与精神文明相协调。坚持和发展中国特色社会主义的重要要求就是推动两个文明协调发展，不仅实现中国梦是物质文明和精神文明比翼双飞的发展过程，而且中国式现代化是物质文明和精神文明相协调的现代化。物质富足、精神富有是社会主义现代化的根本要求；物质贫困不是社会主义，精神贫乏也不是社会主义。习近平总书记强调"以辩证的、全面的、平衡的观点正确处理物质文明和精神文明的关系"。

"两个结合论"，也就是把马克思主义基本原理同中国具体实际相结合、同中华优秀传统文化相结合。要深入把握"两个结合"的丰富内涵，特别是把握好"第二个结合"的内在要求。"第二个结合"要求我们更加自觉地运用马克思主义世界观和方法论，辩证科学地认识中华民族的历史起源以及演进规

---

① 习近平：《在文化传承发展座谈会上的讲话》，人民出版社 2023 年版，第 11 页。

律，更加客观全面地认识中华文明的突出特性。"第二个结合"要求我们充分运用中华优秀传统文化的宝贵资源，探索面向未来的体制、机制、制度等方面的创新，以新的制度推动中国特色社会主义文化事业发展。

"自主知识体系论"，也就是坚持"两个结合"推进理论创新，建构中国自主的知识体系。加快构建中国特色哲学社会科学，归根结底是建构中国自主的知识体系。要以中国为观照、以时代为观照，立足中国实际，解决中国问题，不断推动中华优秀传统文化创造性转化、创新性发展，不断推进知识创新、理论创新、方法创新，使中国特色哲学社会科学真正屹立于世界学术之林。哲学社会科学工作者要自觉以回答中国之问、世界之问、人民之问、时代之问为学术己任，以彰显中国之路、中国之治、中国之理为思想追求，在研究解决事关党和国家全局性、根本性、关键性的重大问题上拿出真本事、取得好成果。要发挥哲学社会科学在融通中外文化、增进文明交流中的独特作用，传播中国声音、中国理论、中国思想，让世界更好读懂中国，为推动构建人类命运共同体作出积极贡献。

"文化使命论"，也就是文化发展承担的历史任务和要实现的根本目标。在2023年的文化传承发展座谈会上的讲话中，习近平总书记强调指出：在新的起点上继续推动文化繁荣、建设文化强国、建设中华民族现代文明，是我们在新时代新的文化使命。在新的起点上继续推动文化繁荣，这是新时代文化使命的基本任务，新的文化使命肩负着实现人民对美好生活向往的重任，新时代人民群众的文化需求旺盛增长，这为发展更高水平更高质量的文化事业和文化产业提供了强大基础。建设文化强国，这是新时代新的文化使命的根本任务。建设中华民族现代文明，这是新时代新的文化使命的重要任务，我们建设的中华民族现代文明是中国共产党领导的社会主义文明，是一种全新的文明形态，这一文明能最大限度地激发中华文明优秀基因，使之实现现代化飞跃。

"文化自信论"，也就是要坚定中国特色社会主义文化自信。习近平总书记指出：文明特别是思想文化是一个国家、一个民族的灵魂。无论哪一个国家、哪一个民族，如果不珍惜自己的思想文化，丢掉了思想文化这个灵魂，这个国家、这个民族是立不起来的。坚定中国特色社会主义道路自信、理论自信、制度自信，说到底是要坚定文化自信。坚定文化自信就要做到：没有高度的文化自信，没有文化的繁荣兴盛，就没有中华民族伟大复兴；文化自信，是更基础、更广泛、更深厚的自信，是更基本、更深沉、更持久的力量；坚定文化自信，是事关国运兴衰、事关文化安全、事关民族精神独立性的大问题；坚定文化自信，离不开对中华民族历史的认知和运用，在长期演进过程中，形成了中国人看待世界、看待社会、看待人生的独特价值体系、文化内涵和精神品质，这是我们区别于其他国家和民族的根本特征，也铸就了中华民族博采众长的文化自信。

"核心价值观论"，也就是强调培育和践行社会主义核心价值观。这一重要论述回答了培育和践行什么样的核心价值观、怎样培育核心价值观？核心价值观承载着一个民族、一个国家的精神追求，体现着一个社会评判是非曲直的价值标准；核心价值观是文化软实力的灵魂、文化软实力建设的重点。要倡导富强、民主、文明、和谐，倡导自由、平等、公正、法治，倡导爱国、敬业、诚信、友善，积极培育和践行社会主义核心价值观。富强、民主、文明、和谐是国家层面的价值要求，自由、平等、公正、法治是社会层面的价值要求，爱国、敬业、诚信、友善是公民层面的价值要求。社会主义核心价值观，体现了古圣先贤的思想，体现了仁人志士的夙愿，体现了革命先烈的理想，也寄托着各族人民对美好生活的向往。

"立德树人论"，也就是坚持以习近平新时代中国特色社会主义思想为指导，全面贯彻党的教育方针，落实立德树人根本任务。要坚持思政课建设与党的创新理论武装同步推进，构建以习近平新时代中国特色社会主义思想为核心内容的课程教材体系，深入推进大中小学思想政治教育一体化建设。要始终坚持马克思主义指导地位，以中国特色社会主义取得的举世瞩目成就为内容支撑，以中华优秀传统文化、革命文化和社会主义先进文化为力量根基，把道理讲深讲透讲活，守正创新推动思政课建设内涵式发展，不断提高思政课的针对性和吸引力。要着力建设一支政治强、情怀深、思维新、视野广、自律严、人格正的思政课教师队伍。思政课教学要贯彻落实"八个统一"要求，努力培养更多让党放心、爱国奉献、担当民族复兴重任的时代新人。

"网络强国论",也就是推动建设社会主义网络强国。习近平总书记系统回答了为什么要建设网络强国、怎样建设网络强国的一系列重大理论和实践问题,明确了事关网信事业发展的一系列方向性、根本性、全局性、战略性重大问题,形成了内涵丰富、科学系统的习近平总书记关于网络强国的重要思想。这一思想明确"十个坚持"的重要原则,提出一系列新思想新观点新论断:过不了互联网这一关,就过不了长期执政这一关,要把党管媒体的原则贯彻到新媒体领域;互联网已经融入社会生活的方方面面,深刻改变了人们的生产和生活方式;加强网络法制建设和舆论引导,确保网络信息传播秩序和国家安全、社会稳定等。

"人民中心论",也就是坚持以人民为中心的工作导向。人民性是马克思主义的本质属性,人民立场是中国共产党人的根本政治立场,坚持人民至上是习近平新时代中国特色社会主义思想的世界观和方法论。文化建设各个领域各个方面各项工作都要贯彻人民性要求和人民立场,都要坚持人民至上。习近平总书记指出:"只有牢固树立马克思主义文艺观,真正做到了以人民为中心,文艺才能发挥最大正能量。"① 他指出,哲学社会科学的核心问题就是要解决为了什么人的问题,"为什么人的问题是哲学社会科学研究的根本性、原则性问题"。要加强公共文化设施建设,推动文化产业高质量发展,更好满足人民

---

① 习近平:《在文艺工作座谈会上的讲话》,人民出版社2015年版,第13页。

精神文化生活新期待。

"历史文化遗产保护论",也就是强调对于历史文化遗产的保护和利用。习近平总书记历来高度重视历史文化遗产的保护问题。他提出:历史文化遗产承载着中华民族的基因和血脉,不仅属于我们这一代人,也属于子孙万代;要把历史文化遗产保护放在第一位,同时要合理利用,使其在提供公共文化服务、满足人民精神文化生活需求方面充分发挥作用;历史文化是城市的灵魂,要像爱惜自己的生命一样保护好城市历史文化遗产。

"中国话语叙事论",也就是更好地构建提高中国文化软实力的话语和叙事体系。习近平总书记强调,加快构建中国话语和中国叙事体系,讲好中国故事、传播好中国声音,展现可信、可爱、可敬的中国形象。要用中国实践升华中国理论,打造融通中外的新概念、新范畴、新表述,更加充分、更加鲜明地展现中国故事及其背后的思想力量和精神力量。要讲清楚中国是什么样的文明和什么样的国家,讲清楚中国人的宇宙观、天下观、社会观、道德观,讲清楚中国式现代化蕴含的独特世界观、价值观、历史观、文明观、民主观、生态观等及其伟大实践。加强对外文化交流和多层次文明对话,开展"感知中国""走读中国""视听中国"活动,讲好中国故事,说清中国道理,传播好中国声音,促进民心相通。

"文明互鉴论",也就是推动文明之间平等对话、相互镜鉴。中华文明具有开放包容性,习近平总书记指出:"自古以来，中华民族就以'天下大同'、'协和万邦'的宽广胸怀，自信而又大度地开展同域外民族交往和文化交流，曾经谱写了万里驼铃万里波的浩浩丝路长歌，也曾经创造了万国衣冠会长安的盛唐气象。"[1] 事实上就是如此。美国学者薛爱华在1953年出版的《撒马尔罕的金桃》一书中就说："唐朝人追求外来物品的风气渗透了唐朝社会的各个阶层和日常生活的各个方面：在各式各样的家庭用具上，都出现了伊朗、印度以及突厥人的画像和装饰样式。"我们坚持的是平等的文明观，强调文明有差异性，没有高低优劣之分；我们坚持的是互鉴的文明观，强调各个文明都可以找到彼此的互补之处；这是一种对话的文明观，强调对话而不是对抗，沟通而不是脱钩。

第二，习近平文化思想蕴含的科学方法论。习近平文化思想蕴含的科学方法论是习近平新时代中国特色社会主义思想的世界观和方法论在文化建设领域运用和实践的结果，又是推动文化建设不断迈进的重要指南。

守正创新的科学方法论。守正创新是我们党在新时代治国理政的重要思想方法。坚持守正创新是中国共产党人推动实践和理论发展的重要方法，彰显了马克思主义世界观和方法论的特质，是续写马克思主义中国化时代化的本质要求。必须坚持守正创新不仅是习近平新时代中国特色社会主义思想世界观和

---

[1] 习近平：《在庆祝改革开放40周年大会上的讲话》，人民出版社2018年版，第39—40页。

方法论的重要内容，而且是习近平文化思想的重要方法。在文化传承发展座谈会上的讲话中，习近平总书记指出："对文化建设来说，守正才能不迷失自我、不迷失方向，创新才能把握时代、引领时代。""新时代的文化工作者必须以守正创新的正气和锐气，赓续历史文脉、谱写当代华章。"守正就是守住根和魂、本和源、旗和路，着力正本清源、固本培元；守正主要是坚持马克思主义基本原理不动摇，坚持党的领导不动摇，坚持中国特色社会主义特别是坚持中国特色社会主义文化发展道路不动摇。守正不是抱残守旧，而是在创造发展中更好地坚持真理和正道。创新首先就要激发中华文明具有的突出的创新性，在新的时代基础上有更系统全面自觉能动的创新。中华文明是革故鼎新、辉光日新的文明，这从根本上决定了中华民族守正不守旧、尊古不复古的进取精神，决定了中华民族不惧新挑战、勇于接受新事物的无畏品格。在新时代，文化建设就要实现传统与现代的有机衔接，实现文化产业与文化事业的有机融合，实现文化高质量发展，努力满足人民群众日益增长的更高的文化需求，不仅丰富人民精神世界，而且展现出中华文化强大的软实力。

系统观念的科学方法论。坚持系统观念是习近平新时代中国特色社会主义思想具有基础性的思想和工作方法，深刻体现了唯物辩证法关于世界是普遍联系、全面系统、发展变化的观点。作为文化建设的科学方法论，系统观念有两方面要求。其一，把文化建设放到中国特色社会主义事业发展的战略全局来谋划。习近平总书记指出:"统筹推进'五位一体'总体布局、协调推进'四个全面'战略布局,文化是重要内容;满足人民日益增长的美好生活需要,文化是重要因素;战胜前进道路上各种风险挑战,文化是重要力量源泉。"① 这"三个重要"体现了一种整体性,文化建设既要放到两个布局中来推进,也要放到解决社会主要矛盾中来加强,还要放到国际大格局中来谋划。其二,文化建设是一个系统工程,既包括理想信仰、精神生活、思想创造、产业发展、公共服务、传统文化、文明借鉴、软实力较量等方面,也包括思想宣传文化、新闻舆论、互联网、哲学社会科学、文艺工作等部门行业。这就要求我们推进文化建设既不能只抓几点不及其余,也不能"眉毛胡子一把抓",要把涉及文化建设的方方面面看作一个整体,把每一个领域作为整体的一部分来统筹。

第三,习近平文化思想的理论与实践意义。习近平文化思想给我们阐明了中国特色社会主义文化发展道路。党的二十大报告指出:全面建设社会主义现代化国家,必须坚持中国特色社会主义文化发展道路。中国特色社会主义文化发展道路是中国特色社会主义道路在文化发展领域呈现出来的具体道路,是总结中国共产党领导文化事业发展经验特别是新时代历史经验基础上探索出来的道路。2018年8月,在全国宣传思想工作会

---

① 中共中央党史和文献研究院编:《习近平关于社会主义精神文明建设论述摘编》,中央文献出版社2022年版,第30页。

议上的讲话中，习近平总书记强调，兴文化就是要坚持中国特色社会主义文化发展道路。中国特色社会主义文化发展道路，源自中华民族五千多年文明史所孕育的中华优秀传统文化，熔铸于党领导人民在革命、建设、改革中创造的革命文化和社会主义先进文化，植根于中国特色社会主义伟大实践。这就决定了中国特色社会主义文化发展道路是推动中华优秀传统文化创造性转化、创新性发展的道路，是坚持和弘扬革命文化和社会主义先进文化的道路；这就决定了中国特色社会主义文化发展道路是践行人民至上价值理念、充分保障人民基本文化权益、满足人们多样化和高质量精神文化需求的道路；这就决定了中国特色社会主义文化发展道路是不断增强国家文化软实力，促进各国文明平等交流互鉴的道路。

习近平文化思想给我们指明了文化发展的客观规律。习近平文化思想中有一系列关于文化发展规律的论断。比如，习近平总书记指出，"第二个结合"是我们党对马克思主义中国化时代化历史经验的深刻总结，是对中华文明发展规律的深刻把握。中华文明发展规律是什么？中华文明从来不用单一文化代替多元文化，从来不用殖民扩张代替平等交往，而是由多元文化汇聚成共同文化，化解冲突，凝聚共识。这就决定了中华民族交往交流交融的历史取向，决定了中国各宗教信仰多元并存的和谐格局，决定了中华文化对世界文明兼收并蓄的开放胸怀。我们不仅把握中华文明发展规律，还探索世界文明发展规律。习近平总书记指出："世界文明历史揭示了一个规律：

任何一种文明都要与时偕行，不断吸纳时代精华。"[1] 在实践中，我们不断深化对文化建设的规律性认识，提出一系列新思想新观点新论断。规律分析的方法要求我们把握文化建设的一般规律、社会主义文化建设的普遍规律，还要把握中国特色社会主义文化发展的特殊规律。就一般规律而言，文化需求随着人们物质生活水平的提高会逐步增强。19世纪德国统计学家恩格尔根据统计资料，对消费结构的变化得出一个规律：随着家庭收入的增加，家庭收入中用来购买食物的支出比例则会下降。与此同时，用于文化消费的支出会扩大。就社会主义文化建设的普遍规律而言，防止物质主义膨胀、加强道德文明建设、培育一代代社会主义建设的新人成为重点任务。列宁就强调社会主义社会要培养在道德上和智力上、脑力上与体力上、审美感上与劳动技能上达到和谐和全面发展的新人，习近平总书记在党的十九大报告中指出"培养担当民族复兴大任的时代新人"。就中国特色社会主义文化发展的特殊规律而言，必须把马克思主义基本原理与中华优秀传统文化紧密结合起来，用马克思主义激活中华优秀传统文化中富有生命力的优秀因子并赋予新的时代内涵，将中华民族的伟大精神和丰富智慧更深层次地注入马克思主义，打通魂脉和根脉，使之成为文化发展的大动脉。

习近平文化思想是新时代党领导中国特色社会主义文化建

---

[1] 《十九大以来重要文献选编》（中），中央文献出版社2021年版，第82页。

设实践经验的科学总结，是对马克思主义文化理论的创造性发展，是对人类文化思想的巨大贡献。这一思想标志着我们党对中国特色社会主义文化建设规律的认识达到新高度，表明我们党的历史自信、文化自信达到新高度，彰显了我们党对人类文明发展大趋势的掌握达到了新高度，为我们推进中国式现代化提供了强大的文化思想武器。

第三章
"两个结合"的基本内涵和基本关系

"两个结合",是习近平总书记在新时代提出的重大科学命题,全面总结了马克思主义中国化时代化历史发展的成功经验,深度揭示了马克思主义中国化时代化的本质内涵和根本要求,极大拓展了马克思主义中国化时代化的发展路径和广阔前景,是对马克思主义中国化时代化重大的原创性贡献。中国共产党之所以能够带领中国人民在一次次的探索、一次次的开拓中完成各种艰巨的历史任务,推动实现中华民族伟大复兴进入不可逆转的历史进程,其根本原因就在于坚持了"两个结合"。我们要从理论与实践、历史与现实的结合上,深入把握"两个结合"的基本内涵,全面分析它的内在构成要素及其矛盾关系,深入揭示它的鲜明特征及其丰富内容,在掌握"两个结合"基础上,才能对习近平新时代中国特色社会主义思想有整体性、系统性的把握。

第一节 "两个结合"的内在构成要素

马克思主义基本原理同中国具体实际相结合、同中华优秀传统文化相结合的动态性过程，内在地包含着中国马克思主义者、马克思主义基本原理、中国具体实际、中华优秀传统文化、创新过程、创新成果等核心要素，这些要素也就是"两个结合"的创新主体、理论客体、实际客体、文化客体、结合过程和结合成果等，它们之间的矛盾关系和相互作用，形成了一个持续开放性的理论和实践的创新过程。

一 "两个结合"的主体要素

马克思主义基本原理同中国具体实际、同中华优秀传统文化的结合，是一个主体的自觉创造过程。中国共产党及其领袖、理论家以及党领导下的人民群众构成了"两个结合"的主体性要素，是结合过程中的施动者。离开了主体，"两个结合"无从谈起。

第一，组织主体。"两个结合"首先是一种集体性、组织性的活动，最根本的主体要素就是中国共产党。正是通过中国共产党，"两个结合"不仅是一种高度自主自觉的，而且是有组织、有领导地推进的实践和理论创新过程。中国共产党是"两个结合"的"组织主体"。

首先，中国共产党始终坚持和发展马克思主义，这是推进

"两个结合"的重要前提。中国共产党是以马克思主义为根本指导思想的先锋队组织，马克思主义是中国共产党的灵魂。从成立之日起，中国共产党就以马克思主义为自己的行动指南，不论发生什么样的问题，出现什么样的艰难曲折，党始终高举马克思主义的旗帜，坚持马克思主义的指导地位。建党之前，早期马克思主义者们就开始自觉传播马克思主义，创建进步社团组织，培育马克思主义队伍，奠定建党的理论、干部、组织基础。例如李大钊等发表了一系列文章，热情讴歌马克思主义。中国共产党成立之后，有领导、有组织地翻译马克思主义经典著作，广泛传播马克思主义理论，推动马克思主义同现实实际、中国传统文化和社会大众相结合。在领导中国人民进行革命、建设、改革的长期实践中，党始终坚持运用马克思主义普遍真理分析、解决中国具体问题，在实践和理论上进行创新，不断推动马克思主义在中国的丰富和发展。正如党的二十大报告中所指出，"马克思主义是我们立党立国、兴党兴国的根本指导思想"，拥有了马克思主义，我们才能够把握历史主动，才能够正确回答一系列重大时代课题。

其次，中国共产党深入分析和把握中国具体国情，科学传承中华优秀传统文化，为推进"两个结合"提供基本条件。为了实现共产主义远大理想，中国共产党深入实际，分析中国的历史文化传统、民族发展特色、社会基本性质、基本国情及时代特征。"八七"会议上通过的《告全党党员书》中指出，"中国革命是资产阶级的革命"，而"土地革命问题是中国资产阶级民权革命中的中心问题"①，这就指出基于中国国情的中国革命的独特性。毛泽东同志在《农民运动决议案》《湖南农民运动考察报告》等文章中，从中国经济结构、社会结构、阶级关系等方面，也指出农民运动才是中国革命的中心问题。此后，党继续在基本国情方面进行艰苦探索，对中国的社会性质、主要矛盾、革命对象、革命道路等有了清晰的认识，形成了新民主主义革命理论。在科学把握中国具体实际的同时，实现马克思主义理论在中国的具体化，创立了毛泽东思想。在社会主义革命和建设时期，以毛泽东同志为主要代表的中国共产党人，结合新的实际丰富和发展了毛泽东思想，实现马克思主义中国化的第一次历史性飞跃。改革开放和社会主义现代化建设新时期，中国共产党正确把握了社会主义初级阶段的基本国情，并从这个最大的实际出发创新发展马克思主义，开创了中国特色社会主义事业，形成了中国特色社会主义理论体系，实现了马克思主义中国化新的飞跃。进入新时代，以习近平同志为核心的党中央对关系党和国家事业发展的重大理论和实践问题进行深邃思考和科学判断，创立了习近平新时代中国特色社会主义思想，实现了马克思主义中国化时代化新的飞跃，为实现中华民族伟大复兴提供了科学指南。

再次，中国共产党始终坚持民主集中制原则，能够有效集

---

① 《中共中央文件选集（一九二七）》第3册，中共中央党校出版社1989年版，第255、265页。

中集体智慧，为推进"两个结合"提供制度保障。民主集中制是中国共产党的根本组织制度，也是吸收集体智慧的根本方式。通过调查研究、群众路线等方法，党能够把广大人民群众在实践中创造的经验、观点等吸收到党的决策层，转化为政策决策和理论创造，实现由分散观点向集中决策的提升，由零散经验向系统理论的飞跃。通过党的各种会议和党的各种文件，党能够把全体党员的智慧、理论家的智慧、全体人民的智慧有效集中起来，把个人观点上升为组织观点，把个人认知上升为集体共识，把个人探索上升为理论创新。

最后，中国共产党具有自我革命的精神品格，这是推进"两个结合"的内在动力。自我革命是为了人民的利益，勇于坚持真理，修正错误。在推进"两个结合"的过程中，我们党通过自我革命，纠正了新民主主义革命时期的"左"倾教条主义和社会主义建设时期的主观主义错误，取得了新民主主义革命和社会主义建设的伟大成就；党的十一届三中全会后，我们党有效解决了改革开放时期"姓社姓资"的思想束缚，开创了中国特色社会主义，推动马克思主义中国化时代化上升到了一个新的阶段；新时代，面对一些地方和部门存在片面追求速度规模、发展方式粗放等问题，面对有法不依、执法不严、司法不公、违法不究等严重存在的问题，面对落实党的领导弱化、虚化、淡化、边缘化问题，面对有的党员干部政治信仰出现严重危机的问题，面对人民军队党的领导弱化的突出问题，面对文化建设中出现的拜金主义、享乐主义、极端个人主义和历史虚无主义、文化虚无主义、"普世价值"等错误思潮，不断提高党的建设质量，把党建设成了始终走在时代前列、人民衷心拥护、勇于自我革命、经得起各种风浪考验、朝气蓬勃的马克思主义执政党，解决了许多长期想解决而没有解决的难题，办成了许多过去想办而没有办成的大事，推动党和国家事业取得历史性成就、发生历史性变革。

总之，中国共产党深入把握马克思主义理论精髓，始终坚定马克思主义信仰，深入分析中国具体实际，科学传承中华优秀传统文化，能够把马克思主义运用于中国具体实践；能够充分集中全党全国人民集体智慧，把个人探索转化为党领导的组织化创造，把中国经验上升到马克思主义理论高度，推动马克思主义在中国的创新发展。

第二，领袖主体。党的领袖因为具有特殊素养和地位，具有丰富社会实践经验和深厚马克思主义理论功底，能够深刻把握中国具体实际和中华优秀传统文化，能够集中全党集体智慧，集中体现、代表和展示理论家、人民群众的创新成果，在推进"两个结合"方面发挥着主导作用。

首先，党的领袖有深厚的马克思主义理论功底，对马克思主义的理解更准确、信仰更坚定。毛泽东、邓小平、江泽民、胡锦涛、习近平等党的领导人，或者在反复比较和鉴别中毅然选择了马克思列宁主义，或者经过对马克思主义的系统学习，全面把握马克思主义科学理论体系，坚定马克思主义信仰，旗帜鲜明地同各种错误思想进行斗争，引领全党毫不动摇地走在马克思主义的正确方向上，为坚持和发展马克思主义作出重要贡献。毛泽东同志是经过深刻的、反复的比较和鉴别才最终走上马克思主义道路的，在接触马克思主义之前，他曾经接触过大量非马克思主义思想，但是当他认识到马克思主义的科学真理性后，就以极大精力阅读马克思主义著作，以高度的思想洞察力抓住马克思主义的精髓，确立对马克思主义的坚定信仰。邓小平同志对马克思主义的信仰始终坚定不移，世界社会主义运动在20世纪后期遭遇重大挫折，一些人对马克思主义表示怀疑，邓小平同志毫不动摇地说："马克思主义的真理颠扑不破……我坚信，世界上赞成马克思主义的人会多起来的，因为马克思主义是科学……不要惊慌失措，不要认为马克思主义就消失了，没用了，失败了。哪有这回事！"[①] 习近平总书记立足新时代实际突出强调："马克思主义是我们立党立国的根本指导思想。背离或放弃马克思主义，我们党就会失去灵魂、迷失方向。在坚持马克思主义指导地位这一根本问题上，我们必须坚定不移，任何时候任何情况下都不能有丝毫动摇。"[②]

其次，党的领袖对中国具体实际和中华优秀传统文化的把握，更加深刻、更加全面。在实践中产生的人民领袖，要带领全党全国人民进行革命、建设、改革，对于中国的具体实际把握得更加透彻、深入、更加全面，从而也能够更有效地推进

---

① 《邓小平文选》第3卷，人民出版社1993年版，第382—383页。
② 《习近平谈治国理政》第二卷，外文出版社2017年版，第33页。

"两个结合"。毛泽东同志立足于对中国历史、传统文化、社会性质、社会矛盾等的分析，把握中国半殖民地半封建社会的特点，开创了农村包围城市、武装夺取政权的革命道路，创立了新民主主义革命理论，领导新民主主义革命取得彻底胜利。改革开放过程中，邓小平同志明确提出我国仍处于并将长期处于社会主义初级阶段，任何决策都必须从这个最大的基本国情出发，任何方面的改革发展都要牢牢立足这个最大的实际。在新时代历史条件下，习近平总书记不断深化对基本国情的认识，科学分析当代中国发展新的历史方位，深刻揭示新时代中国社会主要矛盾，全面深入推进改革开放和现代化建设，带领全党全国人民沿着中国特色社会主义的道路开拓前进，推动党和国家事业发生历史性变革，创立了习近平新时代中国特色社会主义思想这一当代中国马克思主义、二十一世纪马克思主义。

最后，党的领袖有丰富实践工作经验，处于特殊领导岗位，更能够把全党全体人民的智慧集中起来，形成新的政策、观点和理论体系，为推进"两个结合"做出重大贡献。党的领袖都是在实际工作中成长起来的，在具体工作和宏观决策方面有更广泛的阅历，积累了更加丰富的经验，对于理论与实际结合的体会更深，认识更全面。他们对马克思主义科学理论有更深刻更准确的把握，对中国具体实际有更全面更透彻的理解，对领导全党全国人民发展进步承担更重大的责任。而且，因为特殊的社会地位，党的领袖得到的信息更全面，更能够把全党全国人民的实践经验和理论智慧集中起来，形成党的政策决策，转化为全党全国人民的思想共识，推进马克思主义中国化时代化的实践和理论创新。由此，党的领袖在推进"两个结合"方面的自我要求更严，主体自觉性更强，创造性能力更高，形成的成果也更加丰富。

第三，理论家主体。"两个结合"的理论家主体，就是那些真正掌握马克思主义精髓，深入了解中国实际和时代特征、中华优秀传统文化精华和中国社会实践要求，自觉传播、坚定信仰、坚持运用马克思主义，分析和回答重大实践和理论问题的马克思主义理论家。我们党的领袖也都是马克思主义理论大家。

马克思主义是包括哲学、政治经济学和科学社会主义在内的、具有严密逻辑的科学真理体系。作为深邃的科学真理体系和指导人们实践的方法论，马克思主义的深度意义并不直接呈现在人们面前，需要认真研究和长期学习才能够把握。这就需要拥有系统化的理论思维训练，具有理解和把握理论体系的能力和素质，关心并从事理论创造、阐发、传播的知识分子。但是，这并不意味着所有知识分子都能够成为马克思主义中国化时代化的理论家主体。只有那些真正掌握马克思主义理论、坚持马克思主义观点、确立马克思主义信仰、运用马克思主义方法的知识分子，才能真正成为"两个结合"的理论家主体。在这个问题上，毛泽东同志在延安时期关于理论家的论断富有经典性。他指出，真正的马克思主义理论家"能够依据马克思列宁主义的立场、观点和方法，正确地解释历史中和革命中所发生的实际问题，能够在中国的经济、政治、军事、文化种种问题上给予科学的解释，给予理论的说明……并且应用了它去深刻地、科学地分析中国的实际问题，找出它的发展规律"[1]。毛泽东同志的这个论断，既是结合当时的历史条件对理论界提出的要求，也是对理论家主体内在规定性的高度概括和深刻揭示。

也就是说，"两个结合"的理论家主体，首先必须实现自身的马克思主义化，达到对马克思主义的真学、真懂、真信、真用。所谓真学，就是认真阅读马克思主义经典著作，学习马克思主义基本理论，全面理解马克思主义的科学体系，而不是敷衍塞责地、表面肤浅地、浮光掠影地了解马克思主义。所谓真懂，就是切实把握马克思主义的精髓，系统掌握马克思主义关于社会发展的基本规律，科学掌握并真正运用马克思主义的方法论，而不是仅仅记住马克思的个别话语和词句。所谓真信，就是真正确立马克思主义的世界观、人生观和价值观，自觉地用马克思主义武装头脑，敢于捍卫马克思主义，乐于宣传马克思主义，真正把马克思主义作为分析社会、理解人生的科学理论指导，而不是表里不一、三心二意、人格分裂的马克思主义者。所谓真用，就是在科学研究和社会实践中真正运用并善于运用马克思主义，而不是教条主义的、脱离实际的马克思主义者。

---

[1] 《毛泽东选集》第3卷，人民出版社1991年版，第814页。

在推进"两个结合"的过程中,马克思主义理论家发挥了非常重要的作用:翻译介绍马克思主义的经典著作,研究宣传马克思主义的基本原理,为"两个结合"的开展奠定了理论基础;深入研究中国具体实际,力求从理论与实际的结合上回答重大的理论和现实问题,提出重要的理论观点,为党的理论和实践创新提供重要的理论资源;广泛传播马克思主义中国化时代化的理论创新成果,大力推进马克思主义大众化,在教育群众工作方面发挥着不可替代的作用。

第四,群众主体。在"两个结合"的主体系统中,群众主体是不应该被忽略的。群众实践是马克思主义理论的根本源泉,是马克思主义中国化时代化发展的不竭动力。人民群众是历史的创造者,为马克思主义创造了基本的物质和精神文化条件,马克思主义的产生和发展一刻也离不开广大人民群众的实践,它本身就是广大人民群众的实践在观念上的反映和结晶。因此,人民群众是"两个结合"的基本主体。

人民群众实现自身解放的需求,为马克思主义中国化时代化发生和发展提供了内在动力。近代以来中国社会的主要矛盾就是帝国主义和中华民族的矛盾、封建主义和人民大众的矛盾,这样的社会矛盾决定了中国人民革命的历史任务就是反帝反封建,实现中华民族的民族解放,把自身从封建主义和帝国主义的政治压迫、精神压迫下解放出来,获得政治解放、精神解放和人身解放。这个解放的历史主体是包括工人阶级、农民阶级等在内的中国最广大人民群众,其中工人阶级是领导阶级。但是，中国工人阶级必须在先进的科学理论指导下，才能由自在阶级转变为自为阶级，才能成为现实的中国革命的领导阶级。正是在这种内在需求的推动下，经过五四运动而走上政治舞台的中国工人阶级，开始把马克思主义理论作为解放自己和中国人民的思想武器，建立了自己的先锋队组织即中国共产党，开始了"两个结合"的事业。

人民群众的实践提出了一系列需要回答的重大实践和理论问题，为马克思主义中国化时代化提供了理论生长点，正是在回答这些问题的过程中，"两个结合"不断发展。在革命战争时期，人民群众在自己的实践中提出了中国革命向什么方向发展，走什么样的道路，采取什么样的政策决策等一系列重大的现实和理论问题，中国共产党作为中国人民革命斗争的领导核心，在创造性地回答这些问题的过程中，形成了一系列重要的理论创新观点，创立了毛泽东思想的科学理论体系。在改革开放的过程中，人民群众提出了如何建设中国的社会主义，如何开辟社会主义现代化建设道路等一系列重大问题，在回答这些重大问题的过程中，中国共产党制定了改革开放的政策，把市场经济体制同社会主义制度有机结合起来，解决了在中国这样的大国如何建设社会主义的问题，创立了中国特色社会主义理论体系。党的十八大以后，习近平总书记着眼于实践本身和客观形势的新发展，分析新的时代特征和矛盾变化的趋势，不断从实践经验中获得理论创新的素材，在回答重大实践问题中捕捉新的理论生长点，把成熟的实践经验提升到马克思主义理论的高度，创立了习近平新时代中国特色社会主义思想，实现了马克思主义中国化时代化的新飞跃。

人民群众的实践积累了丰富的经验，为马克思主义中国化时代化发展提供了深厚的土壤和丰富的素材，把群众的实践经验提升到马克思主义理论的高度，是"两个结合"的重要内容。人民群众是社会实践的主体，他们在自己的革命、建设、改革实践中，形成了一系列重要的新经验、新做法，但是这些经验处于感性认识的阶段，是表面的、不系统的和分散的，往往会在进一步的实践中加以重复而不能自动地上升为具有广泛指导意义的理论。中国共产党人历来高度重视对群众经验的提升，通过群众路线的方法，把群众中分散的、不系统的经验集中起来，加以研究分析整理提高，形成符合马克思主义理论要求、适合中国实际的创新性理论观点，丰富和发展马克思主义的理论宝库，推进马克思主义中国化时代化。习近平总书记强调："要根据时代变化和实践发展，不断深化认识，不断总结经验，不断实现理论创新和实践创新良性互动，在这种统一和互动中发展21世纪中国的马克思主义。"[①] 正是基于这样的理论思索，他着眼于实践本身和客观形势的新发展，分析新的时代特征和矛盾变化的趋势，不断从实践经验中获得理论创新的素材，提出了"两个一百年"奋斗目标，统筹推进"五位一

---

① 习近平：《坚持运用辩证唯物主义世界观方法论 提高解决我国改革发展基本问题本领》，《人民日报》2015年1月25日。

体"总体布局，协调推进"四个全面"战略布局，以及"创新、协调、绿色、开放、共享"五大发展理念等标识性概念，在回答重大实践问题中捕捉新的理论生长点，把成熟的实践经验提升到马克思主义理论的高度，形成了治国理政的新理念新思想新战略，创新和发展了当代中国马克思主义。

当然，人民群众作为"两个结合"的群众主体，必须在政党、领袖和理论家等的指导培养下，才能理解、掌握和运用马克思主义，群众所创造的经验必须经过政党、领袖、理论家等主体的总结提升，才能成为"两个结合"的成果。

二 "两个结合"的客体要素

"两个结合"的客体就是被纳入马克思主义中国化时代化过程中的被结合的对象，即马克思主义基本原理和中国具体实际、中华优秀传统文化，三类客体不是自在自发地结合，而是要通过主体的努力才能有机结合起来。

第一，马克思主义基本原理是"两个结合"的理论客体。马克思主义理论是"两个结合"的根本前提和核心要素，没有马克思主义理论，马克思主义没有被引入中国，"两个结合"就不可能发生。但是，马克思主义理论如果只是客观地、"他在"地存在着，没有被主体所接受和应用，"两个结合"也不可能。习近平总书记就提出，"马克思主义中国化时代化这个

第三章 "两个结合"的基本内涵和基本关系

重大命题本身就决定，我们决不能抛弃马克思主义这个魂脉"①。作为世界无产阶级的世界观和方法论的马克思主义理论，是客观存在的科学理论体系，是被纳入结合过程中的客体要素，是被结合的对象，是受动者而不是主动者。习近平总书记在多个场合中都曾提到过，"中国共产党为什么能，中国特色社会主义为什么好，归根到底是马克思主义行，是中国化时代化的马克思主义行"，并且"马克思主义是我们立党立国、兴党兴国的根本指导思想"。② 马克思主义基本原理，是对马克思主义立场、观点、方法的集中概括，学习和掌握了马克思主义基本原理，才能把握历史主动，实现中华民族伟大复兴。

马克思主义基本原理是否成为同中国具体实际、中华优秀传统文化相结合的对象，是否被纳入马克思主义中国化时代化的进程当中，是判断马克思主义理论是否构成"两个结合"客体的标准。早在19世纪40年代，马克思主义已经产生，但当时它没有被引入中国，没有被中国人所了解，马克思主义对于中国人来说还是纯粹的"外在之物"。19世纪末，马克思主义的个别名词、个别观点，开始被零星地译介到中国，中国一些先进的知识分子逐步了解了马克思主义的一些观点。但是，这

---

① 习近平：《开辟马克思主义中国化时代化新境界》，《求是》2023年第20期。
② 习近平：《高举中国特色社会主义伟大旗帜 为全面建设社会主义现代化国家而团结奋斗——在中国共产党第二十次全国代表大会上的报告》，人民出版社2022年版，第16页。

些观点一方面没有得到正确理解，另一方面又是作为外在的知识要素被引入，没有被作为中国变革的指导思想。在这种情况下，马克思主义理论没有成为"两个结合"的客体。民国初年，以孙中山为代表的资产阶级革命党人，把民生主义等同为社会主义，声称要在中国实行社会主义，但是他们所信奉和践行的社会主义并不是马克思主义的科学社会主义理论，马克思主义的核心理论如阶级斗争、社会主义革命、无产阶级专政等，仍然在他们的视野之外，因而他们没有也不可能运用马克思主义来指导中国实践。"十月革命"之后，马克思列宁主义来到中国。中国共产党成立后，马克思主义被确立为指导思想，真正成为"两个结合"的理论客体。

作为"两个结合"理论客体的马克思主义，是作为根本指导思想、行动指南、理想信仰而存在的，而不是一般性的学术理论。五四时期，李大钊、毛泽东等中国先进知识分子接受马克思主义理论时，就不是把它作为学术研究对象，而是作为解决中国实际问题的根本指导思想。毛泽东同志对"主义"的选择是经过一番曲折的。早在湖南一师读书期间，他就渴望寻找"大本大源"，谋求一种对行动有根本指导意义的思想。他曾实践社会改良主义、无政府主义和实验主义，在对各种主义的实践之后，发现这些主义都是理论上说得通，事实上做不到的。在总结自己和同时代人理论探索和实践活动的基础上，毛泽东同志把马克思列宁主义作为理论信仰和指导思想。1920 年 11 月 25 日，他明确提出："尤其要有一种为大家共同信守的'主义'，没有主义，是造不成空气的……主义譬如一面旗子，旗子立起了，大家才有所指望，才知所趋赴。"① 这个主义不是别的，就是马克思列宁主义。1921 年 1 月 21 日给蔡和森的信中，提出"唯物史观为吾党哲学的根据，这是事实"；同年 1 月 28 日，在给彭璜的信中，谈到了捍卫马克思列宁主义的决心，明确提出在主义的问题上绝不动摇绝不让步，"主义之争，出于不得不争，所争者主义，非私人也"。② 通过马克思主义这根指针，毛泽东同李大钊、陈独秀等一批早期中国马克思主义者一道，找到了分析中国问题、探索中国未来发展的钥匙。在日后开展的波澜壮阔的中国革命进程中，以毛泽东同志为主要代表的中国共产党人，牢牢坚持马克思主义的立场观点方法。1938 年，毛泽东同志在党的六届六中全会上提出马克思主义中国化命题时就特别强调，马克思、恩格斯、列宁、斯大林的理论，是"放之四海而皆准"的理论，③ 是立场观点方法，是行动指南，是普遍规律，而不是教条，不是个别词句。中华人民共和国成立后，中国共产党把马克思列宁主义，以及马克思主义中国化时代化的理论创新成果，写进宪法当中，作为国家事业发展的根本指导。

作为"两个结合"理论客体的马克思主义，一开始就是以

---

① 《毛泽东年谱（一八九三——一九四九）》上卷，中央文献出版社 2013 年版，第 70 页。
② 《毛泽东书信选集》，人民出版社 1983 年版，第 19 页。
③ 参见《毛泽东选集》第 2 卷，人民出版社 1991 年版，第 521 页。

中国实际需要为依据、以解决当下实际问题为中心而被接受和坚持的。这个特点决定了马克思主义首先是以阶级斗争为核心观念的社会革命理论形态被中国先进知识分子和中国早期共产党人所理解；在革命、建设、改革的不同时期，马克思主义的某些观点因与当时实践的直接相关性而被提到实践和理论前沿，加以突出强调和运用。五四运动后，马克思主义理论真正进入中国思想界之时，也并不是作为整体的理论形态，而是以唯物史观、阶级斗争等精髓观点的形态进入的。李大钊在其开创性的著作《我的马克思主义观》中，主要抓住了同当时中国具体实际密切相关的唯物史观和阶级斗争理论，并没有全面涉及其他理论。毛泽东同志在接受马克思主义作为改造中国和世界的根本指导思想时，也是着重接受与中国实际需要密切相关的唯物史观、阶级斗争理论、无产阶级革命和无产阶级专政学说。随着马克思主义中国化时代化历史进程的不断推进，作为完整形态的马克思主义理论逐步为人们所熟悉和接受。在把握了完整形态的马克思主义理论后，中国共产党人更加自觉地根据具体实践，把马克思主义理论中最能够解决现实问题的观点提到实践和理论的前沿。当代中国共产党人始终强调，必须以实践为中心来坚持和发展马克思主义，在着力解决当代中国实际问题的过程中，不断发展和创新马克思主义理论，将"两个结合"不断提升到新的境界。

需要指出的是，作为"两个结合"理论客体的马克思主义，一开始并不是原生形态的，而是次生形态的马克思主义。

五四运动后,中国人所接受的马克思主义理论是从日本、俄国等地引入的次生形态的马克思主义理论。包括李大钊在内的一些先进知识分子也是从日本学者那里接受马克思主义理论,李大钊的《我的马克思主义观》、杨匏安的《马克思主义》(一称《科学的社会主义》),是当时传播马克思主义的代表作。仔细分析这两篇文章的内容就可以看出,它们基本上是根据日本学者的观点整理的。五四运动后,蔡和森、周恩来等到法国勤工俭学,开始从法国、德国等欧洲国家引入马克思主义。中国共产党成立之后,中国共产党人更多从俄国引入马克思主义,特别是列宁主义理论。也就是说,从理论渊源上,中国人从一开始通过不同渠道接受了次生形态的马克思主义,对于马克思主义经典著作的接受相对较少。随着中国人逐步把马克思主义经典著作引入中国,从经典著作中把握原生形态的马克思主义进程日益展开,对马克思主义理论的研究日益深入,作为"两个结合"客体的马克思主义理论也发生了很大变化,这种变化时至今日依然没有也不可能终结。改革开放以来,人们不断提出"走近马克思""走进马克思""回归马克思""还原马克思"等,就说明了这种情况。这些观点在学术探讨的意义上是有价值的,能够让人们更好更深入地把握马克思主义理论。但是,以此来否认马克思主义中国化时代化的合理性合法性,则是错误的。因为,中国的马克思主义者从一开始就抓住了马克思主义的理论精髓和立场观点方法,从中国的实际需要来坚持运用和发展马克思主义,虽然没有覆盖马克思、恩格斯的全部论断，但这并不影响马克思主义中国化时代化的基本方向和总体进展。习近平总书记提出，"结合"是要相互成就，不是说将马克思主义基本原理拿过来直接使用，"不是拼盘，不是简单的物理反应"，便是对此的阐释。

第二，中国具体实际是"两个结合"的实际客体。包括中国社会形态、社会主要矛盾、现实社会实践、外部环境和时代特征等在内的中国具体实际，也是被纳入"两个结合"过程中的客体性要素，是被结合的对象，构成了"两个结合"的实际客体。

反映中国主要矛盾和时代特征的具体国情状况，是中国具体实际最重要的内涵，对中国国情状况的把握程度，是马克思主义中国化时代化发展程度的重要标志。国情状况最核心的内容就是社会主要矛盾以及由此而决定的社会性质和社会发展阶段。在新民主主义革命时期，毛泽东同志明确提出："只有认清中国社会的性质，才能认清中国革命的对象、中国革命的任务、中国革命的动力、中国革命的性质、中国革命的前途和转变。所以，认清中国社会的性质，就是说，认清中国的国情，乃是认清一切革命问题的基本的根据。"[1] "中国革命斗争的胜利要靠中国同志了解中国情况。"[2] 正是高度重视这个问题，毛泽东同志等深入分析中国的现实状况，做出了中国半殖民地半

---

[1] 《毛泽东选集》第2卷，人民出版社1991年版，第633页。
[2] 《毛泽东选集》第1卷，人民出版社1991年版，第115页。

第三章 "两个结合"的基本内涵和基本关系

封建社会的性质判断，对中国具体国情做出了科学判断，明确提出反帝反封建是中国革命的根本任务，形成了新民主主义革命理论，创立了新民主主义革命道路，引领中国人民取得了革命胜利。社会主义改造基本完成后，毛泽东同志等正确分析和把握我国基本国情，提出了我国尚处于并将长时期处于不发达的社会主义阶段的正确论断，有效地领导了社会主义建设，探索了具有中国特点的社会主义建设道路。改革开放时期，邓小平同志等深入分析中国已经进入社会主义但仍然处于并将长期处于初级阶段的实际情况，提出了社会主义初级阶段的国情判断，制定了"一个中心、两个基本点"的基本路线，坚持四项基本原则[1]，实现四个现代化，开创并不断推进中国特色社会主义伟大事业。在新时代，习近平总书记根据当今时代环境，指出在百年未有之大变局的环境下，中国社会的主要矛盾和时代特征都已发生了巨大变化，要从丰厚的民族传统和生动的社会实践中汲取营养，认识中国、认识世界，在过去辉煌成就的基础上继续奋发图强。在党的二十大报告中，他指出，过去十年"我们经历了对党和人民事业具有重大现实意义和深远历史意义的三件大事"，面对各种挑战，"党中央审时度势、果敢抉择，锐意进取、攻坚克难"，最终取得了众多成就。[2] 报告还对

---

[1] 参见《邓小平文选》第2卷，人民出版社1994年版，第164页。
[2] 参见习近平《高举中国特色社会主义伟大旗帜 为全面建设社会主义现代化国家而团结奋斗——在中国共产党第二十次全国代表大会上的报告》，人民出版社2022年版，第4—5页。

未来发展指明了方向:"中国共产党和中国人民为解决人类面临的共同问题提供更多更好的中国智慧、中国方案、中国力量,为人类和平与发展崇高事业作出新的更大的贡献!"① 当今世界和中国发生了重大而深刻的变化,面对新的历史任务和挑战,当代中国的马克思主义者应该追随时代步伐,对当代中国的国情做出科学的判断,深入分析和科学回答当代中国的重大实践和理论问题,不断推进"两个结合"。

民族特点是中国实际的重要组成部分,能否重视和把握中华民族的特点,是判断"两个结合"创新主体成熟与否、"两个结合"发展程度高低的重要标志。中国共产党在成立后相当长的时间内,对民族特点重视程度不够,直接照搬外国经验和"马克思主义本本",出现过一些比较严重的曲折。毛泽东同志在提出马克思主义中国化科学命题之时,就反复强调要把马克思主义同中国的民族特点结合起来,使马克思主义带有中国的民族特性。他指出"马克思主义的'本本'是要学习的,但是必须同我国的实际情况相结合"②,"离开中国特点来谈马克思主义,只是抽象的空洞的马克思主义。因此,使马克思主义在中国具体化,使之在其每一表现中带着必须有的中国的特性,即是说,按照中国的特点去应用它,成为全党亟待了解并亟须

---

① 习近平:《高举中国特色社会主义伟大旗帜 为全面建设社会主义现代化国家而团结奋斗——在中国共产党第二十次全国代表大会上的报告》,人民出版社2022年版,第16页。

② 《毛泽东选集》第1卷,人民出版社1991年版,第111—112页。

第三章 "两个结合"的基本内涵和基本关系

解决的问题"[1]。毛泽东同志还专门带人一起撰写了《中国革命和中国共产党》，其中对中华民族的历史发展和民族特点作了分析概括，其中讲道："在中华民族的开化史上，有素称发达的农业和手工业，有许多伟大的思想家、科学家、发明家、政治家、军事家、文学家和艺术家，有丰富的文化典籍"；"中国是世界文明发达最早的国家之一，中国已有了将近四千年的有文字可考的历史"；"中华民族不但以刻苦耐劳著称于世，同时又是酷爱自由、富于革命传统的民族"；"是一个有光荣的革命传统和优秀的历史遗产的民族"；等等。[2] 当代中国共产党人对民族特点、民族风格、民族精神更是高度重视，强调要不断丰富中国特色社会主义的民族特色。正如习近平总书记所反复强调的，中国特色社会主义是植根于中国大地、反映中国人民意愿、适应中国和时代发展进步要求的科学社会主义，是科学社会主义理论逻辑和中国社会发展历史逻辑的辩证统一。

第三，中华优秀传统文化是文化客体。在源远流长的中国历史上形成的中华优秀传统文化，是"两个结合"的文化客体，实现"两个结合"的一个重要方面就是要把马克思主义同中国历史文化传统相结合。中华优秀传统文化是中华民族安身立命的基础，是中华民族的"根"和"魂"。它是中华民族语言习惯、文化传统、思想观念的集中体现，具有极为丰富的思

---

[1] 《中共中央文件选集》第11册，中共中央党校出版社1991年版，第658—659页。

[2] 《毛泽东选集》第2卷，人民出版社1991年版，第622—623页。

想内涵。习近平总书记指出,"优秀传统文化是一个国家、一个民族传承和发展的根本,如果丢掉了,就割断了精神命脉",中华优秀传统文化"体现着中华民族世世代代在生产生活中形成和传承的世界观、人生观、价值观、审美观等,其中最核心的内容已经成为中华民族最基本的文化基因"[①]。中华文化源远流长、博大精深,在深入了解中华文明的历史后,才能更加有效地推动中华优秀传统文化创造性转化、创新性发展。

作为"两个结合"文化客体的中华优秀传统文化,是中华传统文化的思想精华,要在马克思主义指导下学习研究、批判地吸收。中国共产党和它的领袖群体以及理论家们,高度强调对中国历史和文化传统的学习把握、实践运用和转化发展。毛泽东同志在提出马克思主义中国化时,就特别强调要学习研究和继承发展中国历史文化,要用马克思主义来改造和提升中国传统文化,使中国传统文化上升到真理的高度,释放出强大的持久生命力。这里需要注意的是,"两个结合"的文化客体不是中国传统文化的全部,而是其中精华的部分即中华优秀传统文化。

作为"两个结合"文化客体的中华优秀传统文化,必须对其进行"创造性转化和创新性发展"。在新时代的历史方位中,习近平总书记反复强调要推动中华优秀传统文化创造性转化、

---

① 习近平:《在纪念孔子诞辰2565周年国际学术研讨会暨国际儒学联合会第五届会员大会开幕会上的讲话》,人民出版社2014年版,第15—16页。

创新性发展,"创造性转化,就是要按照时代特点和要求,对那些至今仍有借鉴价值的内涵和陈旧的表现形式加以改造,赋予其新的时代内涵和现代表达形式,激活其生命力。创新性发展,就是要按照时代的新进步新进展,对中华优秀传统文化的内涵加以补充、拓展、完善,增强其影响力和感召力"[1]。就是要把优秀传统文化中具有当代价值、世界意义的文化精髓提炼出来,把继承优秀文化传统又弘扬时代精神、立足本国又面向世界的当代中国文化创新成果传播出去。

作为"两个结合"文化客体的中华优秀传统文化,必须与马克思主义基本原理深度结合起来,使马克思主义扎根于中华文化的土壤之中。让马克思主义在同中华优秀传统文化的贯通中实现在中国的民族化、本土化,是马克思主义中国化时代化的重要内容。1944年7月,毛泽东同志在接受英国记者斯坦因采访时强调,中国共产党对从外国引进的理论观点,决不能无条件地照搬照抄,"必须根据具体条件加以采用,使之适合中国的实际……我们中国人必须用我们自己的头脑进行思考,并决定什么东西能在我们自己的土壤里生长起来"[2]。也就是要让包括马克思主义在内的外来文化在中国的土壤中生长,真正做到把"在中国的马克思主义"转变为"中国的马克思主义",实现马克思主义"由外入内"的身份转变。党的二十大报告强

---

[1] 《习近平总书记系列重要讲话读本》,学习出版社、人民出版社2014年版,第101页。

[2] 《毛泽东文集》第3卷,人民出版社1996年版,第192页。

调中华优秀传统文化的沃土地位,"只有植根本国、本民族历史文化沃土,马克思主义真理之树才能根深叶茂"[①]。习近平总书记指出,"中华优秀传统文化中很多思想理念和道德规范,不论过去还是现在,都有其永不褪色的价值"[②],"中华优秀传统文化有很多重要元素"[③],包括治理思想、大一统传统、家国情怀等十个方面,这些文化元素为马克思主义"由外入内"提供了丰富营养。

三 "两个结合"的成果要素

"两个结合"作为一个由主客体之间的双向互动而展开的动态过程,至今仍然处于不断展开的"进行时"而非"完成时"状态。但是,这并不意味着在这个运动过程中没有形成成果形态的东西。以"两个结合"为核心内容的马克思主义中国化时代化,作为一个过程与成果的统一体,在漫长的过程中呈现不同的阶段,而不同的阶段产生了阶段性成果,以这些阶段性成果为基础,新的探索过程继续展开,再形成新的阶段性成果,如此构成了阶段的连续性和成果的不断积累,形成了道

---

① 习近平:《高举中国特色社会主义伟大旗帜 为全面建设社会主义现代化国家而团结奋斗——在中国共产党第二十次全国代表大会上的报告》,人民出版社2022年版,第18页。

② 《习近平总书记重要讲话文章选编》,中央文献出版社2016年版,第201页。

③ 习近平:《在文化传承发展座谈会上的讲话》,《求是》2023年第17期。

第三章 "两个结合"的基本内涵和基本关系

路、理论、制度等不同方面的丰硕成果。正如习近平总书记在讲话中提出,"两个结合"打开了创新的空间,在掌握了思想和文化主动的基础上,作用于道路、理论和制度,形成了一系列成果。

第一,"两个结合"的道路成果。马克思主义中国化时代化的一个重要向度,就是追寻具有中国特色的革命、建设、改革发展道路。艰辛的寻路探索,形成了具有鲜明中国特色的新民主主义革命道路、社会主义改造和革命道路以及中国特色社会主义道路。尤其是中国特色社会主义道路,是创造人民美好生活、实现中华民族伟大复兴的康庄大道,正如习近平总书记所强调的,"中国特色社会主义是党和人民历经千辛万苦、付出巨大代价取得的根本成就,是实现中华民族伟大复兴的正确道路"[①]。沿着这条道路,党团结带领人民坚持和发展中国特色社会主义伟大事业,推动物质文明、政治文明、精神文明、社会文明、生态文明协调发展,创造了中国式现代化。中国式现代化是中国共产党领导的社会主义现代化,既具有各国现代化的共同特征,又具有鲜明的中国特色。一方面反映了各国现代化的普遍要求,体现了人类社会发展的一般规律;另一方面牢牢立足中国具体实际,具有鲜明的中国特色,是人口规模巨大、全体人民共同富裕、物质文明和精神文明相协调、人与自然和谐共生、走和平发展道路的现代化。中国式现代化在领导

[①] 《习近平谈治国理政》第四卷,外文出版社2022年版,第10页。

力量、性质目的、价值取向、发展方向、方法路径等方面与资本主义现代化有着本质区别，克服了资本主义现代化的弊端，创造了人类现代化的崭新模式和发展路径，创造了人类文明新形态。

第二，"两个结合"的理论成果。"两个结合"的理论成果形态，就是马克思主义中国化时代化历史性飞跃所形成的重大理论成果，其集中代表就是毛泽东思想、中国特色社会主义理论体系、习近平新时代中国特色社会主义思想。

以毛泽东同志为主要代表的中国共产党人，把马克思列宁主义基本原理同中国具体实际相结合，对经过艰苦探索、付出巨大牺牲积累的一系列独创性经验作了理论概括，开辟了农村包围城市、武装夺取政权的正确革命道路，创立了毛泽东思想，为夺取新民主主义革命胜利指明了正确方向，这一思想在社会主义革命和建设时期得到进一步发展和完善。党的十一届三中全会以后，以邓小平同志为主要代表的中国共产党人，科学回答了建设中国特色社会主义的一系列基本问题，成功开创了中国特色社会主义，创立了邓小平理论。党的十三届四中全会以后，以江泽民同志为主要代表的中国共产党人，形成了"三个代表"重要思想。党的十六大以后，以胡锦涛同志为主要代表的中国共产党人，形成了科学发展观。总之，在改革开放和社会主义现代化建设新时期，以邓小平、江泽民、胡锦涛同志为主要代表的中国共产党人及时总结实践经验，从新的实践和时代特征出发坚持和发展马克思主义，科学回答了建设中国特色社会主义的发展道路、发展阶段、根本任务、发展动力、发展战略、政治保证、祖国统一、外交和国际战略、领导力量和依靠力量等一系列基本问题，形成中国特色社会主义理论体系，实现了马克思主义中国化新的飞跃。

党的十八大以后，以习近平同志为核心的党中央创立了习近平新时代中国特色社会主义思想，形成了一个系统完整、逻辑严密的科学理论体系。作为一个科学体系，它回答了一系列不断发展的重大时代课题；作为一个科学体系，它有一系列标志性的、原理性的概念与范畴；作为一个科学体系，它有自身的世界观和方法论；作为一个科学体系，它有一系列相互关联的思想和理论观点。习近平新时代中国特色社会主义思想回答了"新时代坚持和发展什么样的中国特色社会主义、怎样坚持和发展中国特色社会主义，建设什么样的社会主义现代化强国、怎样建设社会主义现代化强国，建设什么样的长期执政的马克思主义政党、怎样建设长期执政的马克思主义政党"等重大时代课题，形成了习近平强军思想、习近平经济思想、习近平生态文明思想、习近平外交思想、习近平法治思想、习近平文化思想等。习近平新时代中国特色社会主义思想的原创性理论贡献包括新时代历史方位和社会主要矛盾、新发展理念与构建新发展格局、发展新质生产力、自我革命重要思想、构建人类命运共同体等。习近平新时代中国特色社会主义思想有自身的世界观和方法论，这就是包括"六个必须坚持"等在内的立场观点方法。习近平新时代中国特色社会主义思想有一系列相互关联的理论观点，主要是中国式现代化理论体系、社会主要矛盾、全过程人民民主、共同富裕、"两山论"、全人类共同价值等理论。

第三，"两个结合"的制度成果。在"两个结合"的历史进程中，中国共产党团结带领人民创造性地运用马克思主义基本原理，立足中国具体实际，传承中华优秀制度文明，为建设新型国家制度和治理体系接续奋斗，逐步建立并不断巩固了人民民主专政的国体、根本制度、基本制度和各方面的重要制度，不断发展和完善国家制度和治理体系，中国特色社会主义制度体系日趋成熟定型，为党和国家事业、为推进国家治理体系和治理能力现代化提供坚实的制度保障。2019年，党的十九届四中全会通过的《中共中央关于坚持和完善中国特色社会主义制度 推进国家治理体系和治理能力现代化若干重大问题的决定》，全面系统地阐述了中国特色社会主义制度和我国的国家治理体系和治理能力现代化问题，充分展示了"两个结合"在制度创新方面的重要成果。习近平总书记指出："在几千年的历史演进中，中华民族创造了灿烂的古代文明，形成了关于国家制度和国家治理的丰富思想，包括大道之行、天下为公的大同理想，六合同风、四海一家的大一统传统，德主刑辅、以德化人的德治主张，民贵君轻、政在养民的民本思想，等贵贱均贫富、损有余补不足的平等观念，法不阿贵、绳不挠曲的正义追求，孝悌忠信、礼义廉耻的道德操守，任人唯贤、选贤与能的用人标准，周虽旧邦、其命维新的改革精神，亲仁善邻、协和万邦的外交之道，以和为贵、好战必亡的和平理念，等等。这些思想中的精华是中华优秀传统文化的重要组成部分，也是中华民族精神的重要内容。"① 这些精华是构建中国特色社会主义制度的重要文化基础。

第二节 "两个结合"构成要素之间的相互作用

分析"两个结合"的构成要素之间的矛盾关系和相互作用，是研究"两个结合"的本质内涵和思想逻辑的核心内容。"两个结合"的构成要素并不是相互孤立的，也不是固定不变的，它们之间相互影响、相互作用并发生变化，形成了"两个结合"的历史连续性和持续开放性。正如习近平总书记在文化传承发展座谈会的讲话中强调指出的，"结合"的结果是相互成就，要让结合的各个要素在结果的过程中产生深刻的"化学反应"，形成"新的文化生命体"。② 马克思主义同中国具体实际的有机结合，突出地体现为马克思主义在中国的具体化和中国具体实际的马克思主义化的双向互动；马克思主义同中华优秀传统文化的共通融合，突出地体现为马克思主义的中国文化化和中华优秀传统文化的马克思主义化的双向互动。

---

① 习近平：《坚持和完善中国特色社会主义制度 推进国家治理体系和治理能力现代化》，《求是》2020年第1期。
② 习近平：《在文化传承发展座谈会上的讲话》，人民出版社2023年版，第6页。

一 "两个结合"是多要素互动的历史开放性过程

"两个结合"的历史进程，也就是主客体之间矛盾关系的展开过程。在马克思主义基本原理同中国具体实际、同中华优秀传统文化相结合的过程中，中国马克思主义者、中国具体实际、中华优秀传统文化、马克思主义基本原理等不同要素之间相互影响、相互促进，这些主客体要素的内容、性质、地位等相互渗透、过渡和影响到对方，不断改造着对方，也不断改造着自己，形成了整体性的推进和提升。这种主体与客体之间、客体与客体之间的矛盾运动，是一个日益深化的历史开放性过程。

第一，"两个结合"的主体在结合过程中发挥主体能动性，把被结合的对象有机结合起来，同时自身也受到对象的影响，始终处于不断生成和发展变化之中，不断走向成熟和发展。

"两个结合"的主体不是天然存在的，而是在客体的影响下并在"两个结合"的展开中不断生成和发展壮大。马克思主义理论进入中国，被中国先进分子所接受，作为指导中国革命实践的理论指南，这批先进分子率先成为"两个结合"的主体，在他们的努力下进一步形成了"两个结合"的政党主体、领袖主体、理论家主体和群众主体。"两个结合"的各类主体并不是固定不变的，在同马克思主义理论、中国实际、中华优秀传统文化的互动中，主体的素质不断提高，力量不断壮大，结合的自觉性和能动性不断上升。

中国共产党在不断加深对马克思主义基本原理的学习和运用的过程中，在理论上、政治上越来越成熟，日益从弱小走向强大，从几十个人组成的小党发展成一个拥有9800多万党员（截至2022年年底）、在世界上最大的社会主义国家长期执政的马克思主义政党。党的领袖不断成长，形成了中国共产党一代代的领袖集体，形成了马克思主义中国化时代化领袖主体的历史连续性。马克思主义理论家队伍不断扩大，形成了当今世界上人数最多、力量最大、创新能力最强的马克思主义学者群体。中国人民在马克思主义理论武装下，日益摆脱了精神被动而走向精神主动，不断从文化自卑走向文化自信，从被蔑称为"东亚病夫"的一盘散沙状态转变为具有强大创造力和凝聚力的历史主体。掌握马克思主义理论的人民群众更加自觉地把马克思主义理论运用到自身的实践当中，使马克思主义更加同广大人民群众的实践相结合，成为认识和改造世界的有力武器。中华民族迎来了从站起来富起来到强起来的历史飞跃，不可逆转地踏上了实现伟大复兴历史新征程。创立习近平新时代中国特色社会主义思想，就是发挥文化主体能动性的体现。这说明结合过程中的众多主体，尤其是中国共产党，对马克思主义时代化历史经验做了深刻的总结，对中华文明的发展规律做了深刻的把握，对中国道路、理论、制度的认识达到了新的高度。

第二，作为"两个结合"实际客体的中国具体实际，在马克思主义指导下、在马克思主义武装起来的党和人民的努力下发生了根本性改变，中国的社会性质、社会制度、社会主要矛盾、综合国力、世界影响等不断发生新变化。

新民主主义革命时期，党领导人民把马克思主义与中国具体实际相结合，历经建党之初和大革命运动、土地革命战争、抗日战争和解放战争的不懈艰辛努力，取得了新民主主义革命的伟大胜利，实现了民族独立和人民解放，彻底改变了中国半殖民地半封建的面貌。

中华人民共和国成立后，党领导人民完成社会主义革命，实现了中华民族有史以来最为广泛而深刻的社会变革，着力解决人民对于经济文化迅速发展的需要同当前经济文化不能满足人民需要的状况之间的矛盾，开展大规模的经济建设，建立起独立的比较完整的工业体系和国民经济体系，摆脱了一穷二白的面貌。

改革开放和社会主义现代化建设新时期，党领导人民牢牢抓住改革开放这一决定当代中国前途命运的关键一招，致力于解决人民日益增长的物质文化需要同落后的社会生产之间的矛盾，坚持以经济建设为中心，大力解放和发展社会主义生产力，我国实现了从生产力相对落后的状况到经济总量跃居世界第二的历史性突破，人民生活从温饱不足到总体小康、奔向全面小康的历史性跨越。

进入新时代，党团结带领人民面临国内国际两个大局，统揽四个伟大，统筹推进"五位一体"，协调推进"四个全面"，党和国家事业取得历史性成就、发生历史性变革，踏上了全面建设社会主义现代化国家、全面推进中华民族伟大复兴的新征程。

第三，作为"两个结合"文化客体的中华优秀传统文化，在马克思主义指导下实现创造性转化和创新性发展，获得了新的生命活力。

例如，"实事求是"这一词语，毛泽东同志在《改造我们的学习》一文中这样解释："'实事'就是客观存在的一切事物，'是'就是客观事物的内部联系，即规律性，'求'就是我们去研究。"[①] 这一中华优秀传统文化中源远流长的治学态度和史学理论方法，经过毛泽东同志对它进行马克思主义的改造，被提升到了马克思主义真理的高度，成为马克思主义世界观的中国化表达，成为中国化马克思主义的精髓和活的灵魂，同时成为中国共产党思想路线的基本底色。新时代，"实事求是"又被赋予党内政治生活的基本规范和共产党人价值观的要求。2016年10月，中国共产党第十八届中央委员会第六次全体会议通过了《关于新形势下党内政治生活的若干准则》。该准则指出：在长期实践中，我们党坚持把开展严肃认真的党内政治生活作为党的建设重要任务来抓，形成了以实事求是、理论联系实际、密切联系群众、批评与自我批评、民主集中制、严明党的纪律等为主要内容的党内政治生活基本规范。党的十九大报告指出：弘扬忠诚老实、公道正派、实事求是、清正廉洁等价值观，坚决防止和反对个人主义、分散主义、自由主义、本位主义、好

---

① 《毛泽东选集》第3卷，人民出版社1991年版，第801页。

人主义，坚决防止和反对宗派主义、圈子文化、码头文化，坚决反对搞两面派、做两面人。再如"小康"一词，最早出自《诗·大雅·民劳》，即"民亦劳止，汔可小康"，这一长期被中国人民孜孜以求的美好生活向往，经由邓小平同志对它进行马克思主义的改造和提升，赋予其社会主义现代化的内涵，"小康社会"也就成为中国式现代化发展过程中的一个标志性阶段。

党的十八大以来，习近平总书记在新时代的条件下创造性地用马克思主义激活中华优秀传统文化，形成了一系列基于中华优秀传统文化而又被赋予马克思主义真理内容的重大理论创新观点：传统文化中的"大道之行、天下为公"，同马克思主义的共产主义"真正共同体"理想相结合，破解世界百年变局之下的世界之问，形成了"人类命运共同体"的思想；传统文化中的"民为邦本，本固邦宁"的民本思想，同马克思主义的人民是历史创造者的基本原理相结合，形成了人民至上的立场观点方法，人民主体地位的首要原则，以人民为中心的发展思想；传统文化中的"天人合一""道法自然"的理念，同马克思主义关于自然优先性和改造自然的辩证统一关系相结合，形成了"绿水青山就是金山银山""人与自然是命运共同体"的生态文明思想，等等。这些都是坚持以马克思主义为指导，为中华文明注入了现代性活力，让中华优秀传统文化实现创造性转化，获得创新性发展的生动体现。

第四，作为"两个结合"理论客体的马克思主义，在同中国具体实际、同中华优秀传统文化的结合中，不断发挥自身的实践功能，不断丰富自己的理论内涵。

"两个结合"不仅使中华优秀传统文化获得了新的生机，优化了自身的基因，充盈了自身的血脉；而且确保了马克思主义始终走在人类文明的制高点上，始终是改变世界的"实践哲学"，始终是引领世界发展的世界观和方法论。对马克思主义而言，与中国具体实际和中华优秀传统文化的结合，是它实现世界性发展的重要一环。通过结合，马克思主义扎根于中华文化的沃土之中，融会于中华民族的血脉之中，内化为中华民族文化中崭新的、充满活力的、面向长远未来的文化内容。而后，通过中国这个巨大平台扩展其影响力，实现其不只是认识世界，更重要的是改变世界的哲学宣言。

马克思主义在指导中国发展的同时，自己也获得了新的内容构成，释放出更大的生机活力。通过"两个结合"，马克思主义不断为世界阐发新的原理，马克思主义理论中原来没有的东西增加了，哲学、经济学、科学社会主义、党的建设学说等都增加了新的原创性内容。例如，中国共产党人创造的新民主主义革命理论、社会主义市场经济理论、矛盾论、实践论、新时代观、系统观念、问题意识、中国式现代化、人类文明新形态等。中国化马克思主义丰富和发展了马克思主义的思想精髓，尤其体现为中国化时代化马克思主义所蕴含的世界观方法论以及贯穿其中的立场观点方法。党的二十大报告在谈到坚持和发展习近平新时代中国特色社会主义思想时，指出的"六个坚持"，是中国化马克思主义思想精髓的新发展，就是马克思主义世界观方法论的新时代表达。

第五,"两个结合"的理论主体、实际客体和文化客体始终处于互动过程当中,并具有历史的开放性,从而使得"两个结合"也是一个开放性的理论运动过程。"两个结合"的三类客体是被结合的对象,它们之间的结合是主体性的过程,是通过主体把三者结合起来的过程。"两个结合"的主体是不断发展的,是在结合的过程中逐步成熟的,并随着时代发展而不断更新。三类客体也都随着"两个结合"的历史进程而不断更新和发展。正是在主体、客体不断变化,以及它们之间不断互动的过程中,"两个结合"越来越走向深入,一直处于开放发展的进行时中,在开放发展的不同历史阶段形成阶段性的理论成果和实践成果。

二 马克思主义基本原理与中国具体实际之间的良性互动

马克思主义基本原理与中国具体实际,作为"两个结合"的对象,在"两个结合"的历史性展开过程中相互影响、相互推动,通过结合造就一个新的文化生命体,不断实现马克思主义在中国的具体化和中国具体实际的马克思主义化,让经由结合而形成的新的文化,成为中国式现代化的文化形态。

第一,马克思主义在中国的具体化。马克思主义基本原理同中国具体实际相结合的过程,首先存在一个基本理论如何走向具体实际的环节,这个环节被毛泽东同志概括为"使马克思主义在中国具体化"①。从历史和逻辑上来看，这个具体化的过程是动态的、复合性的，是民族化、时代化、实践化、大众化的共时性横向展开的过程。

首先，世界性理论同民族性特点相结合的民族化过程。一方面，马克思主义是一种在充分吸收人类文明发展成果基础上创立的世界性的科学思想体系，是全世界工人阶级的世界观和全人类性的科学真理，是全世界工人阶级和最广大人民群众解放和发展自己的行动指南，必然要在全世界得到传播和发展。列宁曾反复强调，"马克思和恩格斯的具有世界历史意义的伟大功绩"②。另一方面，这种世界性的真理必须同各国具体实践、历史文化特点相结合，才能形成针对现实的科学指导力量。马克思主义只是提供了一种行动指南，"它所提供的只是总的指导原理，而这些原理的应用具体来说，在英国不同于法国，在法国不同于德国，在德国又不同于俄国"③。毛泽东同志也特别强调："马克思主义必须和我国的具体特点相结合并通过一定的民族形式才能实现。马克思列宁主义的伟大力量，就在于它是和各个国家具体的革命实践相联系的。对于中国共产党说来，就是要学会把马克思列宁主义的理论应用于中国的具体的环境……使之在其每一表现中带着必须有的中国的特性，

---

① 《毛泽东选集》第2卷，人民出版社1991年版，第534页。
② 《列宁专题文集·论马克思主义》，人民出版社2009年版，第81页。
③ 《列宁专题文集·论马克思主义》，人民出版社2009年版，第96页。

即是说，按照中国的特点去应用它。"① 在领导中国革命、建设、改革的实践中，中国的马克思主义者始终坚持把马克思主义原理同中国具体实际和民族特点相结合，根据中国具体特点坚持和创新马克思主义。

其次，经典性理论同时代性特征相结合的时代化过程。马克思主义作为一种具有自身内在逻辑结构的科学理论体系，其基本原理和核心观点具有历久弥新的经典性价值。与此同时，马克思主义不是固定不变的理论，始终随着人类文明和社会实践发展而处于开放状态，其部分内容会在特定时代主题面前被提到首位，个别论断也会随着时间推移而改变，这就是马克思主义的与时俱进品格。列宁分析马克思主义与人类文明发展进步之间的同构关系时指出，马克思主义"绝不是离开世界文明发展大道而产生的一种故步自封、僵化不变的学说。恰恰相反，马克思的全部天才正是在于他回答了人类先进思想已经提出的种种问题……马克思学说是人类在 19 世纪所创造的优秀成果——德国的哲学、英国的政治经济学和法国的社会主义的当然继承者"②。随着社会实践的发展，马克思主义同人类文明一样始终处于开放性之中，不断焕发出其当代性的理论光辉。

在马克思主义中国化时代化的历史进程中，中国马克思主义者正是这样做的。大革命时期，根据当时的实际情况，把马

---

① 《毛泽东选集》第 2 卷，人民出版社 1991 年版，第 534 页。
② 《列宁专题文集·论马克思主义》，人民出版社 2009 年版，第 66—67 页。

克思主义的统一战线理论用于中国革命实践，同国民党联合打倒军阀统治；大革命失败后，根据变化了的形势独立领导中国革命，把马克思主义的武装斗争理论用于中国革命实践，探索了农村包围城市、武装夺取政权的革命道路；全面抗战期间，把马克思主义的矛盾分析方法用于中国实际，科学把握了民族矛盾上升为中国社会主要矛盾的社会现实，及时改变政治路线和斗争策略，建立抗日民族统一战线；抗战结束后，根据中国主要矛盾发生重大改变的实际，领导人民开展了艰苦卓绝的人民解放战争，实现了人民解放，建立了中华人民共和国。中华人民共和国成立后，不失时机地进行了生产资料的社会主义改造，建立了社会主义基本制度，开展大规模的社会主义建设运动，探索了中国社会主义建设道路。改革开放以来，根据新的时代特点，制定了新的基本路线，以经济建设为中心，坚持改革开放，坚持四项基本原则，全面开创中国特色社会主义的新局面，在实践和理论上取得了伟大成就。进入新时代，以习近平同志为核心的党中央，发扬历史主动精神，结合时代特征，提出了一系列原创性治国理政新理念新思想新战略，用马克思主义激活中华优秀传统文化中富有生命力的优秀因子并赋予其新的时代内涵，将中华民族的伟大精神和丰富智慧更深层次地注入马克思主义，开辟了马克思主义中国化时代化的新境界。

再次，普遍性真理同具体性实践相结合的实践化过程。马克思主义揭示了整个世界发展的基本规律，它的基本原理对于世界各地的工人阶级的革命斗争具有普遍性的指导意义。毛泽东同志多次讲到马克思主义是"放之四海而皆准的普遍真理",是观察和分析事物的世界观和方法论。马克思主义之所以具有这样的世界历史性,能够成为全世界工人阶级和最广大人民的强大思想武器,对全世界工人阶级具有普遍性意义,一方面在于其科学性和革命性的统一,另一方面在于它的实践性。它并不是抽象的真理,不是公式化的教条,而是具体的真理,是行动的指南。离开具体性实践而抽象地套用马克思主义的词句,最终将窒息马克思主义的生命力。马克思、恩格斯多次指出,对他们理论中一般原理的实际运用随时随地都要以当时的历史条件为转移,必须走向具体性的实践,必须同广大群众的实践相结合,才能焕发出强大的生命力、创造力、感召力。

中国共产党从诞生之日起就把马克思主义确立为自己的指导思想,同时极其重视把马克思主义的普遍真理同中国实践的具体性特点联系起来。毛泽东同志强调:"马克思列宁主义的态度……就是应用马克思列宁主义的理论和方法,对周围环境作系统的周密的调查和研究……就是要有目的地去研究马克思列宁主义的理论,要使马克思列宁主义的理论和中国革命的实际运动结合起来,是为着解决中国革命的理论问题和策略问题而去从它找立场,找观点,找方法的。这种态度,就是有的放矢的态度。'的'就是中国革命,'矢'就是马克思列宁主义。我们中国共产党人所以要找这根'矢',就是为了要射中国革命和东方革命这个'的'的。"① 邓小平同志强调："我们不把马克思主义当作教条，而是把马克思主义同中国的具体实践相结合，提出自己的方针，所以才能取得胜利。"② 这就是说，必须把马克思主义贯彻到活生生的群众实践当中，发掘其理论体系中同具体实践联系最紧密的方面，对当下实践做出科学的理论指导，使之从理论形态转化为改造世界的具体实践。立足新时代历史方位，习近平总书记强调："要准确把握时代大势，勇于站在人类发展前沿，聆听人民心声，回应现实需要，坚持解放思想、实事求是、守正创新，更好把坚持马克思主义和发展马克思主义统一起来，坚持用马克思主义之'矢'去射新时代中国之'的'，继续推进马克思主义基本原理同中国具体实际相结合、同中华优秀传统文化相结合，使马克思主义呈现出更多中国特色、中国风格、中国气派，续写马克思主义中国化时代化新篇章。"③

最后，真理性理论同群众性实践相结合的大众化过程。一方面，马克思主义作为一种具有内在严密逻辑的科学理论，是对社会生活和无产阶级实践高度抽象的深邃真理，具有特定的话语体系、逻辑层次、概念系统和理论架构，具有完整系统性和学术理论性。列宁高度评价马克思主义的完整性、严密性，

---

① 《毛泽东选集》第3卷，人民出版社1991年版，第800—801页。
② 《邓小平文选》第3卷，人民出版社1993年版，第191页。
③ 习近平：《更好把握和运用党的百年奋斗历史经验》，《求是》2022年第13期。

"马克思学说具有无限力量，就是因为它正确。它完备而严密，它给人们提供了……完整的世界观"①。毛泽东同志也强调："马克思列宁主义是从客观实际产生出来又在客观实际中获得了证明的最正确最科学最革命的真理。"② 马克思主义来自群众实践但不等于群众认识，它来自实践又高于实践，群众实践为形成马克思主义提供了丰富素材，但并没有形成系统化的马克思主义理论，必须经过理论家的思维加工，群众实践才能获得理论化系统化表达。另一方面，再伟大的理论如果不同群众的思想、群众的实践相结合，不转化为群众的意识和思想，也不能产生伟大的实践力量。正如马克思早已指出的："批判的武器当然不能代替武器的批判，物质力量只能用物质力量来摧毁；但是理论一经掌握群众，也会变成物质力量。"③ 为此，马克思主义必须转化为广大人民群众乐于并能够接受的形态，转化为人民群众自己的思想观念，成为一种自觉的集体意识和实践遵循，才能真正掌握群众并形成改造世界的强大物质力量。

马克思主义中国化时代化的一个至关重要的工作，就是要在坚持马克思主义精髓的基础上，以通俗化的语言、简明化的形式、大众化的风格，把马克思主义的严密性理论转化为大众化形态，传播到社会大众的头脑当中，转化为群众的自觉认知，真正形成强大的实践力量，实现时代精神精华向民众群体

---

① 《列宁选集》第2卷，人民出版社1995年版，第309页。
② 《毛泽东选集》第3卷，人民出版社1991年版，第817页。
③ 《马克思恩格斯选集》第1卷，人民出版社2012年版，第9页。

意识的转化。毛泽东同志本人就是马克思主义大众化的思想大师，他以独有的通俗易懂、深入浅出的文风，撰写了《反对本本主义》《矛盾论》《实践论》《为人民服务》等一大批中国化马克思主义的经典论著，它们结合中国革命和中国文化实际，通俗易懂、风格简明、广大干部群众易于接受，打破理论同实践、理论家同社会大众之间的区隔，使马克思主义同广大干部群众之间实现直接对接，开辟了马克思主义理论宣传普及的重要路径，成为马克思主义大众化的典范。

第二，中国具体实际的马克思主义化。中国共产党在运用马克思主义指导中国实际的过程中，创造了许多宝贵的具有中国特色的实践经验，这些经验不仅是对自己成功实践的科学总结，也是进一步推动马克思主义中国化时代化的重要基础，构成了理论提升、道路开拓、制度创造的重要来源。把中国的实践经验提升到马克思主义的高度，使之成为马克思主义宝库的重要组成部分，是"两个结合"的又一个重要内容。

首先，经验上升到理论是马克思主义形成发展的重要途径。理论来自实践，从实践经验中获取理论的滋养，不断把实践经验提升到理论的高度，推动理论的发展，是马克思主义认识论的基本原理，也是马克思主义理论发展的重要途径。作为感性认识的实践经验，总是片段的、分散的和感性的，只有经过深度的理论总结和逻辑提升，才能成为系统的、完整的、理性的科学理论。人类的实践活动如果总是停留在重复前人实践、遵循既往经验的层面，就会长期处于缓慢的爬行状态，而只有在系统的科学理论指导下才能更加符合客观规律,更加具有主动性和自觉性,不断实现新的飞跃。马克思主义来源并服务于工人阶级的革命运动,它本身就是工人阶级反对资本主义斗争经验的产物,并在不断总结经验的过程中丰富和发展。马克思和恩格斯站在时代发展的前沿,从工人阶级和全人类的立场上,深刻总结无产阶级斗争的实践经验,并使这些经验经过深入的理论加工,创立了无产阶级的世界观和方法论,形成了马克思主义的科学真理体系。马克思主义产生之后,更是高度关注并深刻总结工人阶级的革命斗争经验,不断把这些经验提升到理论的高度,推动马克思主义理论本身不断发展和丰富。1848年革命斗争经验、1871年巴黎公社斗争经验等,都成为马克思主义理论发展的重要基础。毛泽东同志就非常重视实践的作用,在实践中运用马克思主义基本原理,认识到农民运动和武装斗争的极端重要性,对中国革命的发展做出了正确的分析。

其次,经验向理论飞跃是马克思主义中国化时代化的重要向度。在提出马克思主义中国化的命题之时,毛泽东同志就已经提出,中国共产党应该深入研究中国的实际问题和实践经验,把中国经验提升到马克思主义理论高度,创造新鲜活泼的、为中国老百姓所喜闻乐见的、具有中国作风和中国气派的马克思主义理论,丰富和发展马克思主义在中国的理论形态。1941年,他在《反对主观主义和宗派主义》的讲话中进一步明确指出"我们要使中国革命丰富的实际马克思主义化"①，要做实事求是的创造性的马克思主义者，而不是主观主义的假马克思主义者，既要克服教条主义又要克服经验主义，不仅要把马克思主义中国化，也必须把中国经验上升到马克思主义理论的高度。这个科学论断的提出，使毛泽东同志关于马克思主义中国化的思想更加成熟、更加完备、更加丰富。

再次，中国经验的马克思主义化，实际上也就是突破与创新的过程，就是沿着人类文明发展的大道，追随当代人类实践的步伐，根据时代特征和矛盾发展的趋势，不断实现思想解放，突破经典作家在当时条件下提出的、带有时代局限性和空间局限性的个别观点；就是要在坚持基本原理和结合转化的基础上，根据新的时代特点和实践要求，提出新的思想观点、概念论断、理论体系、对策思路，共时性地推进传统文化和马克思主义理论的创新发展，实现历史性飞跃。马克思主义中国化时代化的一个重要方面，就是不断地把中国革命、建设、改革的实践经验提升到马克思主义理论高度的过程，毛泽东思想就是中国共产党人把长期革命斗争和建设的实践经验理论化、系统化的结果，中国特色社会主义理论体系就是把改革开放的实践经验不断上升到马克思主义理论高度的结果。

最后，提升当代中国经验，发展当代中国马克思主义、二十一世纪马克思主义。新的历史条件下，中国共产党人高度重

---

① 《毛泽东文集》第 2 卷，人民出版社 1993 年版，第 374 页。

视实践经验的理论提升，明确提出要不断把党带领人民创造的成功经验上升为理论，不断赋予当代中国马克思主义鲜明的实践特色、民族特色、时代特色，使实践中的智慧不断条理化、系统化和理论化，经验形态的探索成果日益走向理论形态的建构，不断形成马克思主义中国化时代化的理论创新成果，完善当代中国的马克思主义理论体系。

三 马克思主义基本原理与中华优秀传统文化的贯通融合

中国共产党人历来高度重视马克思主义与中华优秀传统文化的关系，强调要创造性地运用和发展马克思主义，形成中国人自己的理论创造，"要把马、恩、列、斯的方法用到中国来，在中国创造出一些新的东西"①；切实把马克思主义同中国的历史和现实创造性地结合起来，做具体的而不是抽象的马克思主义者，"使中国革命丰富的实际马克思主义化"②，创造"新鲜活泼的、为中国老百姓所喜闻乐见的中国作风与中国气派"③的马克思主义；要在马克思主义指导下学习研究、批判吸收、科学传承民族的历史文化，要把马克思主义同中国历史、中国文化"深相结合起来"④；要通过"两个结合"，把中国优秀的

---

① 《毛泽东文集》第2卷，人民出版社1993年版，第408页。
② 《毛泽东文集》第2卷，人民出版社1993年版，第374页。
③ 《中共中央文件选集（一九三六——一九三八）》第11册，中共中央党校出版社1991年版，第658—659页。
④ 《中共中央文件选集（一九四三——一九四四）》第14册，中共中央党校出版社1992年版，第41页。

传统文化，变成现代的文化；让经由"结合"而形成的新文化成为中国式现代化的文化形态。①

这些重要思想在新的历史条件下得到进一步的丰富发展。党的十八大以来，习近平总书记结合新的历史特点和任务，大力推动马克思主义与中华优秀传统文化深度结合。一方面，使马克思主义深深扎根于中华优秀传统文化之中，深深扎根于中国人民的生产生活实践当中，不断增强中国人民对于马克思主义的文化认同、思想认同和心理认同，着力实现"马克思主义的中国文化化"。另一方面，使中华优秀传统文化上升到马克思主义的高度，实现创造性转化、创新性发展，着力实现"中国文化的马克思主义化"。通过这种双向转化，把马克思主义思想精髓同中华优秀传统文化精华贯通起来，同人民群众日用而不觉的共同价值观念融通起来，使"在中国的马克思主义"真正转化为"中国的马克思主义"，在中国大地焕发出新的勃勃生机；使中华优秀传统文化在马克思主义指导下进一步上升到真理和道义的制高点上，在同当今时代特征相结合的过程中展现出当代性价值和持久生命力。正如习近平总书记在党的二十大报告中所指出的："坚持和发展马克思主义，必须同中华优秀传统文化相结合。只有植根本国、本民族历史文化沃土，马克思主义真理之树才能根深叶茂……必须坚定历史自信、文

---

① 参见习近平《在文化传承发展座谈会上的讲话》，人民出版社2023年版，第6页。

化自信，坚持古为今用、推陈出新，把马克思主义思想精髓同中华优秀传统文化精华贯通起来、同人民群众日用而不觉的共同价值观念融通起来，不断赋予科学理论鲜明的中国特色，不断夯实马克思主义中国化时代化的历史基础和群众基础，让马克思主义在中国牢牢扎根。"[1]

第一，把马克思主义的立场观点方法贯穿到新时代文化建设当中，提出对待中华优秀传统文化的基本立场、基本方针、基本态度和基本方法，把中国共产党人对待中华优秀传统文化的认识提高到一个新的高度。

首先，提出了对待中华优秀传统文化的基本方针："发展中国特色社会主义文化，就是以马克思主义为指导，坚守中华文化立场，立足当代中国现实，结合当今时代条件，发展面向现代化、面向世界、面向未来的，民族的科学的大众的社会主义文化，推动社会主义精神文明和物质文明协调发展。要坚持为人民服务、为社会主义服务，坚持百花齐放、百家争鸣，坚持创造性转化、创新性发展，不断铸就中华文化新辉煌。"[2] 在此，系统提出"坚守中华文化立场"的文化立场，"坚持创造性转化、创新性发展"的文化方针，"铸就中华文化新辉煌"的文化任务和目标。

---

[1] 习近平：《高举中国特色社会主义伟大旗帜 为全面建设社会主义现代化国家而团结奋斗——在中国共产党第二十次全国代表大会上的报告》，人民出版社2022年版，第18页。

[2] 《习近平谈治国理政》第三卷，外文出版社2020年版，第32页。

其次，明确了对待中华优秀传统文化的基本态度：作为坚定的马克思主义者，中国共产党人毫无疑问要坚持马克思主义、坚持和发展中国特色社会主义，但中国共产党人绝不是历史虚无主义者和文化虚无主义者，"应该科学对待民族传统文化，科学对待世界各国文化，用人类创造的一切优秀思想文化成果武装自己……中国共产党人始终是中国优秀传统文化的忠实继承者和弘扬者，从孔夫子到孙中山，我们都注意汲取其中积极的养分"[1]。就是要在马克思主义指导下，从当代中国的实践和未来中国的发展两个角度去审视中华优秀传统文化，更好地继承其优秀成果，弘扬其优良传统，为我所用、为今所用、为将来所用，实现历史文化、当代实践和未来发展的有效贯通。

最后，制定了实现中华优秀传统文化创造性转化、创新性发展的基本方法。就是要坚持古为今用、辩证取舍、推陈出新，有鉴别地加以对待，有扬弃地予以继承，摒弃消极因素，继承积极思想，努力用中华民族创造的一切精神财富来以文化人、以文育人。

第二，坚持马克思主义的大历史观，发掘中华优秀传统文化的精髓要义，揭示近代以来中国历史发展的主题，把中华优秀传统文化同中国共产党的精神谱系贯通起来，与新时代中国人民的精神风貌结合起来，展示中华优秀传统文化在新时代的

---

[1] 习近平：《在纪念孔子诞辰2565周年国际学术研讨会暨国际儒学联合会第五届会员大会开幕会上的讲话》，人民出版社2014年版，第13页。

强大生命力。

首先,站在时代的制高点上揭示中华文化的精髓要义。在几千年的历史流变中,中华民族培育和发展了独具特色的中华文化,熔铸了生生不息、发展奋进、克服困难的强大精神支撑。源远流长、内涵丰富的中华民族精神,统和起来就是中国人民的伟大创造精神、伟大奋斗精神、伟大团结精神、伟大梦想精神,这些精神具有强大的历史穿透力、文化感染力和精神感召力,是中国人民认识和改造世界、维系民族团结统一、推动社会向前发展的强大力量,在外敌入侵的情况下构成了捍卫统一、反对分裂、维护民族尊严的精神枢纽。

其次,贯通中华民族五千多年的文明史特别是自鸦片战争以来的近代历史,深刻揭示了实现中华民族伟大复兴这一近代以来的伟大梦想和历史主题。中华文明有着五千多年源远流长的历史,是世界上唯一没有中断而延续至今的文明,为人类文明进步作出了不可磨灭的卓越贡献。但是,"1840年鸦片战争以后,中国逐步成为半殖民地半封建社会,国家蒙辱、人民蒙难、文明蒙尘,中华民族遭受了前所未有的劫难。从那时起,实现中华民族伟大复兴,就成为中国人民和中华民族最伟大的梦想"[1]。这一重要论断抓住了历史发展的枢纽,揭示了近代以后中国人民在痛苦磨难中顽强抗争,在历史转折中走向觉醒,

---

[1] 习近平:《在庆祝中国共产党成立100周年大会上的讲话》,人民出版社2021年版,第2页。

在不懈斗争中获得独立，在艰辛探索中开始奠基，在改革开放中实现跨越，在新时代迎来光明前景，就是中华民族伟大复兴这个历史主题的展开，这个历史主题也就形成了近代以来中华民族的核心精神。

最后，深刻揭示了中国共产党精神的科学内涵及其文化渊源，使中华优秀传统文化同马克思主义在中国共产党精神中实现贯通。习近平总书记指出，中国共产党的先驱们在建党之际，"形成了坚持真理、坚守理想，践行初心、担当使命，不怕牺牲、英勇斗争，对党忠诚、不负人民的伟大建党精神"[1]。伟大建党精神根植于中华优秀传统文化的丰厚土壤之中，中国共产党把中华优秀传统文化中丰富精神财富同党的指导思想、政治立场、理想信念等有机结合起来，进行创造发展，实现生命再造，形成了具有先进性、人民性的伟大建党精神，为中华民族精神增添了新的重要组成部分，是中华优秀传统文化创造性转化和创新性发展的典型表现。

第三，把中华优秀传统文化纳入中国特色社会主义文化的整体系统中加以升华，充分肯定中华优秀传统文化是中国特色社会主义文化的深厚文化渊源和重要组成部分。

首先，阐明中华优秀传统文化与中国特色社会主义文化之间的内在联系。中国特色社会主义文化最本质的特征就是以马

---

[1] 习近平：《在庆祝中国共产党成立100周年大会上的讲话》，人民出版社2021年版，第8页。

克思主义为指导，它又深深扎根于中华优秀传统文化之中，"中国特色社会主义文化，源自于中华民族五千多年文明历史所孕育的中华优秀传统文化，熔铸于党领导人民在革命、建设、改革中创造的革命文化和社会主义先进文化，植根于中国特色社会主义伟大实践"①。马克思主义是中国特色社会主义文化的指导思想和灵魂，中华优秀传统文化则是中国特色社会主义文化的历史文化渊源和丰沃土壤，中华优秀传统文化在马克思主义指导下实现创造性转化和创新性发展，成为中国特色社会主义文化的有机组成部分。

其次，中华优秀传统文化是涵养社会主义核心价值体系的重要源泉。中华优秀传统文化早已熔铸为中华民族的精神命脉和文化基因，中华优秀传统文化中很多思想理念和道德规范，不论过去还是现在都有其永不褪色的价值，已经成为人民群众日用而不觉的共同价值观念，为涵养社会主义核心价值观提供了重要源泉和思想智慧，也是我们在世界文化激荡中站稳脚跟的坚实根基，在当今时代具有强大生命力和价值感召力。

再次，阐明中华优秀传统文化在增强中国特色社会主义文化自信中的重要地位。没有高度的文化自信，就没有中华民族伟大复兴；文化自信是更基础、更广泛、更深厚的自信，文化是更基本、更深沉、更持久的力量。中国特色社会主义文化自信根植于中华优秀传统文化之中，当代中国文化只有扎根于中

---

① 《习近平谈治国理政》第三卷，外文出版社2020年版，第32页。

华民族历史和中华优秀传统文化的土壤，才能在世界文化激荡中站稳脚跟；必须对博大精深的中华优秀文化深刻把握，从中萃取精华、汲取能量，保持对中华文化生命力和创造力的高度信心，更好构筑中国精神、中国价值、中国力量，创造激励中国人民和中华民族不断前行的精神力量。

最后，强调中华优秀传统文化是当代中国哲学社会科学发展的深厚基础和不竭资源。2016年5月17日，习近平总书记在哲学社会科学工作座谈会上的讲话指出，中华民族有着深厚文化传统，形成了富有特色的思想体系，体现了中国人几千年来积累的知识智慧和理性思辨；构建中国特色哲学社会科学，要体现继承性、民族性，要善于融通马克思主义的资源、中华优秀传统文化的资源、国外哲学社会科学的资源，坚持不忘本来、吸收外来、面向未来；要推动中华文明创造性转化、创新性发展，激活其生命力，使之同各国人民创造的多彩文明一道为人类提供正确精神指引。

第三节 "两个结合"的基本内涵

"两个结合"，是以中国共产党人为核心的中国马克思主义者在长期革命、建设、改革进程中，把马克思主义基本原理同不同时期的中国具体实际、同中华优秀传统文化进行创造性结合的主体性实践和理论创造过程。"两个结合"绝不是一个自然存在的、直观感性的、自在自发的过程，而是一个具有自觉目的性、自主创造性的、"批判革命性"的主体性过程。我们不仅应该从历史进程和现实展开上来把握，同时应该从"两个结合"的内在逻辑上进行深度的哲学思考，以更好地理解它的本质要求、鲜明特征和总体内涵。

一 "两个结合"是建立在文化主体能动性基础上的创造性结合

这个问题着重从"两个结合"的主体角度来把握"两个结合"的特征，突出强调"两个结合"是主体的自主、自觉、自愿的行为，而不是外在强制下的被动性行为。这就是说，马克思主义同中国具体实际和中华优秀传统文化的结合，是独立自主的而不是被动强制的，实现马克思主义中国化时代化的主体是中国人自己而不是其他人，必须把立足点放在自己身上，放在中国的具体国情上。外在强制性的结合，不能发挥主体的自觉，难以释放出强大的主观能动性和主体创造性，从而也就不能有真正的效果，往往导致思想上的教条主义和实践上的挫折失败。中国共产党在经历早期多次挫折后，始终强调实践和理论上的独立自主性，把这一精神贯穿于马克思主义中国化时代化过程当中，成为"两个结合"的一个鲜明特点。

大革命时期，中国共产党人在很多方面都是听命于共产国际，没有独立地分析中国革命的特点，在重大问题上缺乏应有的独立自主。土地革命时期，党内主要领导大都教条主义地接受共产国际指示来领导中国革命。这种依附性、被动性是革命事业遭遇严重挫折的重要原因。随着在政治上、思想上的独立和成熟，独立自主地把马克思主义理论同中国具体实际有机结合，成为中国共产党的一个优良传统和宝贵经验。

在开创马克思主义中国化道路的过程中，毛泽东同志就反复强调要坚持独立自主。在《反对本本主义》中，他针对当时党内教条主义盛行的情况提出："我们的斗争需要马克思主义……马克思主义的'本本'是要学习的，但是必须同我国的实际情况相结合。我们需要'本本'，但是一定要纠正脱离实际情况的本本主义"；"中国革命斗争的胜利要靠中国同志了解中国情况"。① 这些经典话语彰显了中国共产党人对待马克思主义的根本态度，那就是要独立自主地，创造性地学习、运用和发展马克思主义，反对教条主义地对待马克思主义。延安时期，毛泽东同志更是突出强调中国共产党人的独立自主精神。1943 年 5 月，中共中央在给共产国际执委会的一份文件中强调，"革命不能输出，亦不能输入，而只能由每个民族内部的发展所引起"，"中国共产党人必将继续根据自己的国情，灵活地运用和发挥马克思列宁主义，以服务于我民族的抗战建国事业"。② 这些论断突出体现了独立自主这一毛泽东思想的活的灵魂，凝结了中国共产党人的集体智慧和经验教训，是党领导中国革命和建设事业发展、推进马克思主义中国化时代化的一个原则立场。

在社会主义革命和建设的过程中，以毛泽东同志为主要代

---

① 《毛泽东选集》第 1 卷，人民出版社 1991 年版，第 111—112、115 页。
② 《中共中央文件选集（一九三三——一九四四）》第 14 册，中共中央党校出版社 1992 年版，第 40、41 页。

表的中国共产党人，坚持独立自主地将马克思主义基本原理同中国具体实际、同中华优秀传统文化相结合。党领导人民创立了具有中国特色的社会主义政治制度，制定和实施了过渡时期总路线，逐步实现国家的社会主义工业化，实现了对农业、手工业和资本主义工商业的社会主义改造，建立了社会主义基本制度。在社会主义建设道路探索一开始，毛泽东同志就强调，既要坚持科学社会主义的基本原则，同时必须走自己的路，建设符合中国国情、具有中国特点的社会主义。他指出：马克思不能将后来出现的所有问题都看到、都加以解决；俄国的问题只能由列宁解决，中国的问题只能由中国人解决。①

党的十一届三中全会后，以邓小平同志为主要代表的中国共产党人突出强调："中国的事情要按照中国的情况来办，要依靠中国人自己的力量来办。独立自主，自力更生，无论过去、现在和将来，都是我们的立足点。"② 正是在这种思想指导下，党领导人民坚持把马克思主义基本原理同中国具体实际相结合，走自己的路，成功开创了中国特色社会主义。此后，以江泽民同志为主要代表的中国共产党人成功把中国特色社会主义推向21世纪，以胡锦涛同志为主要代表的中国共产党人成功在新形势下坚持和发展了中国特色社会主义。在此过程中，马克思主义中国化时代化成功实现并不断深化。

---

① 参见《毛泽东文集》第8卷，人民出版社1999年版，第5页。
② 《邓小平文选》第3卷，人民出版社1993年版，第3页。

第三章 "两个结合"的基本内涵和基本关系

进入新时代，习近平总书记反复强调要坚持独立自主，走自己的路，坚持自立自觉，自信自强，坚定历史自信，掌握历史主动，这是自主创造性结合在新时代的充分体现。习近平总书记指出，中国共产党在领导革命、建设、改革长期实践中，历来坚持独立自主开拓前进道路，独立自主是我们党从中国实际出发、依靠党和人民力量进行革命、建设、改革的必然结论，是中华民族的优良传统，是中国共产党、中华人民共和国立党立国的重要原则。"坚持独立自主，就要坚持中国的事情必须由中国人民自己作主张、自己来处理"，在发展中没有放之四海而皆准的模式，一切都要根据国家具体情况来制定相应的政策。[1] 当今世界百年未有之大变局加速演进，中国面对着来自国内国外的机遇与挑战，单边主义、霸权主义、强权政治、地域化冲突等，威胁着世界的和平与人类发展。因此，中国积极保持独立自主的发展势头，在全面建成小康社会的基础上，开启了全面建成社会主义现代化强国和实现中华民族伟大复兴的新征程。事实证明，正是因为我们党始终坚持独立自主，将马克思主义同中国具体实际相结合、同中华优秀传统文化相结合，党和国家事业发展才取得了辉煌成就；而"两个结合"的过程和结果又进一步巩固和强化了中国共产党人的文化主体性。[2]

---

[1] 参见《习近平谈治国理政》第一卷，外文出版社2018年版，第29页。
[2] 参见习近平《在文化传承发展座谈会上的讲话》，人民出版社2023年版，第8页。

二 "两个结合"是文化契合前提下的贯通性结合

这个问题着重从结合对象的契合性来把握结合的可能性基础和贯通性特征，强调马克思主义与中华优秀传统文化都包含着人类文明的精华，在思想精髓和文化精华上具有诸多契合点，形成了贯通性结合的基础，没有契合性也就失去了结合的可能。在文化传承发展座谈会上，习近平总书记强调"结合"的前提是彼此契合，这就需要寻找到马克思主义和中华优秀传统文化的契合点究竟在何处，只有找到契合点，才能够做到有机结合。[①]

马克思主义作为人类优秀文明成果的集大成者，从一开始就没有排斥中国文化，中国传统文化并没有外在于马克思主义。马克思主义从产生之时起，就内在地包含中华传统文化的因子，这些文化因子成为马克思主义与中华优秀传统文化贯通的潜在基础。马克思和恩格斯曾写过不少有关中国的文章，对于中国实际和中国传统文化或是赞同，或是批评，或是吸收，或是反对。他们站在无产阶级革命和人类解放的高度批判殖民主义的侵略行径，赞扬中国人民的反抗斗争。他们根据历史唯物主义的原理，明确指出中国闭关锁国、停滞不前的封建专制政体必将灭亡，中国人民的革命斗争必将胜利："当我们的欧洲反动分子不久的将来在亚洲逃难，最后到达万里长城，到达

---

① 参见习近平《在文化传承发展座谈会上的讲话》，人民出版社2023年版，第5—6页。

最反动最保守的堡垒的大门的时候,他们说不定看见上面写着:中华共和国——自由,平等,博爱。"① 首次提出了"中华共和国"的概念。显然,马克思主义既批判了中华传统文化和旧制度的不足,也赞扬了中国人民的斗争精神,吸收了中华优秀传统文化的内容,并根据历史发展规律指出了中华民族和中华文明发展的希望。这些思想无疑增加了马克思主义对中国人的亲和力和"亲近感",是"两个结合"的内在基础。

马克思主义基本原理和中华优秀传统文化这两个被结合的对象,都包含对人类社会美好生活的向往,包含具有人类普遍性价值的内容,形成了得以贯通的契合点,构成了相互结合的基础。一方面,中华优秀传统文化是中华民族的根和魂,是"中国人民在长期生产生活中积累的宇宙观、天下观、社会观、道德观的重要体现"②,内含许多超越时空、具有普遍意义的人文精神、哲学智慧、社会理想、价值观念、道德伦理等。中华优秀传统文化的精华,是经受过长期历史检验而依然留存的智慧结晶,高度凝结了中华民族的文化精髓,集中体现为党的二十大报告所概括的"天下为公、民为邦本、为政以德、革故鼎新、任人唯贤、天人合一、自强不息、厚德载物、讲信修睦、

---

① 《马克思恩格斯论中国》,人民出版社1997年版,第144页。
② 习近平:《高举中国特色社会主义伟大旗帜 为全面建设社会主义现代化国家而团结奋斗——在中国共产党第二十次全国代表大会上的报告》,人民出版社2022年版,第18页。

亲仁善邻"[1] 等内容，它们超越了特定的时代烙印和地域特点，构成了人类普遍性文明的有机组成部分，同科学社会主义价值观主张具有高度契合性。另一方面，马克思主义的思想精髓就是它的基本原理，集中体现为其立场、观点和方法，深刻揭示了人类社会本质和发展规律，是放之四海而皆准的科学真理。这些思想精髓使得马克思主义能够始终站在真理、文化、道义和实践的制高点上，既能够对中华优秀传统文化的创造性转化和创新性发展给予科学指导，也能够同中华优秀传统文化精华相互贯通。

中国具体实际具有接受马克思主义指导的内在需要，近代中国历史发展"迫切需要新的思想引领救亡运动"[2]，而马克思主义正好能够为中国具体实际提供科学理论指导，引领中国历史发展的方向，促进中国具体实际的改造和发展。马克思主义之所以能够在中国得到运用和发展，就是因为中国需要它的指导。正如毛泽东同志所说："马克思列宁主义来到中国之所以发生这样大的作用，是因为中国的社会条件有了这种需要，是因为同中国人民革命的实践发生了联系，是因为被中国人民所掌握了。任何思想，如果不和客观的实际的事物相联系，如果没有客观存在的需要，如果不为人民群众所掌握，即使是最好

---

[1] 习近平：《高举中国特色社会主义伟大旗帜 为全面建设社会主义现代化国家而团结奋斗——在中国共产党第二十次全国代表大会上的报告》，人民出版社2022年版，第18页。

[2] 《习近平谈治国理政》第四卷，外文出版社2022年版，第4页。

的东西，即使是马克思列宁主义，也是不起作用的。"① 与此同时，中国实际也为马克思主义提供了在具体实践中运用和发展，彰显其伟大力量的平台，"马克思列宁主义的伟大力量，就在于它是和各个国家具体的革命实践相联系的。对于中国共产党说来，就是要学会把马克思列宁主义的理论应用于中国的具体的环境"②。正是在马克思主义同中国具体实际的结合中，马克思主义深刻改变了中国，中国也极大地丰富和发展了马克思主义。在马克思主义指导下，中国的面貌发生了根本性改变，党领导人民取得了新民主主义革命的胜利，彻底结束了旧中国半殖民地半封建社会状态，并经过长期不懈努力进入中国特色社会主义新时代，迎来了中华民族伟大复兴的光明前景。与此同时，中国共产党人不断推进马克思主义中国化时代化历史进程，创立了毛泽东思想、邓小平理论，形成了"三个代表"重要思想和科学发展观，创立了习近平新时代中国特色社会主义思想，为马克思主义理论增添了原创性贡献，丰富和发展了马克思主义的科学理论体系。

在新时代历史方位中，习近平总书记反复强调，要用马克思主义解决新时代中国的问题，不断回答中国之问、世界之问、人民之问、时代之问，在这种回答中实现马克思主义与当代中国具体实际的贯通、与世界发展潮流的贯通、与人民美好

---

① 《毛泽东选集》第4卷，人民出版社1991年版，第1515页。
② 《毛泽东选集》第2卷，人民出版社1991年版，第534页。

生活需求的贯通、与时代特征的贯通，做出符合中国实际和时代要求的正确回答，得出符合客观规律的科学认识，形成与中华优秀传统文化相契合的理论成果，不断推进马克思主义中国化时代化。

三 "两个结合"是深刻的"化学反应"式的差异性结合

这个问题着重从结合对象的差别性来把握结合的必要性和基本特征，强调马克思主义基本原理同中国具体实际、同中华优秀传统文化具有可以通约的契合性，这是它们之间进行结合的可能基础；但是，绝不能因为具有契合性，就忽视它们之间的差异性，在结合的过程中必须始终意识到它们之间在地位、内容、性质上存在的差异性、特殊性，在把握特殊性的基础上实现"有差别的统一"，实现有机结合而不是"拉郎配"式的硬性结合。

如前所述，"两个结合"的基础是"契合性"。但是，在看到契合性的同时，必须认识到马克思主义同中国具体实际，特别是同中华优秀传统文化在地位、功能、基础、内容上存在的差异，也就是它们各自的特殊性。我们要"坚持马克思主义这个立党立国、兴党兴国之本不动摇，坚持植根本国、本民族历史文化沃土发展马克思主义不停步"，同时也"不能丢了老祖宗"，否则就会"犯失去魂脉和根脉的颠覆性错误"，要"用马克思主义激活中华优秀传统文化中富有生命力的优秀因子并赋予新的时代内涵"，"有效把马克思主义思想精髓同中华优秀传

第三章 "两个结合"的基本内涵和基本关系

统文化精华贯通起来"。[①] 中国特色社会主义道路中的"特色",明确指出这条道路的独特性、差异性,这条道路是在马克思主义指导下走出来的,但更重要的是从中华五千多年的文明中走出来的。中国的社会主义之所以独树一帜、生机勃勃、充满活力,关键就在于中国特色,因此也必须重视结合对象的差异性。

从文化地位上看,马克思主义是处于指导地位的指导思想,决定"两个结合"的发展方向和基本性质,指导中华优秀传统文化的创造性转化和创新性发展。中华优秀传统文化是"两个结合"的深厚渊源和坚实根基,是中国文化总体格局中的一个重要组成部分,处于被马克思主义指导的地位。这个地位上的差别不能忽视,绝不能离开马克思主义指导而无限拔高传统文化的地位,不加限定地谈论"复兴传统文化",更不能陷入"以儒代马"的错误思想当中。在任何情况下,打着任何名义,动摇马克思主义指导地位的做法都是错误的。在习近平总书记提出"两个结合"科学命题,特别是突出强调马克思主义基本原理同中华优秀传统文化相结合这"第二个结合"的情况下,更应该加以注意这个问题,绝不能把习近平总书记的科学论述用偏用错。

从产生的基础以及这一基础决定的文化本质看,马克思主

[①] 习近平:《开辟马克思主义中国化时代化新境界》,《求是》2023年第20期。

义产生于 19 世纪的工业文明时代，是代表全世界无产阶级和最广大劳动人民利益的世界观方法论，深刻揭示了自然界、人类社会和思维发展的一般规律，具有无可比拟的科学性、先进性和人民性，而不是一般性的文化和知识体系。中国传统文化则主要产生和发展于农业文明时代，是一种以儒家文化精神为核心的文化体系，而且包含封建社会意识形态的内容，是良莠并存的复杂文化系统；传统文化中的精华部分构成了"中华优秀传统文化"，这些精华内容在漫长发展过程中，不断吸收和融合先进的、优秀的文化，实现自我调节和发展，这些文化精华才是同马克思主义相结合的内容。绝不能忽视中华传统文化的复杂性，不加前提地谈论马克思主义与传统文化的结合，甚至复活传统文化中的糟粕性内容，以"结合"的名义对马克思主义进行"污名化"，冲击马克思主义的指导地位。

正是因为有了这些差异，马克思主义基本原理同中华优秀传统文化相结合的必要性才更加凸显出来。中国共产党人就是在科学把握马克思主义基本原理、在深度理解中国具体实际和中华优秀传统文化特殊性的基础上，把二者有机结合起来，形成了新的理论创造成果。大革命时期，毛泽东同志在《中国社会各阶级的分析》中对当时中国社会中的各个阶级进行了阐述，根据各阶级的特点，指出他们在革命中所处的不同地位、对革命的不同态度和不同作用，提出相应的政策主张。他在《新民主主义论》中指出，完全"形式主义地吸收外国的东西"是要吃亏的，需要将马克思主义基本原理"和民族的特点相结合，经过一定的民族形式，才有用处"①。正是因为看到了中国具体实际的特殊性，认识到中华优秀传统文化的独特性，毛泽东同志才在把马克思主义基本原理同中国的历史文化、民族特点、现实矛盾和时代特征的结合中，形成了毛泽东思想。

进入新时代，习近平总书记始终强调中华优秀传统文化的独特价值，指出中华民族精神是中国人民的精神支撑，是唯一没有中断的文明形态，对人类文明发展进步作出过特殊的贡献，是当代中国发展最深厚的基础。他指出，经过历史检验始终未曾消失的民族精神和优秀传统文化，"是中华民族生生不息、长盛不衰的文化基因，也是实现中华民族伟大复兴的精神力量"②。为此，我们要特别重视挖掘中华五千多年文明中的精华，把弘扬优秀传统文化同马克思主义立场观点方法结合起来，以高度的文化自信和历史主动精神锻造人类文明新形态。通过"结合"筑牢和拓展中国特色社会主义道路的根基，尤其是文化根基。

四 "两个结合"是科学方法论指导下的能动性结合

把马克思主义基本原理同中国具体实际相结合、同中华优秀传统文化相结合并不是自动自发的，而是通过中国马克思主

---

① 《毛泽东选集》第2卷，人民出版社1991年版，第707页。
② 习近平：《建设中国特色中国风格中国气派的考古学 更好认识源远流长博大精深的中华文明》，《求是》2020年第23期。

义者能动地进行的，这种能动性不仅体现在创新主体的独立自主性和理论再创造方面，而且体现在这种结合是建立在科学方法论基础之上的。

毛泽东同志在推进马克思主义中国化的历史进程中，创作了《实践论》《矛盾论》《关于正确处理人民内部矛盾的问题》等重要哲学著作，以及大量的关于方法论的著作，对马克思主义同中国具体实际、同中华优秀传统文化相结合的科学方法进行了系统论述。这些科学方法在历史进程中不断得到运用、充实和发展完善，逐步形成了中国共产党人关于马克思主义中国化的一整套科学方法，其中最重要的是实事求是、矛盾分析、调查研究、群众路线的方法，通过这些科学方法达到能动性的结合。

一是实事求是的方法。这是最根本的、世界观层面的方法论，就是一切从实际出发、理论联系实际的世界观和方法论，它以理论和实际相结合、一般与个别相统一为本质特征。实事求是，就是一定要尊重客观事实，在马克思主义理论的指导下，从客观实际中获得真理性的认识，制定出合乎实际的、符合规律的、指导实践的路线方针政策。这里所说的"实事"并不是简单的表面现象，而是包含事物的内在本质、发展规律的客观实际；这里的"求是"也不是自发性地、经验主义地去理解事实，而是在科学理论指导下，深入现象背后去探寻事物的本质和规律。[①] 坚持实事求是的方法论原则，既要反对教条主

---

① 参见《毛泽东选集》第 3 卷，人民出版社 1991 年版，第 800—801 页。

义，也要反对经验主义。

二是矛盾分析的方法。在马克思主义哲学发展史上，毛泽东同志第一次系统阐述了马克思主义的矛盾学说，深刻揭示了矛盾的普遍性和特殊性关系的理论，明确提出共性与个性的关系是矛盾问题的精髓，具体问题具体分析是马克思主义的活的灵魂，科学论述了矛盾分析方法。根据矛盾分析的方法论原则，马克思主义普遍原理是一般、共性，中国的具体实践是个别、个性，马克思主义中国化时代化的过程就是一般和个别的辩证矛盾运动。这种矛盾分析的方法具体化为"个别——一般——个别"的方法论公式，中国共产党人强调要把一般号召与个别指导相结合，也就是用马克思主义理论来指导个别的实践活动，从中概括出符合实际情况的一般理论，再把一般理论和方针政策用以指导具体实践，并通过实践进一步纠正、补充和发展理论，使理论更加丰富完善，实践更加合理有效。习近平总书记指出，坚持实事求是，就要深入实际了解事物的本来面貌；坚持实事求是，就要清醒认识和正确把握我国仍处于并将长期处于社会主义初级阶段这个基本国情；坚持实事求是，就要坚持为了人民利益坚持真理、修正错误；坚持实事求是，就要不断推进实践基础上的理论创新。[①]

三是调查研究的方法。实现马克思主义中国化时代化，必

[①] 参见习近平《在纪念毛泽东同志诞辰120周年座谈会上的讲话》，《人民日报》2013年12月27日。

须充分了解中国的具体情况,这是实现马克思主义中国化时代化的关键环节,而了解实际情况最根本的方法就是调查研究。毛泽东同志一生高度重视调查研究,留下了《湖南农民运动考察报告》《寻乌调查》《兴国调查》等调查报告,创作了《反对本本主义》《〈农村调查〉的序言和跋》等论著,提出了关于调查研究的一系列重要论断和科学方法。他提出了"不做调查没有发言权""不做正确的调查同样没有发言权"的口号①,明确提出"对于中国各个社会阶级的实际情况,没有真正具体的了解,真正好的领导是不会有的","要了解情况,唯一的方法是向社会作调查"。② 他还创造了"实践—理论—实践"的公式,把马克思主义认识论思想深化到调查研究的方法论当中,明确提出必须深入实践对中国特殊的国情进行艰苦细致的调查研究,从中得出正确的理论观点和方针政策,再应用到实践中指导实践并发展理论。在历史发展中,调查研究已经上升为马克思主义中国化时代化的重要路径,成为集中集体智慧的重要机制。习近平总书记指出:"要拜人民为师、向人民学习,放下架子、扑下身子,接地气、通下情,深入开展调查研究,解剖麻雀,发现典型,真正把群众面临的问题发现出来,把群众的意见反映上来,把群众创造的经验总结出来。"③

---

① 《毛泽东文集》第 1 卷,人民出版社 1993 年版,第 267—268 页。
② 《毛泽东选集》第 3 卷,人民出版社 1991 年版,第 789 页。
③ 习近平:《论党的宣传思想工作》,中央文献出版社 2020 年版,第 361—362 页。

第三章 "两个结合"的基本内涵和基本关系

四是群众路线的方法。马克思主义中国化时代化的至关重要的内容，就是要把马克思主义真理同人民群众实践相结合，实现马克思主义的大众化和人民群众实践的马克思主义化的双向统一。群众路线的核心就是从群众中来到群众中去，就是将群众分散的不系统的意见集中起来，经过研究化为集中的系统的意见，再回到群众中加以检验其正确性，最后形成更正确、更丰富的真理性认识。这不仅是我们党的领导方法，同样也是马克思主义中国化时代化的科学方法。习近平总书记指出："要尊重人民首创精神，注重从人民的创造性实践中总结新鲜经验，上升为理性认识，提炼出新的理论成果，着力让党的创新理论深入亿万人民心中，成为接地气、聚民智、顺民意、得民心的理论。"[①]

新时代，我们要根据社会发展的具体情况，进一步拓展新的科学理论方法。党的二十大报告指出："不断谱写马克思主义中国化时代化新篇章，是当代中国共产党人的庄严历史责任。继续推进实践基础上的理论创新，首先要把握好新时代中国特色社会主义思想的世界观和方法论，坚持好、运用好贯穿其中的立场观点方法。"[②] 我们要深刻领会这一要求，做到必须坚持人民至

[①] 习近平：《开辟马克思主义中国化时代化新境界》，《求是》2023年第20期。

[②] 习近平：《高举中国特色社会主义伟大旗帜 为全面建设社会主义现代化国家而团结奋斗——在中国共产党第二十次全国代表大会上的报告》，人民出版社2022年版，第18—19页。

上，必须坚持自信自立，必须坚持守正创新，必须坚持问题导向，必须坚持系统观念，必须坚持胸怀天下。这"六个必须坚持"，把世界观与历史观、真理追求与时代要求、根本立场与发展方法、民族自信自强与世界使命担当等高度统一起来，继承和发展了中国化时代化马克思主义的思想精髓和活的灵魂，同时又根据时代特征和现实要求增加了新的更加丰富的内容，是马克思主义世界观历史观方法论和立场观点方法在新时代中国的最新表达，同时也是能动性结合的新的科学理论与指导方法。

必须坚持人民至上，集中体现了习近平新时代中国特色社会主义思想的根本政治立场和历史观价值观，是马克思主义历史观的内在要求及其在新时代的表达；必须坚持自信自立，集中体现了习近平新时代中国特色社会主义思想的根本立足点和独立自主精神，传承和弘扬了独立自主、走自己的路的优良传统和宝贵经验，又依据新时代的辉煌成就和成功经验实现了突破和发展；必须坚持守正创新，集中体现了习近平新时代中国特色社会主义思想的思想路线和科学态度，是对马克思主义世界观方法论的创造性发展，彰显了新时代中国共产党人的科学精神和历史主动性；必须坚持问题导向，集中体现了习近平新时代中国特色社会主义思想的根本出发点和理论发展的源头活水，形成了关于新时代中国化时代化马克思主义理论创新逻辑的新鲜表达；必须坚持系统观念，集中体现了习近平新时代中国特色社会主义思想所包含的唯物辩证法基本要求和科学思想方法，是唯物辩证法基本原理在新时代的生动表达，是当代中国共产党人积极主动性和主体创造性的重要体现；必须坚持胸怀天下，集中体现了习近平新时代中国特色社会主义思想的博大人类情怀和广阔全球视野，传承了马克思主义的国际主义精神和中华优秀传统文化的天下大同理想，彰显了新时代中国共产党人的世界担当。

概括起来讲，"两个结合"是一个多要素互动的历史开放性过程，就是中国的马克思主义者独立自主地、创造性地把马克思主义基本原理同中国具体实际和中华优秀传统文化结合起来，运用马克思主义的立场、观点、方法研究和解决中国革命、建设、改革中的实际问题，坚持和发展马克思主义；就是运用中国人民喜闻乐见的民族语言来阐述马克思主义理论，揭示中国革命、建设、改革的规律，使之成为具有中国风格、中国气派的马克思主义。"两个结合"内在地包含创新主体、理论客体、实际客体、文化客体、结合过程、结合成果等核心要素，这些要素间的矛盾关系和相互作用形成了具有历史开放性的理论和实践创新进程。这个过程是建立在主体能动性基础上的自主创造性结合，建立在文化契合性基础上的贯通性结合，建立在普遍性与特殊性相统一基础上的差异性结合，建立在科学方法论基础上的能动性结合。

第四节 "两个结合"的相互关系

"两个结合"是中国共产党百年奋斗的历史经验，是推进马克思主义中国化时代化的本质要求和根本途径。从毛泽东同

"两个结合"基本问题研究

志提出"一个结合",到习近平总书记提出"两个结合",标志着我们党对马克思主义中国化规律的认识达到了新的高度。"第一个结合"与"第二个结合"的内涵有所不同,其"结合"的对象也不相同,解决的问题也各有侧重。

一 "两个结合"的内在逻辑

在"两个结合"中,"第一个结合"与"第二个结合"密不可分,二者之间不是相互独立、彼此割裂的关系,而是相互联系、内在递进的关系,"第二个结合"本质上是对"第一个结合"的丰富发展,但这一丰富发展不是一般意义上的丰富发展,而是蕴含着更强的历史与文化自信的丰富发展,是将中华文明发展规律与开创中国特色社会主义新境界、创造人类文明新形态贯通起来的丰富发展,是蕴含着理论与实践、创新与创造的丰富发展。"第一个结合"与"第二个结合"是我们党在探索马克思主义中国化路径的实践中提出的。最初,毛泽东等早期领导人提出"一个结合",即把马克思主义与中国实际相结合。毛泽东同志后又提出"三个结合",即把马列主义与"中国革命实践、中国历史、中国文化"相结合,"三个结合"被并作"一个结合"写入党章,即马列主义基本原理"同中国革命具体实践结合"。以习近平同志为核心的党中央提出"两个结合"的重大理论命题,是基于实践变化对马克思主义基本原理进行创造性阐发和创新性发展,是根据实践的现实需要为中华优秀传统文化注入新的思想内涵。作为一种理论,马克思主义传入中国，是要解决"中国革命向何处去"的重大问题，解决中国实际问题是马克思主义中国化的首要目的；同时，马克思主义要想读懂中国革命、融入中国社会，首先要做的是融入中国文化，只有先实现文化的结合，才能在中国大地深深扎根，才能更好地解决中国问题。因此，从"第一个结合"到"第二个结合"的理论发展并非偶然，而是在中国革命、建设、改革的伟大实践中逐步拓展的，是对马克思主义中国化规律认识深化的成果。

（一）"第一个结合"强调实践导向

"第一个结合"是"第二个结合"的实践导向，马克思主义与中国具体实际的结合是以解决中国实践的问题为目的的。理论的发展都离不开实践的需要，而理论的作用在于解决实践提出的问题，解决实践问题、满足实践需要是理论发展的根本目的。"第一个结合"所凸显的正是这一点，即"结合"的目的在于回到实践、引领实践。马克思主义来到中国有其鲜明的目的导向，这一理论在中国社会的传播并非要激活中华文化、社会的种种问题，其在中国的发展始终怀有对中国前途命运问题的关切。

近代以来，中华民族面临亡国灭种的危险，从1840年鸦片战争到1949年中华人民共和国成立的100多年间，中国社会战火频频、兵燹不断，内部战乱和外敌入侵循环发生，签订了1000多个不平等条约，赔款总额达十多亿两白银，给中国人民带来了不堪回首的苦难。

为了挽救民族危亡，各种理论思潮风起云涌，无政府主义、改良主义、民粹主义、实用主义、自由主义、保守主义、社会达尔文主义等不同主张之间的论战此起彼伏。这些理论思潮在不同程度上推动了近代中国救亡图存运动的发展，但是，这些运动都无可避免地走向失败。这表明，上述理论思潮都无法解决近代以来中国"向何处去"的根本问题。为了推翻帝国主义、封建主义、官僚资本主义的"三座大山"，争取民族独立和人民解放，挽救中华民族于危急存亡，中国迫切需要新的思想引领来指明革命的出路。在这样的历史背景下，十月革命一声炮响，给中国送来了马克思列宁主义，为在黑暗中苦苦摸索的中国人民点燃了希望之光。这一时期，中国社会存在诸多现实问题，诸如什么是近代中国社会的主要矛盾、社会性质，如何看待中国革命的性质、革命的发展阶段，中国革命的道路究竟何在……这迫切需要科学的理论予以回应。随着马克思主义的深入传播，一批先进的知识分子接受了马克思主义科学理论，创立了中国共产党，并将党的指导思想确立为马克思主义。在马克思主义的指导下，中国共产党人以历史视野与辩证思维分析把握中国的社会现实，形成了对中国社会存在基础及其上层结构的本质性理解，不断解放思想、实事求是，从而为"中国向何处去"的历史之问找到了科学解答。这表明，马克思主义传入中国，在中国大地上生根发芽，本质上并不是以纯粹的理论对话或思想融合的形式实现的，而是有着特定的实践指向，是以解决中国革命的重大现实问题为目的的。而要想有效运用马克思主义的科学理论来解决中国革命的实践问题，又须以马克思主义读懂实践、融入实践，回到中国社会的实践语境，以解决中国问题为导向，不断拓宽马克思主义的问题域，通过解决新的问题有效"激活"马克思主义的经典理论，从而实现马克思主义理论新的发展。

马克思主义与中国具体实际的结合之所以是成功的，就在于这一结合立足于中国历史方位、解决中国问题。用中国具体实际来转化马克思主义基本原理，形成其在中国的具体内容，这一过程贯穿中国共产党的全部奋斗历史，是关乎马克思主义自身命脉、关乎中华民族发展命脉、关乎中国人民前途命运的伟大理论传统，同时也构成了社会主义中国行稳致远的伟大道统。也正因如此，马克思主义与中国的"结合"既是中华民族思想史上的伟大结合，也是马克思主义发展史的伟大结合。从中华文明的发展历程来看，外来文化与本土文化碰撞汇合，马克思主义不是第一次。自古以来，中华文明以海纳百川的博大胸襟，吸纳一切文明的优秀成分，熔各文明精华于一炉，为后世留下了博大精深的文明体系。比如汉代，佛教传入中国后与本土文化相融合，开创了具有中国色彩的佛教理论，最终奠定儒释道并存的传统文化格局。在中华民族思想史上，外来文化与本土实际最成功的一次结合，最惊心动魄、动人心弦的一次结合，当属20世纪上半叶启动的马克思主义中国化进程。

(二)"第二个结合"强调价值观契合

"第二个结合"是"第一个结合"的文化逻辑，强调马克思主义基本原理与中华优秀传统文化在价值观层面的高度契合性。相较于"第一个结合"，"第二个结合"是马克思主义得以融入中国社会、扎根中国社会的关键所在，具有逻辑先在性。来自异国他乡的马克思主义传入中国，因为与中华优秀传统文化相契合，所以为实现"第二个结合"提供了可能。马克思主义的形成发展离不开西方文化传统和社会发展的土壤。作为一种成长于西方文化传统的理论，其在中国的发展传播须找到与中国历史文化传统的联结，才能更好地为中国民众所理解和接纳。从马克思主义在中国的传入和传播来看，其能在中国大地落地、生根、茁壮成长，且没有产生强烈的"排斥反应"，这并非历史偶然。关键在于，其发展传播找到了适应中国社会文化土壤的途径，这就是与中华优秀传统文化的内在结合，因此，马克思主义在传入中国之初就开始了与中华优秀传统文化的自发融合。中华民族拥有在五千多年历史演进中形成的灿烂文明，这是马克思主义传入中国后无法绕开的独特历史语境和文化环境。如果马克思主义与中国的历史语境和文化环境不匹配、不相容，就很难融入中国具体实际，更无法有效解决中国实践的种种问题。因此，从逻辑上看，"第二个结合"为"第一个结合"创造了条件，揭示了马克思主义在中国得以存活的奥秘。如果没有"第二个结合"，马克思主义不可能在中国扎根生长，更难以长成参天大树。在新时代，自觉实现"第二个结合"，可以推动实现更高层次上的"第一个结合"，为治国理政和道德建设提供有益启迪。

首先，"第二个结合"为马克思主义在中国的落地扎根提供了思想前提。马克思主义要想在中国落地扎根，需要适应中国的文化土壤。这是马克思主义在中国扎根生长的首要前提。正如习近平总书记指出："马克思主义传入中国后，科学社会主义的主张受到中国人民热烈欢迎，并最终扎根中国大地、开花结果，决不是偶然的，而是同我国传承了几千年的优秀历史文化和广大人民日用而不觉的价值观念融通的。"[①] 马克思主义与中国传统文化之间是内在共通的，这为马克思主义在中国的发展传播提供了思想契机，成为马克思主义与中国实际有效结合的思想前提。

其次，"第二个结合"为马克思主义融入中国历史传统创造了社会条件。文化是人类实践活动的产物，具有鲜明的历史性特征。在五千多年历史中创造和延续的中华优秀传统文化是中华民族的根脉，是中华民族的历史传统与精神品格的集中体现。中国社会的发展有其自身独特性，这种独特性正是在中华民族的历史传统中沉淀和塑造的。只有深入厘清中华文明的历史变迁，理解中华优秀传统文化的逻辑沿革，才能在历史与当代的对话中全面把握中华文化和中国精神的内涵实质与思想精髓，这是马克思主义更好地融入中华民族独特历史传统的必要条件，也为实现更深层次的"第一个结合"奠定基础。

最后，"第二个结合"为马克思主义在中国社会的接受和传播准备了历史基础和群众基础。文化塑造着人的思想意识，

[①] 习近平：《坚持和完善中国特色社会主义制度 推进国家治理体系和治理能力现代化》，《求是》2020年第1期。

能够引导和规范人的行为方式，在社会发展的进程中发挥着思想引领的功能。中国五千多年文明历史潜移默化地影响塑造着中国人民的思想观念与行为活动，是中华民族在漫长发展历程中生生不息的主要支撑。马克思主义要想被中国人民理解和掌握，迫切需要融入广大人民群众的意识、观念和行为方式。而中华优秀传统文化是马克思主义融入人民大众的精神纽带，是中华民族共有的精神血脉和精神家园，尤其能够有效地将人民大众团结凝聚起来，为马克思主义的接受和传播准备群众土壤。

二 "两个结合"的侧重点

马克思主义基本原理同中国具体实际相结合、同中华优秀传统文化相结合，这两方面既有区别，又密切联系、不可分割。从内涵来看，"第一个结合"本质上处理的是主观与客观、理论与实践的关系问题，聚焦于如何将马克思主义科学理论有效运用于解决中国的现实问题。"第二个结合"则侧重于解决古与今、中与西的先进思想理论与文化价值观念的关系问题，突出的是两种不同文化之间的有机互动，能够在"契合"的前提下为对方提供补充、借鉴。[①] 就此而言，"第一个结合"与"第二个结合"是相互区别、各有侧重，又相互贯通、互为条件的关系。

---

① 参见陈培永《马克思主义中国化"两个相结合"的深层意蕴》，《高校马克思主义理论研究》2021年第3期。

(一)"两个结合"各有侧重

从条件来看,"第一个结合"与"第二个结合"所侧重的对象各有不同,发挥的作用也各有不同。马克思主义要与各国各民族实际相结合,在异国他乡生存发展,成功实现民族化、本土化,万不可忽略文化精神的维度。马克思主义作为外来文明,传入各民族必先图存活,再图发展,存活的关键在于能否契合各民族的传统,与民族文化相融通;发展的关键在于能否解决各民族面临的问题,特别是关乎前途命运的大问题。

一方面,"第二个结合"是"第一个结合"的文化前提。正是中国独一无二的传统文化沃土,构成了马克思主义扎根中国的首要因素,构成了马克思主义与中国实际成功结合的首要前提。以儒家为代表的中国传统文化,塑造了中国人的"中国性",塑造了中国人的文化自我。我们终究是作为"中国人"去接受并运用马克思主义的。因此,"儒学的'过时',并不妨碍它依旧构成马克思主义传入中国并日益中国化的最重要的解释学背景",构成马克思主义"在中国'活'起来的不可无视的绝对前提"。[1] 儒家思想中"小康""均贫富""大同"等价值理念同马克思主义的"共产主义"理想有着相似相通之处,中华优秀传统文化的开放性与包容性与马克思主义的普遍性与

---

[1] 何中华:《马克思与孔夫子:一个历史的相遇》,中国人民大学出版社2021年版,第4、80页。

实践性亦有异曲同工之妙，可以说，中华优秀传统文化为马克思主义的落地生根提供了丰沃的土壤。

另一方面，"第一个结合"是"第二个结合"的实践导向。从马克思主义这一理论本身来看，其最鲜明的特质就是实践性，其理论的解释力来源于人们认识和改造世界的实践活动。这一理论不是封闭的理论体系，而是开放的、发展的，须在与实践的互动中保持自身科学性与生命力，马克思主义就是在不断解决中国实际问题过程中实现中国化的。今天，中国式现代化是中国社会正在经历的最伟大的实践，是深深植根于中华文明历史传统的实践，是展现马克思主义真理力量的实践。"第一个结合"是联结马克思主义与当代中国实践的桥梁，是把马克思主义的最新成果指导运用于中国式现代化的关键所在。随着中国式现代化的实践发展，新的理论问题随之出现，为理论的发展提出了新的需要，迫切需要开创马克思主义的中国形式，为中国式现代化的深入推进提供理论的科学指引、民族精神的有力支撑及中华文化的深厚滋养。同时，"第一个结合"充分凸显了运用发展马克思主义的实践导向，是把握中国马克思主义实践逻辑的关键所在。中国式现代化深深植根于中华文明精神土壤，为马克思主义理论创新提供了不竭动力。"第一个结合"强调用马克思主义理论指导中国实践，满足中国社会发展需要，解决中国社会所面临的复杂问题，促进中国社会进步，增进民生福祉。

(二) 文化精神融通契合是"两个结合"的首要前提

"结合"的前提是彼此契合。马克思主义和中华优秀传统文化来源不同,但彼此存在高度的契合性。诞生于西欧的马克思主义在中国繁荣兴盛,固然同人类历史进入世界历史相关,与20世纪世界与中国的现实形势相关,但也与中国是一个拥有悠久历史、丰厚文化遗产的文明古国息息相关。须知,最好的种苗在贫瘠的土壤中也难以长成参天大树。5000多年博大精深的思想文化,为马克思主义在中国生根、开花、结果提供了肥沃土壤。[①] 20世纪30年代以来,相较于其他国家,马克思主义在中国"活"得越来越好,"活"出了高品质,达到了新高度。归根结底,其成功的关键在于做好了"两个结合"这篇大文章,关键在于成功推动了马克思主义中国化时代化。在资本主义国家,马克思主义作为一种左翼思潮和社会批判理论,作为一种社会病理诊断,始终以其建设性力量参与了世界历史的理性塑造。但是,国外马克思主义尽管在一定意义上参与了当今世界的理性塑造,也在一定程度上推动了西方各国的发展进步,但总体而言不是西方社会的主流思想和主导思想,其思想辐射力、实践改造力和世界影响力是极为有限的。为什么诞生于西欧的马克思主义在其出生地也难以开花结果,沦为边缘性的左翼思想,这固然同资产阶级统治集团的刻意打压相关,与

---

① 参见许全兴《百年来马克思主义与中国传统文化相结合的历史经验》,《光明日报》2021年5月18日。

当今世界特别是西方国家发展的大环境相关,与西方社会主义革命时代尚未来临这个宏观背景相关,但在相当程度上也与西方的文化精神和价值观密切相关。不从西方的物质生产关系和社会发展状况来理解马克思主义的西方处境,不是彻底的唯物主义;同样,不从西方的文化精神来理解马克思主义的西方处境,也不是彻底的唯物主义。

马克思主义自西方来到中国,在中国社会不仅没有产生排斥反应,反而落地生根,"活"出了新高度。究其根源,恰是因为马克思主义的基本精神与中华民族的文化基因、文化精神存在某种同构性,因为"中国民族和它的优秀传统中本来早就有着马克思主义的种子。马克思主义是科学的共产主义,而共产主义社会,曾是中国历史上一切伟大思想家所共有的理想。从老子、墨子、孔子、孟子,以至于孙中山先生,都希望着世界上有'天下为公的大同社会'能够出现。中国的马克思主义,就是以马克思的科学共产主义的理论为滋养料,而从中国民族自己的共产主义的种子中成长起来的"[1]。对此,李约瑟也认为,"现代中国的知识分子所以会共同接受共产主义的思想,其中一个很重要的因素是因为新儒学家和辩证唯物主义在思想上是密切联系的"[2]。对于这种"契合",可以结合具体例子进行分析,比如,在理想社会的设想中,马克思主义主张消灭剥

---

[1] 《艾思奇全书》第2卷,人民出版社2006年版,第682页。
[2] [英]李约瑟:《四海之内:东方和西方的对话》,劳陇译,生活·读书·新知三联书店1987年版,第61页。

削、消除压迫，建立劳动光荣、劳工至上，人人平等富足、彼此亲如一家的社会主义新社会，这与中华民族自古以来向往的"大同社会"高度契合。古代中国，文人雅士憧憬世外桃源、主张大同世界，农民起义大都高举"等贵贱、均贫富"的旗帜，提出"耕者有其田"等变革方针，这些带有原始社会主义性质的主张深得古代农民阶级的拥护。中国共产党在新民主主义革命早期曾推行"打土豪、分田地"的政策，后来在解放区全面实行土地改革政策，中华人民共和国成立后在全国推行土地改革，进行"一化三改"的社会主义改造，都体现了马克思主义建设正义社会的理想追求。关于中国古代农民革命斗争与后来新民主主义革命、社会主义革命之间的逻辑关联，马克思和毛泽东同志都有过相关论述。在中国人还不知道马克思的时候，马克思已在关注中国农民革命的前途命运。1850年1—2月，马克思在《时评》一文中对我国古代农民起义提出的具有社会主义因素的革命口号有过敏锐的观察，预言中国革命将会产生"中国社会主义"，将会建立"中华共和国"[1]。这大概是世界上第一个对中国未来走向做出准确预判的思想家。马克思基于中国的特殊性进一步指出，"中国社会主义之于欧洲社会主义，也许就像中国哲学与黑格尔哲学一样"[2]。这里，马克思正是基于中国的历史文化因素，指出中国农民革命的出路是社

---

[1] 《马克思恩格斯全集》第10卷，人民出版社1998年版，第277、278页。
[2] 《马克思恩格斯全集》第10卷，人民出版社1998年版，第277页。

会主义，而且这种社会主义有着和欧洲社会主义不同的特点。毛泽东同志也认为，历代农民革命斗争与马克思主义革命运动的性质"根本不相同。但有相同的一点，就是极端贫苦农民广大阶层梦想平等、自由，摆脱贫困，丰衣足食"①，后来我们"打土豪、分田地"，土地改革，是有我国的历史来源的。

再比如，在个体主义与集体主义的矛盾中，马克思主义主张集体主义价值观，反对原子个体主义，反对极端个人主义。集体主义不否认个人利益，而是把个人利益和集体利益有机结合起来，反对将个人置于国家和社会之上，认为每个人的自由发展是一切人自由发展的条件，个人发展不能成为他人自由的桎梏，"必须使个别人的私人利益符合于全人类的利益"②，"只有在集体中才可能有个人自由"③，反对凌驾于集体之上的自由主义；中国传统文化也具有集体主义的传统，崇尚天下为公、克己奉公，信奉天下兴亡、匹夫有责，主张家国一体、先国后家，推崇舍生取义、精忠报国。尽管这种集体主义属于宗法集体主义，但在高扬社会责任感、国家使命感这一点上，与马克思主义集体主义价值观是契合的。

还比如，在救世方略上，马克思主义与儒家文化均强调"实践"具有绝对至上性，"此岸"具有绝对优先性。马克思主

---

① 《毛泽东年谱（一九四九——一九七六）》第3卷，中央文献出版社2013年版，第548页。
② 《马克思恩格斯全集》第2卷，人民出版社1957年版，第167页。
③ 《马克思恩格斯全集》第3卷，人民出版社1960年版，第84页。

义反对专注于解释世界的思辨哲学传统，从不诉诸词句的革命解决现实的问题，更是反对彼岸世界的真理，强调问题在于改变世界，强调实践第一，主张通过生产方式变革、阶级斗争、暴力革命、实践改造消灭资本主义旧社会，建立社会主义新社会，追求现世的幸福。马克思主义从不承诺虚无缥缈的极乐世界，从不将现实生活的苦难归咎于原罪，从不主张将赎罪作为每个人通往极乐世界、开启幸福之门的捷径。中国传统文化总体上属于入世的文化，经世致用是中国哲学、中国史学的优良传统，注重"现世""此岸"，强调"修身、齐家、治国、平天下"，倡导"躬行""践履"，主张"天行健，君子以自强不息"（《易传·象传》），崇尚积极进取、求真务实，中国传统的经世致用、经国济民精神与马克思主义的实践性品格是融通契合的。[1]

可见，马克思主义与中华优秀传统文化具有内在的一致性，二者和而不同、和实生物，具备融通结合的先天优势。为什么政治经济文化落后的发展实际、国运沉沦坎坷的历史命运实际，不构成马克思主义扎根中国的首要前提因素呢？我们可以通过对比马克思主义在其他国家的境遇来分析，其一，落后的发展实际，中国不具有唯一性、排他性。政治经济文化落后的国家很多，中国不是唯一的国家，但马克思主义能扎根下来

---

[1] 参见陈曙光《文化精神与马克思主义的生存逻辑——理解"两个结合"的另一个视角》，《天津社会科学》2022年第1期。

的国家不多，接受以马克思主义为指导思想的国家更少。比如印度，其国情虽与中国有一定的相似性，但马克思主义在印度的发展远未达到中国的高度。其二，坎坷的历史命运，中国也不具有唯一性、排他性。近代以来，饱受帝国主义列强欺凌的国家比比皆是，中国不是唯一的国家，也不是最惨烈的国家。中国在列强入侵下沦为半殖民地半封建社会，对民族独立和人民解放有着深切的渴望，马克思主义作为社会革命理论、人类解放学说，确实顺应中国当时的国运需要；但同时，印度等诸多国家则完全沦为西方列强的殖民地，对民族独立与人民解放的渴求似不在我们之下，以此来判断，马克思主义理应更契合完全殖民地国家的现实需要，也就是说马克思主义理应在印度等国发展得更好，然而，事实并非如此。可见，文化的契合性是马克思主义能够中国化的必备因素。

第四章
"两个结合"的哲学基础

深刻理解习近平新时代中国特色社会主义思想实现的哲学突破，必然要求我们深刻把握"两个结合"的首创性意义，必然要求我们深刻挖掘"两个结合"的哲学基础，在建设中华民族现代文明的伟大征程上，不断谱写马克思主义中国化时代化新篇章。

第一节 "两个结合"中的"新实践论""新矛盾论"

一 "结合"的哲学意涵

"两个结合"深刻阐明了马克思主义在中国创新发展的内在机理，也是继续坚持和发展马克思主义的根本要求。因此，我们也可以说，"两个结合"是形成习近平新时代中国特色社会主义思想的内在机理，是习近平总书记实现理论创新的根本途径。在这个意义上，"结合"就是创造，既是实践的创造，也是在实践创造基础上的理论创造。

首先,"结合"是实践中的创造,中国具体实际在不同时代有不同的表现形式,或者说中国具体实际就表现为具体的时代问题,因为问题是时代的声音,中国具体实际在一定意义上既是中国化的客观前提,也是时代化的客观前提。结合作为创造就是这两个客观前提下的自觉能动性的发挥,就是能动的革命的反映论中认识与实践的相统一,也是马克思主义的世界观和方法论的相统一,因为马克思主义基本原理不是教条而是认识问题的方法论。马克思主义在解决中国具体问题中实现中国化时代化。"结合"作为实践中的创造,不仅要解决时代问题,而且要把对时代问题的认识,放置在更深刻的历史基础之上,看到具体实际的观念、价值的基础,看到具体实际扎根于人民群众生产生活实践而日用不觉的特性,也就是看到具体实际背后的中国文明基础,因此,与具体实际结合就必然要求与中华优秀传统文化相结合、与中华文明相结合。这是实践成功的根本前提,也是马克思主义实现自身的中国化时代化的必然途径。

另外,"结合"不简单是马克思主义基本原理和中国具体实际、中华优秀传统文化之间的关系,"结合"必然有其主体,原理和实际、原理和文化只是"结合"的对象而并非"结合"的主体,"结合"之所以是创造,必然有在"结合"中起到创造作用的主体,这个主体就是以毛泽东、邓小平、江泽民、胡锦涛和习近平同志为主要代表的中国共产党人,创造的结果表现为毛泽东思想、邓小平理论、"三个代表"重要思想、科学发展观和习近平新时代中国特色社会主义思想。"结合"创造的结果也是中国化时代化马克思主义指导下中国道路的成功开辟。毛泽东思想是通过把马克思主义基本原理同中国具体实际相结合，形成了实事求是、一切从实际出发，理论联系实际的思想路线。邓小平理论、"三个代表"重要思想、科学发展观通过把马克思主义基本原理同中国具体实际相结合，形成了解放思想、实事求是、与时俱进、求真务实的思想路线。以习近平同志为主要代表的中国共产党人坚持把马克思主义基本原理同中国具体实际相结合、同中华优秀传统文化相结合，从新的实际出发，形成了守正创新的思想路线。正如毛泽东思想是"第一个结合"的科学产物，"第一个结合"的提出，体现了毛泽东哲学思想中的世界观和方法论，亦是毛泽东思想形成的根本途径，那么在"第一个结合"的基础上提出的第二个结合，体现了习近平新时代中国特色社会主义思想的世界观和方法论，习近平新时代中国特色社会主义思想是"两个结合"的科学产物，"第二个结合"就成为习近平新时代中国特色社会主义思想形成的根本途径。

如果说马克思主义基本原理与中国具体实际相结合形成了它的科学产物——毛泽东思想，那么马克思主义基本原理与中国具体实际、与中华优秀传统文化相结合形成了它的科学产物——习近平新时代中国特色社会主义思想。"第一个结合"形成的毛泽东思想，邓小平理论、"三个代表"重要思想、科学发展观都是在与不同时代的中国具体实际结合中形成的科学产物。"第二个结合"在"第一个结合"的基础上形成了习近平新时代中国特色社会主义思想。

二 "两个结合"是"实践论"逻辑的深化与发展

（一）习近平总书记对于《实践论》逻辑的深刻把握

《实践论》是马克思主义基本原理与中国具体实际相结合的科学产物，体现了毛泽东哲学思想中的世界观和方法论，实现了实践的客观性、主体性和创造性的统一，也实现了认识论与世界观、方法论的统一。习近平总书记曾指出："毛泽东同志就是一位伟大的哲学家、思想家、社会科学家，他撰写的《矛盾论》、《实践论》等哲学名篇至今仍具有重要指导意义，他的许多调查研究名篇对我国社会作出了鞭辟入里的分析，是社会科学的经典之作。"[①] 他还指出："辩证唯物主义是中国共产党人的世界观和方法论。毛泽东同志曾经说过，马克思主义有几门学问，但基础的东西是马克思主义哲学。他在革命战争年代写下的《反对本本主义》、《实践论》、《矛盾论》等著作，在社会主义建设时期写下的《论十大关系》、《关于正确处理人民内部矛盾的问题》等著作，灵活运用了辩证唯物主义世界观和方法论，形成了具有鲜明中国特色的马克思主义哲学思想，

---

① 习近平：《在哲学社会科学工作座谈会上的讲话》，人民出版社2016年版，第2—3页。

为我们党掌握和运用辩证唯物主义树立了光辉典范。"①

习近平总书记的论述，为我们指出了毛泽东同志《实践论》的精髓。毛泽东同志在《实践论》中，指出"马克思以前的唯物论，离开人的社会性，离开人的历史发展，去观察认识问题，因此不能了解认识对社会实践的依赖关系"②；与之不同，辩证唯物论的认识论则把实践提到第一的地位。辩证唯物的认识论，以实践的观点作为第一的和基本的观点，强调"理论对于实践的依赖关系，理论的基础是实践，又转过来为实践服务"③，并以实践作为检验真理的标准。

《实践论》深刻与精要地概括了人类认识发展过程的一般规律，指出认识运动过程中存在从感性认识到理性认识、从理性认识到革命实践的两次能动飞跃。第一，阐述了认识过程的第一次能动飞跃。《实践论》针对哲学史上"唯理论"与"经验论"两种片面的错误倾向，唯物地且辩证地指出了基于实践的认识，由浅入深，不断深化的运动过程。虽然理性认识依赖实践中的感性认识，但由于感性认识对于事物的把握，还停留在片面的、现象的、外部联系的阶段，因此需要经过思考作用，将丰富的感觉材料以去粗取精、去伪存真、由此及彼、由表及里的方式，加以深化改造为概念和理论的系统，从而实现

---

① 习近平：《辩证唯物主义是中国共产党人的世界观和方法论》，《求是》2019年第1期。
② 《毛泽东选集》第1卷，人民出版社1991年版，第282页。
③ 《毛泽东选集》第1卷，人民出版社1991年版，第284页。

从感性认识到理性认识的跃进，达至对于事物全面的、本质的、内部联系的深刻掌握。第二，阐述了认识过程的第二次能动飞跃。马克思主义哲学不仅重视掌握事物的客观规律以解释世界，更强调要运用客观规律性的认识去能动地改造世界，因此"认识从实践始，经过实践得到了理论的认识，还须再回到实践去"[1]，只有将理论运用于实践，才能让理论在实践中得到检验与发展。根据辩证唯物主义的世界观，"客观现实世界的变化运动永远没有完结，人们在实践中对于真理的认识也就永远没有完结"[2]，"马克思列宁主义并没有结束真理，而是在实践中不断地开辟认识真理的道路"[3]。《实践论》得出的最终结论是，应当坚持"主观和客观、理论和实践、知和行的具体的历史的统一，反对一切离开具体历史的'左'的或右的错误思想"[4]，"通过实践而发现真理，又通过实践而证实真理和发展真理。从感性认识而能动地发展到理性认识，又从理性认识而能动地指导革命实践，改造主观世界和客观世界。实践、认识、再实践、再认识，这种形式，循环往复以至无穷，而实践和认识之每一循环的内容，都比较地进到了高一级的程度。这就是辩证唯物论的全部认识论，这就是辩证唯物论的知行统一观"[5]。

---

[1] 《毛泽东选集》第1卷，人民出版社1991年版，第292页。
[2] 《毛泽东选集》第1卷，人民出版社1991年版，第296页。
[3] 《毛泽东选集》第1卷，人民出版社1991年版，第296页。
[4] 《毛泽东选集》第1卷，人民出版社1991年版，第296页。
[5] 《毛泽东选集》第1卷，人民出版社1991年版，第296—297页。

习近平总书记指出："当前，结合我国实际和时代条件，学习和运用辩证唯物主义世界观和方法论"①，应"学习掌握认识和实践辩证关系的原理，坚持实践第一的观点，不断推进实践基础上的理论创新。……实践没有止境，理论创新也没有止境。要使党和人民事业不停顿，首先理论上不能停顿。我们要根据时代变化和实践发展，不断深化认识，不断总结经验，不断进行理论创新，坚持理论指导和实践探索辩证统一，实现理论创新和实践创新良性互动，在这种统一和互动中发展二十一世纪中国的马克思主义"②。

第一，"两个结合"的提出，体现着辩证唯物的"实践论"逻辑的进一步深化与发展。习近平总书记对理论创新的追求是他对认识和实践关系高度自觉的反映，是对实践形成从感性认识到理性认识飞跃的必然要求，也是新时代中国特色社会主义实践发展的必然结果。"两个结合"正是习近平总书记实现理论创新的根本途径。"两个结合"，特别是"第二个结合"对于习近平新时代中国特色社会主义思想创立具有重大意义。《实践论》一文的副标题"论认识和实践的关系——知和行的关系"，显示出毛泽东同志意在将马克思主义哲学辩证唯物论中有关认识与实践关系问题的讨论，同中国古代哲学有关知和行

---

① 习近平：《辩证唯物主义是中国共产党人的世界观和方法论》，《求是》2019年第1期。

② 习近平：《辩证唯物主义是中国共产党人的世界观和方法论》，《求是》2019年第1期。

关系的讨论联系起来。习近平总书记更明确地指出,"我国古人关于知行合一的论述,强调的也是认识和实践的关系"①。

第二,中国思想文化传统中有关知行关系问题持续与深刻的讨论,特别是其中对于实践的强调,同马克思主义辩证唯物的实践论之间具有高度的契合性。钱穆曾讲,若以对于中华文明具有奠基性贡献的思想家孔子为例,可知孔子自言好古敏求,基于对三代历史变迁与大群实践经验的深刻反省,他能够从历史、文明与人性相互关联的视角,对于政治盛衰与为政者之德、社会伦理、文化风俗、学术教育之关系中所蕴含的原理进行深刻理解。这些原理最终在孔子个人为学与教学中,展现为一种学、思相互为用与知、行兼修并重的独特学术特质与风格。有关学、思之关系,孔子自言"学而不思则罔,思而不学则殆"(《论语·为政》),强调学、思并重,相互为用,又自言其"吾尝终日不食,终夜不寝,以思,无益,不如学也"(《论语·卫灵公》)。依照钱穆先生的解释,以孔子之见,人之为学求道,必不可离于社会大群所由来之文明传统与现实,故当于往古来今人之处群、利群之实践中以学、以求,方能有助于不断增益其认知、实践之智慧能力,并以其处群、利群之实践,完成其人生责任与时代使命。② 关于孔门之教学纲领,《论语》有"子以四教文行忠信"(《述而》)与"博学于文,约之

---

① 习近平:《论党的宣传思想工作》,中央文献出版社2020年版,第131页。
② 参见钱穆《论语新解》,九州出版社2013年版,第479页。

以礼，亦可以弗畔矣夫"（《雍也》）的记载。"文"与"行"同于"博文"与"约礼"，构成知行并重、兼修并进的为学工夫纲领。其中，"博文"之范围当广及一切人类过往文明历史之实践经验与人性展现，"约礼"则强调当于博文工夫之所知，会通归约于自我立身行事及所参与的社会、历史实践之中，亦是对认识与实践相互为用、密不可分之关系加以强调。孔子为学之展现，正是在人性之仁的价值方向导引下，将个人生命义理之探求与实践，同对于时代之社会、政治以至文明责任之承当结合之一起。在孔子学术思想的启示下，历代儒者对于知行关系问题，不断做出新的论述。南宋朱子在知行关系问题上主张致知为先，力行为重。明代王阳明针对朱子后学致知脱离实践的问题，强调知行合一与事上磨炼。明清之际学者王船山则对朱子"知先行后"与阳明"知行合一"二说，兼采会通后提出"知行相资以互用"的主张。船山有鉴于政治实践的特殊性，特别指出政治人才所应具有的德性品质与认知实践能力，不仅有赖于对于历史社会、事理人情具有贯通古今之丰富与深刻之理解，而且还需始终对于自我有关事理既成之理解，保持一种反省之自觉与开放之心态，从而对于行动所因应之现实，能够时刻予以动态之把握，并采取具体之应对。"第二个结合"自觉地把马克思主义思想精髓同中华优秀传统文化精华贯通起来，是形成中国化时代化的马克思主义哲学的关键一步。这种新的哲学构想作为中国化时代化的马克思主义哲学继承了马克思主义哲学实践观，在毛泽东哲学"实践论"的基础上，深化发展了认识和实践、理论与实践的辩证关系,形成了新时代的"新实践论",构成了习近平新时代中国特色社会主义思想的世界观和方法论的哲学基础。

(二)习近平总书记的"新实践论"对《实践论》逻辑的深化发展

习近平总书记指出,中国特色社会主义制度和国家治理体系不是从天上掉下来的,而是在中国的社会土壤中生长起来的,是经过革命、建设、改革长期实践形成的,是马克思主义基本原理同中国具体实际相结合的产物,是理论创新、实践创新、制度创新相统一的成果,凝结着党和人民的智慧,具有深刻的历史逻辑、理论逻辑、实践逻辑。[①] 历史逻辑、理论逻辑必然归结在实践逻辑上,这是由马克思主义的实践品格决定的。马克思主义把实践作为检验真理的唯一标准,强调实践必须具有把人的思想和客观世界联系起来的特性。人的社会实践是改造客观世界的活动,是主观见之于客观的东西。社会实践才是人们对于外界认识的真理性的标准,要通过实践而发现真理,又通过实践而证实真理和发展真理。

习近平新时代中国特色社会主义思想坚持以实践为基础,深化了认识和实践的辩证关系,提出了不断推进实践基础上理论创新的"新实践论"。主要体现在以下四方面。

---

① 习近平:《坚持和完善中国特色社会主义制度 推进国家治理体系和治理能力现代化》,《求是》2020年第1期。

第一，从辩证唯物主义基本原理出发，继承了毛泽东哲学中主观与客观相一致的哲学精神，坚持一切从客观实际出发而不是从主观愿望出发的实事求是的思想路线，但同时，习近平总书记更加强调客观实际是不断发展变化的，将客观的观点与发展的观点深入融合，深化了关于主观与客观之间具体和历史的统一的认识。

党的十八大以来，国内外形势新变化和实践新要求，迫切需要我们从理论和实践的结合上深入回答关系党和国家事业发展、党治国理政的一系列重大时代课题。以习近平同志为核心的党中央勇于进行理论探索和创新，以全新的视野深化对共产党执政规律、社会主义建设规律、人类社会发展规律的认识，取得重大理论创新成果，集中体现为习近平新时代中国特色社会主义思想，把其主要内容概括为"十个明确""十四个坚持""十三个方面成就"，并总结提炼和深刻阐述"两个结合""六个必须坚持"等推进党的理论创新的科学方法，这些内容都是在不断发展变化的客观实际中产生的理论认识，实现了主观与客观之间具体的历史的统一。

"第二个结合"的提出，就是主观与客观之间具体的和历史的统一思想的当代体现，习近平总书记在文化传承发展座谈会上清晰区分"第一个结合"与"第二个结合"，深刻阐明了"第二个结合"的重大意义，这符合辩证唯物论的认识发展过程，从感性认识能动地发展到理性认识，又以理性认识能动地指导革命实践，改造主观世界和客观世界同时进行，要求主观与客观之间具体和历史的统一，通过实践、认识、再实践、再认识，不断推动实践与认识上升到新的层次。中国共产党对于马克思主义的认识、实践发展过程，从照搬照抄苏联，到确立了把马克思主义同中国具体实际相结合的思想原则，就是在主观与客观之间具体和历史的统一的基础上，形成了毛泽东思想。其后又在实践中对此原则不断进行丰富和发展，形成了中国特色社会主义理论体系。在中国特色社会主义新时代，以习近平同志为核心的党中央坚持"两个结合"，建立起主观与客观之间具体和历史的统一，创立了习近平新时代中国特色社会主义思想，开辟了马克思主义中国化时代化新境界。"两个结合"赋予当代中国马克思主义、二十一世纪马克思主义以中华文化和中国精神的深厚历史向度，新时代的中华文化和中国精神则蕴含了当代中国马克思主义、二十一世纪马克思主义所彰显的时代性。

第二，在主观必须符合客观、物质决定意识的前提下，"新实践论"更加强调意识对物质的反作用，更加强调物质变精神、精神变物质的辩证法，确立文化自信、历史自信，高度重视思想和文化的主动性。习近平总书记指出，我们党是高度重视理论建设和理论指导的党，我们坚持和发展中国特色社会主义，必须高度重视理论的作用，增强理论自信和战略定力。[①]

[①] 参见《高举中国特色社会主义伟大旗帜 为决胜全面小康社会实现中国梦而奋斗》，《求是》2017年第15期。

在新的时代条件下，我们要进行伟大斗争、建设伟大工程、推进伟大事业、实现伟大梦想，仍然需要保持和发扬马克思主义政党与时俱进的理论品格，勇于推进实践基础上的理论创新。习近平总书记强调理想信念是共产党人精神上的"钙"，强调革命理想高于天；强调坚持实践第一的前提下进行理论创新的重要性，高度重视理论思维，特别指出"一个民族要走在时代前列，就一刻不能没有理论思维，一刻不能没有正确思想指引"①；强调处理好尊重客观规律和发挥主观能动性的关系，强调加强顶层设计和摸着石头过河相结合。这些都是对毛泽东"实践论"哲学思想的新发展，都是对"能动的革命的反映论"精神的新发扬，是新时代的知行合一论，是新时代的"新实践论"。

习近平新时代中国特色社会主义思想实现的重大理论创新在于，强调文化传统不仅作为一种观念，更作为一种构造世界的物质力量。这是将文化传统理解为一种具有物质力量的"理论"，如马克思《〈黑格尔法哲学批判〉导言》所说："理论一经掌握群众，也会变成物质力量。"② 基于对中华优秀传统文化的认同产生的文化自信，为中国特色社会主义建设注入强大的生机。

第三，强调实践活动的历史性，重视实践活动中的历史主

---

① 《继续把党史总结学习教育宣传引向深入 更好把握和运用党的百年奋斗历史经验》，《人民日报》2022年1月12日。

② 《马克思恩格斯文集》第1卷，人民出版社2009年版，第11页。

动精神。马克思主义强调从现实的人及其历史发展来理解人，实践活动也是在历史关系中进行自我定位的。习近平新时代中国特色社会主义思想高度重视文化自信、历史自信，强调以大历史观来理解实践活动，将历史逻辑的纵深放到中华文明之中，从中华文明史寻找实践的坐标、进行实践的定位。中国共产党的百年历史，就是在党的领导下进行的独立自主、自力更生的伟大实践，是马克思主义、中华文化在一百年来的革命、建设、改革历程中相互激发、相互呼应的光辉实践历史，实现了中华文明的变革和赓续。

习近平新时代中国特色社会主义思想十分重视在实践活动中的历史主动性意识。习近平总书记说"历史、现实、未来是相通的。历史是过去的现实，现实是未来的历史"①，"历史就是历史，历史不能任意选择"②，就是要以实事求是的态度面对中国历史实际的客观性，同时也意味这种客观性是将不同的历史要素组织在一个统一的文明有机体之中，每一个要素都是中华文明不可回避也不可或缺的。历史主动性意识是中华文明连续性在当代的生动表达，暗含着中华文明有机体生生不息的根本动力，同时也是擘画党和国家的光明前景的精神来源，更是对坚持中国共产党领导的历史必然性进行的科学阐释，是从中

---

① 《以更大的政治勇气和智慧深化改革 朝着十八大指引的改革开放方向前进》，《人民日报》2013年1月2日。

② 习近平：《在纪念毛泽东同志诞辰120周年座谈会上的讲话》，《人民日报》2013年12月27日。

华文化的角度论证坚定党的领导的重要性。党之所以能够完成中国其他各种政治力量不可能完成的伟大实践，关键是在中国共产党这一坚强核心的领导下，以马克思主义作为立党立国、兴党强国的根本指导思想，坚持把马克思主义基本原理同中国具体实际相结合、同中华优秀传统文化相结合，不断推进马克思主义中国化时代化，让马克思主义在中国落地生根、深入人心。

第四，"新实践论"将马克思主义实践论与中华文明的实践论进行了深入结合。马克思主义将实践作为检验真理的唯一标准，这与中华文化经世致用、实事求是的精神高度契合。把马克思主义基本原理与中华优秀传统文化相结合，意味着马克思主义实践观获得了中华优秀传统文化的滋养，同时意味着马克思主义实践观激活了中国哲学中的知行观。

三 "从实际出发"逻辑的深化与"矛盾论"的新形态

"从实际出发"是马克思主义一贯坚持的基本原则，也是贯穿在中国共产党领导的社会主义革命、建设、改革伟大历程中的基本立足点，更是新时代回答中国之问、世界之问、人民之问、时代之问的理论逻辑。"实际"一词直接来源于中国典籍，中国共产党对"实际观"进行创造性运用，将"从实际出发"的马克思主义基本原理同中华文明的实际观进行了有机结合，"结合"的方式与对象在不同历史时期各有侧重，其实质则在于对不同时期社会主要矛盾的准确把握。习近平总书记深化了关于矛盾复杂性的认识，强调通过文化这一实际来认识和把握社会主要矛盾，形成了"新矛盾论"。"第二个结合"就是在"新矛盾论"指导下，"从实际出发"逻辑不断被深化而实现的重大理论突破。

（一）中国共产党人对"从实际出发"逻辑的深刻把握

实事求是是马克思主义的根本观点，是中国共产党人认识世界、改造世界的根本要求，是我们党的基本思想方法、工作方法、领导方法。实事求是这个活的灵魂要求我们坚持一切从实际出发，理论联系实际，在实践中检验真理和发展真理。矛盾运动基本原理是唯物辩证法的核心问题。毛泽东同志创造性地运用马克思主义的矛盾学说，成功地分析和解决了中国革命斗争中的各种错综复杂的矛盾，同时又通过在处理矛盾过程中积累的经验，创造出了从内容到形式都具有中国特点的矛盾理论，提出了"矛盾论"，丰富和发展了马克思主义哲学。毛泽东同志重视主要矛盾和矛盾的主要方面，深刻指出事物内部的矛盾性是事物发展的根本原因，事物的性质主要是由取得支配地位的矛盾的主要方面所规定的；毛泽东同志重视矛盾特殊性，强调具体事物具体分析，"不要带上任何的主观随意性，而必须从客观的实际运动所包含的具体的条件，去看出这些现象中的具体的矛盾、矛盾各方面的具体的地位以及矛盾的具体的相互关系"[1]。把握了矛盾的普遍性与特殊性、主要矛盾与次

---

[1] 《毛泽东选集》第1卷，人民出版社1991年版，第319页。

要矛盾、矛盾的主要方面与次要方面，我们就可以全面把握矛盾，深刻认识事物，把握具体实际。

以邓小平同志为主要代表的中国共产党人，自觉地"一切从实际出发"，反对"一切从本本出发"的教条主义。邓小平同志说："一个党，一个国家，一个民族，如果一切从本本出发，思想僵化，迷信盛行，那它就不能前进，它的生机就停止了，就要亡党亡国。这是毛泽东同志在整风运动中反复讲过的。只有解放思想，坚持实事求是，一切从实际出发，理论联系实际，我们的社会主义现代化建设才能顺利进行，我们党的马列主义、毛泽东思想的理论也才能顺利发展。"[①] 邓小平同志深刻把握到了社会主义改造基本完成以后我国所要解决的主要矛盾是人民日益增长的物质文化需要同落后的社会生产之间的矛盾，把党和国家工作的重点转移到以经济建设为中心的社会主义现代化建设上来。运用矛盾分析法第一次比较系统地初步回答了在中国这样经济文化比较落后的国家何为社会主义、如何建设社会主义的一系列基本问题，深刻揭示了社会主义的本质，创立了邓小平理论，把马克思主义中国化推进到一个新阶段。

（二）习近平总书记对"从实际出发"逻辑的深化，发展了新时代的"新矛盾论"

以习近平同志为主要代表的中国共产党人，深刻总结并充

[①] 《邓小平文选》第2卷，人民出版社1994年版，第143页。

分运用党成立以来的历史经验，从新的实际出发，坚持把马克思主义基本原理同中国具体实际相结合、同中华优秀传统文化相结合，创立了习近平新时代中国特色社会主义思想。"从实际出发"的逻辑必然要求从"新的实际"出发，也就是要从变化发展的矛盾出发，习近平总书记是在矛盾变化的基础上来重新把握矛盾的，所以不仅继承了毛泽东哲学思想中的"矛盾论"，同时在运用中又对"矛盾论"进行了发展。"新矛盾论"主要实现了四点重大突破。

第一，更加强调在矛盾的变化发展中把握中国的具体实际。在矛盾的普遍性与特殊性、主要矛盾与矛盾的主要方面之外，习近平总书记深刻认识到矛盾的不断变化导致"实际"的不断变化，所以他指出，坚持实事求是并非一劳永逸，在一个时间一个地点做到了实事求是，并不等于在另外的时间另外的地点也能做到实事求是，在一个时间一个地点坚持实事求是得出的结论、取得的经验，并不等于在变化了的另外的时间另外的地点也能够适用。[①] 矛盾变化的绝对性决定了具体实际不断发生变化，不能刻舟求剑，而是要通过对矛盾变化的准确判断，准确把握中国的具体实际。党的十八大以来治国理政的新的实际，也是在对矛盾的运动变化中得到把握的，我国社会主要矛盾转变为人民日益增长的美好生活需要和不平衡不充分的

[①] 参见习近平《在纪念毛泽东同志诞辰120周年座谈会上的讲话》，《人民日报》2013年12月27日。

发展之间的矛盾，在根本上决定了我们党脱贫攻坚、全面建设小康社会、以中国式现代化全面推进中华民族伟大复兴的一系列历史性努力。

第二，更加强调主观能动性对于解决矛盾的重要意义。习近平总书记指出："社会基本矛盾总是不断发展的，所以调整生产关系、完善上层建筑需要相应地不断进行下去。"① 矛盾的发展变化性是不断改革、全面深化改革的根据，生产关系、上层建筑对于推动解决矛盾具有重要意义。能否把准确判断社会主要矛盾和中心任务的确定结合起来，成为判断党和人民事业能否顺利发展的关键。所以全党要牢记中国共产党是什么、要干什么这个根本问题，把握历史发展大势，坚定理想信念，牢记初心使命，始终谦虚谨慎、不骄不躁、艰苦奋斗，从伟大胜利中激发奋进力量，从弯路挫折中吸取历史教训，不为任何风险所惧，不为任何干扰所惑，决不在根本性问题上出现颠覆性错误，以咬定青山不放松的执着奋力实现既定目标，以行百里者半九十的清醒不懈推进中华民族伟大复兴。

第三，习近平总书记将矛盾论创造性转化为"问题导向"意识。习近平总书记指出："问题是事物矛盾的表现形式，我们强调问题意识、坚持问题导向，就是承认矛盾的普遍性、客观性，就是要善于把认识和化解矛盾作为打开工作局面的

---

① 习近平：《坚持历史唯物主义不断开辟当代中国马克思主义发展新境界》，《求是》2020年第2期。

突破口。"① 问题意识就是在承认矛盾、认识矛盾中产生的，问题就是矛盾存在的反映。把问题等同于矛盾，把问题意识等同对矛盾的认识，是这种新的哲学构想对矛盾论的重要发展，这是对矛盾的普遍性、多样性、客观性的承认，也是对矛盾的复杂性和随着历史发展而变化的变动性的说明。发现问题、解决问题，要对矛盾的复杂性有全面的了解，这就需要有一种全局观；在全局观的基础上，深入分析矛盾的主次，抓住主要矛盾和矛盾的主要方面，也就是问题的根本、关键和要害，有步骤、有层次地处理矛盾、解决问题，这就是两点论和重点论的结合。

第四，将矛盾分析法创造性转化为"自信自立"的时代精神。唯物辩证法认为事物内部的矛盾性是事物发展的根本原因，事物之间的互相联系和互相影响只是事物发展的第二位的原因。内因是变化的根据，外因通过内因而起作用。习近平总书记将重视内在动力的矛盾观进行了当代转化，即提出"自信自立"的时代精神，强调从内部推动事物发展，中国共产党深刻认识到人类历史上没有一个民族、一个国家可以通过依赖外部力量、照搬外国模式、跟在他人后面亦步亦趋实现强大和振兴。中华民族取得的举世瞩目的成就是中国人民自己的创造性实践，是在中国共产党的领导下忠实地继承中华优秀传统文化、虚心学习借鉴国外的有益经验，以强烈的民族自尊心和自

---

① 习近平：《辩证唯物主义是中国共产党人的世界观和方法论》，《求是》2019年第1期。

信心为支撑，经过艰苦卓绝的努力创造出来的。

（三）巩固文化主体性：在矛盾变化中把握到的中国具体实际

党的十八大以来，面对具有许多新的历史特点的伟大斗争，习近平总书记深刻认识到坚定文化自信、历史自信的重要意义。习近平总书记指出："中华优秀传统文化是中华民族的根和魂，是我们在世界文化激荡中站稳脚跟的根基。"[①] 这一根本洞见深刻指出了文化的独立性关乎民族的独立性。习近平总书记指出："我们说要坚定中国特色社会主义道路自信、理论自信、制度自信，说到底是要坚定文化自信。文化自信是更基本、更深沉、更持久的力量。"[②] 文化的自信自强是道路、理论、制度自信的来源，文化的自信自强可以说是解决当前中国社会矛盾的重要方面。坚持中国特色社会主义文化发展道路、建设社会主义文化强国是一项为国家立心、为民族立魂的千秋伟业，是"国之大者"、关系新时代中国特色社会主义建设全局的关键一招。

文化自信自强是通过"第二个结合"实现的，"第二个结合"是我们党对马克思主义中国化时代化历史经验的深刻总结，是对中华文明发展规律的深刻把握。历史经验中包含"从实际出发"的矛盾观，中华文明发展规律中也包含绝对变化的

[①] 《把中国文明历史研究引向深入 推动增强历史自觉坚定文化自信》，《人民日报》2022年5月29日。

[②] 习近平：《在哲学社会科学工作座谈会上的讲话》，人民出版社2016年版，第17页。

连续性、新旧相继的创新性、体用一源的统一性、相反相成的包容性、执两用中的和平性，对中华民族突出特性的激活，就是充分认识到了中华文化的矛盾观，在对矛盾观的理解中把握到了中国的实际。"第二个结合"的提出，表明我们党对中国道路、理论、制度的认识达到了新高度，表明我们党的历史自信、文化自信达到了新高度，表明我们党在传承中华优秀传统文化中推进文化创新的自觉性达到了新高度。

四 "从实际出发"的中国哲学谱系

我们将"从实际出发"的精神概括为实际哲学的精神。如果我们接受海德格尔、德里达等后现代哲学家的说法，哲学就是欧洲哲学，欧洲哲学就是柏拉图主义的话，那么中国哲学就不仅是一种不是"欧洲哲学"的哲学，更是一种不是"哲学"的哲学。不过，也正因此，中国哲学可能与欧洲未来的哲学共享了一个大致相近的趋向，共享了一个由马克思、尼采和海德格尔所开启的共同的未来哲学境遇。中国哲学天然具有经过了马克思哲学革命之后的哲学的气质——一种非形而上学的气质，这种非形而上学的气质集中体现为"实际哲学"。

中国哲学自身的历史表明，它从来都不是历史的静观者，中国哲学不以所谓理论的态度对待历史，并通过理论与实践的二分，从理论中寻找进入实践的可能。中国哲学的知行合一，不仅意味着知是为了行，更意味着知从来都是行中之知，知也是一种行。福柯说，理论不过是一个驿站，福柯所觉悟到的，不正是王阳明所谓"省察是有事时的存养，存养是无事时的省察"①吗？中国哲学的这种精神，可以概括为实际哲学的精神。中国哲学讲求知行合一，知行合一的基础是情理合一、事理合一，内在于情、内在于事的理，而不是希腊式的抽象的理念。不过，不论是情理还是事理，也还都是一种理，理的存在，保证了实际哲学的精神，不是与教条主义、理性主义正相反对的经验主义，而是一种虚心实照的实事求是精神。实际并不取消真际，而是以真际为导引的力量，更深入地投身现实。情理和事理更不会取消理，情理和事理是一种具体的理。虚心实照的认识论一定是尽其量以包容整体、尽其量以见理的认识论，这就是所谓"尽心知性知天"（《孟子·尽心上》）意义上的认识论。能动的革命的反映论就是这样一种认识论。这种认识论同时是一种创造性实践，一种变化气质的实践，一种改造主观世界与改造客观世界相统一的实践。正是在这种知行合一的基础上，中国哲学在本质上就是一种具有哲学意味的历史学，一种具有历史学精神的哲学。因为哲学革命之后，一切科学都是历史科学，哲学自身也以历史科学的形态现身。这种哲学和历史学都是一种从实践中来到实践中去的理事融贯的知识。中国马克思主义哲学完整地继承并重述了知行合一的这一旨趣，因此我们说，中国马克思主义哲学是中国哲学的新发

---

① 邓艾民：《传习录注疏》，上海古籍出版社2012年版，第35页。

展，是中国哲学史的一个新阶段。

实际哲学的特点是以一种包容世界整体的真际观来导引我们对实际的认识，真际不是一个隐藏在现象背后的本体或物自体，也不是一个认识无法企及的真理，而是一个导引我们认识世界内在实际道理的整全性意识。

由"理"与"事"所构成的整全世界图景，就是中国人所理解的"文明"，"文明"不分形而上与形而下，是以突出的此世性，始终承担着引导中国人认识世界的整全性视野的意义，"观乎'天文'，以察时变；观乎'人文'，以化成天下"（《周易》），对文明的深刻理解，是把握到中国的哲学、思想、学术、理论、道路、制度、生活的根本途径。所以我们才能够从中华文明的整体及其不同的历史形态出发来理解中国的道理，用中国道理总结好中国经验，把中国经验提升为中国理论，实现精神上的独立自主。中国哲学作为对中国思想和文明特质的最为核心部分的表达，是建立在中华文明整体及其不同历史形态的基础之上的精神形态。因此，我们需要确立起学术、哲学、思想、文明之间的层级结构关系，其中学术为勾连诸层次的中介，而哲学处于诸层次的核心，文明则是理解传统的整全背景，思想则是其中最为活跃的主体状态。思考中国问题，我们要有基于文明实际的整体性态度，同时这种整体性并非内在无差别的，而是以学术、哲学、思想等构成了灿然分明的层级结构，要完整地理解中国，就不能遗漏其中的不同形态所发挥的作用。

这种文明实际的哲学观，就是一种根据现实的实际之理内在于现实来改造现实的哲学实践。实际哲学不会以真理的名义整体上批判和否定现实。真际作为理想是内在于现实当中发生作用的导引性力量，而不是整体否定现实的彼岸理想。

"文明实际"的世界观又导引出一种创造性实践，一种改造主观世界与改造客观世界相统一的实践，之所以是创造性的实践，是因为这是用在克服主观之蔽的前提下的整体性态度来滋养、成就新的文明，充分整合中国思想和文明中不同层级的要素来开创新的形态。因为改造主观世界与改造客观世界相统一，虚心实照的着力点就是从心性论上来讲的变化气质，这说明认识、实践的本质即工夫修养的展开，虽然每个个体的处境、生存方式并不相同，但调动自身最高的主动性来克服主观、私意的遮蔽，则是每个人的职责。从这一意义来说，个体要做的就是在一体贯通的价值召唤中实现一种创造性的实践，让朴素的生活也承载着文明的意义，在文明实际的世界观指引下，新时代中华儿女的职责就是在历史与现实的整全背景中自强不息地进行文明的创造性实践，即以中国式现代化创造人类文明新形态。

第二节 "两个结合"中蕴含的大历史观

一 大历史观为历史自信奠定思想基础

习近平总书记说："我们党领导的革命、建设、改革伟大实践，是一个接续奋斗的历史过程，是一项救国、兴国、强国，进而实现中华民族伟大复兴的完整事业。"[①] 根据这种历史观，历史是在完成不同阶段任务的前提下连续发展的，历史也是在总结经验中不断奠定迈向未来的基础的。革命、建设、改革的不同历史阶段之间，不能相互否定，而是统一在民族复兴的完整事业当中，统一在历代共产党人接续奋斗的历史过程当中。这就是习近平总书记提出的"接续奋斗"的大历史观。根据这种历史观，历史上发生的曲折和顿挫都是朝向中华民族伟大复兴路上的探索代价，也是最终实现中华民族伟大复兴的可资借鉴的宝贵资源。根据这种历史观，不仅革命、建设、改革是连续发展、接续奋斗的历史进程，中华人民共和国史、中国近代史、中华民族发展史与 5000 多年中华文明史，都是连续发展、接续奋斗的历史进程。

习近平总书记高度重视历史思维的重要性。历史思维是系统思维的整体观和辩证思维的对立统一观在历史认识上的综合运用。正确的历史思维就是坚持正确的历史辩证法，彻底贯彻唯物史观，反对关于历史的形而上学和机械决定论的错误认识。形而上学的历史认识，总是会用自己的价值观来评判历史、拣选历史，执其一端而否定其余，不能看到历史内部的有机联系；机械论的历史认识，则把历史完全看成被决定的

[①] 习近平：《在纪念毛泽东同志诞辰 120 周年座谈会上的讲话》，《人民日报》2013 年 12 月 27 日。

历史，从而忽视了人的能动性对于历史的作用，忽视了历史是人创造的历史。历史辩证法告诉我们，历史是有自己内在理路的，历史是在完成不同阶段任务的前提下连续发展的，历史也是在总结经验中不断奠定迈向未来的基础的。"接续奋斗"的大历史观是习近平总书记的一大创造。从接续奋斗的历史观出发看待中国共产党党史，我们就不会割裂党史的完整性，而是以一种大历史观统合不同阶段的历史任务，以远大目标来统摄历史发展的进程。接续奋斗的历史观也可以用来认识中华5000多年的文明历史发展，把5000多年的中华文明史、180多年的近代史、100多年的党史、70多年的中华人民共和国史、40多年的改革开放史贯通起来，把中国共产党百年奋斗的历史放到5000多年的中华文明史、中华民族史中看待其文明和历史意义。接续奋斗的历史观也可以用来认识500多年的世界社会主义运动史，把世界社会主义运动的曲折发展看成一个接续奋斗的历程，从而深刻把握中国社会主义实践的世界史意义。

接续奋斗的历史观所蕴含的历史思维，使得我们能够从人与自然、人与历史的互动中准确把握历史创造和历史发展的规律，深刻认识把握历史规律与发挥历史主动性的辩证关系。接续奋斗的历史观中所蕴含的历史思维，使得我们可以真正确立历史自信，建立历史自觉，从而更加自信自强地主动创造历史。接续奋斗的历史观中所蕴含的历史思维，是对唯物辩证法中否定之否定规律的创造性发展。

这种接续奋斗的大历史观重建了关于中国文明和历史的叙述，重建了中国共产党与中华文明史的内在关联。这种接续奋斗的大历史观确立起一种正确的历史认识论，亦即后代不是通过否定和批判前代来确立自我意识的；后代是在前代奠定的前提和基础之上对前代的继承和发展，每代都是在完成自身时代任务的前提下构成为大历史不可或缺的环节。

"第二个结合"蕴含的接续奋斗的大历史观，建立了正确的历史认识论，为历史自信奠定了历史观的基础，从根本上解决了历史虚无主义问题。

二 大历史观是唯物史观的丰富发展

在以实践为核心范畴的马克思主义哲学中，辩证唯物主义就是在唯物主义前提下用辩证法来把握实践的世界观，而唯物辩证法则是把握实践的方法论。历史唯物主义将实践范畴用于分析历史和社会，制定出以实践为核心范畴的唯物史观。根据唯物史观，人类社会生存和发展的基础，或者说人类历史的基础，就是由物质生产实践、满足新的需要的再生产实践、人口的生产和在生产生活实践中形成的社会关系四个要素所构成的。实践成为历史的另一个名称。也正因如此，法国哲学家阿尔都塞说，马克思之于历史，就像毕达哥拉斯之于数学，伽利略之于物理学的意义一样。历史就是人与自然之间进行的物质生产实践和人的再生产实践。因此，实践所具有的特性也正是历史所具有的特性。唯物史观作为历史辩证法，成为指导无产阶级革命实践并开辟世界历史进程的指南。马克思主义哲学在深刻揭示实践之为实践的意义的同时，也深刻揭示了历史之为历史、革命之为革命的意义。

实践，同时具有客观性、主体性和创造性的特征。实践的客观性特征，一方面是指作为实践活动物质前提的客观世界的客观性；另一方面是指实践活动的产物也同样具有物质性，这种物质性同样成为后续实践活动的客观前提。实践的主体性特征是指客观世界并不仅仅是认识的客体对象，而同样是人的实践的改造对象。因此，人和世界之间并非反映和被反映的单纯认识论关系，而是一种在认识中改造、在改造中认识的实践关系。认识不是被动的反映，而是能动的反映，人对外部世界的认识，是人发挥自觉能动性的实践过程。在实践的客观性和主体性之间发生了实践的创造性。实践的创造性是遵循实践客观性前提下具体的、感性的、现实的、能动的创造性活动。这种创造性活动并非唯心主义的精神实体对客观世界的抽象而主观的创造，而是人与外部世界之间进行的对象化活动。外部世界是不以人的主观意志为转移的，外部世界却是人能动改造的对象。这就是实践的创造性特征。历史的客观性是历史实践的结果，是前代人完成自己时代任务的结果，这些实践结果构成了后续实践的客观性前提。后代人正是在前代人的实践成果之上发挥自身的主体性，创造性地完成自己时代的任务。因此，接续奋斗的大历史观是对唯物史观的丰富发展，深刻反映了历史辩证法的真谛。

三 "两个结合"的唯物史观基础

习近平总书记说:"我们的社会主义为什么不一样?为什么能够生机勃勃、充满活力?关键就在于中国特色。中国特色的关键就在于'两个结合'。"[①] 中国具体实际和中华优秀传统文化作为马克思主义基本原理的结合对象,被赋予了"中国特色"。中国具体实际就是马克思主义基本原理需要适应的国情条件,国情是客观现实,理论要想发挥作用,就必须面对客观现实,理论联系实际,一切从实际出发。但理论若要真正理解现实、真正把握实际,必须理解现实的来历,把握实际的根源。因此,对国情的认识,离不开对塑造现实的文化乃至文明的认识和把握。党的二十大报告指出,要"把马克思主义思想精髓同中华优秀传统文化精华贯通起来、同人民群众日用而不觉的共同价值观念融通起来,不断赋予科学理论鲜明的中国特色,不断夯实马克思主义中国化时代化的历史基础和群众基础,让马克思主义在中国牢牢扎根"[②]。

文明或文化可以说是更深刻、最深厚的实际,实际则是文明或文化最直接的表现和更现实的结果。中华文明为中国具体

[①] 习近平:《在文化传承发展座谈会上的讲话》,人民出版社2023年版,第7页。

[②] 习近平:《高举中国特色社会主义伟大旗帜 为全面建设社会主义现代化国家而团结奋斗——在中国共产党第二十次全国代表大会上的报告》,人民出版社2022年版,第18页。

实际提供了历史根据和文化内涵。与具体实际相结合，也要求与文明或文化更深入结合。相应地，与文化或文明相结合，也意味着与文明或文化的表现和结果相结合。如果说"第一个结合"中的实际是自在的实际，那么"第二个结合"的文化或文明则是对实际的自觉；如果说"第一个结合"中的文明或文化还是自在契合的对象，那么"第二个结合"中的文明或文化已经是自觉契合的内容。坚持"第二个结合"也意味着坚持了"第一个结合"，但只提坚持"第一个结合"，并不必然意味着对"第二个结合"的坚持。从"第一个结合"到"第二个结合"是对实际的认识和把握从自在走向自觉的进步。因此，我们不能说"第二个结合"蕴含在"第一个结合"里，而只能说"第一个结合"蕴含在"第二个结合"里。"第一个结合"与"第二个结合"不是领域之间的并列或叠加的关系，而是在同一领域中进行着的加工后的升华，是综合创新，是辩证创造。

从"两个结合"提出的不同时代背景和问题意识中，我们也可以深入理解"两个结合"之间的关系。"第一个结合"的核心关切是解决马克思主义如何适应中国国情，如何避免对马克思主义的教条主义认识，如何从中国实际出发，理论联系实际，实事求是地解决中国革命的问题。"第二个结合"的核心关切则是如何在中国深厚的文化沃土、从中国特色社会主义的实践创新中实现马克思主义的理论再创造，确立和巩固文化主体性。

"两个结合"的总体目标和总体事业都是实现中华民族伟大复兴，"第一个结合"迎来了中华民族从站起来、富起来到强起来的飞跃;"第二个结合"则要更进一步,把实现文明的全面复兴作为中华民族伟大复兴实现的标志。"两个结合"之间是完成时代任务的递进关系,前者为后者创造了前提、奠定了基础;后者则是对共同目标和事业的实现和完成。

"第一个结合"也涉及与历史文化相结合的内容,但"第二个结合"的历史和文化,则具有一种宏阔的文明意识和深远的历史意识,更加侧重于文明的总体性意义,更加侧重于文明所陶冶的"国性"的含义。中华文明的突出特性就是文明所陶冶的"国性"的具体内涵。"第二个结合"在"第一个结合"的实事求是世界观方法论基础上,进一步提炼创造出了新文明观和大历史观。从"第一个结合"到"第二个结合"是对唯物史观以人民为中心认识论的进一步深化,融入了人民群众日用不觉的共同价值观念中,丰富和发展了唯物史观。

四 "两个结合"中蕴含的历史主动精神

(一)"两个结合"是历史主动精神的体现

"两个结合",特别是"第二个结合"中蕴含的接续奋斗的大历史观,正是新时代对中华文明通史精神的再次激活,也是中华文明通史精神的深刻体现。"通史精神",体现为历史主动精神。历史主动精神,就是穷变通久、承敝通变的精神,就是在危机中创新机、在变局中开新局的精神。中华文明历史的连续发展,就来自这种承百代之流而汇乎当今之变的精神。中国共产党接续奋斗的历史进程正是积极发挥通史精神,将中华文明的历史不断接续通达下去的历史进程。中国共产党深刻体现了中华文明中的"通史精神",以通古今之变的大历史观贯通古今,不断开创中华文明新辉煌。中国共产党的创立实际上充分说明了中华文明内在更生力量的强大。而这种更生力量的焕发,正是中国共产党创造性地运用马克思主义、充分激活中华文明内在力量的结果。在历史长河中,任何文明有机体都不可能一直保持青春状态,但唯有中华文明由于其自我更生的机理,而能够连续发展。

"通史精神"体现了中华文明独特的主体性立场,展示了中华文明对待困境和危机的历史主动精神。"通史精神"深刻体现了中华文明中自强不息、与时偕行、随时创制的历史主动精神。《易系辞》云:"通其变,使民不倦,神而化之,使民宜之。"司马迁用周易的道理评价汉兴是"承敝易变,使人不倦,得天统矣"[1]。这种承敝易变或承敝通变的精神,就是在历史困境中开辟历史新局,在历史危机中把握历史先机的历史主动精神。

历史是在历史主动精神的导引下不断通达下去的。"通史精神"中所蕴含的历史主动精神,不是立足历史之外、居于价值制高点之上对历史的批判,而是深深扎根于历史处境当中,通过对历史困境的全盘承受,在历史负重中寻求导引历史走出困境的力量。在这个意义上,对历史的批判从来都是自我批

---

[1] （汉）司马迁:《史记》,中华书局1982年版,第394页。

判，对历史困境的革命从来都是自我革命，是历史的自我革命和历史自身的批判性改进。因此，这种历史主动精神，是在承担历史责任前提下的主体性精神。这种内在于历史之中的历史主动精神，既不会从历史之外寻求改造历史的根据和模板，更不会是对历史源头母版的执着守旧，而是通过疏源浚流的方式面对时势，以源流互质的方法来寻求突破时势困局的出路，从时势中"随时撰述，以究大道"（《原道下》）。在历史中随时创制，在时势中创造历史，是这种历史主动精神的根本要义。中华文明生生不息的力量源泉，就蕴含在这种具有深刻历史主动精神的"通史精神"当中。中华文明经由这种"通史精神"而不断更生发展，创造出不同阶段的中华文明形态。通过这种"通史精神"，中华文明连续发展、凝聚不散。根据这种"通史精神"，历史是在完成不同阶段任务的前提下连续发展的，历史也是在总结经验中不断奠定迈向未来的基础的。正是经由这种"通史精神"中蕴含的历史主动精神，中华文明史才能够连续发展、不断通达下去。

"第二个结合"就是对"通史精神"的弘扬，就是对历史主动精神的唤起，"第二个结合"就是通过历史主动精神来不断推动中华文明连续发展，创造出中华文明的现代形态，创造出中华民族现代文明。

（二）历史主动精神的哲学基础是"能动的革命的反映论"

实事求是是毛泽东哲学思想的精髓，是马克思主义哲学实践观的中国表达。在毛泽东哲学思想中，马克思主义哲学实践观被注入了"实事求是"这一中国传统哲学的概念。"实事求是"成为马克思主义哲学世界观和方法论的中国表达。"实事求是"作为中国马克思主义哲学的实践观,与"能动的革命的反映论"成为同义词。"能动"是实践的主体性方面,亦即"求";"反映论"的"反映"则是实践的客观性方面,亦即"实事";革命则是实践的创造性方面,亦即在对"是"的掌握、对历史规律的掌握中进行的具有历史主动性的创造。毛泽东哲学思想实现了实践的客观性、主体性和创造性的统一,也实现了认识论与世界观、方法论的统一。能动的革命的反映论,正是历史主动精神的哲学表达。

毛泽东同志把辩证唯物主义和历史唯物主义运用于革命和建设的伟大实践,形成了中国共产党的立场、观点和方法。这些立场、观点和方法有三个基本方面,即实事求是、群众路线、独立自主。这三个方面作为毛泽东思想的活的灵魂,贯穿于毛泽东思想的六个组成部分当中。由这三个方面所概括的毛泽东思想的立场、观点和方法,是马克思主义基本原理同中国具体实际相结合的基本立场、观点和方法,是毛泽东思想中具有更根本、更普遍、更长远指导意义的原则,是毛泽东哲学思想的主要内涵。如果说"六个组成部分"是毛泽东思想的"实"的躯体,那么毛泽东哲学思想就是六个组成部分的"活的灵魂"。实事求是,即事求理,能动反映的世界观和方法论所熔铸而出的历史主动精神,就是"活的灵魂"具体而真实的表现。历史主动精神是在深刻把握历史规律的前提下,积极发挥历史主体的主观能动性，在尊重历史规律的客观性的同时，进行创造性实践，不断打开实践创新和理论创新的空间，主动开辟历史新局面。能动的革命的反映论充分说明了历史主动精神与实事求是的内在一致性。

（三）"第二个结合"是"能动的革命的反映论"的新形态

"第二个结合"是"能动的革命的反映论"在新时代的运用，是"能动的革命的反映论"的新形态。

作为习近平新时代中国特色社会主义思想精髓的实事求是，在强调一切从实际出发、理论联系实际的同时，更加强调从实际中创造理论，更加强调在实践创新基础上的理论创新，更加强调在把握规律的"求是"基础上的实践创造，更加强调理论创新指导下发挥历史主动精神进行新的实践创造的重要性。

"第二个结合"的提出是由新时代需要解决的时代问题决定的。反对历史虚无主义，反对西方"普世价值"，需要我们重建历史自信，重塑价值自信。为此，我们迫切需要从历史实践中形成高度自觉的理论认识，需要从历史实践的价值基础和群众基础中发现中华优秀传统文化，需要我们不仅从具体实际出发，更要从中华文明的历史文化实际出发，树立文化自信和历史自信。在"第一个结合"的基础上提出"第二个结合"的目的，就是要通过马克思主义基本原理与中华优秀传统文化的结合，来彻底解决自信自强、守正创新的时代课题。"第二个结合"的提出，是对时代问题更深刻的认识和把握，也是对时代问题更加主动的解决,"第二个结合"中表现出的历史主动性精神,深刻体现了能动的革命的反映论的哲学态度。

"第二个结合"是树立历史自信的根本途径,历史自信是道路自信、理论自信、制度自信和文化自信的集中表达,道路、理论、制度、文化的自信是历史自信的内容,道路、理论、制度、文化的自信集中表现为历史自信。历史自信来自对历史实践的理论自觉;理论自觉是对历史规律的自觉,理论自觉是历史自信的根据。历史自信既是实践创新的精神支撑,更是实践创新的价值根源。理论自觉在把握历史规律的同时,也形成了全面、联系、系统、辩证地看待问题的思维方法。历史自信是对历史规律的深刻把握后产生的自信,在历史自信中也深刻地展现了能动的革命的反映论的精神。

第三节 "两个结合"中蕴含的新哲学构想与新文明蓝图

一 "两个结合"丰富了中国化时代化马克思主义哲学

"两个结合"蕴含的新的哲学构想丰富了中国化时代化的马克思主义哲学。在继承了马克思主义哲学"实践观"和毛泽东哲学思想"实践论""矛盾论"的基础上,深化发展了认识和实践、理论与实践的辩证关系,形成了新时代的"新实践论"。

实践基础上的理论追求,实践创新基础上的理论创新,始终是习近平总书记在坚持和发展新时代中国特色社会主义事业中一以贯之的追求。对理论思维重要性的强调，是习近平新时代中国特色社会主义思想的鲜明特色。习近平总书记对理论创新的追求是他对认识和实践关系高度自觉的反映，是对实践形成从感性认识到理性认识飞跃的必然要求，也是新时代中国特色社会主义实践发展的必然结果。新时代中国特色社会主义实践在取得大量实践创新成果的基础上，需要对实践创新形成高度的理论自觉。同时，在新时代也迫切需要更加科学性的理性认识来解决新问题，迫切需要用理论创新来引领新时代的实践创新。

理论必须来自实践，这是感性认识到理性认识的第一次飞跃；理论也必须回到实践，这是从认识到实践的第二次飞跃。列宁说过，"从生动的直观到抽象的思维，并从抽象的思维到实践，这就是认识真理、认识客观实在的辩证的途径"[1]。从感性认识到理性认识的第一次飞跃，把唯物论、认识论和辩证法高度统一起来。从感性认识到理性认识，就是实事求是的"求是"，就是对规律的认识和把握，是从实践到理论的创造。从理性认识到新的实践的飞跃，是从思想到存在的飞跃，从精神到物质的飞跃，是用理论指导实践，是把精神力量变成改造世界的物质力量，是实践的创造。这种哲学世界观和方法论的特质，首先表现为对第一次飞跃，亦即理论创造的重视，习近平

---

[1] 《列宁全集》第55卷，人民出版社1990年版，第142页。

第四章 "两个结合"的哲学基础

新时代中国特色社会主义思想的创立，就是这一理论创造的结果。

习近平总书记在重视理论创造的同时，也同样重视在创新理论指导下的实践创新，重视实践的创造。马克思曾说，"理论一经掌握群众，也会变成物质力量"[①]，毛泽东同志也进一步指出，"代表先进阶级的正确思想，一旦被群众掌握，就会变成改造社会、改造世界的物质力量"[②]。习近平总书记特别强调在理论把握历史规律的前提下，把理论自觉转化为历史主动精神，进而将历史主动精神变成改造世界的物质力量，形成推动历史进步的实践创造。理性认识的特点就是透过现象看本质、就是从个别到一般，从历史看现实，就是把握事物发展规律、把握历史规律、把握历史大势。通过理论自觉确立历史自信、确立实践自信，从而掌握历史主动，掌握实践主动，将自在的实践创新变为自觉的创新实践，不断开辟历史新局。理论创新使得实践摆脱了盲目性、偶然性和经验性，使得实践创新更有定力、更有自信、更有智慧，让实践更有科学性和先进性。理论创新可以让成功实践的内在道理显露出来，成为后续实践的自觉指导。理论创新更可以让实践中的问题得到解决，更加系统全面，更加具有必然性。

正是对理论创新和实践创新的高度重视，在实践与认识的

---

① 《马克思恩格斯文集》第1卷，人民出版社2009年版，第11页。
② 《毛泽东文集》第8卷，人民出版社1999年版，第320页。

关系问题上，形成了习近平新时代中国特色社会主义思想的世界观和方法论的基本特征。

首先，在实践和认识的关系中，在强调实践的客观性、强调物质决定意识的前提下，更加强调实践的主体性，更加强调自觉能动性，更加强调意识对物质的反作用，并认为这种反作用有时是十分巨大的。这种自觉能动性就表现为从实践中形成理论的过程，表现为能动的革命的反映论的认识过程。

其次，在实践和认识的关系中，在强调实践的主体性的前提下，更加强调实践的创造性。这种实践的创造性就表现为在把握历史规律和事物发展规律的前提下，不断发挥历史主动精神进行实践创新。

"第二个结合"的提出深刻具体地体现了习近平总书记新的哲学构想的鲜明特性。

二 "两个结合"中蕴含着中国化时代化马克思主义哲学的世界观和方法论

马克思主义哲学是随着实践和科学的发展而不断发展的学说。毛泽东同志曾经说过，任何国家的共产党人，任何国家的无产阶级的思想界，都要创造新的理论，写出新的著作，产生自己的理论家，来为当前的政治服务。毛泽东哲学思想就是在中国产生的，是结合中国实际、用中国经验丰富和发展了的马克思主义哲学。习近平总书记的新哲学构想是在结合中国实际、结合中华优秀传统文化的实践当中实现的哲学创造，是用中国经验、中华优秀传统文化丰富和发展了的马克思主义哲学。

马克思曾经说过,"哲学把无产阶级当做自己的物质武器,同样,无产阶级也把哲学当做自己的精神武器"①。马克思主义哲学是具有实践性、战斗性和科学性的哲学,是在完成历史任务、解决实际问题的过程中形成并发挥作用的。马克思主义哲学提出的新世界观区别于一切旧哲学的基本特征,首先在于它是以实践为中心的。正是因为以实践为中心,世界观和方法论才可能是统一的,世界观和方法论统一于实践:世界观不是对世界的形而上学的静观认识,而是在认识世界和改造世界的实践中的认识论、世界观和方法论的统一。

党的二十大把"自信自强、守正创新"写进大会主题,说明以历史自信为内涵的自信自强精神和守正创新精神已经成为新时代的时代精神。守正是历史自信的结果,是对历史实践蕴含的价值正确性和历史正当性的自信和持守;创新是在明确实践的历史目标和价值根源基础上的理论创新和实践创新。

在新时代,自信自强、守正创新就是实事求是,自信自强、守正创新就是对实事求是精神的完整表达。自信自强、守正创新就是在实践的客观性、主体性基础上对实践创造性的完善和丰富。因此,自信自强、守正创新就成为习近平总书记新的哲学构想对世界观和方法论的表达,也正因此,自信自强、

---

① 《马克思恩格斯文集》第1卷,人民出版社2009年版,第17页。

守正创新与实事求是一起成为新时代的思想路线，同时也是新时代的思想方法。习近平总书记新的哲学构想是对马克思主义哲学的世界观和方法论、对毛泽东哲学思想的世界观和方法论的发展和完善，是对习近平新时代中国特色社会主义思想的立场、观点和方法的集中概括。这是习近平总书记新的哲学构想对马克思主义哲学的原创性贡献。

习近平总书记新的哲学构想在坚持马克思主义哲学以实践范畴为核心的世界观和方法论的前提下，更加完善和发展了实践的客观性、主体性和创造性的认识，在实践和认识的关系中更加强调了理论创新和实践创新的重要性，这是习近平新时代中国特色社会主义思想的世界观和方法论的基本特征。在坚持实事求是思想路线的前提下，用自信自强、守正创新充实实事求是的内涵，成为习近平新时代中国特色社会主义思想的基本思想路线。"六个必须坚持"是在新时代中国特色社会主义的具体实践中运用这一思想路线所形成的世界观和方法论以及贯穿其中的立场、观点和方法："必须坚持人民至上""必须坚持自信自立""必须坚持守正创新"是具体的思想路线和思想方法，"必须坚持问题导向""必须坚持系统观念""必须坚持胸怀天下"则是具体的工作路线和工作方法。"第二个结合"体现了"自信自强"的世界观，也展现了自信自强的时代精神；"第二个结合"体现了守正创新的精神面貌，也体现了习近平总书记新的哲学构想的世界观与方法论相统一、认识论与价值论相统一的鲜明特色。

"必须坚持人民至上",深刻阐明了人民的创造性实践是理论创新的不竭源泉。这是将中华优秀传统文化中的民本思想进行了创造性转化、创新性发展,将理论创新的立场观点方法指向了站稳人民立场、把握人民愿望、尊重人民创造、集中人民智慧,以形成为人民所喜爱、所认同、所拥有的理论为理论创新的目标。

"必须坚持自信自立",深刻阐明了理论创新要从中国基本国情出发,由中国人自己来解答的根本道理。走自己的路,是党百年奋斗得出的历史结论,独立自主是中华民族精神之魂,也是我们立党立国的重要原则。中国共产党继承了独立自主的民族精神,强调只有坚持自信自立,才能在根本上确立起民族精神的独立性,构筑起建设中国特色社会主义的强大凝聚力和引领力,激发出建设中国特色社会主义的强大创造力。

"必须坚持守正创新",深刻阐明了创新实践要以守正确保不迷失方向、不犯颠覆性错误,以创新来把握时代、引领时代。这是对中华优秀传统文化中"随时变易,以从其道"(《周易》)的思想的激活,是将守道的内涵转化为坚持马克思主义基本原理不动摇、坚持党的全面领导不动摇、坚持中国特色社会主义不动摇,而将"变易"转化为紧跟时代步伐,顺应实践发展,以满腔热忱对待一切新生事物,不断拓展认识的广度和深度。

"必须坚持问题导向",深刻阐明了问题意识对于创新的重要性,问题是时代的声音,问题也是创新的前提和条件。这是对中华优秀传统文化中的辩证思维的充分激活,中国传统文化认为阴阳的相互作用、事物的矛盾推动着世界的变化发展,在阴阳转化过程中要扶阳抑阴,在矛盾的相反相成的同一性之中要促成新的生机。中国共产党将阴阳、矛盾原理充分激活,集中体现在对问题意识的重视,深刻认识到回答并指导解决问题是理论的根本任务,其本质就是把握事物的矛盾原理,来解决实践遇到的新问题、改革发展稳定存在的深层次问题、人民群众急难愁盼问题、国际变局中的重大问题、党的建设面临的突出问题,要求不断提出真正解决问题的新理念新思路新办法。

"必须坚持系统观念",深刻阐明了创新要把握事物发展规律,只有用普遍联系的、全面系统的、发展变化的观点观察事物,才能把握事物发展规律,从而实现创造性的生成活动。系统观念与中华优秀传统文化具有高度的契合性,中国共产党将中华优秀传统文化中的关联性思维、整体性思维、变易思维充分激活,以系统观念为前瞻性思考、全局性谋划、整体性推进党和国家各项事业提供科学思想方法。

"必须坚持胸怀天下",深刻阐明了理论创新的指向在于世界眼光,要深刻洞察人类发展进步潮流,积极回应各国人民普遍关切,为解决人类面临的共同问题作出贡献。这是对中华优秀传统文化中的"天下观念"的激活,中国共产党是为中国人民谋幸福、为中华民族谋复兴的党,也是为人类谋进步、为世界谋大同的党,这来源于对"天无私覆,地无私载""万物一体"观念的深刻继承,只有真正回应时代之问、世界之问、人民之问、中国之问的理论创新成果，才能经得起实践的考验。

三 "两个结合"中蕴含着的新文明蓝图

（一）激活中华文明的生命力

马克思主义中国化时代化的过程，就是中国共产党创造性运用和发展马克思主义，通过与中国具体实际和中华优秀传统文化的结合，激活中华文明内在生命力的过程。中华文明在近代遭遇到前所未有的难题，这些难题一方面是西方挑战导致的，另一方面也与文明有机体自身的新陈代谢机制出了问题有关。这些问题在一定意义上揭示出了一些制约中华文明发展的瓶颈性问题。中国共产党的建立及其百年奋斗历程，从根本上解决了这些制约中华文明发展的瓶颈性问题，从而让中华文明重新恢复了生机。

中国人民选择马克思主义的过程，实际上就是把马克思主义基本原理同中国具体实际相结合、同中华优秀传统文化相结合的过程，就是马克思主义与中华文明相结合的过程。二者可以结合的前提，在于马克思主义本身就是一种对西方形而上学传统进行彻底哲学革命的产物；在于马克思主义的人民史观、改变世界的哲学精神与中华文明具有内在一致性。二者可以结合的条件，则在于中国共产党人的创造性实践，应该说马克思主义中国化时代化的过程，就是中国共产党带领中国人民进行革命、建设、改革实践的过程，就是中国共产党把马克思主义基本原理与中国具体实际和中华优秀传统文化进行创造性结合的过程。在这个过程中，大一统的政治传统、人民至上的价值观、实事求是的方法论等蕴藏在中华文明中的优秀基因，获得了新的形式，赢得了新的自觉。在这个过程中，中国共产党突破了许多制约中华文明发展的瓶颈性难题，通过新陈代谢、振颓起弊，而让中华文明实现了现代化，走出了一条中国式现代化道路，创造了人类文明新形态。在这个过程中，中国共产党牢牢掌握历史主动，彻底改变了全体中国人民被奴役、被压迫的命运，开创了实现中华民族伟大复兴的新局面。

（二）实现中华文明的创造性转化

"第二个结合"中蕴含一种深刻的文明观。中国共产党实现中华文明创造性转化的关键一步，是全面认识中华文明历史，提出基于中华文明实践的文明观。习近平总书记说："中国特色社会主义道路是在马克思主义指导下走出来的，也是从五千多年中华文明史中走出来的；'第二个结合'让中国特色社会主义道路有了更加宏阔深远的历史纵深，拓展了中国特色社会主义道路的文化根基。"[①]

第一，"第二个结合"筑牢了道路根基。"第二个结合"通过打通中华文明道路与中国特色社会主义道路之间的连续性，让中华文明道路与中国特色社会主义道路一气贯通，汇成同一条中国道路。一方面，中华文明道路经由中国特色社会主义道

[①] 习近平：《在文化传承发展座谈会上的讲话》，人民出版社2023年版，第7页。

路而连续发展、延绵不断；另一方面，中华文明道路为中国特色社会主义道路奠定了更加深远宏阔的道路根基。中华文明为中国特色社会主义赋予了文明的底气和历史的前提，中国特色社会主义焕发了中华文明的生机、推动了中国历史的发展。中华文明赋予了中国特色社会主义以文明的荣耀和历史的自信，中国特色社会主义则为中华文明开辟了现代化的坦途。习近平总书记指出："中国式现代化赋予中华文明以现代力量，中华文明赋予中国式现代化以深厚底蕴。"[①] 中国式现代化作为中国特色社会主义开辟的现代化道路，因此具有了中华文明史的宏阔意义，同时也具有了基于古老文明创造新的现代文明的深远意义："中国式现代化是赓续古老文明的现代化，而不是消灭古老文明的现代化，是从中华大地长出来的现代化，不是照搬照抄其他国家的现代化；是文明更新的结果，不是文明断裂的产物。中国式现代化是中华民族的旧邦新命，必将推动中华文明重焕荣光。"[②]

第二，"第二个结合"蕴含一种新的文明观。习近平总书记提出"第二个结合"的伟大意义，就在于确立了超越西方文明的、更加符合人类文明本性的文明观，树立了能够古今贯通、源流互质的历史认识论，让习近平新时代中国特色社会主义思想具有了宏阔的文明视野和深远的历史观。正是经由这种

[①] 习近平：《在文化传承发展座谈会上的讲话》，人民出版社2023年版，第7页。

[②] 杜尚泽：《推动中华文明重焕荣光》，《人民日报》2023年6月5日。

新的文明观和历史认识论,"第二个结合"成为建设中华民族现代文明的根本途径,为中华民族现代文明赋予了深刻的文明意义和历史底蕴。

"第二个结合"蕴含的新文明观是通过习近平总书记提出的"文化生命体"概念来界定的。习近平总书记在讲话中说:"'结合'不是'拼盘',不是简单的'物理反应',而是深刻的'化学反应',造就了一个有机统一的新的文化生命体。"①"新的文化生命体"就是中华民族现代文明,就是中华文明现代形态,就是中国式现代化的文化形态。习近平总书记提出的"文化生命体"概念正是对文明的新定义。把"文明"定义为"文化生命体",解决了长期以来学术界和理论界在文明和文化认识上的误区。关于"文明"的认识,我们实际上是基于"Civilization"这个西文词的汉译来理解的,也就是说,想当然地把"文明"两个汉字的意义直接等同于"Civilization"的含义。但实际上,由汉字"文明"所表达的文明观与根据"Civilization"而来的文明观,是两种完全不同的文明观。

据布罗代尔的研究,这个词在18世纪最先开始在法国流行,一般指与野蛮(savage)状态相对立的开化状态。② 在拉丁语中,civitas 是公民权、公民身份的意思,civilitas 则是公民

---

① 习近平:《在文化传承发展座谈会上的讲话》,人民出版社2023年版,第6页。
② 参见[法]费尔南·布罗代尔《文明史纲》,肖昶等译,广西师范大学出版社2003年版,第24页。

第四章 "两个结合"的哲学基础

教养的意思。在古希腊罗马，公民权是自由人区别奴隶和外邦人的权力。因此，可以说它所对应的教养或文化、文明，本身就具有一种用以区别他者的意识和意义。因此，civilization 这个词始终带有它的拉丁词根 civitas 所具有的区别他者的身份意识，正是这种意识让 civilization 始终具有一种以特殊化自身的方式将自己与他者区别开来并划分等级的意图，civilization 就意味着文明与野蛮的对立，意味着一种文明化的历史进化论进程。这套文明等级论述，将地理大发现之后所认识到的全世界人群分成了 savage（野蛮的）、barbarian（蒙昧的）、half-civilized（半开化的）、civilized（文明的）、enlightened（明达的或启蒙的）五种，另外还有三个等级（野蛮、蒙昧、文明）和四个等级（野蛮、蒙昧、半开化、文明）的区分，这样一套文明等级论述就成为欧洲国家认识世界的基础性框架。无疑，在这个等级论述当中，文明就等于欧洲文明（施密特语），[1] 而基督教则是文明制高点的代表。文明等级论在 19 世纪与进步史观进行了深入的结合，黑格尔的世界史哲学就是文明等级论与进步史观相结合的典范。与这套文明等级相应的是国际法当中不同的权利，只有文明国家才具有国家主权，不同文明等级对应着高低不同的国际权利，野蛮人的土地属于等待开发的无主荒地。在这个文明等级当中，中国被放置到半蒙昧、

---

[1] 参见刘禾主编《世界秩序与文明等级》，生活·读书·新知三联书店 2015 年版，第 49 页。

半文明的位置，是不拥有完全主权的状态。这是以西方文明为中心的文明论。因此，所谓"现代文明"就是一种以西方文明为中心的单数文明否定所有古老文明的方式所呈现出来的"文明"。

"文明"一词，最早见于《周易·乾卦·文言》："见龙在田，天下文明。""见龙在田"是乾卦九二爻辞。孔颖达《正义》对此的解释是："阳气在田，始生万物，故天下有文章而光明也。"① 根据冯时先生的研究，商周古文字的"文"字，是一个人正面站立而明见其心的形状，"所以'文'的原始内涵实相对于'质'，如果说'质'的思想乃在表现人天生所具有的动物本能，那么'文'显然已是经德养之后所表现的文雅，这种通过内心修养所获得的文雅自然是对初民本能之质的修饰，这种修养的文雅由内而外，以德容的形式彰显出来，这便是古人所称'文明'的本义"②。我们可以进一步引申冯先生的说法，"文"即"德"，而"文明"就是把人的内在之德表现出来、彰显出来，所以"文明"有时也称"文章"。就"文明"是人的内在之德的意义上，"文明"也可以被称为"人文"，文明、人文也就是文德。不过，作为人之德的文德又是从哪里来的呢？又是一种什么样的品质呢？它是从天德而来的，是对天德的效法。冯时先生认为，古人从观象授时的活动

---

① 《周易正义》，北京大学出版社1999年版，第20页。
② 冯时：《观象授时与文明的诞生》，《南方文物》2016年第1期。

第四章 "两个结合"的哲学基础

中认识到"时间为信"的意义上,从而以信为天德,亦即"天则不言而信"(《礼记·乐记》),"至信如时,必至而不结"(《郭店楚简·忠信之道》)。[①]《尚书·舜典》中说舜是"濬哲文明,温恭允塞",所谓"允塞"就是"信实"的意思。"文明"就是人对信实、诚信之德的发扬。"人文"效法"天文","人德"得自"天德"。"文明"是人文效法天文的结果,是人依循天德而实现的人德。如果说"文"是贯通天人的"德",那么"明"就是人发明彰显这种德的努力,所以"文明"亦即"文章"。因此,"文明"这两个汉字,就是在天人互动中人将自身内部所具有的天地之德体现出来的方式,文而明之、文而章之,文明不是人与天地对立的产物,文明更不是人与人区隔的产物,而是天地借以体现自身的方式及其进程,天地人构成一个完整的生命共同体,这是任何文明成立的基本条件。用文化生命体来定义"文明",意味着不同的文明不过是不同的文化生命体,文明的差异只是文化生命体实现天地之德的不同方式而已。即使对于那些不从文化生命体角度理解文明的"Civilization"而言,其实质也都是天地人共同构成的文化生命体而已。历史就是这一生命共同体展开实践的文明进程。

第三,用"文化生命体"定义"文明"的意义。文化生命

[①] 参见李零《郭店楚简校读记》(增订本),中国人民大学出版社2007年版,第130页。

体就是从天地人构成的生命共同体的意义上来把握这种文明的展开进程。中华民族现代文明和中华民族古老文明，都是中华文明这个文化生命体实现天地之德的历史进程的不同但连续的阶段而已，中华民族现代文明是中华民族古老文明的连续生长，是中华文明的现代形态而已。无论是古老文明还是现代文明，中华文明都一气贯通地具有"文明"的价值观。

从文化生命体的角度认识文明，文明尽管是多样的、尽管是复数的，但文明作为文化生命体却可以在天地人共同体的意义上相互理解、交流互鉴，但不同文明之间不可能发生生命体之间的相互置换，更不能彼此替代。多样的文明之间可以在交流互鉴、相互理解中形成一种基于文明本性的大文明，一种全人类共享的文明，一种不否定、不破坏多样文明的前提下形成的人类新文明。这种更大规模、更大格局的人类新文明，可以从中华文明的文明观中创造出来。这种基于文化生命体的文明观，从根本上解决了"普世主义"的迷思。在文化生命体之外存在的单数文明，只能从作为文化生命体的文明之间交往互动中创生，只能在多样文明的基础上开辟，没有一种取消和否定多样文明的单一文明，那种宣称"普世主义"的单一文明，是人造的抽象物，是一种幻觉的未来，并非文化生命体具体而现实的创造。

用文化生命体来定义文明，从根本上解决了近现代史上的反传统与"第二个结合"对中华优秀传统文化的肯定之间的表面上的冲突和矛盾问题，可以从根本上疏通不同时期对待传统文化的矛盾态度，可以从根本上理顺并超越中华优秀传统文化与现代化之间的对立关系。

用文化生命体来定义文明，建立起一种看待传统的内在视野。所谓内在视野，就是立足于文化生命体自身，从生命体自身的自我更新和新陈代谢的角度来理解"批判"和"否定"，把"批判"和"否定"作为生命体自我革命的环节，恰在生命体自我革命的环节意义上，"批判"和"否定"恰恰是生命体内在生命力的展现。因此，"批判"和"否定"不是外在的"批判"和"否定"，而是为了生命体更好成长而进行的内在更生的环节。"批判"和"否定"不过是文化生命体自身进行的去粗取精、取精用宏的生命过程。今天的肯定和弘扬是反题之后的合题，是对文化生命体内在生命力的调适理顺和正向激活，将生命体内部的张力转化为生命体生长更为深刻的动力。

用文化生命体定义文明所确立起来的内在视野，解决了一个困扰古老文明现代化的吊诡性处境，一个由资本主义扩张带来的现代化为西方之外的古老文明设置的吊诡性处境，小即要么现代化而把文明传统连根拔起，要么固守文明传统而被时代抛弃。文明传统成为现代化的对立物，现代化让人沦落为从文明土壤中拔根的孤绝个体。用文化生命体来定义文明，为"批判"确立起了内在的约束性视野：深刻自觉批判是自我批判，革命是生命体的自我革命。基于别的文化生命体而来的批判，不可避免其外部反思的立场，不可避免外部批判带来的绝对否定；基于外部立场和视野的批判，不是文明成长的环节，恰恰成为一种文明对另一种文明的外部否定。对此，我们要有足够的理性自觉。

用文化生命体来定义文明，让我们可以在内在反思和内在批判的意义上，将反思和批判理解为激活文明生命力的必要环节，理解为文明成长的必要条件，理解为文明自觉的必要内容。批判和肯定是同一个生命体经历的不同阶段和成长的不同环节而已，都是为畅达文明的生机，焕发文化生命体的活力而采取的主动作为，都是文化生命体的文化主体性的表现。

用文化生命体来定义文明，文化就是文明的生命力本身。因此，关于文化的精华与糟粕的辨别，是作为文化生命体的文明自身完成的辩证综合的过程，去粗取精、取精用宏是文化生命体适应环境必然发生的过程，也只有从文化生命体的生命进程的整体来理解文明，我们才不会对传统采取轻慢而虚无的态度，才不会把自身所遭遇的一切挫折和困境都诿卸于古人，也不会仅仅从当下的功利需要出发从传统中随意汲取、为我所用。我们只有从作为文化生命体的文明整体意义来对待传统和现代的内在关联和连续发展，看待作为文化生命体的文明的有机生长过程，才能真正领会"第二个结合"的伟大意义。

（三）习近平新时代中国特色社会主义思想是中华文化和中国精神的时代精华

"第二个结合"实现的马克思主义中国化时代化新飞跃、开辟的马克思主义中国化时代化的新境界，就是让马克思主义在具有中国形式、中国形态之后，更具有了中国文化生命。

"第二个结合"的理论成果，就是创立了具有中国文化生命的当代中国马克思主义、二十一世纪马克思主义——习近平新时代中国特色社会主义思想。这一思想是中华文化和中国精神的时代精华。

中国共产党人既是马克思主义的坚定信仰者和践行者，又是中华优秀传统文化的忠实继承者和弘扬者，这充分说明，中国共产党人信仰和践行马克思主义与忠实继承和弘扬中华优秀传统文化是内在一致的，并不矛盾。马克思主义来到中国，以真理之光激活了中华文明的基因，引领中国走进现代世界，推动了中华文明的生命更新和现代转型。马克思主义让中华文明别开生面，实现了从传统到现代的跨越。"第二个结合"让中华文明成为现代的，发展出了中华文明现代形态，创造出中华民族现代文明，创造出中国式现代化的文化形态。经由"第二个结合"，创造出一个新的文化生命体——中华民族现代文明。

在我们看来，对"习近平新时代中国特色社会主义思想是中华文化和中国精神的时代精华"的把握，首先必须结合新时代中国特色社会主义的伟大实践，从马克思主义哲学中国化的角度深刻认识中华文化、中国精神的价值内涵，从马克思主义基本原理与中华优秀传统文化相结合的角度深刻理解习近平新时代中国特色社会主义思想的重要贡献。为此，我们尚需要从三个方面系统地研究这一论断的伟大意义和深刻内涵。首先，我们需要全面阐释习近平新时代中国特色社会主义思想作为中华文化和中国精神的真正代表者的深刻内涵。习近平新时代中国特色社会主义思想是马克思主义基本原理激活中华文明内在力量的结果，是中华文化内在生命力的生动展现，习近平新时代中国特色社会主义思想开创了中华文明的新形态、开辟了中华文明史的新阶段。习近平新时代中国特色社会主义思想作为中华文明的继承者，承接了中华文明的道统，将中国共产党的百年奋斗史确立为中华文明连续发展的正统代表。其次，我们需要全面阐释习近平新时代中国特色社会主义思想是中华文化和中国精神的时代发展者和时代开创者的深刻内涵。中国共产党在百年奋斗历程中，领导中国人民在中华文明基础上实现了中华优秀传统文化的创造性转化和创新性发展，实现了中华文明的社会主义现代化，创造出了中华文明的新形态，创造出了"新中华"。中国共产党的百年奋斗史就是领导中国人民不断开创"新中华"的历程。最后，我们需要全面阐释习近平新时代中国特色社会主义思想是马克思主义与中华文化深度融合的伟大结晶的深刻内涵。马克思主义在激活中华文明内在力量的同时，也使自己具有了中华文化的性格，充分实现了中国化，成为当代中国马克思主义。马克思主义与中华文化的深度融合，既发展了马克思主义，也带动了中华文明的新发展。马克思主义与中华文化的深度融合，真正理顺了中华文化、社会主义和现代化的关系，实现了三者的有机整合，创造出了中国式现代化道路，也创造出了中华文明的新形态，人类文明的新形态。

首先，作为中华文化和中国精神的时代精华，习近平新时代中国特色社会主义思想是中华文化和中国精神的忠实传承者和弘扬者、时代代表者和维护者，更是中华文化和中国精神内在生命力的时代体现者。

习近平总书记指出："包括儒家思想在内的中国传统思想文化中的优秀成分，对中华文明形成并延续发展几千年而从未中断，对形成和维护中国团结统一的政治局面，对形成和巩固中国多民族和合一体的大家庭，对形成和丰富中华民族精神，对激励中华儿女维护民族独立、反抗外来侵略，对推动中国社会发展进步、促进中国社会利益和社会关系平衡，都发挥了十分重要的作用。"[1] 习近平新时代中国特色社会主义思想在新时代忠实地继承和弘扬中华文化和中国精神，通过新时代中国特色社会主义的实践，最为生动深刻地体现了中华文化和中国精神，成为新时代中华文化和中国精神的真正代表者。

中国共产党的创立及其百年奋斗的历程本身就充分说明了中华文明内在更生力量的强大。而这种更生力量的焕发，正是中国共产党创造性地运用马克思主义，充分激活中华文明内在力量的结果。中国共产党充分体现了中华文明在历史困境中积极发挥历史主动性的文明基因，这种基因是一种不断承敝通变的能力，是一种不断从历史困境中开辟新境界的能力，也是一

---

[1] 习近平：《在纪念孔子诞辰2565周年国际学术研讨会暨国际儒学联合会第五届会员大会开幕会上的讲话》，《人民日报》2014年9月25日。

种将古老文明不断带入新境界、新状态的能力。正是这种能力，让中华文明历久弥新、既久且大。我们必须立足中国大地，从中国人民的伟大实践出发，把中华文化和中国精神看作一种为人民群众所掌握的改造世界的物质力量，而中国共产党就是把握住这一物质力量，并激活中华文明内在生命力的政治主体，才能真正理解中国共产党作为中华文化和中国精神的真正代表者的意义。习近平新时代中国特色社会主义思想在新时代深刻体现了中华文明的内在力量，深刻焕发了中华文化中历史主动性的基因，深刻贯彻了自强不息、与时俱进的中国精神，领导新时代的中国人民延续了中华文化的生命力，开创了中华文化的新境界，创造了中华文明的新形态，开辟了中华文明史的新阶段。

其次，习近平新时代中国特色社会主义思想是中华文化和中国精神的时代发展者和开创者。

习近平总书记指出："要坚持古为今用、推陈出新，有鉴别地加以对待，有扬弃地予以继承，努力用中华民族创造的一切精神财富来以文化人、以文育人。"[1] 习近平总书记提出了创造性转化和创新性发展作为对待中华优秀传统文化的基本方针，把马克思主义基本原理同中国具体实际和中华优秀传统文化相结合作为重铸中华文化新辉煌的根本途径。习近平总书记

---

[1] 《习近平在中共中央政治局第十三次集体学习时强调 把培育和弘扬社会主义核心价值观作为凝魂聚气强基固本的基础工程》，《党建》2014年第3期。

的这些论断，都深刻表明了习近平新时代中国特色社会主义思想作为中华文化和中国精神的时代发展者和开创者的重要担当。

今天，我们已经进入了 21 世纪的第三个十年。如果以千年为计，当下中国正处于产生新的思想文化范式的创造时期，承担着为未来一千年确立新的文明形态的伟大使命。中国共产党一百多年来的奋斗，一步步创造出中华文明的现代新形态。习近平新时代中国特色社会主义思想作为中华文化和中国精神的时代精华，就是对中国共产党这一历史使命的深刻自觉。开创中华文明新形态，重铸中华文化新辉煌，是中华民族伟大复兴的象征，也是作为中华文化和中国精神的时代代表者和发展者的习近平新时代中国特色社会主义思想的光荣使命。我们相信，中华文明新形态的开创和中华文化新辉煌的重铸，将会在世界百年未有之大变局中，为未来的人类示范一种可资借鉴的、具有大文明格局的人类文明新形态。

最后，习近平新时代中国特色社会主义思想是当代中国马克思主义、二十一世纪马克思主义和中华文化与中国精神的时代精华。

《中共中央关于党的百年奋斗重大成就和历史经验的决议》中"习近平新时代中国特色社会主义思想是中华文化和中国精神的时代精华"这一重大论述，是我们理解习近平新时代中国特色社会主义思想实现了马克思主义中国化时代化新飞跃的关键。习近平新时代中国特色社会主义思想是当代中国马克思主义的新发展，是中华文明在回答系列时代课题过程中实现的新发展，是把马克思主义基本原理同中国具体实际、中华优秀传统文化相结合而产生的重大成果。

我们不仅要对习近平新时代中国特色社会主义思想在马克思主义哲学史上的地位加以刻画和描述，同时也要从中华文明史的视野，对习近平新时代中国特色社会主义思想中的中华文化、中国精神进行深入理解，将党领导的革命、建设、改革事业视为文明传统的赓续，对习近平新时代中国特色社会主义思想在中华文明的古老基盘上开创的人类文明新形态进行深入理解。

"两个结合"既是推进马克思主义中国化的途径，又是发展当代中国马克思主义、二十一世纪马克思主义的重要遵循和根本原则。作为马克思主义中国化新飞跃的习近平新时代中国特色社会主义思想，实现了马克思主义与中华文化的深度融合。

第五章
"两个结合"的根本要求、基本路径

推进"两个结合"是一个系统的工程，必须在党的领导下，科学把握马克思主义在中国创新发展的内在机理，不断深化对马克思主义中国化时代化的规律性认识，不断推进当代中国马克思主义、二十一世纪马克思主义创新发展。

第一节 "两个结合"的根本要求

2023年6月30日，习近平总书记在主持二十届中共中央政治局第六次集体学习时强调，开辟马克思主义中国化时代化新境界的重大任务，是当代中国共产党人的庄严历史责任。习近平总书记强调，马克思主义中国化时代化这个重大命题本身就决定，我们决不能抛弃马克思主义这个魂脉，决不能抛弃中华优秀传统文化这个根脉。这为我们继续推进"两个结合"提供了根本遵循。

一　坚持中国共产党的文化领导权

办好中国的事情，关键在党。文化领导权是党的领导的重要内容，是坚持马克思主义在意识形态领域指导地位的根本要求。坚持党的文化领导权，是习近平总书记深刻总结党的历史经验、深刻总结世界社会主义经验教训、深刻洞察时代发展大势提出来的，是习近平文化思想的重要内容，是不断推进"两个结合"的政治保证。

（一）坚持党的文化领导权，是马克思主义政党统一思想、意志和行动的需要

马克思曾指出："一定的意识形式的解体足以使整个时代覆灭。"[1] 批判的武器当然不能代替武器的批判，物质力量只能用物质力量来摧毁。但是理论一经掌握群众，也会变成物质力量。无产阶级政党要想夺取政权、巩固政权，必须推进马克思主义理论的传播，使理论在群众中扎根，和人民群众日用而不觉的价值观念结合，引导人民群众所思所想所行，使人民从占统治地位的意识形态下解放出来。

列宁阐明了文化领导权和工人运动的自主性关系的问题。在谈到工人运动时，他曾指出，如果工人运动缺乏政治方向，就会"屈从于民主革命的资产阶级的领导，并使工人在组织上

---

[1] 《马克思恩格斯文集》第8卷，人民出版社2009年版，第170页。

和意识形态上存在丧失自主性的危险"①。在资本主义社会，资产阶级掌握着庞大的意识形态工具，而且其意识形态历经几个世纪的发展，更具迷惑性，这使得其意识形态渗透无处不在，渗透到文化教育之中，渗透到日常生活之中，使得工人深受影响甚至被其支配。所以列宁指出，"为了同资产阶级'思想'作斗争，为了捍卫和实现一种明确的世界观，即马克思主义的世界观"②，就必须与资产阶级争夺文化和意识形态领域的领导权，"现在和将来都必须坚持领导权思想"③。否则，"没有思想上的统一，组织上的统一是没有意义的"④，"放弃领导权就是机会主义"⑤，而且"从马克思主义观点看来，否认或不了解领导权思想的阶级就不是阶级，或者还不是阶级，而是行会，或者是各种行会的总和"⑥。

毛泽东同志在《新民主主义论》中也指出："在'五四'以前，中国的新文化运动，中国的文化革命，是资产阶级领导的，他们还有领导作用。在'五四'以后，这个阶级的文化思想却比较它的政治上的东西还要落后，就绝无领导作用，至多在革命时期在一定程度上充当一个盟员，至于盟长资格，就不

---

① [英]尼尔·哈丁：《列宁主义》，张传平译，南京大学出版社2014年版，第31页。
② 《列宁全集》第19卷，人民出版社2017年版，第311页。
③ 《列宁全集》第20卷，人民出版社2017年版，第112—113页。
④ 《列宁全集》第5卷，人民出版社1986年版，第247页。
⑤ 《列宁全集》第20卷，人民出版社1989年版，第242页。
⑥ 《列宁全集》第20卷，人民出版社1989年版，第111页。

得不落在无产阶级文化思想的肩上。这是铁一般的事实，谁也否认不了的。"① 因此，从无产阶级政党开展革命斗争、夺取政权的过程来看，掌握文化领导权是一个必要条件。

葛兰西也探讨意识形态和文化霸权，或文化领导权的关系，他指出："共产党需要在意识形态上完全一致，以便能够在任何时刻完成它作为工人阶级领袖的职能。意识形态的一致是党的力量和政治能力的一个组成部分；它对于使党成为布尔什维克党是不可缺少的。意识形态一致的基础是马克思主义和列宁主义的学说。"② 他认为，西方资本主义社会的统治方式已不再是通过直接的暴力，而是通过宣传手段、通过其在道德和精神方面的领导地位，让广大人民接受其法律制度和价值观来实现。因此，反过来说，共产党要推翻资产阶级的统治，也要从夺取文化领导权开始，从塑造无产阶级的革命意识开始。

（二）坚持党的文化领导权，是对世界社会主义运动正反两方面经验教训的深刻总结

世界社会主义运动历史上，马克思主义政党就始终高度重视坚持文化领导权。苏联兴亡的历史充分证明了，坚持文化领导权对无产阶级政党的极端重要性。习近平总书记深刻指出："苏联为什么解体？苏共为什么垮台？一个重要原因是意识形

---

① 《毛泽东选集》第 2 卷，人民出版社 1991 年版，第 698 页。
② ［意］安东尼奥·葛兰西：《葛兰西文选》，李鹏程编，人民出版社 2008 年版，第 89 页。

态领域的斗争十分激烈，全面否定苏联历史、苏共历史，否定列宁，否定斯大林，搞历史虚无主义，思想搞乱了，各级党组织几乎没任何作用了，军队都不在党的领导之下了。最后，苏联共产党偌大一个党就轰然倒下了，苏联偌大一个社会主义国家就分崩离析了。这是前车之鉴啊！"①

中国共产党在百年历史中始终重视文化领导权。中国共产党的先驱陈独秀、李大钊发起的新文化运动就是试图通过文化现代化来塑造具有现代思想的人，进而实现国家富强、民族振兴。中国共产党自成立之日起，就十分重视思想文化宣传的作用。各地风起云涌的农民运动讲习所和农民协会，充分证明了中国共产党对文化和意识形态领导权的重视。毛泽东同志在中华人民共和国成立后曾明确指出："凡是要推翻一个政权，总要先造成舆论，总要先搞意识形态方面的工作。"② 既重视枪杆子里面出政权，又重视宣传思想工作和精神武装，这是中国革命能够取得胜利的一个重要经验。在中国这样一个农民占多数的经济文化落后国家，要把农民改造为革命的主力军，必须对农民身上存在的许多非无产阶级思想进行改造，否则，中国革命就难以成功。强调支部建在连上，强调思想建党、政治建军，这体现了我们党对文化领导权的掌握。习近平总书记明确

---

① 习近平：《关于坚持和发展中国特色社会主义的几个问题》，《求是》2019年第7期。
② 《毛泽东年谱（一九四九——一九七六）》第5卷，中央文献出版社2013年版，第153页。

指出:"毛泽东同志创造性地解决了在中国这种特殊的社会历史条件下建设马克思主义政党的一系列重大问题,把党建设成为用科学理论和革命精神武装起来的、同人民群众有着血肉联系的、思想上政治上组织上完全巩固的马克思主义政党。"[1] 文化领导权,从根本上来说,就是站稳人民立场、把握人民愿望、尊重人民创造、集中人民智慧,和人民群众心灵相通。

坚持党的文化领导权,是抵制西方和平演变,确保文化和意识形态安全的需要。"古今中外,任何政党要夺取和掌握政权,任何政权要实现长治久安,都必须抓好舆论工作。"[2] 帝国主义亡我之心不死,马克思主义政党无论是夺取政权,还是巩固政权,都要高度重视文化和意识形态安全问题,任何时候既要掌握枪杆子、钱袋子、刀把子,也要掌握笔杆子、掌握文化领导权。是否坚持党的文化领导权,关系到党的理论创新,关系到推进"两个结合",关系到社会主义国家的前途命运。

实践证明,马克思主义政党只有牢牢掌握文化领导权,才能在纷繁复杂的思潮中把握正确的政治方向,才能凝聚起磅礴的力量夺取和维护政权,才能真正坚持把马克思主义基本原理同各国具体实际和各国优秀传统文化相结合。

(三)坚持党的文化领导权,是推进"两个结合"的必然要求

推进"两个结合",就要坚持马克思主义基本原理,弘扬

---

[1] 《十八大以来重要文献选编》(上),中央文献出版社2014年版,第689页。
[2] 《习近平关于社会主义文化建设论述摘编》,中央文献出版社2017年版,第38页。

优秀传统文化，反对各种错误思想和落后文化的侵蚀。这就要求牢牢掌握党对文化的领导权，以社会主义先进文化、社会主义核心价值观引领社会思潮，抵制封建残余思想以及西方资产阶级腐朽思想侵蚀。党的十八大以来，面对文化和意识形态安全的严峻形势，面对西方国家的文化渗透，以习近平同志为核心的党中央始终牢牢把握党的文化领导权，以前所未有的力度重视文化和意识形态安全问题，坚持运用马克思主义基本原理，推动中华优秀传统文化创造性转化和创新性发展，创立了习近平文化思想，丰富发展了马克思主义文化理论。习近平总书记指出："经济建设是党的中心工作，意识形态工作是党的一项极端重要的工作。面对改革发展稳定复杂局面和社会思想意识多元多样、媒体格局深刻变化，在集中精力进行经济建设的同时，一刻也不能放松和削弱意识形态工作，必须把意识形态工作的领导权、管理权、话语权牢牢掌握在手中，任何时候都不能旁落，否则就要犯无可挽回的历史性错误。"[①] 习近平总书记特别强调："当前，各种敌对势力一直企图在我国制造'颜色革命'，妄图颠覆中国共产党领导和我国社会主义制度。这是我国政权安全面临的现实危险。他们选中的一个突破口就是意识形态领域，企图把人们思想搞乱，然后浑水摸鱼、乱中取胜。新形势下，意识形态领域斗争复杂尖锐。历史和现实都警示我们，思想舆论阵地一旦被突破，其他防线就很难守得

[①] 习近平：《论党的宣传思想工作》，中央文献出版社2020年版，第21页。

住。在意识形态领域斗争上，我们没有任何妥协、退让的余地，必须取得全胜。"① 意识形态斗争，是人心的争夺，也就是文化领导权的争夺。党的十八大以来，习近平总书记强调"做好宣传思想工作必须全党动手"，"建设具有强大凝聚力和引领力的社会主义意识形态"；在文艺工作座谈会上指出"党的领导是社会主义文艺发展的根本保证"；在党的新闻舆论工作座谈会上强调"党和政府主办的媒体是党和政府的宣传阵地，必须姓党"；在网络安全和信息化工作座谈会上要求"群众在哪儿，我们的领导干部就要到哪儿去"；在哲学社会科学工作座谈会上指出"加强和改善党对哲学社会科学工作的领导，是繁荣发展我国哲学社会科学事业的根本保证"；在全国高校思想政治工作会议上强调"牢牢掌握党对高校工作的领导权"。② 十多年来，通过不断完善党的全面领导的制度体系，通过不断夯实意识形态责任制，党对意识形态的领导权、管理权、话语权得到不断加强，党校、干部学院、社会科学院、高校、理论学习中心组的作用得到切实发挥，真正成为马克思主义学习、研究、宣传的重要阵地。另外，通过加强文化体制改革，切实坚持以人民为中心的创作导向，文艺战线也推出更多增强人民精神力量的优秀作品。概言之，党的十八大以来，以习近平同志

---

① 《习近平关于社会主义文化建设论述摘编》，中央文献出版社2017年版，第37页。

② 《铸就中华文化新辉煌——以习近平同志为核心的党中央引领宣传思想文化事业发展纪实》，《人民日报》2023年10月7日。

为核心的党中央，顺应坚持"两个结合"的要求，对宣传思想文化工作做出系统谋划和部署，推动新时代宣传思想文化事业取得历史性成就，意识形态领域形势发生全局性、根本性转变，全党全国各族人民文化自信明显增强、精神面貌更加奋发昂扬，为推进"两个结合"提供了有力保障。

推进"两个结合"，要求坚持党的文化领导权，既牢牢坚持马克思主义基本原理，又弘扬中华优秀传统文化。中国共产党成立以来，既始终坚持马克思主义的指导，坚持马克思主义的科学学说，坚持和发展中国特色社会主义，做马克思主义的忠实继承者和实践者；又始终立足于中国大地，接受中华优秀传统文化的哺育，做中华优秀传统文化的忠实继承者和大力弘扬者。中国共产党人从来不是历史虚无主义者，也不是文化虚无主义者。这使得中国共产党能够把马克思主义基本原理同中华优秀传统文化相结合，科学对待中华传统文化。早在1943年5月，中国共产党中央委员会《关于共产国际执委主席团提议解散共产国际的决定》就明确指出："中国共产党人是我们民族一切文化、思想、道德的最优秀传统的继承者，把这一切优秀传统看成和自己血肉相连的东西，而且将继续发扬光大。中国共产党近年来所进行的反主观主义、反宗派主义、反党八股的整风运动就是要使得马克思列宁主义这一革命科学更进一步地和中国革命实践、中国历史、中国文化深相结合起来。这一运动表现了中国共产党人在思想上的创造才能，一如他们在革命实践上的创造才能。"① 近代以来的历史表明，只有以马克思主义为指导的中国共产党才能以科学的立场、观点、方法对待传统文化，破解古今中西之争，使古老的中华文明在马克思主义的激活下绽放出更加耀眼的光芒。

总之，党的领导是中国特色社会主义的最本质特征，是中国特色社会主义制度的最大优势，中国共产党是最高的领导力量。坚持党的文化领导权，是加强党的全面领导的重要内容。没有党的文化领导权，就没有"两个结合"，就不会有理论创新、实践创新、制度创新、文化创新等一系列创新。牢牢掌握党的文化领导权，是推进"两个结合"的最重要、最根本的要求。

二　坚持马克思主义魂脉

马克思主义是党和国家的指导思想，坚持"两个结合"必须首先坚持马克思主义基本原理。始终坚持马克思主义魂脉，这是"两个结合"沿着正确方向前进的保证。马克思主义是我们立党立国、兴党兴国的根本指导思想。习近平总书记指出："马克思主义就是我们党和人民事业不断发展的参天大树之根本，就是我们党和人民不断奋进的万里长河之泉源"，"在坚持以马克思主义为指导这一根本问题上，我们必须坚定不移，任何时候任

---

① 《中共中央文件选集（一九四三——一九四四）》第14册，中共中央党校出版社1992年版，第41页。

第五章 "两个结合"的根本要求、基本路径

何情况下都不能动摇"①。否定马克思主义的指导地位,"两个结合"就没有必要,就会偏离方向,甚至犯颠覆性错误。

马克思主义深刻揭示了自然界、人类社会、人类思维发展的普遍规律,为人类社会发展进步指明了方向,为正确认识中国具体实际和中华优秀传统文化提供了强大思想武器。马克思主义不仅深刻改变了世界,也深刻改变了中国。马克思主义提出的共产主义、社会主义理想,与中华文明重民本、尚和合、求大同的理念相契合,与中国历代有志之士追求民富国强的梦想相适应,与近代以来中国先进分子救亡图存的愿望相一致。马克思主义不仅提出了共产主义的远大理想,而且指明了实现这个理想的方法和路径。

坚持马克思主义魂脉,必须坚持和发展马克思主义。中国共产党诞生一百多年来的历史,"就是一部不断推进马克思主义中国化的历史,就是一部不断推进理论创新、进行理论创造的历史"②。马克思主义在中国之所以行,就在于我们党始终坚持不断推进马克思主义基本原理同中国具体实际相结合、同中华优秀传统文化相结合。马克思主义作为普遍真理,它之所以要和中国具体实际相结合,一方面在于中国国情的独特性决定了马克思主义要指导中国,就必须和中国实际相结合。从实际出发,这是马克思主义的根本观点。另一方面在于马克思主义

---

① 习近平:《论党的宣传思想工作》,中央文献出版社2020年版,第286页。
② 习近平:《在党史学习教育动员大会上的讲话》,《求是》2021年第7期。

自身发展的需要，马克思主义只有和中国实际相结合，才能在回答时代和实践的挑战中得到检验，并汲取实际的营养而获得创新发展。习近平总书记指出："马克思主义不仅深刻改变了世界，也深刻改变了中国。中华民族在几千年的历史进程中创造了灿烂的中华文明，为人类文明进步作出了重大贡献……实践证明，马克思主义的命运早已同中国共产党的命运、中国人民的命运、中华民族的命运紧紧连在一起，它的科学性和真理性在中国得到了充分检验，它的人民性和实践性在中国得到了充分贯彻，它的开放性和时代性在中国得到了充分彰显！实践还证明，马克思主义为中国革命、建设、改革提供了强大思想武器，使中国这个古老的东方大国创造了人类历史上前所未有的发展奇迹。历史和人民选择马克思主义是完全正确的，中国共产党把马克思主义写在自己的旗帜上是完全正确的，坚持马克思主义基本原理同中国具体实际相结合、不断推进马克思主义中国化时代化是完全正确的！"[1] 推进"两个结合"，必须坚持马克思主义这个立党立国、兴党兴国之本不动摇。在马克思主义指导下，在推进"两个结合"的伟大进程中，我们党创立了毛泽东思想，形成了中国特色社会主义理论体系。特别是党的十八大以来，以习近平同志为核心的党中央坚持运用马克思主义基本原理，提出了一系列原创性治国理政新理念新思想新

---

[1] 《十九大以来重要文献选编》（上），中央文献出版社2019年版，第426—428页。

战略，创立了习近平新时代中国特色社会主义思想，实现了马克思主义中国化时代化新的飞跃。

坚持马克思主义魂脉，必须坚持马克思主义在意识形态领域指导地位的根本制度。马克思主义是社会主义意识形态的旗帜和灵魂。党的十九届四中全会审议通过的《中共中央关于坚持和完善中国特色社会主义制度 推进国家治理体系和治理能力现代化若干重大问题的决定》，深刻总结社会主义文化建设的规律，明确提出必须坚持马克思主义在意识形态领域指导地位的根本制度。坚持这一根本制度，是确保党的本质属性、巩固党的团结统一的必然要求，是坚持正确发展道路、实现国家长治久安的必然要求，是筑牢全体人民共同思想基础、凝聚团结奋进强大精神力量的必然要求，是保证我国文化建设正确方向、更好担负起新时代文化使命的必然要求。习近平总书记在党的二十大报告中强调："我们要坚持马克思主义在意识形态领域指导地位的根本制度，坚持为人民服务、为社会主义服务，坚持百花齐放、百家争鸣，坚持创造性转化、创新性发展，以社会主义核心价值观为引领，发展社会主义先进文化，弘扬革命文化，传承中华优秀传统文化，满足人民日益增长的精神文化需求，巩固全党全国各族人民团结奋斗的共同思想基础，不断提升国家文化软实力和中华文化影响力。"[1]

---

[1] 习近平：《高举中国特色社会主义伟大旗帜 为全面建设社会主义现代化国家而团结奋斗——在中国共产党第二十次全国代表大会上的报告》，人民出版社2022年版，第43页。

"两个结合"基本问题研究

党的十八大以来，在以习近平同志为核心的党中央高度重视和推动部署下，围绕举旗帜、聚民心、育新人、兴文化、展形象的使命任务，坚持为人民服务、为社会主义服务，坚持百花齐放、百家争鸣，坚持创造性转化、创新性发展，发展社会主义先进文化、广泛凝聚人民精神力量，激发全民族文化创造活力，马克思主义在我国意识形态领域指导地位更加鲜明、巩固深化，思想文化领域发生了历史性根本性变化，全党全国各族人民文化自信明显增强、精神面貌更加奋发昂扬。同时，我们也必须看到："在对待坚持以马克思主义为指导问题上，绝大部分同志认识是清醒的、态度是坚定的。同时，也有一些同志对马克思主义理解不深、理解不透，在运用马克思主义立场、观点、方法上功力不足、高水平成果不多，在建设以马克思主义为指导的学科体系、学术体系、话语体系上功力不足、高水平成果不多。社会上也存在一些模糊甚至错误的认识……这种状况必须引起我们高度重视。"① 苏联解体、东欧剧变的惨痛教训告诉我们，放弃马克思主义指导地位，违背科学社会主义原则，必然导致改旗易帜、亡党亡国的恶果。

新时代新征程，我们必须坚持和加强党对意识形态工作的全面领导，坚持马克思主义在意识形态领域指导地位的根本制度，坚持马克思主义在我国哲学社会科学领域的指导地位，巩

---

① 习近平：《在哲学社会科学工作座谈会上的讲话》，人民出版社2016年版，第10页。

固马克思主义在高校意识形态领域的指导地位，健全意识形态工作责任制，推动全党动手抓宣传思想工作，守土有责、守土负责、守土尽责，敢抓敢管、敢于斗争，旗帜鲜明反对和抵制各种错误观点，讲好中国共产党承担大党大国责任、坚持和平发展合作共赢的故事。

坚持马克思主义魂脉，必须坚持以习近平新时代中国特色社会主义思想为指导。马克思主义是开放的理论、发展的理论。中国共产党为什么能，中国特色社会主义为什么好，归根结底是马克思主义行，是中国化时代化的马克思主义行。坚持和巩固马克思主义指导地位，当前最重要的就是要坚持以习近平新时代中国特色社会主义思想这一马克思主义中国化时代化的最新成果为指导，坚持好、运用好贯穿其中的立场、观点、方法。党的二十大报告系统阐述了习近平新时代中国特色社会主义思想的世界观和方法论，概括了"六个必须坚持"：必须坚持人民至上、必须坚持自信自立、必须坚持守正创新、必须坚持问题导向、必须坚持系统观念、必须坚持胸怀天下。这"六个必须坚持"，既坚持了马克思主义的基本原理，也蕴含中华优秀传统文化的智慧和精华，充分体现了坚持马克思主义基本原理同中国具体实际相结合、同中华优秀传统文化相结合，是我们深刻理解习近平新时代中国特色社会主义思想的"金钥匙"，也是我们在"两个结合"的基础上推进实践创新和理论创新的根本方法。

三 坚守中华优秀传统文化根脉

坚守中华优秀传统文化的根脉，是推进"两个结合"的内在要求。民族是文化的主体，文化是民族的血脉。"任何文化要立得住、行得远，要有引领力、凝聚力、塑造力、辐射力，就必须有自己的主体性。"① 坚守中华优秀传统文化的根脉，就是坚持文化的主体性，坚定文化自信，筑牢文化上的自我，实现中华民族的精神自立。

马克思曾指出："人们自己创造自己的历史，但是他们并不是随心所欲地创造，并不是在他们自己选定的条件下创造，而是在直接碰到的、既定的、从过去承继下来的条件下创造。一切已死的先辈们的传统，像梦魇一样纠缠着活人的头脑。"② 社会主义文化是不可能在与传统的一切思想观念彻底决裂的基础上建立的，否则，建立起来的也只能是空中楼阁。列宁明确指出："只有确切地了解人类全部发展过程所创造的文化，只有对这种文化加以改造，才能建设无产阶级的文化"，"无产阶级文化并不是从天上掉下来的，也不是那些自命为无产阶级文化专家的人杜撰出来的。如果硬说是这样，那完全是一派胡言。无产阶级文化应当是人类在资本主义社会、地主社会和官

---

① 习近平：《在文化传承发展座谈会上的讲话》，人民出版社2023年版，第8页。

② 《马克思恩格斯文集》第2卷，人民出版社2009年版，第470—471页。

僚社会压迫下创造出来的全部知识合乎规律的发展"①。

习近平总书记明确指出:"只有全面深入了解中华文明的历史,才能更有效地推动中华优秀传统文化创造性转化、创新性发展,更有力地推进中国特色社会主义文化建设,建设中华民族现代文明。"② 中华文明是世界上唯一绵延不断并以国家形态发展至今的伟大文明,是我们自立于世界民族之林、实现民族复兴的支柱。习近平总书记以科学缜密的历史思维和宏阔深邃的世界眼光,全面系统地揭示了中华文明的突出特性,深刻揭示了中华文明的独特基因、独特优势,阐明了中华五千多年文明绵延不断的密码,以及我们今天坚持中国道路的历史必然性、文化内涵与独特优势。

当代中国是历史中国的延续和发展,中华优秀传统文化依然深深地植根在广大人民心中,影响着人们的思维方式和价值观念。习近平总书记明确指出:"中国今天所走的中国特色社会主义道路,是与五千年中华文明分不开的。"③ 中华优秀传统文化,是中华民族的根和魂,是中华民族的独特精神标识,是我们"何以是中华""何以是中国"的独特文化基因,是我们的特色和优势,是我们在世界文化激荡中站稳脚跟的根基。抛弃传统、丢掉根本,就等于割断了自己的精神命脉,广大人民

---

① 《列宁选集》第4卷,人民出版社2012年版,第285页。
② 习近平:《在文化传承发展座谈会上的讲话》,人民出版社2023年版,第1页。
③ 《习近平同希腊总统帕夫洛普洛斯会谈》,《人民日报》2019年5月15日。

群众就会魂无定所、行无依归,就会出现文化认同的危机,甚至危及国家的长治久安。"第二个结合"有利于把马克思主义思想精髓同中华优秀传统文化精华贯通起来,有利于彰显"中华五千年文明"这个中国特色,使中国特色社会主义更加"根深蒂固",筑牢中国特色社会主义道路的根基,极大地增强中国人民、中华民族对中国特色社会主义的文化认同、制度认同,增强做中国人的志气、骨气、底气。

四 深刻把握不断发展的中国实际

实事求是,一切从实际出发,是马克思主义的活的灵魂,是我们党不断取得胜利的重要法宝。深刻把握不断发展的中国实际,是我们能够真正做到"两个结合"的关键所在。

首先,要把握好我国的最大国情。恩格斯曾深刻指出,"马克思的整个世界观不是教义,而是方法。它提供的不是现成的教条,而是进一步研究的出发点和供这种研究使用的方法"[1],"每一个时代的理论思维,包括我们这个时代的理论思维,都是一种历史的产物,它在不同的时代具有完全不同的形式,同时具有完全不同的内容"[2]。马克思主义要真正发挥作用,要不断丰富发展,就必须从实际出发,和实际结合,不断回答实际提出的新问题。习近平总书记指出:"当代中国最

---

[1] 《马克思恩格斯文集》第10卷,人民出版社2009年版,第691页。
[2] 《马克思恩格斯文集》第9卷,人民出版社2009年版,第436页。

大的客观实际是什么？就是我国仍处于并将长期处于社会主义初级阶段。这是我们认识当下、规划未来、制定政策、推进事业的客观基点，不能脱离这个基点，否则就会犯错误，甚至犯颠覆性的错误。对这个问题，很多同志在认识上是知道的，但在遇到具体问题时，有些同志会出现'乱花渐欲迷人眼'的情况，经常会冒出各种主观主义的东西，有时甚至头脑发热、异想天开。有的人喜欢拍脑袋决策、拍胸脯表态，盲目铺摊子、上项目，或者提出一些不切实际的高指标，结果只能是劳民伤财、得不偿失。为什么会出现这样的问题？甚至反复出现这样的问题？从思想根源来看，就是没有做到一切从实际出发。"[1] 中国的这一特殊实际、最大实际，决定了我们不能照搬马克思主义，而必须在坚持马克思主义的基础上发展马克思主义。坚持一切从实际出发，既要看到社会主义初级阶段基本国情没有变，也要看到我国经济社会发展不断呈现出来的新特点，同时也要深刻把握中国历史文化传统的一些基本特质，注重在发展中解决问题，在发展中创造新的理论成果。

其次，要把握好新时代的新矛盾、新变化、新要求。中国实际不是一成不变的。推进马克思主义基本原理和中国具体实际相结合也不是一蹴而就的。党的十八大以来，中国特色社会主义进入新时代。以习近平同志为主要代表的中国共产党人，

---

[1] 习近平：《辩证唯物主义是中国共产党人的世界观和方法论》，《求是》2019年第1期。

准确把握中国特色社会主义历史新方位、时代新变化、实践新要求，对我国社会主要矛盾做出新的重大判断，科学回答了当今时代和当代中国发展提出的一系列重大理论和现实问题，坚持和完善了中国特色社会主义。特别是习近平总书记着眼于解决新时代的重大实际问题，提出了一系列原创性的治国理政新理念新思想新战略，提出了习近平强军思想、习近平经济思想、习近平法治思想、习近平生态文明思想、习近平外交思想、习近平文化思想。这些重要思想是我们党深入推进"两个结合"的重大理论成果，体现了对新时代、新矛盾、新变化、新要求的全面科学系统的把握。

最后，坚持胸怀天下，联系世界把握中国。中国实际并不是孤立的实际。党的十八大以来，以习近平同志为核心的党中央科学把握世界百年未有之大变局带来的新形势、新挑战，顺应和平、发展、合作、共赢的时代潮流，全面推进中国特色大国外交，提出了构建人类命运共同体的重要理念，以及弘扬和平、发展、公平、正义、民主、自由的全人类共同价值。构建人类命运共同体理念，根植于中华文化开放包容的文明基因，进一步丰富和发展了马克思主义的共同体理论，符合世界上绝大多数国家、人民的期盼和利益，有力地推动传统与现代、中国与世界、现实与未来的文化文明融合，为解决人类重大问题，建设持久和平、普遍安全、共同繁荣、开放包容、清洁美丽的世界贡献了中国智慧、中国方案、中国力量，是"两个结合"的重要成果。

新时代新征程，我们必须坚持用党的创新理论武装全党，坚决守住马克思主义这个魂脉，坚决守住中华优秀传统文化这个根脉，有效把马克思主义思想精髓同中华优秀传统文化精华贯通起来，不断深入推进"两个结合"。

第二节 "两个结合"的基本路径

推进"两个结合"必须坚持问题导向，坚持把马克思主义思想精髓同中华优秀传统文化精华贯通起来、同人民群众日用而不觉的共同价值观念融通起来，用中国道理总结中国经验、把中国经验上升为中国理论，不断推进理论创新和实践创新。

一 坚持问题导向，切实回答实践提出的重大问题

坚持问题导向，就是以我们正在做的事情为中心，聚焦"国之大者"，切实回答实践提出的重大问题，科学回答中国之问、世界之问、人民之问、时代之问。

（一）不断回答中国之问

当代中国正在经历人类历史上最为宏大而独特的实践创新，改革发展稳定任务之重、矛盾风险挑战之多、治国理政考验之大都前所未有，世界百年未有之大变局深刻变化前所未有，提出了大量亟待回答的理论和实践课题。为什么中国共产党能够在一百多年的奋斗中战胜一个又一个考验，取得一个又

一个胜利,开辟中华民族伟大复兴的正确道路?为什么中国共产党能够领导人民在七十多年的时间走完别的资本主义国家二三百年的现代化历程,取得经济快速发展和社会长期稳定奇迹?为什么新时代中国特色社会主义能够取得历史性成就、实现历史性突破?面对这一系列"中国之问",以习近平同志为核心的党中央深入总结中国共产党一百年的伟大成就和宝贵经验,深刻揭示了党"过去我们为什么能够成功""未来我们怎样才能继续走向成功"的奥秘,为我们党掌握历史主动,在新时代更好坚持发展中国特色社会主义、实现中华民族伟大复兴提供了根本遵循。

新时代新征程,我们所面临问题的复杂程度、解决问题的艰巨程度明显加大,对理论创新提出了全新要求。我们要增强问题意识,坚持马克思主义的立场、观点、方法,聚焦实践遇到的新问题、改革发展稳定存在的深层次问题、人民群众急难愁盼问题、国际变局中的重大问题、党的建设面临的突出问题,不断提出真正解决问题的新理念、新思路、新办法。

新时代新征程,党的中心任务就是团结带领全国各族人民全面建成社会主义现代化强国、实现第二个百年奋斗目标,以中国式现代化全面推进中华民族伟大复兴。推进中国式现代化是当前最大的政治,必须在坚持"两个结合"的基础上深入推进和拓展。中国是一个发展中大国,仍处于社会主义初级阶段,建成社会主义现代化强国是一项伟大而艰巨的事业,需要付出长期艰苦的努力。推进中国式现代化既要遵循现代化发展的一般规律，又要始终坚持社会主义现代化的方向，从中国实际出发，激活中华优秀传统文化的丰富养分，坚持走自己的路，创造人类文明的新形态。党中央制定了分两步走的战略安排，这是符合中国实际的，也是可以实现的。推进中国式现代化是一个系统工程，还需要我们坚持统筹兼顾、系统谋划、整体推进，正确处理好顶层设计与实践探索、战略与策略、守正与创新、效率与公平、活力与秩序、自立自强与对外开放等一系列重大关系。

（二）不断回答世界之问

"世界怎么了、我们怎么办？这是整个世界都在思考的问题，也是我一直在思考的问题。"习近平主席2017年在联合国日内瓦总部演讲时首次发出了"世界之问"，并提出了构建人类命运共同体的中国方案。

自古以来，中华民族就有"为万世开太平"的天下情怀。一百多年来，中国共产党人传承中华优秀传统文化的精髓，既为中国人民谋幸福、为中华民族谋复兴，也为人类谋进步、为世界谋大同。当前，世界之变、时代之变、历史之变正以前所未有的方式展开。面对和平赤字、发展赤字、安全赤字、治理赤字加重的世界性难题，人类又一次站在了十字路口，以习近平同志为核心的党中央，立足两个大局，坚持用马克思主义的真理力量激活中华优秀传统文化的生命力，凝聚中华文明和中国精神的时代精华，积极推动构建人类命运共同体，呼吁世界各国弘扬和平、发展、公平、正义、民主、自由的全人类共同价值，促进各国人民相知相亲，尊重世界文明多样性，以文明交流超越文明隔阂、文明互鉴超越文明冲突、文明共存超越文明优越，共同应对各种全球性挑战，科学回答了"建设一个什么样的世界、怎样建设这个世界"的重大问题，推动建设开放型世界经济，推动落实全球发展倡议、全球安全倡议、全球文明倡议，为世界和平发展增加更多稳定性和正能量，彰显了中国共产党胸怀天下的使命担当，使马克思主义在21世纪彰显出强大生命力。

（三）不断回答人民之问

人民对美好生活的向往，就是我们的奋斗目标。如何满足人民不断发展的美好生活需要，这是党的理论创新、治国理政必须回答的理论和实践课题。这是新时代的"人民之问"。

共同富裕是社会主义的本质要求。马克思曾明确指出，社会主义"生产将以所有人的共同富裕为目的"，超越资本主义的两极分化。实现共同富裕，是中国共产党不懈奋斗的目标，是广大人民的热切期盼。中国共产党成立以来，团结带领人民进行的一切奋斗、一切牺牲、一切创造，根本目的就是让人民过上好日子，实现共同富裕。

党的十八大以来，习近平总书记明确提出了以人民为中心的发展思想，把坚持人民至上提升到世界观和方法论的高度，强调"民心是最大的政治"，"江山就是人民、人民就是江山，打江山、守江山，守的是人民的心"，"共产党就是给人民办事的，就是要让人民的生活一天天好起来，一年比一年过得好"。① 在领导人民取得了脱贫攻坚、决胜小康的伟大胜利之后，以习近平同志为核心的党中央明确地把共同富裕提上了议事日程。习近平总书记明确指出，"共同富裕是中国特色社会主义的本质要求。共同富裕路子应当怎么走？我们正在进行探索。实现共同富裕的目标，首先要通过全国人民共同奋斗把'蛋糕'做大做好，然后通过合理的制度安排正确处理增长和分配关系，把'蛋糕'切好分好。这是一个长期的历史过程，我们要创造条件、完善制度，稳步朝着这个目标迈进"②。2021年8月，习近平总书记在中央财经委员会第十次会议上对实现共同富裕进行了新的规划部署，强调"共同富裕是社会主义的本质要求，是中国式现代化的重要特征，要坚持以人民为中心的发展思想，在高质量发展中促进共同富裕"③。党的二十大报告也明确把"实现全体人民共同富裕"作为推进中国式现代化的本质要求的重要内容。

实践证明，中国特色社会主义道路是推进共同富裕的必由之路，是对马克思主义共同富裕理论与实践的重大贡献。共同富裕是全体人民的富裕，是人民群众物质生活和精神生活都富裕，不是少数人的富裕，也不是整齐划一的平均主义，要分阶段促进共同富裕。切实推进共同富裕，必须以高质量发展为基

---

① 《习近平谈治国理政》第四卷，外文出版社2022年版，第63、66页。

② 习近平：《正确认识和把握我国发展重大理论和实践问题》，《求是》2022年第10期。

③ 《党的十九大以来大事记》，人民出版社2022年版，第77页。

础，切实解决公平与效率的关系问题，既需要全面推进，也需要始终坚持以经济建设为中心；既需要利用资本，也需要规范资本，防止资本野蛮生长；既需要富口袋，也需要富脑袋；既需要尽力而为，也需要量力而行；既需要循序渐进，也需要久久为功。十四亿多人口的共同富裕，没有现成的经验可以借鉴，有许多重大的理论和实践问题还需要破解。

（四）不断回答时代之问

时代是思想之母，实践是理论之源。马克思曾说："问题是时代的格言，是表现时代自己内心状态的最实际的呼声。"① 党的十八大以来，中国特色社会主义进入新时代，提出了大量亟待回答的理论和实践课题，这就是所谓的"时代之问"。

以习近平同志为核心的党中央，回答了新时代三个重大时代课题，既充分反映了以习近平同志为核心的党中央对新时代新课题的深刻把握，也充分反映了敢于解决时代课题，从而引领时代发展的使命担当。党的十九届六中全会通过的《中共中央关于党的百年奋斗重大成就和历史经验的决议》所提出的"十个明确"，作为习近平新时代中国特色社会主义思想的主要内容，既是对十九大报告提出的"八个明确"的拓展，也是对三个重大时代课题的集中回答、创新回答。实践创新永无止境，理论创新永无止境。

新时代新征程，我们必须立足不断发展的实际，继续探索

---

① 《马克思恩格斯全集》第 1 卷，人民出版社 2001 年版，第 203 页。

这三个重大时代课题，不断提出新理念新思想新战略，不断深化对共产党执政规律、社会主义建设规律、人类社会发展规律的认识。

二 弘扬中华优秀传统文化，实现创造性转化和创新性发展

坚持"两个结合"，就是要求在坚定文化自信的基础上，弘扬中华优秀传统文化，探究中华优秀传统文化同马克思主义的共同之点、契合之处，在贯通中华优秀传统文化的基础上，立足新的实践要求对前者进行创造性转化、创新性发展。

（一）坚定文化自信，筑牢"贯通"之基

"没有高度的文化自信，没有文化的繁荣兴盛，就没有中华民族伟大复兴。"只有坚定文化自信，中华民族才能实现精神上的独立，才能获得民族上的自我，在世界文化激荡中站稳脚跟，屹立于世界民族之林，进而实现中华民族伟大复兴。习近平总书记明确指出："中华文明历经数千年而绵延不绝、迭遭忧患而经久不衰，这是人类文明的奇迹，也是我们自信的底气。"[1]"中国有坚定的道路自信、理论自信、制度自信，其本质是建立在5000多年文明传承基础上的文化自信。"[2]

坚定文化自信，不能把传统和现代对立起来，割裂开来。

---

[1] 习近平：《在文化传承发展座谈会上的讲话》，人民出版社2023年版，第10页。

[2] 习近平：《建设中国特色中国风格中国气派的考古学 更好认识源远流长博大精深的中华文明》，《求是》2020年第23期。

不忘历史才能开辟未来，善于继承才能善于创新。传统"是现存的过去，但它又与任何新事物一样，是现在的一部分"①。黑格尔认为，民族精神贯穿在一定的民族生活的各个方面，民族精神把民族在技术、物质生活、风俗习惯、战争、国家兴亡、艺术、科学、政治、法律、伦理、宗教等"多方面的全部丰富内容发挥出来，宣扬出来"，民族精神"构成了一个民族意识的其他种种形式的基础和内容"，是"各个显然不同的领域的总和"。② 著名学者梁漱溟说过，"中国因其历史发展一向特殊，社会生产力长期淹滞，今天要急起直追者自在发展生产上。在生产力大进之后，社会财富日增，将不失勤俭之度而往古的礼乐文明渐以兴起，此盖可以预料者。其风尚及设施随即为各方所取则而普及于世界，是又可以预料者"③。中华民族5000多年文明历史所孕育的中华优秀传统文化，是中国特色社会主义植根的文化沃土，是当代中国发展的突出优势，给我们提供了坚定的历史自信和文化自信。

"中华文明具有突出的连续性，从根本上决定了中华民族必然走自己的路。"④ 中国特色社会主义政治制度、中国式现代

---

① ［美］爱德华·希尔斯：《论传统》，傅铿、吕乐译，上海人民出版社2014年版，第13页。
② ［德］黑格尔：《历史哲学》，王造时译，上海书店出版社2001年版，第53页。
③ 梁漱溟：《人心与人生》，上海人民出版社2018年版，第282页。
④ 《担负起新的文化使命 努力建设中华民族现代文明》，《人民日报》2023年6月3日。

化道路等方面都深深地植根于中华优秀传统文化的土壤之中，并因此表现了自己的鲜明特色。如在中国特色社会主义政治制度上，我们坚持人民代表大会制度，弘扬了中华优秀传统文化的深厚的民本思想；坚持党的全面领导制度，弘扬了"九州共贯、六合同风""事在四方、要在中央"的理念；坚持中国共产党领导的多党合作和政治协商制度，与中华优秀传统文化倡导的天下为公、兼容并包、求同存异的政治智慧有深刻的联系；我们坚持单一制下的民族区域自治制度，反映了中华优秀传统文化的大一统的主流思想，以及中华民族多元一体的民族格局。在中国式现代化道路上，我们把几千年的"小康"梦想作为中国式现代化的阶段性目标。中国式现代化的五大鲜明特色也植根于中华优秀传统文化的土壤之中。其中，"人口规模巨大"植根于"大一统"的国家观，"全体人民共同富裕"植根于"天下同利"的利益观，"物质文明和精神文明相协调"植根于"义利兼顾"的价值观，"人与自然和谐共生"植根于"天人合一"的宇宙观，"走和平发展道路"植根于"天下大同""协和万邦"的天下观。[①]此外，我们提倡的社会主义核心价值观，也充分体现了对中华优秀传统文化的传承和升华。

（二）厘清"两个结合"的内在机理以打通"贯通"的经络

马克思主义基本原理同中国具体实际相结合，本质上是理

[①] 董彪：《中国式现代化的传统文化根基》，《东北师大学报》（哲学社会科学版）2023年第3期。

论和实际、普遍性和特殊性的一种结合。而把马克思主义思想精髓同中华优秀传统文化精华贯通起来，则是两种不同思想文化的结合，是契合性、差异性、相互性基础上的结合。

第一，契合是把马克思主义思想精髓同中华优秀传统文化精华贯通起来的前提。习近平总书记明确指出："马克思主义传入中国后，科学社会主义的主张受到中国人民热烈欢迎，并最终扎根中国大地、开花结果，决不是偶然的，而是同我国传承了几千年的优秀历史文化和广大人民日用而不觉的价值观念融通的。"[1] 马克思主义虽然来自西方，但它传入中国以后不仅没有产生排斥反应，而且受到知识分子的极大欢迎，并对中华文明产生了深刻的变革，这绝不是偶然的，其原因就在于中国广大知识分子普遍认为马克思主义和中华优秀传统文化在思想内容方面存在着契合之处。李大钊在1919年提出，劳工阶级联合起来，"把种界国界完全打破"，"这就是我们人类全体所馨香祷祝的世界大同！"[2] 瞿秋白1923年在其《赤潮曲》一诗中满怀深情地期盼着"文明只待共产大同"。郭沫若在1925年撰写的《马克思进文庙》中更是明确提出了马克思与孔子在很多方面存在着相互会通之处。中华优秀传统文化在宇宙观、天下观、社会观、道德观方面，同科学社会主义价值观主张具有高度契合性。在宇宙观上，中华优秀传统文化倡导天人合一，

---

[1] 习近平：《坚持和完善中国特色社会主义制度 推进国家治理体系和治理能力现代化》，《求是》2020年第1期。

[2] 《李大钊选集》，人民出版社1959年版，第134页。

这与马克思主义关于人与自然的思想契合；在天下观上，中华优秀传统文化倡导天下为公、世界大同，这与共产主义目标契合；在社会观上，中华优秀传统文化倡导民为邦本，这与马克思主义的人民主体思想契合；在道德观上，中华优秀传统文化倡导仁者爱人、厚德载物，这与马克思主义的伦理思想契合。这种契合性使得马克思主义对中国广大人民来说有一种似曾相识的亲近感，因而得到广泛认同、广泛传播，使得结合成为可能。

另外，二者在思想品格上也具有高度契合性，都具有开放包容的特性。马克思主义是开放性的理论，中华文明也具有突出的包容性，"中华文明是在中国大地上产生的文明，也是同其他文明不断交流互鉴而形成的文明"[①]。而且中国共产党人既是马克思主义的坚定信仰者和践行者，又是中华优秀传统文化的忠实继承者和弘扬者，这两个身份的内在统一性使得把马克思主义思想精髓同中华优秀传统文化精华贯通起来成为现实。

第二，把马克思主义思想精髓同中华优秀传统文化精华贯通起来，是以差异性为基础的。马克思主义基本原理虽然与中华优秀传统文化相契合，但这种契合并不是无差别的同一，否则，二者就没有结合的必要。相反，二者在一些方面也存在着

[①] 习近平：《论坚持推动构建人类命运共同体》，中央文献出版社2018年版，第78页。

显著的差异。必须在契合的基础上，认清其差异，以马克思主义的基本原理对其作出新的解释，对其进行升华，符合我们今天的需要。

如中华优秀传统文化包含着深厚的民本思想，主张"民为邦本""民贵君轻"，但这种民本思想不过是等级制、官本位前提下的爱民思想，与马克思主义讲的人民群众是历史发展的主体，以及我们今天讲的人民至上具有天壤之别。在传统的民本思想中，官员是老百姓的衣食父母，"皇帝就是江山社稷，江山社稷就是皇帝"；而在马克思主义那里，人民才是真正的主人，官员则是人民的公仆。20世纪40年代，毛泽东同志曾指出，中国共产党的爱民思想与古代以及国民党的爱民思想具有本质区别。他说："国民党也需要老百姓，也讲'爱民'。不论是中国还是外国，古代还是现在，剥削阶级的生活都离不了老百姓。他们讲'爱民'是为了剥削，为了从老百姓身上榨取东西，这同喂牛差不多。喂牛做什么？牛除耕田之外，还有一种用场，就是能挤奶。剥削阶级的'爱民'同爱牛差不多。我们不同，我们自己就是人民的一部分，我们的党是人民的代表，我们要使人民觉悟，使人民团结起来。在这个问题上，我们同国民党是对立的，一个要人民，一个脱离人民。"[①] 党的十八大以来，习近平总书记更是明确指出，"江山就是人民，人民就是江山"，要把人民放在心中最高位置。习近平总书记提出

---

① 《毛泽东文集》第3卷，人民出版社1996年版，第57—58页。

"必须坚持人民至上",既充分体现了对马克思主义群众观的坚持和发展,也体现了对中华优秀传统文化的民本思想的弘扬和升华。

再如,中华传统文化包含着很多"富民"思想,管子提出"凡治国之道,必先富民"(《管子·治国》),墨子主张"节用利民"(《墨子·节用》)。但传统文化的富民思想主张均贫富,与我们现在所主张的有差别、分阶段实现的共同富裕思想是有区别的。习近平总书记明确指出:"传统文化在其形成和发展过程中,不可避免会受到当时人们的认识水平、时代条件、社会制度的局限性的制约和影响,因而也不可避免会存在陈旧过时或已成为糟粕性的东西。这就要求人们在学习、研究、应用传统文化时坚持古为今用、推陈出新,结合新的实践和时代要求进行正确取舍,而不能一股脑儿都拿到今天来照套照用。"[①]因此,我们必须清醒地认识到,中华传统文化是精华糟粕并存的,其时代局限性和进步性是并存的。把马克思主义思想精髓同中华优秀传统文化精华贯通起来,既要反对不加区分地美化传统文化或厚古薄今,也要反对把传统等同于落后或者妖魔化传统文化。说到底,"贯通"是在马克思主义指导下的贯通。

第三,把马克思主义思想精髓同中华优秀传统文化精华贯通起来的结果,是互相成就。把马克思主义基本原理同中华优

[①] 习近平:《在纪念孔子诞辰 2565 周年国际学术研讨会暨国际儒学联合会第五届会员大会开幕会上的讲话》,《人民日报》2014 年 9 月 25 日。

秀传统文化相结合，并不是单向的，而是双向的。一方面，经过结合，马克思主义获得了中华优秀传统文化的丰富滋养，体现了中国特色、中国气派、中国风格，实现了马克思主义的中国化时代化，让马克思主义成为中国的；另一方面，中华文明在马克思主义真理之光的照耀下得到激活，实现了变革、再造，中华优秀传统文化摒弃了原来的小农经济视野，而建立在现代文明的基础之上，具有新的时代特征、时代精神、时代内涵，从而让中华优秀传统文化成为现代的，让经由"结合"而形成的新文化成为中国式现代化的文化形态。马克思主义的中国化和中华优秀传统文化的现代化，这两个方面并不是截然分开的，不是产生两个东西，而是创造了一个有机统一的新的文化生命体。正是在这个意义上说，马克思主义基本原理和中华优秀传统文化的"结合"不是拼盘，不是简单的物理反应，而是建立在"贯通"基础上的深刻的化学反应。

简言之，契合性、差异性、相互性是辩证统一的。不能以契合性排斥差异性，也不能以差异性排斥契合性。而且正是因为马克思主义基本原理和中华优秀传统文化存在契合性、差异性，才使得二者的精髓和精华"贯通"起来，相辅相成、相得益彰，相互补充，共同发展。

（三）在开拓"两个结合"的创新空间中积极主动推进"贯通"

习近平总书记指出："人无精神则不立，国无精神则不强。唯有精神上站得住、站得稳，一个民族才能在历史洪流中屹立不倒、挺立潮头。"① 强调把马克思主义基本原理同中华优秀传统文化相结合，使马克思主义中国化的理论创新维度从现实的实际拓展到深厚的历史文化之中，有利于我们掌握思想和文化的主动，在各个方面吸取中华优秀传统文化的养分，打开理论和实践创新的广阔空间。把马克思主义思想精髓同中华优秀传统文化精华贯通起来，使之在内容上不断丰富发展，在形式上获得新的表达，充盈着中华传统文化的气韵，从而使马克思主义真正成为中国的，让人民群众能够听得懂、记得住、用得着。实践证明，二者结合得越深入、越全面，理论创新和实践创新的空间也越广阔。

把马克思主义思想精髓同中华优秀传统文化精华贯通起来，要贯彻到治国理政的各方面各领域。在政治建设上，我们扬弃了中华优秀传统文化的"大一统"智慧，强调坚持党对一切工作的领导，积极维护党中央权威和集中统一领导，坚持和完善单一制下的民族区域自治制度；我们扬弃中华优秀传统文化的"和合"思想，坚持完善中国共产党领导的多党合作和政治协商制度。在经济建设上，我们扬弃老子的"无为而治"思想，科学界定政府和市场的边界，推动有为政府和有效市场更好结合。在文化建设上，我们扬弃中华优秀传统文化所蕴含的"崇仁爱、重民本、守诚信、讲辩证、尚和合、求大同"等思

---

① 习近平：《在全国抗击新冠肺炎疫情表彰大会上的讲话》，《求是》2020年第20期。

想，以及自强不息、敬业乐群、扶正扬善、扶危济困、见义勇为、孝老爱亲等传统美德，推进社会主义核心价值观建设。在社会建设上，我们弘扬和拓展了《礼记·礼运》篇倡导的"老有所终，壮有所用，幼有所长，鳏寡孤独废疾者，皆有所养"的思想，提出了"七有"目标，即"幼有所育、学有所教、劳有所得、病有所医、老有所养、住有所居、弱有所扶"，极大地满足了人民对美好生活的需要，增强了人民群众的获得感、安全感和幸福感。在生态建设上，我们弘扬了传统文化的"天人合一"思想，强调人与自然和谐共生。在外交工作中，我们弘扬了传统文化中的"天下大同""协和万邦"思想，积极推动构建"人类命运共同体"。在党性修养上，我们对传统文化的心学思想进行创造性转化和创新性发展，在坚持共产主义理想信念的基础上提出了共产党人的"心学"，并把传统文化中修身、立德、齐家、为政的观念明确纳入新时代党员干部廉洁自律必须遵循的准则，创造性转化为党员干部加强纪律建设、家风建设的要求。习近平总书记经常运用古代典籍中关于敬民、为政、立德、修身、笃行、劝学、任贤、廉政、信念等经典名句，并赋予其马克思主义的内涵，为新时代党员干部加强党性修养提供了丰富的思想养分。

概言之，"第二个结合"的提出，既拓展了理论创新的维度，又把中华优秀传统文化视为中华民族的根脉，改变了近代很长一段时间以来轻视中华传统文化的观点，对于切实把马克思主义思想精髓同中华优秀传统文化精华贯通起来，具有更加积极、更加主动的推进作用。

（四）保护文化遗产，激活文化资源

把马克思主义基本原理同中华优秀传统文化相结合，重要的是在保护传承中华文化遗产的基础上，用马克思主义真理的力量激活文化资源，让中华优秀传统文化融入生产、生活，使其"活"起来。

首先，要加强中华文化遗产的保护。文物保护是文化传承的前提，文化传承是文物保护的目的。只有在加强文物保护的基础上，加强历史研究和传承，才能更好地使中华优秀传统文化不断发扬光大。习近平总书记指出："文物承载灿烂文明，传承历史文化，维系民族精神，是老祖宗留给我们的宝贵遗产，是加强社会主义精神文明建设的深厚滋养。保护文物功在当代、利在千秋。"① 建筑是固态的文化。习近平总书记强调："要保护好前人留下的文化遗产，包括文物古迹，历史文化名城、名镇、名村，历史街区、历史建筑、工业遗产，以及非物质文化遗产，不能搞'拆真古迹、建假古董'那样的蠢事。既要保护古代建筑，也要保护近代建筑；既要保护单体建筑，也要保护街巷街区、城镇格局；既要保护精品建筑，也要保护具有浓厚乡土气息的民居及地方特色的民俗。"② 毋庸讳言，改革

---

① 《习近平关于社会主义文化建设论述摘编》，中央文献出版社2017年版，第190页。
② 《习近平关于社会主义文化建设论述摘编》，中央文献出版社2017年版，第189—190页。

开放以来，中国城镇化加速发展，一些地方大拆大建，一些古代建筑因为政府的急功近利而无钱保护甚至毁于一旦。习近平总书记要求，"各级党委和政府要增强对历史文物的敬畏之心，树立保护文物也是政绩的科学理念，统筹好文物保护与经济社会发展，全面贯彻'保护为主、抢救第一、合理利用、加强管理'的工作方针，切实加大文物保护力度，推进文物合理适度利用，使文物保护成果更多惠及人民群众"[①]。加强中华文化遗产的保护，为把马克思主义基本原理同中华优秀传统文化贯通起来提供了有形的、富有中华历史气韵的物质载体。

为此，党的十八大以来，党中央强调，必须把传承发展中华优秀传统文化作为各级党委和政府的重要职责，纳入经济社会发展规划纲要和国家文化发展改革等有关规划之中。2017年年初，中共中央办公厅、国务院办公厅印发《关于实施中华优秀传统文化传承发展工程的意见》，明确中华优秀传统文化传承发展的总体目标、主要内容、重点任务和工作要求，印发《关于在城乡建设中加强历史文化保护传承的意见》《关于加强文物保护利用改革的若干意见》《长城、大运河、长征国家文化公园建设方案》等文件，出台《关于推进新时代古籍工作的意见》，推动中华优秀传统文化传承发展的重点领域、重点工作相互衔接、形成合力。同时，注重运用中华优秀传统文化涵

[①] 《习近平关于社会主义文化建设论述摘编》，中央文献出版社2017年版，第190页。

养社会主义核心价值观，大力弘扬中华民族传统美德，增强中华文化认同、国家认同和民族自豪感。

其次，要坚持以重大工程项目为牵引，摸清文化资源家底，凝聚各方合力，满足人民日益增长的美好生活需要。习近平总书记指出："要系统梳理传统文化资源，让收藏在禁宫里的文物、陈列在广阔大地上的遗产、书写在古籍里的文字都活起来。"[①] 党中央以中华优秀传统文化传承发展工程为总抓手，启动中华文化资源普查工程，并确定国家古籍保护、中华经典诵读、非物质文化遗产传承发展、中华民族音乐传承传播、中国传统村落保护等重点工程项目为具体抓手，建立由中央有关部门牵头的工程部际协调组，形成全国一盘棋，抓好中华优秀传统文化传承发展工作。2021年4月，中央有关部门印发《中华优秀传统文化传承发展工程"十四五"重点项目规划》，对原有重点工程项目进行调整、补充和完善，并新设农耕文化、中医药、古文字、城市文化生态修复、历史文化名城名镇名村街区和历史建筑保护利用等项目，推动优秀传统文化更好融入经济社会发展和人们日常生活。推动优秀传统文化融入国民教育，鼓励广大作家用传统文化精髓滋养文艺创作，积极举办一系列文化活动等，不断满足人民日益增长的美好生活需要，为把马克思主义基本原理同中华优秀传统文化贯通起来

---

① 《习近平关于社会主义文化建设论述摘编》，中央文献出版社2017年版，第201页。

提供了坚实的群众基础和实践动力。2023年10月，国务院印发《关于开展第四次全国文物普查的通知》，决定于2023年11月起开展第四次全国文物普查，并强调以习近平新时代中国特色社会主义思想为指导，深入贯彻党的二十大精神，认真贯彻落实党中央关于坚持保护第一、加强管理、挖掘价值、有效利用、让文物活起来的工作要求，周密组织部署，确保普查结果全面客观地反映我国不可移动文物资源的基本状况。[①]

再次，要把传承发展中华优秀传统文化贯穿国民教育始终。传承中华优秀传统文化，要高度重视教育问题，从娃娃抓起，从小培养对中华优秀传统文化的兴趣，讲好中国故事。要在马克思主义教育理论指导下，贯彻落实习近平总书记关于建设教育强国的一系列重要论述，把中华优秀传统文化全方位融入国民教育各环节，贯穿于国民教育各领域。构建中华文化课程和教材体系，推动高校开设中华优秀传统文化必修课。通过经典诵读、诗词大会、文化展示、传统游戏等，提升学生对传统文化的认知。在哲学社会科学及相关学科专业和课程中增加中华优秀传统文化的内容。加强中华优秀传统文化相关学科建设。推进戏曲、书法、高雅艺术、传统体育等进校园，实施中华经典诵读工程。加强面向全体教师的中华文化教育培训，全面提升师资队伍水平等。在国民教育中引入加强中华优秀传

---

① 参见《国务院印发〈关于开展第四次全国文物普查的通知〉》，《人民日报》2023年10月28日。

文化传承发展的内容，为把马克思主义基本原理同中华优秀传统文化贯通起来提供了人才储备、自觉意识和持续后劲。

最后，要运用互联网和大数据技术，加强传统文化图书文献、网络、数据库等基础设施和信息化建设。我们在推进《马藏》建设的同时，还要积极推进包括《儒藏》在内的中华优秀传统文化的数字化建设。积极推进戏曲的传播，利用网络进行中医问诊，等等。互联网和大数据的运用，为把马克思主义基本原理同中华优秀传统文化相结合提供了新的技术支撑，为"贯通"插上了科技的翅膀，提供了强大助力。

此外，要坚持以文明交流互鉴为平台，推动中华文明与各国文明互学互鉴、共同发展。习近平总书记指出："文明多样性是人类社会的基本特征。当今世界有七十亿人口，二百多个国家和地区，两千五百多个民族，五千多种语言。不同民族、不同文明多姿多彩、各有千秋，没有优劣之分，只有特色之别……我们要倡导交流互鉴，注重汲取不同国家、不同民族创造的优秀文明成果，取长补短，兼收并蓄，共同绘就人类文明美好画卷。"[①] 文明相处需要和而不同的精神。文明之间要对话，不要排斥；要交流，不要取代。我们要尊重各种文明，平等相待，互学互鉴，兼收并蓄，推动人类文明实现创造性发展。要深化人文领域国际合作，健全中外高级别交流机制，完善对外文化交流机构全球布局等。文明交流互鉴，为把马克思

---

① 《习近平外交演讲集》第一卷，中央文献出版社2022年版，第155页。

主义基本原理同中华优秀传统文化贯通起来提供了广阔视野和全球资源。

(五) 立足时代需求对中华优秀传统文化进行创造性转化和创新性发展

从整体上说，传统文化的基础是建立在小农经济之上的，反映了农业时代的社会状况。而当今时代则是全球化、信息化、城镇化、现代化大发展的时代。所以，时代的变化决定了传统文化无论在内容上，还是在表达形式上，都要作出相应的变化，必须面向现代化、面向世界、面向未来，"努力实现传统文化的创造性转化、创新性发展，使之与现实文化相融相通，共同服务以文化人的时代任务"[①]。中国特色社会主义文化，固然不能背弃传统，但继承传统并非简单延续传统，而是在保持原有文化特质的基础上，使传统与实践发展、时代发展相衔接，并充分吸纳世界文明成果加以改造和整合，以形成中国特色社会主义文化。中华优秀传统文化要获得继承发展，不能只是以文物、古籍的形式呈现，而必须激活、鲜活，满足实践需要，满足广大人民群众的文化生活需要，这是马克思主义和中华五千年文明相结合的立足点和落脚点。否则，传统文化就会被时代淘汰，就会失去生命力。换句话说，传统文化不能故步自封，不能以古非今，而必须有一个创造性转化、创新性发

---

① 习近平:《在纪念孔子诞辰2565周年国际学术研讨会暨国际儒学联合会第五届会员大会开幕会上的讲话》,《人民日报》2014年9月25日。

展的过程，要走进现代的生活，走进信息社会，走向世界。在内容上要弘扬社会主义核心价值观，弘扬正能量，在表现形式上要时代化、大众化、信息化、生活化。正如习近平总书记所说，"要使中华民族最基本的文化基因与当代文化相适应、与现代社会相协调，以人们喜闻乐见、具有广泛参与性的方式推广开来，把跨越时空、超越国度、富有永恒魅力、具有当代价值的文化精神弘扬起来，把继承传统优秀文化又弘扬时代精神、立足本国又面向世界的当代中国文化创新成果传播出去"[①]。

要把中华优秀传统文化内涵更好更多地融入生产生活各方面。要深入挖掘城市历史文化价值，挖掘整理传统建筑文化，延续城市文脉。要加强"美丽乡村"文化建设，实施中国传统节日振兴工程。要加强对传统历法、节气、生肖和饮食、医药等的研究阐释、活态利用，更好地服务于百姓生活。要大力发展文化旅游，充分利用历史文化资源优势，推动休闲生活与传统文化融合发展，发展传统体育等。例如，商务部印发《关于促进老字号创新发展的意见》，连续四年开展"老字号嘉年华"活动。国家中医药管理局等部门联合印发《"十四五"中医药文化弘扬工程实施方案》，组织成立专门课题组，开展中医药文化精神标识研究，推动中医药古籍出版整理，组织"走进名医故里"、中医药健康文化知识大赛、"千名医师讲中医"等文

---

① 《习近平关于社会主义文化建设论述摘编》，中央文献出版社2017年版，第201页。

化品牌活动。必须指出，把马克思主义思想精髓同人民群众日用而不觉的共同价值观念融通起来，必须持续用力、久久为功，抓经常、抓日常。列宁曾指出，"在文化问题上，急躁冒进是最有危害的"①。文化建设是"随风潜入夜、润物细无声"的工作，推进马克思主义基本原理同中华优秀传统文化相结合，必须着眼于把马克思主义思想精髓同中华优秀传统文化精华贯通起来、同人民群众日用而不觉的共同价值观念融通起来。只有融入日常生活，入脑入心入行，化为习惯，马克思主义和中华优秀传统文化才能成为我们思维、生活内在的不可分割的一部分，才能实现一体化，才能不断增强中华优秀传统文化的生命力和影响力，建设中华民族现代文明。

三 融通人民群众日用而不觉的共同价值观念，涵养社会主义核心价值观

习近平总书记指出："核心价值观是一个国家的重要稳定器，能否构建具有强大感召力的核心价值观，关系社会和谐稳定，关系国家长治久安。"② "如果没有共同的核心价值观，一个民族、一个国家就会魂无定所、行无依归。"③ 推进"两个结

---

① 《列宁全集》第43卷，人民出版社2017年版，第382页。
② 《习近平关于社会主义文化建设论述摘编》，中央文献出版社2017年版，第106页。
③ 《习近平关于社会主义文化建设论述摘编》，中央文献出版社2017年版，第124页。

合"，需要把马克思主义思想精髓同人民群众日用而不觉的共同价值观念融通起来，积极涵养社会主义核心价值观，凝聚起建设中国式现代化的磅礴力量。

（一）把马克思主义融入中国人的价值观念

1835年，17岁的马克思在他的高中毕业作文《青年在选择职业时的考虑》中说："如果我们选择了最能为人类而工作的职业，那么，重担就不能把我们压倒，因为这是为大家作出的牺牲；那时我们所享受的就不是可怜的、有限的、自私的乐趣，我们的幸福将属于千百万人，我们的事业将悄然无声地存在下去，但是它会永远发挥作用，而面对我们的骨灰，高尚的人们将洒下热泪。"[1] 马克思所强调的为最大多数人谋利益的奉献精神和中华优秀传统文化所强调的天下为公、为政以德等思想，具有高度的契合之处。马克思主张"哲学家们只是用不同的方式解释世界，问题在于改变世界"，这和中华优秀传统文化所倡导的经世致用思想也具有融通之处。马克思所强调的事物是不断发展变化的观点，也和中华优秀传统文化所强调的"生生之谓易"的革故鼎新精神互相融合。正是这种高度契合性，马克思主义对中国人民具有非同寻常的亲和力。

一百多年来，在党的领导下，科学社会主义的价值观主张在中国得到广泛传播，已经深深地融入中国人的思想观念之中。特别是马克思主义主张唯物史观，强调生产力决定生产关

---

[1] 《马克思恩格斯全集》第1卷，人民出版社1995年版，第459—460页。

系、经济基础决定上层建筑、人民群众是历史的创造者等，已经深深印刻在中国人的思维当中，使中国人摒弃了唯心主义的束缚，在精神上由被动转入主动，从而迸发出改造世界的强大力量。

（二）运用社会主义核心价值观对传统文化及其道德观念进行改造

中华优秀传统文化是中华文明的智慧结晶和精华所在，是中华民族的根脉。2019年8月19日，习近平总书记在敦煌研究院座谈时的讲话中指出："只有充满自信的文明，才会在保持自己民族特色的同时包容、借鉴、吸收各种不同文明。我讲过，文化自信是更基础、更广泛、更深厚的自信，是更基本、更深沉、更持久的力量。中华文明5000多年绵延不断、经久不衰，在长期演进过程中，形成了中国人看待世界、看待社会、看待人生的独特价值体系、文化内涵和精神品质，这是我们区别于其他国家和民族的根本特征，也铸就了中华民族博采众长的文化自信。"[1] 我们要在马克思主义指导下，特别是习近平新时代中国特色社会主义思想指导下，坚持守正创新，加强中华文化研究阐释工作，深入研究阐释中华文化的历史渊源、发展脉络、基本走向，推动中华优秀传统文化同社会主义社会相适应，展示中华民族的独特精神标识，更好构筑中国精神、中国价值、中国力量，让中华文化不断绽放出新的时代

---

[1] 习近平：《在敦煌研究院座谈时的讲话》，《求是》2020年第3期。

光彩。

　　社会主义、共产主义是人类发展的必然趋势,是人类文明前进的方向。中华优秀传统文化蕴含的智慧结晶同科学社会主义价值观主张具有高度契合性,这是马克思主义同中华优秀传统文化能够相互促进、共同推动中国社会不断发展进步的深层次原因。社会主义核心价值观是当代中国精神的集中体现,凝结着全体人民共同的价值追求,是人类文明价值追求的制高点。一方面,社会主义核心价值观承载着中华优秀传统文化的基因。培育和弘扬社会主义核心价值观必须立足中华优秀传统文化,不能抛弃传统、丢掉根本,否则,照搬照抄所谓的"普世价值"必然导致混乱。另一方面,也要看到传统文化存在着一些过时的、不符合时代需要的道德观念,甚至在当前社会生活中经常改头换面、沉渣泛起。文化发展必须向前看,必须以社会主义核心价值观来引领,"构建充分反映中国特色、民族特性、时代特征的价值体系,努力抢占价值体系的制高点"[1]。进一步说,把马克思主义思想精髓同人民群众日用而不觉的共同价值观念融通起来,一方面要以社会主义核心价值观为镜子,努力激发传统文化中符合时代精神、具有生命力的道德观念,摒弃一切过时的、不具有时代价值的道德观念,实现中华文化的科学社会主义化。另一方面要增强人民群众信仰马克思

---

[1] 《习近平关于社会主义文化建设论述摘编》,中央文献出版社2017年版,第105页。

主义的历史自觉和历史自信，做到知行合一，实现从自发到自觉的转变。

四 用中国道理总结好中国经验、把中国经验提升为中国理论

2023年6月2日，习近平总书记在文化传承发展座谈会上强调，要坚定文化自信，坚持走自己的路，立足中华民族伟大历史实践和当代实践，用中国道理总结好中国经验，把中国经验提升为中国理论，实现精神上的独立自主。这是"两个结合"的目的，也是检验是否真正坚持"两个结合"的试金石。

什么是中国道理？中国道理就是中国共产党和中国人民对中华文明的历史、内在机理和中国道路历史必然性的本质性把握和规律性认识，集中体现了中国精神、中国价值、中国主张和中国智慧。什么是中国经验？中国经验，就是一百多年来，中国共产党领导人民进行的革命、建设、改革和新时代伟大变革的经验。中国道理、中国经验，都离不开马克思主义基本原理同中国具体实际、同中华优秀传统文化相结合。中国道理、中国经验，都超越了西方的经验和认知，是西方道理解释不了的，更是西方经验涵盖不了的。只有用中国道理总结好中国经验，把中国经验提升为中国理论，才能真正实现精神上的独立自主。

党的二十大报告明确指出，"党的百年奋斗成功道路是党领导人民独立自主探索开辟出来的，马克思主义的中国篇章是中国共产党人依靠自身力量实践出来的，贯穿其中的一个基本点就是中国的问题必须从中国基本国情出发，由中国人自己来

解答"①。一百多年来，中国共产党之所以能取得革命、建设、改革的伟大胜利，就在于中国共产党既反对把马克思主义教条化，也反对照搬西方教条。特别是改革开放以来，西方学者按照其自由主义理论、"三权分立"理论质疑中国道路，不时提出"马克思主义过时论""社会主义失败论""中国崩溃论"等论调。但是，中国改革开放所取得的举世瞩目的成就，宣告了"马克思主义过时论"的过时，"社会主义失败论"的失败，"中国崩溃论"的崩溃。

当代中国的伟大社会变革，不是简单延续我国历史文化的母版，不是简单套用马克思主义经典作家设想的模板，不是其他国家社会主义实践的再版，也不是国外现代化发展的翻版，不可能找到现成的教科书。习近平总书记指出："在解读中国实践、构建中国理论上，我们应该最有发言权。"②"解决中国的问题，提出解决人类问题的中国方案，要坚持中国人的世界观、方法论。如果不加分析把国外学术思想和学术方法奉为圭臬，一切以此为准绳，那就没有独创性可言了。如果用国外的方法得出与国外同样的结论，那也就没有独创性可言了。"③ 照

---

① 习近平：《高举中国特色社会主义伟大旗帜 为全面建设社会主义现代化国家而团结奋斗——在中国共产党第二十次全国代表大会上的报告》，人民出版社2022年版，第19页。

② 习近平：《在哲学社会科学工作座谈会上的讲话》，人民出版社2016年版，第24页。

③ 习近平：《在哲学社会科学工作座谈会上的讲话》，人民出版社2016年版，第19页。

搬一切外国理论解读中国，注定只能导致失败的命运。

用中国道理总结好中国经验，把中国经验提升为中国理论，必须加快构建中国特色哲学社会科学，不断推进学科体系、学术体系、话语体系建设。党的十八大以来，习近平总书记亲自谋划、亲自部署，以"三大体系"建设为抓手，推动我国哲学社会科学繁荣发展。2016年5月17日，习近平总书记主持召开哲学社会科学工作座谈会并发表重要讲话，提出加快构建中国特色哲学社会科学的重大战略任务。2022年4月25日，习近平总书记在中国人民大学考察时强调指出：加快构建中国特色哲学社会科学，归根结底是建构中国自主的知识体系。进入新时代以来，党中央还出台了《关于加快构建中国特色哲学社会科学的意见》《国家"十四五"时期哲学社会科学发展规划》等文件，为建设中国特色、中国风格、中国气派的哲学社会科学明确了任务书、路线图。

第三节　推进"两个结合"必须反对错误倾向

站在历史新起点上，中国共产党必须继续坚持"两个结合"，运用正确方法深入推进"两个结合"，科学运用马克思主义观察时代、把握时代、引领时代。从历史上看，在对待马克思主义问题上常常存在一些错误的认识和态度。可以说，我们党推进马克思主义中国化时代化的过程，就是同主观主义、教条主义等各种非马克思主义错误思想进行坚决斗争并不断纠正和克服其影响的过程。不坚持用马克思主义基本原理进行理论创新,就容易走上理论发展的"歪路"甚至"邪路";不结合时代特征和实践需要推进理论创新,就会使马克思主义"固化"直至"过时""僵化",最终都会葬送马克思主义,这是绝对要不得的。就此而言,完整准确地理解和推进"两个结合",既要反对"马教条",也要反对"洋教条";既要反对文化复古主义,也要反对文化虚无主义。

一 反对"马教条"和"洋教条"

教条主义本质上是一种脱离中国实际的形而上学的思维方式,当前主要表现为两种错误倾向:一种是把马克思主义经典作家的某些观点、个别结论当作普遍的历史公式,到处套用、剪裁生动现实的"马教条";另一种是把西方理论奉为圭臬、唯洋是从的"洋教条"。推进"两个结合",既要反对把马克思主义教条化,也要反对全盘西化、照搬西方新自由主义理论和宪政民主。

把马克思主义看作"一般历史哲学",将其作为一成不变的万能公式进行随意裁剪、套用,从而导致主观与客观、理论与现实、普遍与特殊的二元对立,这是马克思主义的教条化。在新民主主义革命时期,以王明为代表的教条主义者,罔顾中国经济文化落后、无产阶级在城市的革命力量薄弱的实际情况,把马克思主义教条化,把苏联经验神圣化,照搬俄国革命道路,将俄国"城市中心论"的革命经验当作普遍真理和万能公式,排斥毛泽东同志从中国实际出发的正确观点,给中国革命事业带来灾难性后果，甚至差点葬送中国革命。中华人民共和国成立后，毛泽东同志在苏联模式弊端日渐暴露以后提出了"以苏为鉴"，要求把马克思列宁主义基本原理同中国具体实际进行"第二次结合"。但遗憾的是，由于毛泽东同志没有真正从中国生产力落后的实际出发，忽视了马克思主义经典作家对社会主义的设想是以生产力高度发达为基础的，所以，其关于社会主义建设的科学论断未能在实践中有效坚持，依然照搬了马克思主义经典作家的个别结论，强调"一大二公三纯"，以致出现"大跃进"、人民公社化运动等错误，甚至错误地发动了"文化大革命"，造成了民族的悲剧。"文化大革命"结束以后，在中国向何处去的重大历史关头，"两个凡是"的口号使毛泽东思想的科学内涵被肢解，表面上句句照搬、字字照办，实际上却严重背离了马克思主义的思想精髓，致使党和国家在政治上思想上的长期混乱难以结束。在改革开放新时期，每到重大改革关头，依然不时有一些人照搬马克思主义经典作家的"本本"，不顾中国实际，抽象地谈论"姓社姓资"问题。实践证明，脱离中国实际谈论马克思主义，必然把马克思主义教条化，导致思想僵化、主观主义，都给中国革命、建设、改革带来严重危害。

恩格斯曾明确指出："马克思的整个世界观不是教义，而是方法。它提供的不是现成的教条，而是进一步研究的出发点和供这种研究使用的方法。"[1] "我们的理论是发展着的理论，

---

[1]《马克思恩格斯文集》第10卷，人民出版社2009年版，第691页。

而不是必须背得滚瓜烂熟并机械地加以重复的教条"[①]，马克思主义作为科学真理是具体的，中国共产党人运用马克思主义指导中国革命、建设、改革的伟大实践，就必须坚持把马克思主义基本原理同中国具体实际相结合、同中华优秀传统文化相结合，积极推进马克思主义中国化时代化，坚定不移走中国特色社会主义道路。中国人民和中华民族从近代以后的深重苦难走向伟大复兴的光明前景，从来就没有教科书可以参考，更没有现成答案，党的百年奋斗成功道路是党领导人民独立自主探索开辟出来的。对马克思主义的最好坚持，就是运用其立场观点方法分析解决实际问题，并实现创新发展。在当代中国，坚持习近平新时代中国特色社会主义思想，就是真正坚持马克思主义。

在反对马克思主义教条化的同时，也必须反对走向另一个极端，否定马克思主义的指导地位，拥抱新自由主义、宪政民主等"洋教条"，搞全盘西化。新自由主义、宪政民主理论，究其实质就是主张自由化、私有化，搞"三权分立"，否定中国共产党的领导，否定中国特色社会主义根本政治制度、根本经济制度。一个国家选择什么样的国家制度和国家治理体系，是由这个国家的历史文化、社会性质、经济发展水平决定的。中国特色社会主义制度和国家治理体系不是从天上掉下来的，而是在中国的社会土壤中生长起来的，是经过革命、建设、改

[①] 《马克思恩格斯文集》第10卷，人民出版社2009年版，第562页。

革长期实践形成的,是以马克思主义为指导、植根中国大地、具有深厚中华文化根基、深得人民拥护的制度和治理体系。

实践雄辩地告诉我们,"中国共产党为什么能,中国特色社会主义为什么好,归根到底是马克思主义行,是中国化时代化的马克思主义行"①。我国经济长期快速发展和社会长期稳定的奇迹充分证明,中国特色社会主义制度和国家治理体系具有显著的优势,中国之制与西方之乱在当前已经形成了鲜明对比。习近平总书记明确指出:"我国的实践向世界说明了一个道理:治理一个国家,推动一个国家实现现代化,并不只有西方制度模式这一条道,各国完全可以走出自己的道路来。可以说,我们用事实宣告了'历史终结论'的破产,宣告了各国最终都要以西方制度模式为归宿的单线式历史观的破产。"② 历史条件的多样性,决定了各国选择发展道路的多样性。世界上没有放之四海而皆准的具体发展模式,也没有一成不变的发展道路。"独特的文化传统,独特的历史命运,独特的国情,注定了中国必然走适合自己特点的发展道路。"③ 中国特色社会主义是科学社会主义理论逻辑和中国社会发展历史逻辑的辩证统一,是根植中国大地、反映中国人民意愿、适应中国和时代发

---

① 《习近平著作选读》第一卷,人民出版社2023年版,第14页。
② 《习近平关于社会主义政治建设论述摘编》,中央文献出版社2017年版,第7页。
③ 习近平:《出席第三届核安全峰会并访问欧洲四国和联合国教科文组织总部、欧盟总部时的演讲》,人民出版社2014年版,第43页。

展进步要求的科学社会主义。中国共产党的领导是中国特色社会主义最本质的特征和最大的制度优势。中国式现代化之所以能取得成功，关键也在于党的领导。习近平总书记明确强调："我们治国理政的本根，就是中国共产党领导和社会主义制度。我们思想上必须十分明确，推进国家治理体系和治理能力现代化，绝不是西方化、资本主义化！"[①] 简言之，我们一方面要坚持开放包容，敢于借鉴人类文明的一切优秀成果，反对闭关自守、故步自封；另一方面也要坚定"四个自信"，反对"洋教条"，反对照搬西方，始终坚持马克思主义指导地位不动摇，坚持中国共产党的领导不动摇，坚持扎根本国土壤因而具有强大生命力的中国特色社会主义制度不动摇，决不犯颠覆性错误。

二 反对文化复古主义和文化虚无主义

马克思主义基本原理同中华优秀传统文化相结合，不是简单的拼盘和物理反应，不是简单的语词复制或概念套用，不是复活传统的一切方面，更不是推动传统重回王座。当前，强调"第二个结合"，使得中华优秀传统文化受到高度重视，但这并不意味着不加选择地推动传统文化的复兴和复活。如果不坚持马克思主义基本原理，缺乏正确的判断力、辨别力，将使封建

---

① 《习近平关于社会主义政治建设论述摘编》，中央文献出版社2017年版，第8页。

沉渣一并泛起。比如，对传统文化中的精华与糟粕不加区分，甚至大力弘扬特权思想、等级观念、官本位意识等腐朽病态的不良风气，为其贴上"国学精华"的标签；把一些国学经典变成教条口号，罔顾社会经济发展的新变化而一味守旧不变，反对对其内容进行创造性转换和创新性发展，导致很多人言行脱节，致使传统文化的继承发扬流于形式；盲目追赶时尚潮流，用歪曲历史、哗众取宠的方式随意解读古圣先贤，一味迎合市场需要，导致圣贤思想被严重曲解。这些错误倾向容易滋长社会不良风气，不仅不利于优秀传统文化的传承发展，也不利于优秀传统文化与马克思主义基本原理的有效结合。在如何对待中国传统文化的问题上，须反对这样一种观点，认为在中国就应该只讲中国的哲学、中国的文化，认为中国传统文化可以解决当前中国社会和人类社会面临的一切问题。这本质上是文化复古主义，它强调传统文化是一切理论创新的出发点，反对把马克思主义作为理论指导。比如，有人鼓吹把儒家学说当作一种宗教来复兴，倡导把儒教定为国教，把儒学定为"国学"，建立"儒家社会主义共和国"，用儒家学说代替马克思主义；有人甚至认为，在当今社会仍然可以"半部《论语》治天下"。诚然，儒家文化的主体是属于心性道德、修身养性、德性伦理的学说，其内容博大精深。儒家文化在农耕文明时代曾经是先进的，正因为有这种先进文化的指导，中国才能独步历史，谱写了古代中国的辉煌篇章。但是，在现代工业文明时代，儒家文化的意义范围和作用领域则是有限的，一味地用其解决诸如现代社会物质利益难题、现代社会治理、现代政治建构、现代经济社会发展、全球秩序重建等诸多时代课题，难免力不从心。今天，试图将已经走下神坛的儒家文化简单复活注定是徒劳无功的，试图抱持一种激昂的民族主义情绪来复兴国学也是无能为力的。① 弘扬中华优秀传统文化，并不是搞所谓的文化复古，或者鼓吹"用儒学取代马列主义""立儒教为国教""儒化共产党""儒化社会""儒化中国"。实践已经证明也必将再次证明，这种逆历史潮流而动的主张和行为只能以失败告终。要建设文化强国、建设中华民族现代文明，必须积极推进马克思主义和中华五千多年文明的结合，把中华文化中与马克思主义契合、相通的因素进行改造、转化，使它真正成为当代中国马克思主义的一部分，对古代中国的概念、范畴重新作出马克思主义的解释。只有把中华优秀传统文化马克思主义化，才能保证其科学性；也只有充分吸取中华优秀传统文化的丰富养分，马克思主义才能获得更大的发展，中国特色社会主义文化才具有民族性，才具有中国特色，才能被中华民族更好地接受、认同。

毋庸置疑，反对文化复古主义，也不能由此导致否定优秀传统文化的价值，搞文化虚无主义、历史虚无主义。"虚无主义"这个概念，最早来源于拉丁语中的"nihil"，意为"什么都没有"。文化虚无主义对待中华民族自身文化价值持轻视、

---

① 陈曙光：《马克思主义中国化时代化大众化的若干误区辨正》，《马克思主义研究》2013年第7期。

怀疑乃至否定的态度，背后是崇洋媚外的文化自卑心理作祟。因为，鸦片战争以来，国家蒙难、民族蒙辱、文明蒙尘，不少人丧失文化自信，感到文化自卑。这种文化自卑感不断延续、深化的结果，就是主张中国要西化乃至全盘西化，从而走向文化虚无主义。文化虚无主义者，在反对自身民族文化的同时，必然认同并崇尚西方制度和价值理念。目前来看，文化虚无主义，往往以历史虚无主义为主要表现方式。它往往打着"反思历史""重写历史""翻案历史"的幌子，任意地曲解、割裂、涂抹甚至伪造史料，从根本上否定中国历史及中华文明的价值，否定中国近代以来的革命历史，否定党的领导、否定中国特色社会主义制度和社会主义核心价值观，妄图让人们失去是非判断的标准，客观上迎合了西方反华势力的需要，影响十分恶劣，严重影响到我们的文化认同、文化安全，甚至政权巩固。

中华人民共和国成立70多年来，西方国家特别是美国从来没有放弃对我们国家的文化和意识形态渗透，也在给崇洋媚外推波助澜。美国政治学者拉斯韦尔认为，"在任何地方，西方文明的行动主义、战斗精神和地方观念都结合在一起，以压倒一切持反对态度的人们"[1]。文化虚无主义、历史虚无主义按照西方政治、文化的标准全盘否定中国文化，对传统民族文化与历史遗产采取了一种轻蔑虚无的态度，认为中国传统文化在

---

[1] ［美］哈罗德·D. 拉斯韦尔：《政治学——谁得到什么？何时和如何得到？》，杨昌裕译，商务印书馆1992年版，第134页。

各个方面都不如西方文化先进，要为我们的民族寻求一条出路，就只有抛弃我们的传统文化，全盘接受西方文化。文化虚无主义、历史虚无主义不但抹杀近代以来无数志士仁人为民族独立解放所作的奉献牺牲以及中国共产党为国家富强和人民幸福所付出的艰辛和取得的成绩，而且还导致民族虚无主义和文化虚无主义恣意抹煞我们以爱国主义为核心的民族精神、源远流长的优秀文化。文化虚无主义、历史虚无主义要否定的是中国文化的根，尤其是否定鸦片战争以来的中国历史、革命史，否定中国特色社会主义文化独特的时代价值。"灭人之国，必先去其史。"忘记历史，就是背叛，我们必须高度警惕。搞文化虚无主义、历史虚无主义，"第二个结合"就无从谈起。

文化虚无主义、历史虚无主义，违背历史事实，违背唯物史观，必须坚决反对。中华文明博大精深、源远流长，灿烂辉煌，对人类文明作出了不可磨灭的贡献，具有突出的连续性、创新性、统一性、包容性、和平性。我们必须坚定历史自信和文化自信，坚持以唯物史观、大历史观来考察中国历史和中华文明，把握其主线、主流、特色和优势。

"对历史最好的继承就是创造新的历史，对人类文明最大的礼敬就是创造人类文明新形态。"[①] 中国共产党是中华优秀传统文化的忠实继承者、弘扬者和建设者。一百余年来，中国共

[①] 习近平：《在文化传承发展座谈会上的讲话》，人民出版社2023年版，第12页。

产党坚持"两个结合",推动中华文明实现了从传统向现代的深刻变革。特别是改革开放以来,中国共产党创造的中国式现代化赋予中华文明以现代力量,中华文明也赋予中国式现代化以深厚底蕴,中华文明重焕荣光,以人类文明的新形态引领了人类文明的新发展。

三 完整准确理解和推进"两个结合"

在推进"两个结合"的过程中,反对背离马克思主义的错误倾向,是为了更好地坚持"两个结合"。通过反对错误倾向,揭示这些错误倾向的本质和危害,是为了更清楚地把握"两个结合"的精髓要义,坚持"两个结合"的正确方向。坚持"两个结合"就必须做到三个方面。

一是把坚持马克思主义和发展马克思主义结合起来。坚持马克思主义首先要坚持马克思主义基本原理不动摇。发展马克思主义必须以坚持马克思主义基本原理为前提。习近平总书记在党的二十大报告中指出:"我们坚持以马克思主义为指导,是要运用其科学的世界观和方法论解决中国的问题,而不是要背诵和重复其具体结论和词句,更不能把马克思主义当成一成不变的教条。"[①] 基于教条主义带来的深刻教训,必须防止把马

[①] 习近平:《高举中国特色社会主义伟大旗帜 为全面建设社会主义现代化国家而团结奋斗——在中国共产党第二十次全国代表大会上的报告》,人民出版社2022年版,第17页。

克思主义理解为抽象空洞的理论教条，防止在运用发展马克思主义的过程中走向背离马克思主义的道路。这就需要全面理解马克思主义的思想精髓，坚持实事求是，一切从实际出发，以发展的眼光看待马克思主义与中国具体实际。具体而言，需要准确把握当今中国的时代方位和发展大势，必须全面把握我国社会主义初级阶段的基本国情，将其作为认识当下、规划未来、制定政策、推进事业的客观基点；直面国内外形势新变化和实践新要求，把握中国经济社会发展呈现出的新特点新趋势，不断进行理论探索，推进马克思主义在中国的创新发展。与此同时，坚持以解决中国问题为中心，用马克思主义之"矢"去射新时代中国之"的"，着眼于解决新时代改革开放和社会主义现代化建设的实际问题，解放思想、实事求是、与时俱进、求真务实、守正创新，才能把坚持马克思主义和发展马克思主义统一起来，在中国大地谱写马克思主义新的篇章。

二是注重思想精髓和价值观念的深度结合。应当注意，马克思主义基本原理要与之相结合的，是中华优秀传统文化，而并非一切传统文化。传统文化有积极和消极之分，我们今天要结合的是积极内容，是优秀传统文化，而不是封建糟粕，后者是与时代和社会的发展不相符，甚至会带来消极后果的内容，因而是需要被摒弃的。同时，马克思主义与传统文化相结合，不仅包含批判地吸收传统文化，也包含借鉴外来的进步文化。文化的发展需要兼收并蓄、兼容并包。任何对社会发展产生积极作用的文化都具有进步意义，都是人类思想智慧的成果凝结，这其中也包括具有进步意义的西方文化。在经济全球化和世界多元文化背景下，不能只强调马克思主义基本原理同中华优秀传统文化相结合，而否定一切西方进步文化。应该以开放的胸怀、兼容并蓄的态度对待西方文化，吸收借鉴西方文化的优秀文化成果，在中西文明交流互鉴中积极推动中西方文化彼此之间的对话交融、相互学习，不断推动马克思主义的创新发展。

三是把发展中国马克思主义作为"两个结合"的出发点和落脚点。深入推进"两个结合"，应当把马克思主义基本原理作为结合的主体。应当强调的是，作为党和国家指导思想的马克思主义，既包括经典马克思主义，也包括中国化的马克思主义。中国化的马克思主义在实践的不断发展中获得了新的时代内涵，是中西文明相互融合而形成的智慧结晶。马克思主义基本原理同中华优秀传统文化相结合，必须坚持以马克思主义为根本立足点，"结合"的理论成果应该是当代中国的马克思主义、二十一世纪马克思主义，而不是当代中国儒家社会主义、二十一世纪的孔夫子主义。在当代，我们强调马克思主义基本原理同中华优秀传统文化相结合的根本目的是更好地推进马克思主义中国化，解决当代中国的实际问题。新时代推进"两个结合"，一定要直面新时代改革开放和社会主义现代化建设的实际问题，赋予科学理论鲜明的中国特色，不断夯实马克思主义中国化时代化的历史基础和群众基础，谱写马克思主义中国化时代化的新篇章。

第六章
新时代"两个结合"的光辉典范

中国共产党百年理论创新、理论创造的历史,也是把马克思主义基本原理同中国具体实际相结合、同中华优秀传统文化相结合的历史。党的十八大以来,习近平新时代中国特色社会主义思想深刻总结我们党百年马克思主义中国化时代化历史经验,在理论上明确提出"两个结合",在实践上自觉推进"两个结合",成为"两个结合"的光辉典范。

第一节 建设中华民族现代文明的行动指南

中国特色社会主义新时代,习近平新时代中国特色社会主义思想将中国式现代化深深植根于中华文化沃土,用马克思主义真理力量激活古老的中华文明,用中华优秀传统文化充实马克思主义的文化生命,开辟了马克思主义中国化时代化的新境界,成为建设中华民族现代文明的行动指南。

一　全面系统深刻揭示中华文明的"五个突出特性"

近代以来，中华民族的坎坷命运深刻影响中华文化的历史命运。一些人将近代中国落后挨打的原因完全归结于文化，全面否定传统文化，主张全盘西化；也有一些人对传统文化刻舟求剑，抱残守缺。这两种极端的态度，究其根本，都是没有以科学的理论为指导分析看待传统文化。

习近平新时代中国特色社会主义思想通过"两个结合"，对中华传统文化的认识达到新的历史高度。习近平总书记以科学缜密的历史思维和宏阔深邃的世界眼光，运用辩证唯物主义和历史唯物主义的科学方法，站在新时代中国特色社会主义伟大实践的战略高度，从中华优秀传统文化的内在机理和重要元素中，全面系统深刻揭示中华文明具有突出的连续性、突出的创新性、突出的统一性、突出的包容性、突出的和平性。这五个突出特性是对中国历史的深刻总结，科学揭示了中华文明深厚的历史底蕴，深刻阐明了中华民族的文化基因所在、精神命脉所系、价值追求所向，是我们理解中华文明的指路明灯。"五个突出特性"的概括，是对中华优秀传统文化当代价值的高度肯定，是我们对中华优秀传统文化获得的全新认识。

"五个突出特性"是马克思主义基本原理同中华优秀传统文化相结合得出的科学认识，又为马克思主义基本原理同中华优秀传统文化相结合提供了实践指引。因为二者的结合不仅是思想层面的结合,更是实践层面的结合。在中国共产党百余年历史上,在马克思主义中国化时代化发展史上,作为中国共产党的领袖,习近平总书记对中华文明以及中华优秀传统文化进行全面系统总结,概括凝练出精髓精华,超越了前人,具有里程碑意义。

二 为建设中华民族现代文明提供了根本遵循

在世界范围内,如何处理传统与现代的关系,始终是很多国家面临的难题。习近平新时代中国特色社会主义思想站在中华民族伟大复兴和中华文明永续传承的战略高度,贯通历史、现实和未来,融通中国与世界,深刻把握历史发展逻辑和文化建设规律,系统回答了有关文化传承发展的一系列重大理论和现实问题,具有很强的政治性、思想性、战略性、指导性,闪耀着马克思主义真理光芒、充盈着中华文化独特气韵,充分彰显了马克思主义辩证思维和整体思维方法,从根本上超越了西方文化传统中"非此即彼"的思维倾向,推动中华优秀传统文化的创造性转化、创新性发展,为建设中华民族现代文明提供了根本遵循。

习近平总书记关于"中国式现代化赋予中华文明以现代力量,中华文明赋予中国式现代化以深厚底蕴",关于马克思主义激活了中华优秀传统文化,中华优秀传统文化反过来又丰富和发展了马克思主义等充满唯物辩证法的思想观点,在国际社会引起了强烈反响。有外国学者认为,外国人士要"密切关注马克思主义与妙不可言的中华优秀传统文化之间所产生的不可思议的'化学反应',感悟两者之间相互交融而迸发出的独具特色的'火花'"①。

党的二十大报告指出:"坚持和发展马克思主义,必须同中华优秀传统文化相结合。只有植根本国、本民族历史文化沃土,马克思主义真理之树才能根深叶茂。中华优秀传统文化源远流长、博大精深,是中华文明的智慧结晶,其中蕴含的天下为公、民为邦本、为政以德、革故鼎新、任人唯贤、天人合一、自强不息、厚德载物、讲信修睦、亲仁善邻等,是中国人民在长期生产生活中积累的宇宙观、天下观、社会观、道德观的重要体现,同科学社会主义价值观主张具有高度契合性。"②习近平新时代中国特色社会主义思想不仅总体上实现了马克思主义基本原理同中国具体实际相结合、同中华优秀传统文化相结合,而且在具体的领域实现了结合。

第二节 人类命运共同体与"天下为公"

新时代,世界处于百年未有之大变局,世界向何处去成为

---

① [澳大利亚]罗兰·博尔:《论马克思主义辩证思维和整体思维与中华优秀传统文化的高度契合性》,禚明亮译,《世界社会主义研究》2023年第7期。

② 习近平:《高举中国特色社会主义伟大旗帜 为全面建设社会主义现代化国家而团结奋斗——在中国共产党第二十次全国代表大会上的报告》,人民出版社2022年版,第18页。

人类关注的重大课题。习近平新时代中国特色社会主义思想创造性地把"天下为公"与世界大变局有机结合起来，提出了人类命运共同体理念。"天下为公"是中华优秀传统文化中"大同"理想社会的核心价值观，它与共产主义理想，虽在历史背景及生产力水平等方面有本质差异，但在建立理想社会的诸多理念方面存有契合。人类命运共同体既植根于中国实际的需要，也发源于中华优秀传统文化中的"天下为公"思想。人类命运共同体是汲取中华文化"大道之行，天下为公"思想精华的新时代表达。二者既有传承更有发展。

一 "天下为公"是大同理想社会的核心价值观

"天下为公"出自《礼记·礼运》："大道之行也，天下为公。"中国古人追求"天下为公"的大同社会理想，主张"天下是天下人的天下"，为中国人接受科学社会主义准备了必要的思想理论前提。这一理想有以下特征。其一，公有制。"货恶其弃于地也，不必藏于己。"财货为全体社会成员所公有。其二，无私。"人不独亲其亲，不独子其子"，要推己及人。其三，各尽其力，各献其能。"力恶其不出于身也，不必为己。"社会的所有成员人人劳动，没有不劳而获者。其四，人人平等，无贵贱之分。"选贤与能"，由社会全体成员选举"贤者""能者"来为大家办事，没有贵贱之分。社会所有成员之间"讲信修睦"，诚实不欺，没有盗贼，没有战争，大家都过着幸福太平的生活。事实证明，在小农经济基础上企图实现"天下为公"的"大同"理想是行不通的。但"大同"理想反对剥削和压迫的合理内容，无疑和建立在唯物史观基础上的共产主义社会理想有契合之处。

天下为公主张群体高于个体。中华优秀传统文化在处理群己关系时，强调"群"即集体、民族、社会、国家，"己"即个体、个人。个体总是群体中的一员，作为群体成员应承担社会的责任义务。个人固然应"独善其身"，但更应"兼善天下"。群体原则成为中华优秀传统文化的主流价值观，这与马克思主义所主张的集体主义原则是契合的。

二 天下为公的价值追求具有强大的包容性与凝聚力

天下为公的价值追求融化在"和而不同"的古老智慧中，不是追求绝对的"同"，而是追求多样性的统一——"和"，使得中华优秀传统文化具有强大的包容性与凝聚力。习近平总书记在国际舞台上，多次讲述中国古老的"和而不同"的故事，阐明"和而不同是一切事物发生发展的规律"；多次阐述"万物并育而不相害，道并行而不相悖"（《礼记·中庸》），"万物各得其和以生，各得其养以成"（《荀子·天论》）的道理，意在引导各国摒弃意识形态的傲慢与偏见，跨越文明冲突陷阱，相互尊重各国自主选择的发展道路和模式，尊重世界文明多样性。在处理涉及意识形态、政治制度、发展阶段等领域的不同意见和分歧上，应该聚利益、责任、挑战之同，化意识形态、政治制度、发展阶段之异，不断寻找共同利益，勇于担负共同责任，共同应对层出不穷的全球性挑战。

在中国共产党领导的革命、建设、改革的实践过程中，无数革命先驱、英雄模范人物秉承"大道之行也，天下为公"（《礼记·礼运》），"以天下为己任"（《论语·泰伯》），"天下兴亡，匹夫有责"（《日知录·正始》）等中华传统文化中的理想价值追求，将个人的生命奉献给中华民族救国救民的革命事业、奉献给社会主义革命和建设事业、奉献给中国特色社会主义改革事业，在实践中践行马克思主义的崇高理想，用他们的生命证明了马克思主义基本原理与中华优秀传统文化相结合的可能性和现实性。

三 人类命运共同体是吸收天下为公思想的时代精华

人类命运共同体是吸收天下为公思想精华的新时代表达。习近平总书记引用孟子"立天下之正位，行天下之大道"（《孟子·滕文公下》），表达要"同世界各国一道维护人类良知和国际公理"[1]，坚决摒弃冷战思维和强权政治，维护天下之公，推动"一带一路"共建共享、互利共赢，推动各国相互尊重、平等协商、守望相助、休戚与共、安危共担，变对抗为合作，化干戈为玉帛，开放包容、务实合作、共谋发展，而不是以邻为壑、损人利己。他引用《大学》中的名言"国不以利为利，以义为利也"，借此说明解决中国与周边国家以及大国之间的利

---

[1] 习近平：《论坚持推动构建人类命运共同体》，中央文献出版社2018年版，第152页。

益关系，要坚持正确的义利观，以义为先，弘义融利；用"协和万邦""和衷共济"说明，在追求本国利益时兼顾他国合理关切，在谋求自身发展中促进各国共同发展，不断扩大共同利益汇合点。

推动构建人类命运共同体是习近平新时代中国特色社会主义思想的重要内容。改革开放以后，党坚持独立自主的和平外交政策，为中国特色社会主义发展争取了良好的国际环境。但是，恐怖主义、网络安全、重大传染性疾病、气候变化，以及霸权主义、单边主义、保护主义、强权政治等国际问题业已凸显，世界正经历着百年未有之大变局，人类正面临许多共同挑战。因此，如何应对复杂严峻的国际形势和前所未有的外部风险挑战，就成为新时代治国理政面临的重大课题。习近平总书记指出："没有哪个国家能够独自应对人类面临的各种挑战，也没有哪个国家能够退回到自我封闭的孤岛。我们呼吁，各国人民同心协力，构建人类命运共同体，建设持久和平、普遍安全、共同繁荣、开放包容、清洁美丽的世界。"[1]

天下一家，共享太平。习近平总书记指出，"有着5000多年历史的中华文明，始终崇尚和平，和平、和睦、和谐的追求深深根植于中华民族的精神世界之中，深深溶化在中国人民的

---

[1] 习近平：《决胜全面建成小康社会 夺取新时代中国特色社会主义伟大胜利——在中国共产党第十九次全国代表大会上的报告》，人民出版社2017年版，第58—59页。

血脉之中"①，我们坚持走和平发展道路，是对几千年中华民族热爱和平的文化传统的继承和发扬。事实上，"人类命运共同体"理念的广泛影响和"一带一路"建设的扎实推进，都渗透了中华优秀传统文化的天下为公思想精华，彰显了文明交流互鉴、合作共赢的思想魅力。以共建"一带一路"为实践平台推动构建人类命运共同体，符合中华民族历来秉持的天下大同理念，占据了国际道义制高点。我们党提出"推动构建人类命运共同体"，表明"不断以中国新发展为世界提供新机遇，推动建设开放型世界经济，更好惠及各国人民"，强调"弘扬和平、发展、公平、正义、民主、自由的全人类共同价值"②，为促进世界和平与发展贡献中国方案。

第三节 人民至上与"民为邦本"

习近平新时代中国特色社会主义思想把马克思主义群众观与中华优秀传统文化中的"民本"思想相结合，提出"人民至上"这个根本立场。"民本"思想源远流长，在中华优秀传统文化宝库中占有重要地位。以民为本是中国传统治国理政的核心理念，爱民、惠民、利民、安民、富民等是中华文明鲜明的价值导向。"人民至上"贯穿着马克思主义的群众观，符合中

---

① 《习近平谈治国理政》第一卷，人民出版社2018年版，第265页。
② 《习近平著作选读》第一卷，人民出版社2023年版，第11、50、51页。

国实际的需要，蕴含着"治国有常，利民为本"的深意，赋予传统"民本"思想新的时代内涵。

一　中华优秀传统文化中的民本思想精华

"民本"思想发端于商周时代，"民为邦本，本固邦宁"最早出现在《尚书·五子之歌》，西周之后逐渐演化为古代国家治理的重心，也是治国理政最重要的历史经验总结。春秋战国时期，孔子提出："民以君为心，君以民为本"（《礼记·缁衣》）；孟子提出："民为贵，社稷次之，君为轻"（《孟子·尽心下》），"桀纣之失天下者，失其民也；失其民者，失其心也。得天下有道：得其民，斯得天下矣。得其民有道：得其心，斯得民矣"（《孟子·离娄上》）；荀子提出："君者，舟也；庶人者，水也。水则载舟，水则覆舟。"（《荀子·王制》）孔子、孟子等儒学大师总结历史经验，充分认识到了民众的力量，构建出了民本思想的基本体系。为了巩固国本，历代统治者实行了一系列重民、爱民等政策和措施。在政治思想方面，要爱人重民；在经济政策上，要富国富民；在治国策略上，要利民足民；在统治方法上，要施行仁政，取之有度。"民为邦本"意味着治理国家应以民为本，将民众看作国之根本，要求君主善待民众，施政过程中充分顾及民众的利益，政治的重心在民众一边，这就在君与民之间实现了制衡。从历史动力的角度来看，民本思想在推动历史进步方面发挥着积极作用。但是古代民本思想毕竟是君主时代的产物。君主始终是至高无上的主体，虽然说了不少重民、爱民之类的话，但一切都是为了巩固统治阶级政权，维护君主皇帝的统治。"民"虽然被视为国之"本"，但并没有改变被统治者的地位，封建等级制度是"定位不易"的。

二 创造性改造传统的民本思想

古代民本思想以人治为前提，比较轻视法治的重要性和作用。强调"为政在人"，强调统治者正己修身的重要性，夸大了统治者个人的作用，缺乏政局稳定连续性的制度保证。中国共产党人接受唯物史观之后，正是把人民群众是历史主体的思想与中国流传了几千年的民本思想结合在一起，批判性地超越民本思想的历史局限性，吸收其民主性的精华，特别是民本思想所强调的"贵民""利民"思想，着力提高人民群众在社会结构中所处的地位，使社会主义民主思想奠定在中国深厚的思想基础和历史传统之上，将民本思想改造成为马克思主义的人民群众观点，确立了人民主体地位和人民至上的原则。民本思想成为中国共产党人接受马克思主义人民群众观点最深厚的思想基础和历史传统。科学界定了"民"的概念内涵，将传统的"爱民"观升华为共产党的"利民"论，要求共产党员坚持为人民服务、为人民谋利益的方向，从而摆脱了以君主为中心的传统民本观念的桎梏。将传统民本观的"听政于民"，改造成为科学群众观。在赢得民心问题上，提出关心民众的生存，满足民众的温饱，解除民众的疾苦，维护人民的切身利益，使被压迫人民获得解放，改变"民为仆"的局面，实现了人民当家作主。

三　人民至上赋予以民为本新的时代内涵

习近平总书记将以民为本的思想精华融入中国共产党全心全意为人民服务的根本宗旨中，形成以人民为中心的发展思想。他多次引用古训："善为国者，遇民如父母之爱子，兄之爱弟，闻其饥寒为之哀，见其劳苦为之悲"（《说苑·政理》），几千万贫困人口、人民的疾苦冷暖始终是他心中的牵挂，表明他把人民放在心中最高位置的情怀。他借用东汉荀悦"足寒伤心，民寒伤国"（《申鉴·政体》）之语，强调人民的安危苦乐，关系国家的兴衰存亡，坚持以人民为中心的共享发展理念，把增进人民福祉、促进人的全面发展作为出发点和落脚点，体现了中国共产党人执政为民的宗旨。习近平总书记引用《管子》中"凡治国之道，必先富民"的典故，说明治国先要富民，富民是治国之本，必须让改革发展成果更多更公平惠及全体人民。他引述战国《文子》中"治国有常，而利民为本"这句古语，充分体现出人民至上的执政理念，把人民利益摆在至高无上的位置，朝着实现全体人民共同富裕不断迈进，不断增进人民的获得感和幸福感。习近平总书记通过阐述春秋时期著名思想家管子"政之所兴在顺民心，政之所废在逆民心"（《管子·牧民》）的观点，用来告诫全体党员干部，"得民心者得天下，失民心者失天下"（《孟子·离娄上》）；他引用

"天视自我民视，天听自我民听"（《尚书·泰誓中》）来阐述在新时代发展全过程人民民主，应该把人民的呼声、人民的利益作为检验标准和衡量准绳，鲜明地反映出习近平新时代中国特色社会主义思想中人民至上的价值取向。

消除贫困、改善民生、实现共同富裕，是中国特色社会主义的本质要求，是新时代中国共产党的重要使命。党的十八大以来，以习近平同志为核心的党中央全面组织脱贫攻坚，彻底解决了困扰中华民族几千年的绝对贫困的问题，取得了全面建成小康社会的决定性胜利，实现了幼有所育、学有所教、劳有所得、病有所医、老有所养、住有所居、弱有所扶。在实现全面小康之后，立足新发展阶段，党中央开启了全面建设社会主义现代化国家新征程，强调必须把共同富裕摆在更加重要的位置，取得实质性进展，充分体现了中国共产党"人民至上"的执政理念。

第四节　以德治国与"为政以德"

"为政以德"最早出现在《论语·为政》。孔子曰："为政以德，譬如北辰，居其所而众星拱之。"讲的是为政之道，治理国家应以德行为根本。从思想内涵上讲，中国历史上的主流政治思想对"为政者"及"为政"本身提出较高的道德要求，为政者自身，应该具备良好的品德修养。新时代以德治国吸收中华优秀传统文化中的"为政以德"思想之精华，在新时代治国理政的实践中发挥积极作用。

一 "为政以德"体现中华传统德治思想特征

孔子提出"为政以德",内在规定了为政者应以"正"为"政","政者,正也。子帅以正,孰敢不正?"(《论语·颜渊》)"其身正,不令而行,其身不正,虽令不从。"(《论语·子路》)"为政以德"内在规定了为政者必须讲诚信。据《论语·颜渊》记载,子贡曾向孔子请教政事,孔子将"足食""足兵""民信"列为国家政治生活中的三个基本要素。在子贡的追问下,孔子指出若迫不得已只能取其一,那就"去兵""去食",而必须保留的是"民信"。在这三个要素中,政府的公信力远比兵马、粮草重要。"民无信不立"(《论语·颜渊》),"信则民任焉"(《论语·尧曰》),一个政权若不能取得百姓信任就会垮掉,而唯有以"信"为基石,才能得到百姓拥护。国之本在民,"取信于民则王,欺之于民则败"(《帝范》),历史一再证明这是一个颠扑不破的真理。

"为政以德"并不意味着不重视法治,德主刑辅、礼法合治代表中华传统文化中德治、法治相结合之思想,即道德教化与法律惩罚两种规范应同时发挥作用。但是,与刑罚相比,德化更优,主张"明德慎罚",孔子讲:"道之以政,齐之以刑,民免而无耻;道之以德,齐之以礼,有耻且格。"(《论语·为政》)

二　以德治国吸收"为政以德"思想之精华

以德治国重在"官德"。领导干部自身道德水平不高，还会使一些群众产生失望情绪，从而降低对自身的道德要求，导致"官德毁而民德降"的不良后果，给国家、社会和人民带来灾难。以德治国首先要求执政党的党员干部通过道德教育的手段，以其说服力和影响力来影响和提高社会成员的道德觉悟。对承担着治理国家任务的各级领导干部来说，只有达到了相当的思想境界，具备了相当的道德水准，才能担当领导职务，也才能胜任领导工作。中国共产党历来十分重视道德的作用，要求党员干部尤其是领导干部要廉洁奉公，忠于职守，做"一个高尚的人，一个纯粹的人，一个有道德的人，一个脱离了低级趣味的人，一个有益于人民的人"[1]，要求广大党员干部尤其是党的领导干部要为人民的利益鞠躬尽瘁，死而后已。正是这种道德要求，使一代又一代优秀的领导干部为了党的事业和群众利益艰苦创业、无私奉献；也正是这些领导干部的典型示范作用，引导社会形成爱祖国、爱人民、爱社会主义的道德新风尚。

习近平总书记高度重视中华优秀传统文化中"为政以德"的思想，强调领导干部要讲政德，明大德，守公德，严私德。

---

[1]《习近平关于社会主义精神文明建设论述摘编》，中央文献出版社2022年版，第206页。

他多次引用"其身正，不令而行；其身不正，虽令不从"（《论语·子路》），要求各级领导干部要公正无私、以身作则、率先垂范、先正己后正人，要有"知行合一"、言行一致的优良品质，做到公正廉洁、恪尽职守、勤政爱民。并向全体党员干部提出"先禁己身而后人，打铁还需自身硬"，告诫全体党员干部必须加强党风廉政建设，加强党性修养，努力做到干部清正，政府清廉，政治清明，让党放心，让人民满意。习近平总书记提出，"要理直气壮继承和弘扬中华民族传统美德"[①]，必须利用好中华优秀传统文化中的这些宝贵资源。中华传统美德是中华文化的精髓，蕴含着丰富的思想道德资源。比如，在坚守道德底线方面，强调"己所不欲，勿施于人""与人为善""推己及人""君子忧道不忧贫"，要恪守"良知"，做到"俯仰无愧"；在树立道德理想方面，强调人要"止于至善"，有社会责任感，追求崇高理想和完美人格，倡导"兼善天下""利济苍生""天下兴亡，匹夫有责""修身齐家治国平天下""见贤思齐焉，见不贤而内自省也"；在家庭道德建设上，要继承尊老爱幼、妻贤夫安、母慈子孝、兄友弟恭，耕读传家、勤俭持家，知书达礼、遵纪守法，家和万事兴等传统家庭美德。

同时，习近平总书记也强调，以德治国要与依法治国相结合，自律要与他律相结合，德治要与法治并行。要强化领导干

[①]《习近平关于社会主义文化建设论述摘编》，中央文献出版社2017年版，第139页。

部道德的监督管理机制，从而推动以德治国方略的实现。

三 以德治国必须培育和践行社会主义核心价值观

社会主义核心价值观是中国特色社会主义的思想道德基础。改革开放以后，思想道德建设不断推进，但与经济建设相比依然是个短板，道德失范问题比较严重。因此，如何解决经济建设与道德建设的失衡问题，提升全社会的思想凝聚力、引领力、向心力，建设社会主义文化强国，成为摆在新时代治国理政实践中的重大课题。

人类社会发展的历史表明，对一个国家来说，最持久、最深层的力量是全社会共同认可的核心价值观。习近平总书记把培育和弘扬社会主义核心价值观作为凝魂聚气、强基固本的基础工程，在党的二十大报告中指出："社会主义核心价值观是凝聚人心、汇聚民力的强大力量。"[1] 国无德不兴，人无德不立。如果一个民族、一个国家没有共同的核心价值观，莫衷一是，行无依归，那这个民族、这个国家就无法前进。核心价值观是一个民族赖以维系的精神纽带，是一个国家共同的思想道德基础。珍惜和利用中华优秀传统文化中"为政以德"的宝贵传统资源，培植中华民族强大的精神根基，深入挖掘和阐发中华优秀传统文化德治中蕴含的时代价值，使中华优秀传统文化成为社会主义核心价值观的重要源泉，增强人们的价值判断力

---

[1] 《习近平著作选读》第一卷，人民出版社2023年版，第36页。

和道德责任感，不断提高人们道德水平，为中国特色社会主义培根铸魂。

第五节　全面深化改革与"革故鼎新"

"革故鼎新"最早出自先秦《周易·杂卦》，"革，去故也；鼎，取新也"。指革除旧的，建立新的，表示除旧布新。中华民族自古以来就富有创新精神。"革故鼎新"是新事物和旧事物的更替，是新事物在旧事物的基础上变化和发展的结果。"革故鼎新"与马克思主义发展观是契合的，习近平总书记提出的全面深化改革是新时代对"革故鼎新"精神基因的传承与发展。

一　中华民族自古以来就富有创新精神

早在公元前1600多年前，商朝的开国君主成汤就把"苟日新，日日新，又日新"这九字箴言刻在器皿上，用以时刻提醒自己。从《周易》"穷则变，变则通，通则久"到《诗经·大雅》的"周虽旧邦，其命维新"，富有"日新""革新"观念，从而形成中国历史上的社会变革论，强调变革是自然界与社会的普遍规律。中国历史上的变法、维新、农民起义等皆为"日新""革新"观念的重要体现。明代的王夫之在历史观方面提出今胜于古，批判了复古谬论，大胆地打破美化三代古史的迷信，驳斥了"泥古薄今"的观点，阐明了人类历史由野蛮到文明的进化过程。王夫之首先阐发了历史进化的观点,指出历史是前进的发展的过程,后来胜于往古,秦汉以后比夏商周三代更好些。儒家认为尧舜及夏商周三代是最好的时代,王夫之批驳了这种观点,断定今胜于古,打破了上古时代是理想境界的神话。他认为,三代是分封诸侯,贵族世袭,秦汉以后改为郡县制度,地方官吏不能世袭。他痛斥一切退化史观和复古理论,肯定历史是进化的,历史的发展总是后代超过前代,这是不以人的意志为转移的必然趋势。在中华民族发展的各个历史时期,"革故鼎新"这种创新求变的理念不断被阐扬,不断告诉人们创新是"革故鼎新"的实质、核心和根本,也是民族、社会乃至国家发展的重要动力。当中华民族身处救亡图存的生死关头,正是受这种精神激励,不向反动势力妥协,不向外来侵略势力屈服,始终坚持斗争直至最终胜利。

二 "革故鼎新"与马克思主义发展观是相通的

马克思主义基本原理揭示了自然界、人类社会和人类思维发展的普遍规律,是开放的体系,随时代的发展而不断发展,开辟了不断通向真理的道路。中华文明为什么能够历经5000多年的演进,绵延不断,并与时俱进,因其具有开放、吸纳和包容异质文明的能力,每当遭遇到由社会危机引发的文明危机,总是表现出自我批判、自我改造、自我更新的能力。

在进化论传入中国以前,凡主张变革者无不以"革故鼎新"思想为理论依据,"变"是追求历史进步者的共识,这为进化论的传播奠定了思想基础，促进了西方近代资产阶级进化论在中国的传播和发展。由"革故鼎新"到接受西方进化论，再到接受唯物史观，是历史发展的必然。中国先进知识分子接受唯物史观不是一个偶然选择，李大钊是典型代表。新文化运动前期的李大钊崇信进化论，认为进化论的优胜劣败、新陈代谢是人类社会发展的根本规律，无论国家还是国民都是这样。新事物取代战胜旧事物的过程，同时又是旧事物自我否定而更新再生的过程。李大钊思想从进化史观转变到唯物史观后，运用唯物史观解释中国历史的变动，回答近代中国向何处去的时代课题。

三 全面深化改革是新时代对"革故鼎新"精神基因的传承与发展

改革开放是中国共产党的一次伟大觉醒，孕育了从理论到实践的伟大创造。改革开放是中国人民和中华民族发展史上的一次伟大革命，正是这次伟大革命推动了中国特色社会主义事业的伟大飞跃，已成为当代中国最鲜明的特色、当代中国共产党人最鲜明的品格。改革开放四十多年来，解放思想、实事求是，大胆地试、勇敢地改，闯出了一条新路、好路，干出了一片新天地，实现了从赶上时代到引领时代的伟大跨越。特别是党的十八大以来，以习近平同志为核心的党中央以巨大的政治勇气全面深化改革，打响改革攻坚战，加强改革顶层设计，敢于突进深水区，敢于啃硬骨头，敢于涉险滩，敢于面对新矛盾新挑战，冲破思想观念束缚，突破利益固化藩篱，坚决破除各方面体制机制弊端，各领域基础性制度框架基本建立，许多领域实现历史性变革、系统性重塑、整体性重构。加强顶层设计和摸着石头过河相结合，是富有中国特色、符合中国国情的改革方法。摸着石头过河就是找规律，加强顶层设计是提高改革决策科学性，二者是辩证统一的。既要加强宏观思考和顶层设计，又要继续鼓励大胆试验、大胆突破，不断把改革引向深入。全面深化改革胆子要大，但步子一定要稳。胆子要大，就是改革再难也要向前推进，敢于担当，敢于迎难而上。步子要稳，就是方向一定要准，不能犯颠覆性错误。改革不可能没有任何风险，大胆地干不是蛮干，遵循改革规律和特点，实现精确改革。马克思主义为全面深化改革提供了正确的方法论，赋予"革故鼎新"新的时代内涵。

习近平总书记指出："面对快速变化的世界和中国，如果墨守成规、思想僵化，没有理论创新的勇气，不能科学回答中国之问、世界之问、人民之问、时代之问，不仅党和国家事业无法继续前进，马克思主义也会失去生命力、说服力。"[①] 全面深化改革开放，是新时代坚持和发展中国特色社会主义的根本动力，改革开放只有进行时，没有完成时。开放也是改革，改革不停顿，开放不止步。开放带来进步，封闭必然落后。中国开放的大门只会越开越大，永远不会关上。

---

① 习近平：《更好把握和运用党的百年奋斗历史经验》，《求是》2022 年第 13 期。

第六节　德才兼备与"任人唯贤"

"任人唯贤"出自《尚书·咸有一德》："任官惟贤才，左右惟其人。"其中"贤"的意思是"有德谓之贤"。"任人唯贤"是中华民族一以贯之的政治传统。德才兼备、以德为先，一直是中国共产党选人用人的标准。新时代以来，习近平总书记提出，坚持德才兼备、以德为先、任人唯贤的方针，是对中国传统任人唯贤思想的创造性发展，为建设人才强国指明了方向。

一　"任人唯贤"是中国古代政治思想的精华

"任人唯贤"的思想，重视人才在治国理政中的基础作用，并将"以德为本""德本才末""德为才帅"作为选人用人的根本标准。"任人唯贤"是中国古代政治思想的精华，它在中国绵延千年的大一统发展中发挥了巨大作用，并作为一以贯之的政治传统保留至今。

尚贤思想最早可追溯到尧、舜、禹的"禅让制"，后来发展演化出中华传统文化中尚贤使能的政治智慧。"尚贤使能"一词最早出现在《荀子·强国》："尚贤使能，赏有功，罚有罪，非独一人为之也，彼先王之道也，一人之本也。"尊重贤人，任用能人，奖励有功之人，惩罚罪人，成为中国历史一直延续的治国思想。传统用人之道，即指应由有道德、有才能的

第六章 新时代"两个结合"的光辉典范

人治国理政。墨子曰:"尚贤者,政之本也。""官无常贵,而民无终贱,有能则举之,无能则下之。"(《尚贤》)孟子曰:"贤者在位、能者在职"(《公孙丑上》),"虞不用百里奚而亡,秦穆公重用百里奚而霸"(《告子下》)。中国自古以来就坚持贤能治国的传统,提倡贤能治国,克服群体的短视和非理性,从而实现真正的良政善治。《孔子家语》中记载,哀公曾经问政于孔子,孔子曰:"文武之政,布在方策;其人存,则其政举;其人亡,则其政息;故为政在于得人。"在孔子看来,尽管文王、武王的施政纲领记录在典籍之中,能否达到文王、武王的治国功绩,关键在于是否有贤德之人施行善政。魏晋时期政论家傅玄所作的《傅子》一书对此做了进一步的阐发:"明君必顺善制而后致治,非善制之能独治也,必须良佐有以行之也。"(《群书治要·傅子》)意思是,圣明的君主必须通过良好的政治制度才能实现天下太平,然而并非凭借良好的制度就一定能实现大治,还必须有贤良的辅弼之人贯彻落实。无数历史经验告诉我们,人才是政治生活中的最大变量,如果在国家治理中任用贤能,即使法令制度不完备也能因为尽人事而达到事半功倍的效果,但如果不能选贤任能,制度再完备也很难达到好的治理成果。因此,御马有良方,治国有常道,国家的治乱安危关键在用人。司马光在《资治通鉴》中说:"聪察强毅之谓才,正直中和之谓德。才者,德之资也,德者,才之帅也。"才乃德之资,德乃才之帅。德是德行,是根基,能培植一切,因此是统摄性的,好比是掌舵者,才能依赖德行而产生，只是德的辅助而已。在此基础上，司马光将人才分为四类：才德全尽是圣人，才德兼亡是愚人，德胜才者是君子，才胜德者是小人。并指出，凡是举用人才，如果得不到圣人、君子，与其得到小人，不如得到愚人。这是因为比起毫无建树的无知愚人，有才干的小人将会给国家社会带来更大的危害。贤能之人对于治国理政如此重要，但纵观历朝历代，贤能之人壮志难酬、不被重用导致国家覆灭的案例比比皆是，其根本原因就在于政治生活中没有真正落实"任人唯贤"。无数历史经验告诉我们，能否安邦定国的关键就在于是否能任人唯贤、得贤而用。孔子言："举直错诸枉，则民服；举枉错诸直，则民不服。"（《论语·颜渊》）想要从根本上实现人安国治、得民心而得天下，务必要选拔贤能之人，通过"贤者在位，能者布职"，使得朝廷崇礼，百僚敬让，这样上位者躬行道德仁义，尊贤尚德的政教方略就会由内而外、由近及远地推行开来，百姓就能知道效法的准则，迁善日进而不自知；国家就会凝聚善缘和力量，成就千秋伟业。

中国传统政治一向推崇选贤任能，为政者以贤德为选官标准，其中"信德"最为关键。为君者善用正直之士，才能取信于民。官员之德，首重诚信。作为官德的基本要求，"信"有两层含义，一方面要"不欺上"，就是对国家、对上级要诚信不欺；另一方面要"不瞒下"，就是要真诚对待民众，讲究信用。这两个方面是官德的内在要求，官员没有诚信，后果不堪设想。

二 德才兼备、以德为先，一直是中国共产党选人用人的标准

毛泽东同志在《中国共产党在民族战争中的地位》中指出："有独立的工作能力，积极肯干，不谋私利为标准，这就是'任人唯贤'的路线。"[①] 习近平总书记提出，"坚持德才兼备、以德为先、任人唯贤的方针"[②]，使得用人标准更加明确、用人导向更加鲜明，为新时代选人用人明确了方向，树立了标杆。新时代任人唯贤，意味着选干部、用人才既要重品德，又不能忽视才干。坚持德才兼备、以德为先的标准导向，首先要明确德与才的辩证关系。德，指的是人才的政治品质和道德品行；才，是指其能力和水平。突出以德为先，把德放在选人用人的首要位置，形成以德修身、以德服众、以德领才、以德润才、德才兼备的正确导向。有才无德会坏事，有德无才会误事，有德有才方能干成事。培养一支政治过硬、讲党性、重品德、干实事、强素质的干部队伍，时刻牢记权力来自人民、为了人民，不忘初心，谦虚谨慎，对人民群众和国家负责，注重实绩，得到群众认可。

党的十八大以来，以习近平同志为核心的党中央深刻回答了为什么建设人才强国、什么是人才强国、怎样建设人才强国

[①] 《毛泽东选集》第 2 卷，人民出版社 1991 年版，第 527 页。
[②] 《习近平关于全面从严治党论述摘编（2021 年版）》，中央文献出版社 2021 年版，第 298 页。

的重大理论和实践问题，提出了一系列新理念新战略新举措。坚持深化人才发展体制机制改革，破除"四唯"现象，为人才松绑，把我国制度优势转化为人才优势、科技竞争优势。坚持聚天下英才而用之，坚持营造识才爱才敬才用才的环境，弘扬胸怀祖国、服务人民的爱国精神，勇攀高峰、敢为人先的创新精神，追求真理、严谨治学的求实精神，淡泊名利、潜心研究的奉献精神，坚定理想信念，严以修身，严以律己，勇于担当，善于作为，努力成为可堪大用、能担重任的栋梁之材。共产党人为的是大公、守的是大义、求的是大我，更要正心明道、怀德自重，始终把党和人民放在心中最高位置，做一个一心为公、一身正气、一尘不染的人。

第七节 "人与自然是生命共同体"与"天人合一"

在中华传统文化中，人与自然的关系被表述为"天人关系"。人不是游离于自然之外的，更不是凌驾于自然之上的，人就生活在自然之中，人具有主体性因而负有保护自然的主体责任。马克思主义自然观认为，人与自然相互依存共同构成一个有机的整体，人是自然的一部分受自然规律制约，同时人也通过有意识的实践活动使自然界打上了人的烙印。"天人合一"与马克思主义自然观有诸多契合。习近平总书记吸收"天人合一"思想精华，提出"人与自然是生命共同体"，实现了中华优秀传统自然观在新时代的创造性转化和创新性发展。

一 "天人合一"思想蕴含着天人协调的积极因素

"天人合一"思想蕴含着天人协调的积极因素，追求人与人之间、人与自然之间，共生共长、相互协调的和谐状态。中华优秀传统文化中的"天人合一"自然观所蕴含的天人和谐、天人协调的理念，主张"天行有常，不为尧存，不为桀亡"（《荀子·天论》），自然具有客观规律性。

天、地、人三者有机统一。中华文明在上古时期，伏羲氏"仰则观象于天，俯则观法于地"（《周易·系辞》）创八卦。八卦的每一卦都由三个线段组成，每个线段有一个象征意义：上象征天，下象征地，中间象征人，称为"天地人三才"。有关天、地、人三者的关系，《易传》中描述道："有天地然后有万物，有万物然后有男女。"天之道是"始万物"，地之道是"生万物"，人之道是"成万物"，这三者是不可分割的，这就是"天人合一"。中华文明所述"天"乃指创造了人和万物的自然界。

道法自然的天人和谐。中华文明古代典籍《道德经》第二十五章说，"人法地，地法天，天法道，道法自然"，庄子说"天地与我并生，而万物与我为一"（《庄子·齐物论》）。人与自然是一个有机的统一整体，"道"的本性自然无为，化生万物，自然之道贯通天、地、人，"天地"遵循自然之道，人也遵循自然之道，天地与人皆合于自然之道，万物都依照"道"赋予其秉性。

二 "人与自然是生命共同体"吸收天人合一思想精华

"天人合一"为今天解决生态危机提供了思想智慧，在当代社会已焕发出新的生机与活力，与马克思主义自然观相契合。中华优秀传统文化历来强调道法自然、天人合一，主张自然法则不可违，人道必须顺应天道，将天之法则转化为人之准则，它告诫人们不妄为、不强为、不乱为，顺其自然，因势利导地处理好人与自然的关系。改革开放以后，伴随经济的高速发展，资源环境约束趋紧、生态破坏呈高发态势，生态环境与经济发展能否相协调，是新时代治国理政面临的重大课题。

习近平总书记提出的"人与自然是生命共同体""人与自然和谐共生"，浸润着"天人合一"的中华古老智慧。建设美丽中国是中国特色社会主义建设的重要目标和战略任务。习近平总书记充分吸纳了中华传统文化中"天人合一"的思想精华，创造性地提出了人与自然和谐共生的生态文明思想，指出"我们应该遵循天人合一、道法自然的理念，寻求永续发展之路"[1]。当人类合理利用、友好保护自然时，自然的回报常常是慷慨的；当人类无序开发、粗暴掠夺自然时，自然的惩罚必然是无情的。以史为鉴，可以知兴替，"生态兴则文明兴，生态衰则文明衰。生态环境是人类生存和发展的根基，生态环境

---

[1]《习近平主席在出席世界经济论坛2017年年会和访问联合国日内瓦总部时的演讲》，人民出版社2017年版，第29页。

变化直接影响文明兴衰演替"①，这是习近平总书记从历史上的文明演进和生态环境变化中得出的深刻结论。习近平生态文明思想确立了处理生态环境与经济发展之间关系的基本原则，指出："促进人与自然和谐共生"，"既要绿水青山，也要金山银山"，"宁要绿水青山，不要金山银山"，"绝不能以牺牲生态环境为代价换取经济的一时发展"②，"绿水青山可带来金山银山，但金山银山却买不到绿水青山。绿水青山与金山银山既会产生矛盾，又可辩证统一"③，"人与自然是生命共同体"，山水林田湖草沙是生命共同体，回答了如何将生态环境与经济协调发展的"时代之问"，是对"天人合一"思想精华的传承和发展。

第八节 自信自强与"自强不息"

"自强不息"源自《周易大传》的名言，即"天行健，君子以自强不息"，意指观此卦之君子，在其一生之中，始终都应刚健有为、发愤图强、永不松懈。自强不息思想，集中地反映了中华民族朝气蓬勃、努力向上的顽强生命力，表现了中华

---

① 《习近平生态文明思想学习纲要》，学习出版社、人民出版社2022年版，第11页。
② 《习近平关于社会主义生态文明建设论述摘编》，中央文献出版社2017年版，第21页。
③ 习近平：《之江新语》，浙江人民出版社2007年版，第153页。

民族百折不挠的开拓精神、反抗恶势力的斗争精神、完善自我的进取精神，以及在日常生活中的勤劳节俭的美德。习近平总书记提出的自信自强，是中华民族"自强不息"精神血脉的自觉传承，是新时代鲜明的精神标识。

一 "自强不息"贯穿着中华民族的精神血脉

"自强不息"意味着以一种积极乐观有为的精神来主导人生的生活态度，"发愤忘食，乐以忘忧"，不断地追求完善自我体魄、学识、技能和道德。习近平总书记在2014年10月15日文艺工作座谈会上指出，"为什么中华民族能够在几千年的历史长河中生生不息、薪火相传、顽强发展呢？很重要的一个原因就是中华民族有一脉相承的精神追求、精神特质、精神脉络"[①]。自强不息便是贯穿中华民族的精神血脉。"自强"就是通过自身的努力而不断超越自己，从而变强大。"不息"是"生生不息，永不停止"之义。"自强不息"精神强调的是通过自身生生不息的努力拼搏而使自我更强大，而不是通过掠夺甚至侵略他者使自我更强大，与他人竞争也是为了自我更强大，而不是为了压制别人。无疑，这种靠壮大自己而发展起来的"自强"，更利于和谐相处。

[①] 习近平：《在文艺工作座谈会上的讲话》，人民出版社2015年版，第22页。

二 独立自主是自强不息精神基因的传承

中华民族自强不息的精神体现为独立自主的优良传统，独立自主也是中国共产党百年奋斗得出的历史结论，走自己的路，是党的全部理论和实践立足点。在新时代，坚定中国特色社会主义道路自信、理论自信、制度自信、文化自信，意味着坚持独立自主，坚定不移走自己的路，中国共产党和中国人民将在自己选择的道路上昂首阔步走下去，坚持民族自尊心和自信心，坚持把国家和民族发展放在自己力量的基点上，把中国发展进步的命运牢牢掌握在自己手中。对丰富多彩的世界，我们应该秉持兼容并蓄的态度，虚心学习他人的好东西，在独立自主的立场上把他人的好东西加以消化吸收，学习和借鉴人类文明的一切优秀成果，但不是照搬其他国家的政治理念和制度模式，而是扎根本国土壤，立足本国国情进行创造性转化和创新性发展。

三 自信自强是新时代鲜明的精神标识

习近平总书记指出："有自信自强的精神力量，中国人民积极性、主动性、创造性进一步激发，志气、骨气、底气空前增强，党心军心民心昂扬振奋。"[①] 实现中华民族伟大复兴，是

[①]《把提高农业综合生产能力放在更加突出的位置 在推动社会保障事业高质量发展上持续用力》，《人民日报》2022年3月7日。

中华民族近代以来的伟大梦想。党的百年奋斗成功道路是党领导人民独立自主探索开辟出来的，马克思主义的中国篇章是中国共产党人依靠自身力量实践出来的，贯穿其中的一个基本点就是中国的问题必须从中国基本国情出发，由中国人自己来解答。无论过去、现在还是将来，对马克思主义的信仰，对中国特色社会主义的信念，对实现中华民族伟大复兴中国梦的信心，都是指引和支撑中国人民站起来、富起来、强起来的强大精神力量。必须坚持守正创新，守正才能不迷失方向、不犯颠覆性错误，创新才能把握时代、引领时代。我们要以科学的态度对待科学、以真理的精神追求真理，坚信中国特色社会主义具有强大优势，不断实现理论和实践上的创新突破。习近平总书记指出："当今世界，要说哪个政党、哪个国家、哪个民族能够自信的话，那中国共产党、中华人民共和国、中华民族是最有理由自信的。"[1] 这是习近平总书记在多个场合反复提及的论断，彰显了百年大党的历史自觉和历史自信。中国共产党人的历史自信，既是对奋斗成就的自信，也是对奋斗精神的自信，有了自信自强的底气和勇气，中国共产党带领中国人民一定能毫无畏惧面对一切困难和挑战，以自信自强汇聚强大的精神力量，一定能坚定不移开辟新天地、创造新奇迹，实现中华民族伟大复兴。

---

[1] 习近平：《在庆祝中国共产党成立九十五周年大会上的讲话》，《求是》2021年第8期。

第九节　正确义利观与"厚德载物"

"厚德载物"源自《周易大传》的名言,"地势坤,君子以厚德载物",意指君子在其一生之中,始终都应以宽厚之德包容万物。习近平总书记把马克思主义义利观与新时代中国具体实际、同中华民族"厚德载物"思想结合起来,提出了"正确义利观"。"正确义利观"与"厚德载物"的古老思想具有高度契合性,赋予后者鲜明的时代特征。

一　"厚德载物"蕴含着兼容并包、和而不同的古老智慧

"厚德载物"意即通过自身不断修炼,使品德更加厚实崇高,以更宽广的胸怀承载万物。"厚德载物"所表现的是淳厚的德性、包容万物的胸怀,是一种优秀的道德品质。厚德载物蕴含着兼容并包、和而不同的古老智慧。历史上,佛教东来,被中国人民容纳,形成中国化的佛教,明末西学东传,亦曾受到中国知识分子的重视。清末顽固派拒绝西学,事实上是违背了中华文化兼容并包的基本精神。厚德载物体现在处理国际关系、民族关系上,主张"协和万邦",民族不分大小、国家不分强弱,彼此之间应本着相互平等的原则,实行相互援助的方针,反对侵略、热爱和平,各国互相团结、和睦共处。

二 "正确义利观"体现了中华民族"厚德载物"的博大胸怀

坚持正确义利观,既凝结了中华传统文化的道德精髓,也体现了当今中国在国际社会中的行为准则;既是中国国际战略思想的创新,也是中国外交实践的指导原则。坚持正确的义利观,是对"中国怎样处理与外部世界关系"等重大问题的明确回答,体现了中国是维护世界和平与国际正义的大国。

近代以来,在西方国家的主导下,各国争权夺利,结盟对抗,战争频发。中国特色社会主义新时代,中国外交处于走向大国外交的关键时刻,势必面临更多的义利关系,提出坚持正确义利观,表明中国是维护世界和平的重要力量。习近平总书记强调在国际关系中践行正确的义利观,中国在处理自身所面临的种种国际问题时,既要注重利,更要注重义,讲信义、重情义、扬正义、树道义,绝对不能见利忘义。在"正确义利观"中,"义"可以理解为信义、情义、正义、道义;正确义利观追求义与利之间的平衡兼顾,但同时又主张"以义为先""重义轻利",赋予"义"以优先性。同时,很大程度上"义"与"利"也在正确义利观中彼此相融。

中国渴望持久和平、普遍安全、共同繁荣、开放包容、清洁美丽的世界,而这也是诸多发展中国家的夙愿。在近现代历史和现有的国际秩序中,发展中国家常常都是安全、发展严重不平衡的受害者。中国也曾饱受外来干涉之害、经历落后于人之苦,所以中国强调的"义"包含了对普遍性、共同性的追求。一个公平正义的世界需要解决发展中国家所面临的一系列普遍性问题，在这一过程中，需要汇集发展中国家的力量，实现发展中国家的团结合作。可以说，中国与发展中国家间的良好关系、发展中国家的共同富强繁荣，不仅符合中国自身利益，也是中国对世界美好愿景的一部分，被中国视为目标与使命。以义为先、弘义融利、义利合一的价值观，追求的是世界大义与世界大利的和谐统一，体现了中华传统"先义后利"思想与马克思主义人民利益原则的有机融合，体现了中华民族"厚德载物"的博大胸怀。

践行正确义利观的根本是辩证地处理好道义和利益的关系，要在三个重大问题上实现义利的辩证统一。第一，坚持和平发展道路和捍卫国家核心利益的辩证统一。中国不会以争夺霸权为国家目标，继续坚持独立自主的和平外交政策。习近平总书记强调："我们要坚持走和平发展道路，但决不能放弃我们的正当权益，决不能牺牲国家核心利益。"[1] 第二，实现共同富裕与谋求自身发展的辩证统一。在自身发展的同时支持广大发展中国家的发展，实现共同富裕、共同繁荣。第三，维护人类共同利益与实现自身利益的辩证统一。在中国走向全球性大国的时候，维护人类共同利益、解决全球性问题是中国义不容辞的责任。

---

[1] 《习近平关于总体国家安全观论述摘编》，中央文献出版社2018年版，第259页。

第十节　合作共赢与"讲信修睦"

"讲信修睦"出自《礼记·礼运》："大道之行也，天下为公，选贤与能，讲信修睦。"意为人与人之间、国与国之间，讲究信用，谋求和睦。习近平总书记提出的合作共赢，建立在中华优秀传统文化"讲信修睦"的基础之上，是推动构建人类命运共同体的必由之路。

一　"讲信修睦"贵在"信"

在中华传统文化中，无论是人与人之间，还是国与国之间，要调整相互间的关系，达至亲密和睦这一境界，关键就在于以"信"为优良美德和思想传统。何谓"信"？据《说文解字注》，"信，诚也。人言则无不信者，故从人言"。"信"是一个会意字，其本义是以言语取信于人。正所谓"志以发言，言以出信，信以立志"。由"信"之本义引申，"信"意味着诚实无欺，恪守信用。中华传统文化中诸子百家多元并存，他们虽对个人的穷达荣辱、国家的治乱兴衰怀持着各异的思想与态度，但诚信却是他们共同推崇的道德准则。

"信"是个人立身行道必须坚守的道德底线。早在春秋时期，古人就将"信"视作一个人应当具备的最基本的德行。孔子认为，重允诺而言必信是君子人格的内在要求，可以作为衡量君子的标准。在他看来，"人而无信，不知其可也。大车无輗，小车无軏，其何以行之哉?"(《论语·为政》)一个人若不讲信义，恰似车无轴轮无法运行一样，就无法在社会中立足。故而孔子对"信"颇为重视，以"信"为君子安身立命之本。据《论语·述而》载，"子以四教：文、行、忠、信"。孔子以"信"为"四教"科目之一，强调把诚信作为培养教育学生的重要内容。孔子还将"信"同"恭""宽""敏""惠"并列为"五德"。孔孟以降，董仲舒、周敦颐、朱熹等历代思想家均对"信"进行过精辟论述，"信"德随之流传下来，成为人人奉行的立身之本。一个人讲信、守信，言出必行，是取得别人充分信任的必要前提。立身于社会之中的个体，若言而无信，就失去了社会生活中的万能通行证，便会陷入孤独无助的状态，在社会中寸步难行。

恪守"信"是维持社会和谐、促进社会团结的重要纽带。社会由个体的人组成，人与人之间如何相处，决定着一个社会是否有序，是否和谐。"信"是社会的黏合剂。唯有社会成员间实现互信，整个社会才能正常运转。在经济活动中，经营者诚信为本，货真价实才能赢得消费者信赖，长久获利。商人以利润最大化作为追求，但只重个人利益，罔顾整个社会效益，尤其是摒弃道德的获利方式难以持久。中国古人将"信"作为经商原则由来已久，形成了"市不豫贾""贾而好儒"的商德文化。中国传统商德讲诚信、重道义，将义与利结合，其中尤以诚信为重。荀子力赞"良贾"，认为"商贾敦悫无诈，则商旅安，货通财，而国求给矣"(《荀子·王霸》)。管子曾言，

"非诚贾不得食于贾"(《管子·乘马》),明确指出商德的根本就是诚信。将良好的商业道德看作"万利之本"。"信"是社会生活正常有序的基础与保障。诚信为本,是人与人之间进行交往最起码的道德要求。早在战国时期,"信"就成为一种重要的社会道德规范。孔子把"信"作为"仁"的具体内容之一。儒家以"信"为人际关系的第一原则,敦促形成社会成员间相互合作、彼此信赖的良好关系。一个拥有和谐秩序的社会,需要以人与人之间的沟通与合作为基础,"信"是形成这种关系的基石。以"信"为依托,社会成员间严守道德底线,互相支持与帮助,整个社会才能氤氲出令人放心的环境,满足社会成员安全感的需要,从而避免沦为一个充满尔虞我诈的社会。

"信"是国家政权稳固的基石。信德在中国古代社会发展的过程中不断深化,从道德意义进一步扩展至处世、治世的重要伦理原则,成为治国理政、安邦定国的重要抓手。"信,国之宝也,民之所庇也。"(《左传·僖公二十五年》)对国家而言,诚信犹如宝器,在为国从政中发挥着至关重要的作用。中国传统思想重道德,将道德原则放在论政的首要位置,其中尤以政治诚信为重。

"信"不仅适应于立身、处世、治政之中,还被施用于国与国之间外交往来关系之中。早在春秋战国时期,就记载着"君以礼与信属诸侯"(《左传·僖公七年》)。在中国传统文化中,落实国与国之间和睦的基础就在于修养自身之"信"德。古圣先贤在外交关系上一向秉持"远人不服,则修文德以来之"(《论语·季氏》)的原则。所以,作为中华民族古已有之的优良传统,讲信修睦的主体虽关涉人我,但其重点则落在对道德主体讲信义、守信用的修养自持之中。形成同心共圆中国梦的强大合力,诚信可谓道德基石。历经千年风雨仍巍然屹立于东方的中华民族是一个高度重视诚实价值的信用之邦。

二 合作共赢必须建立在"讲信修睦"的基础之上

中国自古以来就强调"讲信修睦",这不仅是中国由来已久的历史文化传统,更是中华民族世代相传的道德圭臬,是为人之本、处世之方、立国之基。进入新时代,习近平总书记深刻把握世界发展大势,弘扬中华民族讲信修睦传统,提出和平发展、公平正义、合作共赢才是人间正道。他指出:"中方愿同各方一道努力,秉持真正的多边主义,讲信修睦,合作共赢,向着推动构建人类命运共同体的目标稳步迈进。"[1]

新征程上,世界之变、时代之变、历史之变正以前所未有的方式展开。一方面,和平、发展、合作、共赢的历史潮流不可阻挡,人心所向、大势所趋决定了人类前途终归光明。另一方面,恃强凌弱、巧取豪夺、零和博弈等霸权霸道霸凌行径危害深重,和平赤字、发展赤字、安全赤字、治理赤字加重,人类社会面临前所未有的挑战。世界又一次站在历史的十字路

---

[1] 《习近平出席第六届东方经济论坛全会开幕式并致辞》,《人民日报》2021年9月4日。

口，何去何从取决于各国人民的抉择。

面对这种世界形势，以习近平同志为核心的党中央，高举合作共赢大旗，引领人类向共同繁荣世界发展。中国尊重各国主权和领土完整，坚持国家不分大小、强弱、贫富，一律平等，尊重各国人民自主选择的发展道路和社会制度，坚决反对一切形式的霸权主义和强权政治，反对冷战思维，反对干涉别国内政，反对搞双重标准。中国坚持在和平共处五项原则基础上同各国发展友好合作，推动构建新型国际关系，深化拓展平等、开放、合作的全球伙伴关系，致力于扩大同各国利益的汇合点。促进大国协调和良性互动，推动构建和平共处、总体稳定、均衡发展的大国关系格局。

第十一节　真实亲诚理念与"亲仁善邻"

"亲仁善邻"典出《左传·隐公六年》，原文为"亲仁善邻，国之宝也"，意思是亲近仁者、与邻邦友好。自古以来，中国人始终认为，家族和国家的昌盛，从来不是通过对外战争抢夺攻伐而来的，而是以仁爱道义与邻交往，讲信修睦、友好相处。历史也反复证明，与邻者亲近、与邻邦友好，是促进国家发展的宝贵财富。新时代以来，习近平主席立足于新时代中国特色大国外交，弘扬"亲仁善邻"的传统，提出了真实亲诚理念。真实亲诚理念是习近平外交思想对"亲仁善邻"中华古老智慧的传承和发展。

一 "亲仁善邻"是中华民族的价值追求

古往今来,正是始终秉承"亲仁善邻"的价值追求,中华儿女才能世代坚持与人为善、推己及人,建立和谐友爱的人际关系;华夏各民族间才能始终交融交流、和衷共济,形成团结和睦的大家庭;中华民族才能协和万邦,与世界其他民族在平等相待、互相尊重的基础上不断发展友好合作关系。中华文明中的"亲仁善邻"是与"和而不同"联系在一起的,承认并尊重事物的多样性、差异性,以"和"对"多",互相包容、求同存异、共生共长。中华文明始终崇尚和平、和睦、和谐的价值追求,"以和为贵""天下太平""天下大同"等理念世代相传。中华文明本质上是一种"和"的文明,包含和平、包容、开明、开放等多重内容,主张不同文明之间应该互学互鉴,平等交流,反对文明冲突,要对话而不要对立。

中国共产党人在实践中继承发展了"亲仁善邻"的传统智慧,将其落实在各国的共同发展上。早在1946年,毛泽东同志就提出"中间地带"概念,主张争取和团结新兴的独立民族国家。20世纪50年代,我国制定并推行了睦邻友好的外交政策,积极努力争取与周边邻国建立相互信任的外交关系,形成安全稳定的周边环境。1985年,邓小平同志提出"和平和发展是当代世界的两大问题"的重要论断,为新时期党和国家制定对外政策提供了重要依据。新时代以来,随着中国外交的不断延伸,多边合作成为周边外交的重要内容。习近平总书记强调:"亲仁善邻,是中国自古以来的传统。"[①] 我们通过加强区域经济合作深化睦邻友好,通过参与地区安全对话维护周边稳定,倡议成立上海合作组织、确立金砖国家领导人会晤机制、与东盟国家建立"中国—东盟自由贸易区"等,为探索建立新型国家关系、树立新型安全观和加强新型区域合作,提供了宝贵经验。中国也注重加强与其他国家的友好合作关系,通过出席二十国集团领导人峰会、亚太经合组织领导人非正式会议,举办博鳌亚洲论坛年会等,使中国的朋友圈进一步扩大。中国倡导构建人类命运共同体,思想渊源在"亲仁善邻",旨在推动国际秩序和国际体系朝着更加公正合理的方向发展。此外,倡导共商共建共享的全球治理观,主张平等、互鉴、对话、包容的文明观,都是中国为推动世界和平与可持续发展贡献的中国智慧和中国方案。

二 真实亲诚理念是"亲仁善邻"在新时代的传承发展

习近平总书记在2013年访问非洲期间发表题为"永远做可靠朋友和真诚伙伴"的演讲,首次提出了真实亲诚理念,将之作为中非之间朋友交往、相互合作、解决彼此间问题时所应奉行的原则,全面阐述新时期中非共谋和平、同促发展的政策主张。习近平总书记强调:对待非洲朋友,我们讲一个"真"

[①] 习近平:《共同创造亚洲和世界的美好未来——在博鳌亚洲论坛2013年年会上的主旨演讲》,人民出版社2013年版,第9页。

第六章 新时代"两个结合"的光辉典范

字;开展对非合作,我们讲一个"实"字;加强中非友好,我们讲一个"亲"字;解决合作中的问题,我们讲一个"诚"字。中国,是最大的发展中国家;非洲,是发展中国家最集中的大陆。同为发展中国家,中国和非洲国家之间有一种天然的亲近感和吸引力。从真实亲诚理念到中非合作"五大支柱",中非友谊在真实亲诚的土壤中不断扎根,把非洲大陆带向充满希望的未来。[1]

随着实践的发展,真实亲诚理念已不仅适用于中非关系,也成为中国与其他发展中国家打交道时奉行的准则。秉持真实亲诚理念和正确义利观加强同发展中国家团结合作,维护发展中国家共同利益,是新时代中国特色大国外交的重要内容。

真实亲诚理念反映出,中国追求的不仅是利益,还对发展中国家投入了深厚的情感与认同,并希望在与发展中国家的交往中实现双边、多边乃至全球层面的价值追求。重视、亲近发展中国家,一直是新中国外交的特色和传统。这是因为发展中国家在历史上大都经历了与中国相似的命运,在现实中面临着与中国相仿的问题,寻求自主和发展的愿望总能引发中国人民内心深处的共鸣。对中国外交而言,与发展中国家的关系绝不是尔虞我诈的博弈,也不单纯是一般性的事务往来,而更应该有朋友的温暖、伙伴的亲切、兄弟的真情。

---

[1] 习近平:《永远做可靠朋友和真诚伙伴——在坦桑尼亚尼雷尔国际会议中心的演讲》,《人民日报》2013年3月26日。

习近平新时代中国特色社会主义思想，是新时代实现"两个结合"的典范，实现了马克思主义基本原理与中华优秀传统文化的融通和相互成就，彰显了科学性、民族性与时代性的统一，贯穿着马克思主义世界观方法论的灵魂，承载着中华优秀传统文化独特的民族特征和价值理念。

新征程，必须深刻把握"两个结合"的思想精髓，继续推动文化繁荣、建设文化强国、建设中华民族现代文明。习近平新时代中国特色社会主义思想作为当代中国马克思主义、二十一世纪马克思主义、中华文化和中国精神时代精华，同新征程中国具体实际结合起来，同具有悠久历史、博大精深的中华优秀传统文化精华融合起来，并且不断从新时代伟大实践中获得推动力量，将不断开辟马克思主义中国化时代化的新境界，为强国建设、民族复兴以及人类进步提供强大的思想武器。

第七章
"两个结合"的成果和意义

2023年6月2日,习近平总书记在文化传承发展座谈会上指出:"在五千多年中华文明深厚基础上开辟和发展中国特色社会主义,把马克思主义基本原理同中国具体实际、同中华优秀传统文化相结合是必由之路。这是我们在探索中国特色社会主义道路中得出的规律性认识","历史正反两方面的经验表明,'两个结合'是我们取得成功的最大法宝"。[①]"两个结合"的提出和实践,推动马克思主义中国化时代化的新飞跃,推动中华文明的生命更新和现代转型,发展出中华文明的现代形态,赋予中国理论以更加鲜明的文化特色、中国道路以更加深厚的文明底蕴,具有重大而深远的历史意义。

---

① 习近平:《在文化传承发展座谈会上的讲话》,人民出版社2023年版,第5页。

第一节　中华优秀传统文化与马克思主义具有高度契合性

习近平总书记在论述"两个结合"的重大意义时深刻指出,"结合"的前提是彼此契合,马克思主义和中华优秀传统文化来源不同,但彼此存在高度的契合性,"相互契合才能有机结合"①。因此,正确认识和全面把握马克思主义同中华优秀传统文化的内在契合性,是理解"两个结合"的重要成果、重大意义的前提和基础。

一　高度契合的内在原因

习近平总书记指出,"'结合'不是硬凑在一起的"②。这一论断深刻揭示了"第二个结合"的内在原因。实践充分证明,马克思主义基本原理同中华优秀传统文化相结合,是马克思主义中国化时代化的必由之路。但这种结合不是简单化、教条化、口号化的,而是建立在对马克思主义基本原理与中华民族文明特性的正确认识和辩证把握基础上的。恩格斯指出,每个国家运用马克思主义,"必须完全脱下它的外国服装",因为

---

① 习近平:《在文化传承发展座谈会上的讲话》,人民出版社2023年版,第6页。
② 习近平:《在文化传承发展座谈会上的讲话》,人民出版社2023年版,第5页。

"我们自己创造着我们的历史……但是政治等等的前提和条件，甚至那些萦回于人们头脑中的传统，也起着一定的作用"。[①] 党对百年奋斗历程的总结，同样得出"马克思主义理论不是教条而是行动指南，必须随着实践发展而发展，必须中国化才能落地生根、本土化才能深入人心"的重要结论。[②] 马克思主义基本原理与中华优秀传统文化彼此依托、彼此融通、彼此成就。只有根植于中华优秀传统文化的丰厚文化土壤，马克思主义才能在中华大地生根、开花、结果。同样，中华传统文化只有通过马克思主义激活其精华才能焕发生机。

马克思主义在中国的传播和运用既需要解决中国的现实问题，也需要融入中华优秀传统文化。马克思主义要被刚刚步入近代的中国社会接受，必须能够解决中国社会发展的新问题、能够回应中国社会近代转型中所面临的困境。以马克思主义诠释中华文明的发展历程，为这一有着五千余年连续发展的东方文化寻找在世界发展史中的定位，回答近代变革的时代之问。以李大钊、郭沫若为代表的马克思主义史家，运用马克思主义的社会经济发展形态理论、辩证唯物论验证了中国社会发展合乎马克思主义揭示的人类社会普遍原则。"马克思主义之所以能够应用于研究中国历史，根据在哪里？根据不在中国历史之

[①] 《马克思恩格斯选集》第4卷，人民出版社2012年版，第276、604—605页。
[②] 《中共中央关于党的百年奋斗重大成就和历史经验的决议》，人民出版社2021年版，第66页。

外，只在中国历史运动之中。甲骨钟鼎文字和先秦以下浩如烟海的文献记录表现的中国社会制度、历史演变，有什么样子，马克思主义才能够讲出什么样子。马克思主义的应用，改变了的是主体对客体的认识，而不是改变了客体的存在。"[1] 另外，中华传统文化中有马克思主义的种子，其中的许多先进思想观念，通过中国共产党人的创造性阐释，成为党理解、诠释、传播马克思主义时可资利用的重要思想资源。艾思奇同志曾就此做过精辟论述："中国民族和它的优秀传统中本来早就有着马克思主义的种子。马克思主义是科学的共产主义，而共产主义社会，曾是中国历史上一切伟大思想家所共有的理想……中国的马克思主义，就是以马克思的科学共产主义的理论为滋养料，而从中国民族自己的共产主义的种子中成长起来的。"[2] 毛泽东同志曾用中国传统的大同观念表达自己的共产主义理想，在他的设想中，中国将"经过人民共和国到达社会主义和共产主义，到达阶级的消灭和世界的大同"[3]。他指出，"对于工人阶级、劳动人民和共产党，则不是什么被推翻的问题，而是努力工作，创设条件，使阶级、国家权力和政党很自然地归于消灭，使人类进到大同境域"[4]。这是中国共产党人对中国传统大同理想的马克思主义解释，也是对共产主义原理的中国化理

---

[1] 刘大年：《马克思主义与中国传统文化》，《学习与研究》2006 年第 9 期。
[2] 艾思奇：《五四文化运动在今日的意义》，《新中华报》1939 年 4 月 28 日。
[3] 《毛泽东选集》第 4 卷，人民出版社 1991 年版，第 1471 页。
[4] 《毛泽东选集》第 4 卷，人民出版社 1991 年版，第 1469、1471 页。

解，生动展现了马克思主义与中国传统文化的创造性融通。同样，邓小平同志也用"小康"这一极富中国传统风貌的话语概括新时期的社会主义现代化建设，并将其称为"中国式的现代化"。2023年6月，习近平总书记提出，"将中华民族的伟大精神和丰富智慧更深层次地注入马克思主义"[①]。可以这样认为，中国的马克思主义正是在运用马克思主义基本原理解释中华传统文化的实践中创立并发展起来的。离开中华传统文化，马克思主义难以在近代中国得到传播与发展。作为一个拥有5000多年历史的唯一没有中断的文明，极大丰富发展了马克思主义，夯实了马克思主义的文化支撑。

中华优秀传统文化同样需要以马克思主义基本原理为指导实现创造性转化、创新性发展。18世纪的工业革命开启了人类世界通往现代化的大门，资本的扩张把人类文明的发展推向了更高的阶段，欧美一些主要的资本主义国家完成了从传统农业社会向近代工业社会、从传统农业文明向近代工业文明的转型。但在漫长的历史发展过程中，中国传统社会长期呈现出农业文明属性。近代以来中国社会反复出现中西文化优劣之争，正是中国社会转型、中国文明转型的缩影。然而，我们也要看到，一方面，中国传统文化自身存在"通则变，变则久"的历史变动思想，中华文化也有着成功接纳异质文化的典型

---

① 《不断深化对党的理论创新的规律性认识 在新时代新征程上取得更为丰硕的理论创新成果》，《人民日报》2023年7月2日。

例子，有顺应历史发展潮流，自我更新，接纳历史变动所带来的社会变迁的意识，但这种转型需要正确理论的指引，而马克思主义在中国的接受与传播则为苦难中的近代中国提供了历史发展的指导。另一方面，马克思主义中联系的观点、发展的观点、矛盾的观点、辩证的观点，与中华传统文化中的相应观点存在高度契合性，马克思主义唯物史观为马克思主义同中华传统文化的结合，提供了重要的思想基础和方法论基础，也给中华优秀传统文化的创造性转化和创新性发展提供了切实的路径。

从中华文明发展来看，面对西方文明的冲击，蒙尘的5000多年中华文明需要马克思主义来激活，也需要在马克思主义的指导下实现扬弃、转化、重塑和新生。从马克思主义中国化来看，马克思主义要在中国落地生根，也需要不断探索能够适应中华文化传统、价值观念和现实需求的理论解释体系和表达传播方式。从大历史观来看，马克思主义与中华优秀传统文化是能够相互启发、相互造就的，二者的结合具有深刻的内在逻辑。

二 高度契合的具体表现

马克思主义和中华优秀传统文化内在契合性的具体表现，习近平总书记在文化传承发展座谈会上的讲话中概括指出，"天下为公、讲信修睦的社会追求与共产主义、社会主义的理想信念相通，民为邦本、为政以德的治理思想与人民至上的政治观念相融，革故鼎新、自强不息的担当与共产党人的革命精神相合。马克思主义从社会关系的角度把握人的本质，中华文化也把人安放在家国天下之中，都反对把人看作孤立的个体"[1]。这一重要论述，精辟揭示了马克思主义与中华优秀传统文化的内在关联，为深入把握和践行"两个结合"提供了重要指引和启迪。

从思想特质上看，中华文明具有突出的包容性和开放性，在数千年的文明演进中，中华文明总是善于吸收和接纳异质文明，并将外来文化中的优秀成分融会到自身的思想和价值体系中，形成新的文明形态和文化认同。作为以解放人类为宗旨的科学理论，马克思主义同样是一个不断发展的开放体系。一部马克思主义发展史就是马克思、恩格斯以及他们的后继者们不断根据时代、实践、认识发展而发展的历史，是不断吸收人类历史上一切优秀思想文化成果丰富自己的历史。[2] 二者这种兼收并蓄、海纳百川的文化特性，内在地决定了二者有条件相互契合，并完全可以不断在实践中实现深度结合。

从宇宙观上看，中华民族历来主张将天地生人视为整体加以系统观察。《尚书》中的五行说，证明中国哲学中很早就有朴素的唯物思想和辩证法因素。天人合一的自然观是中华文化

---

[1] 习近平：《在文化传承发展座谈会上的讲话》，人民出版社2023年版，第6页。
[2] 参见习近平《在纪念马克思诞辰200周年大会上的讲话》，人民出版社2018年版，第9页。

产生的基因，包含着丰富的辩证思想。它强调天的运行与人间万物有不可分割的关系，人要顺应天道就要顺应自然、尊重自然，人的行为也要符合天地日月四时规律。史伯提出"和实生物，同则不继"（《国语·郑语》）；荀子提出"物各从其类"（《劝学》），"万物各得其和以生，各得其养以成"（《天论》）；庄子提出"天地与我并生，而万物与我为一"（《庄子·齐物论》），都是万物共存、顺应自然、重视尊重自然规律重要性的科学认识。历代统治者在政策制定上，也有众多关于野生动物、公共环境、土地与水利资源保护与治理等具体措施。这种主张"天人合一"的宇宙观，与马克思的自然观相契合。马克思认为，"人靠自然界生活"①，自然不仅给人类提供了生活资料来源，如肥沃的土地、渔产丰富的江河湖海等，而且给人类提供了生产资料来源。自然物构成人类生存的自然条件，人类在同自然的互动中生产、生活、发展，人类善待自然，自然也会馈赠人类，但"如果说人靠科学和创造性天才征服了自然力，那么自然力也对人进行报复"②。因此，自然是生命之母，人与自然是生命共同体，人类必须敬畏自然、尊重自然、顺应自然、保护自然，这是中国传统宇宙观与马克思主义自然观的内在相通之处。

从天下观上看，中华民族具有悠久的"天下大同"理想。

---

① 《马克思恩格斯文集》第 1 卷，人民出版社 2009 年版，第 918 页。
② 习近平：《在纪念马克思诞辰 200 周年大会上的讲话》，人民出版社 2018 年版，第 21 页。

从甲骨卜辞可知，商代已经具备了"上下四方"、四维四正的全方位观念。尤其是其中的"东方""西方""南方""北方"四方观念，已极为普遍，深入人心。① 周代发展出的天下大同理想，表达了无远不至的理想境地，即四方之内，其民大安，远近咸至，没有他者与我者的区分。这是周人的精神追求，是高远的政治理想。有此观念的铺垫，"普天之下""天下一家""天下远近小大若一"的观念在稍后的时段中应运而生，"天下定于一""四海之内皆兄弟"成为中国传统文化中根深蒂固的观念。这也是中华文明与马克思主义的内在契合之处之一。马克思主义同样以"世界"为尺度分析问题，以全人类的共同解放作为奋斗志业。青年时期的马克思便立志选择"最能为人类而工作的职业"，在创立马克思主义学说的过程中，马克思、恩格斯主张"各民族的原始封闭状态由于日益完善的生产方式、交往以及因交往而自然形成的不同民族之间的分工消灭得越是彻底，历史也就越是成为世界历史"②。他们坚信，未来社会"将是这样一个联合体，在那里，每个人的自由发展是一切人的自由发展的条件"③。中华文明将家国天下联系在一起的观念，与这种将世界看作一个整体，建设"自由人联合体"的坚

---

① 参见朱彦民《甲骨文所见天下"四方"观念》，《殷都学刊》2022 年第 1 期。
② 《马克思恩格斯选集》第 1 卷，人民出版社 1995 年版，第 88 页。
③ 习近平：《在纪念马克思诞辰 200 周年大会上的讲话》，人民出版社 2018 年版，第 16、22 页。

定信念，存在明显的共通和契合之处，奠定了国人接受、认同并发展马克思主义的重要思想基础。

从社会观上看，中华文明彝伦攸叙，素重制度体系建设和治理体系安排，形成了一系列治理理念与措施。特别是中华文明秉持以民为本的社会治理思想，产生了"民之所欲，天必从之""天视自我民视，天听自我民听"等理念，被历代封建统治者和思想家继承，成为中国两千多年封建国家治理的重要理念与政策措施。这是中华文明传承了数千年的优秀传统文化，是构建中国特色社会主义制度体系与治理体系的深厚历史资源。人民性是马克思主义最鲜明的品格。马克思主义第一次站在人民立场探求人类自由解放的道路，以科学的理论为最终建立一个没有压迫、没有剥削、人人平等、人人自由的共产主义社会指明了方向。马克思主义之所以具有跨越国度、跨越时代的影响力，就是因为它植根于人民之中，指明了依靠人民推动历史前进的人间正道。也正因如此，中华民族的民本理念才能与马克思主义的人民立场、人民观念彼此认同并交织融会。

从道德观上看，中华民族历来秉持"为政以德""养浩然正气"的道德观念，注重道德教化和道德修养，要求个人承担起对家国天下的道德责任。《周易·系辞传》讲"天地之大德曰生""生生之谓易"。"生"既是天道之德，也是人道之德。人作为天地万物之精华，应将上天赋予自己的潜能与禀赋发挥出来，充分彰显自身的生命价值，在不断效法天地和德配天地

第七章 "两个结合"的成果和意义

中,将天道之"实然"转化为人道之"应然"。① 马克思主义也高度重视道德在社会发展中的作用,反对道德虚无主义,深刻揭示了个人价值与社会道德之间的辩证关系。马克思主义道德观主张,一方面,社会性是人的本质属性,因此,受制于现实社会关系的每一个个体理应为自身所处社会的发展注入积极的道德力量,这也是一名合格的"社会人"所应肩负的道德理性和道德自觉;另一方面,社会也应逐步完善道德建设的目标,建立健全全方位、多领域、多层次的道德规范制度和体系,营造良好的道德文化氛围,从而为"每个人都能自由地发展他的人的本性",过着"能满足一切生活条件和生活需要的真正的人的生活"② 创造良好的道德环境,最终实现道德现实意义和自我价值的和谐统一。③ 这种思想与中国传统"以天下为己任"的道德观念也具有很强的一致性。

从实践取向上,中华优秀传统文化和马克思主义都具有鲜明的实践性。中国人注重"知行合一"的文化传统,证明中国哲学中包含着对理论与实践相统一的辩证关系认识。中国古人认为,人既要认识到自己的良知,更重要的是要扩展和实践自己的良知。④ 这种"知行合一"的传统,引导人们努力克服恶

---

① 参见靳凤林、张雨琦《为政以德:中国政治伦理的核心要义》,《中州学刊》2023 年第 5 期。
② 《马克思恩格斯全集》第 2 卷,人民出版社 1957 年版,第 626 页。
③ 卢黎歌、武星星:《道德虚无主义的学理批判——兼论恩格斯〈反杜林论〉中的马克思主义道德观》,《马克思主义研究》2020 年第 7 期。
④ 参见《领导干部必须知行合一》,人民出版社 2019 年版,第 11 页。

的思想,以"致良知"规范人的社会行为,要求做人做事始终透明如一,强调务实重行的实践精神。[①] 马克思主义也是一门讲求实践的科学。马克思说,"全部社会生活在本质上是实践的"[②],"哲学家们只是用不同的方式解释世界,问题在于改变世界"[③]。"实践的观点、生活的观点是马克思主义认识论的基本观点,实践性是马克思主义理论区别于其他理论的显著特征。马克思主义不是书斋里的学问,而是为了改变人民历史命运而创立的,是在人民求解放的实践中形成的,也是在人民求解放的实践中丰富和发展的,为人民认识世界、改造世界提供了强大的精神力量。"[④] 这种在实践层面的相通和契合,为两者的结合提供了重要的行动依据。

三 有机结合的演进脉络

马克思主义与中华优秀传统文化的内在相融并不是"直接相等","彼此契合"是"结合"的前提,但这种结合不是简单机械的,而是辩证有机的、联系发展的,经历了长期的演进过程。

---

① 参见刘爱莲、于涛《马克思主义实践观与中国传统文化的"知行合一"》,《人民论坛》2019年第5期。
② 《马克思恩格斯文集》第1卷,人民出版社2009年版,第501页。
③ 《马克思恩格斯文集》第1卷,人民出版社2009年版,第502页。
④ 参见习近平《在纪念马克思诞辰200周年大会上的讲话》,人民出版社2018年版,第9页。

首先，马克思、恩格斯始终关注中国问题。中国是马克思、恩格斯在理论研究和革命实践中长期关注的国家，马克思在19世纪50年代曾专门研究过中国历史，并写下了《中国革命和欧洲革命》《鸦片贸易史》《中国和英国的条约》等一系列有关中国的文章。目前的《马克思恩格斯论中国》就有5个版本，据相关专家统计，在《马克思恩格斯全集》中文第一版50卷中，直接提及中国的地方有800多处，其中仅《资本论》及其手稿就有90多处。[①] 1850年1月31日，马克思在为《新莱茵报·政治经济评论》所写长篇通讯中就曾指出"中国社会主义之于欧洲社会主义，也许就像中国哲学与黑格尔哲学一样"[②]，预见了中国社会主义的到来及其独特性。习近平总书记亦指出："马克思、恩格斯高度肯定中华文明对人类文明进步的贡献，科学预见了'中国社会主义'的出现，甚至为他们心中的新中国取了靓丽的名字——'中华共和国'。"[③]

其次，中国早期马克思主义学者积极探索两者结合。著名马克思主义史学家郭沫若就是代表人物，1929年他在《中国古代社会研究》的自序中指出："世界文化史的关于中国方面的记载，正还是一片白纸。恩格斯的《家庭、私有制和国家的起

[①] 参见杨金海《马克思恩格斯的中国观及其当代意义——兼论新版〈马克思恩格斯论中国〉版本由来》，《马克思主义理论学科研究》2016年第2期。

[②] 《马克思恩格斯全集》第10卷，人民出版社1998年版，第277页。

[③] 习近平：《在纪念马克思诞辰200周年大会上的讲话》，人民出版社2018年版，第12页。

源》上没有一句说到中国社会的范围。""在这时中国人是应该自己起来,写满这半部世界文化史上的白页。""本书的性质可以说是恩格斯的《家庭、私有制和国家的起源》的续篇。""研究的方法便是以他为向导,而于他所知道了的美洲的印第安人,欧洲的古代希腊、罗马之外,提供出来了他未曾提及一字的中国的古代。"[1] 中国马克思主义者根据中国革命实践的需要,在 20 世纪上半叶就选择代表西方文化的最高科学成就——历史唯物主义与中国古老的历史文化相结合作为中华传统文化更新的具体途径。郭沫若早在"五四"文化论争中,就提出了"唤醒我们固有的文化精神,而吸吮欧西的纯粹科学的甘乳"[2]。20 世纪 20 年代末和 30 年代,他在主张用马克思主义阐述中国历史时就提出:"要使这种新思想真正地得到广泛的接受,必须熟练地善于使用这种方法,而使它中国化。"[3] 郭沫若把马克思主义与中华优秀传统文化相结合,提出了东西方文化结合的思想。他提出:"在个人的修养上可以体验儒家精神努力于自我的扩充以求全面发展,而在社会的兴革上则当依社会主义的指导努力吸收科学文明的恩惠,使物质的生产力增加,使物质的分配平等,使各个人的精神都得以遂其全面

---

[1] 《郭沫若全集·历史编》第 1 卷,人民出版社 1984 年版,第 9 页。
[2] 转引自中国郭沫若研究会编《郭沫若与二十世纪中国文化》,福建人民出版社 2002 年版,第 24 页。
[3] 转引自中国郭沫若研究会编《郭沫若与二十世纪中国文化》,福建人民出版社 2002 年版,第 17 页。

发展。"①

最后，中国共产党有力推动两者结合。马克思主义基本原理能够同中华优秀传统文化相结合，是数代中国共产党人接续奋斗、守正创新的结果。在百余年奋斗中，中国共产党高度重视并无比珍视中华优秀传统文化，坚决反对全盘否定民族历史文化的虚无主义思想和行为，并善于运用马克思主义基本原理对传统文化进行创造性转化和创新性发展，赋予传统文化资源符合时代发展要求的全新内涵，使古老的中华文明在革命、建设、改革的各个时期都能不断传承发展、重焕荣光，形成了一系列具有中国风格、中国气派的思想理念和治理成果。从"事在四方要在中央"的大一统传统到坚持党的集中统一领导，从"民为邦本"的民本思想到"以人民为中心"的发展思想，从"富民为始"的仁政思想到全面推进共同富裕，从德主刑辅的法治经验到全面推进依法治国，从"华夷一家"的民族观念到铸牢中华民族共同体意识，从"协和万邦"的交往原则到共同构建人类命运共同体，从"大人合一"的生态理念到加强社会主义生态文明建设，中国共产党人运用马克思主义的分析方法、阶级观点、治理理念和价值导向，成功将中华传统文化中具有先进性、超越性的因素提炼出来，并不断发扬其精髓、丰富其内涵、克服其局限、去除其糟粕，为马克思主义在世界各种不同文明中的落地生根积累了重要经验、提供了重要示范，

---

① 《郭沫若全集·历史编》第1卷，人民出版社1984年版，第6页。

使社会主义建设和现代化事业始终保持着鲜明的中国底色，创造了中华民族既赓续传统，又与时俱进的全新文明形态。这一系列实践充分表明，马克思主义与中华优秀传统文化实现了有机结合，并且形成了新的文化样态和文明成果。这是马克思主义真理性的集中体现，是中华文明开放包容精神的集中体现，也是中国共产党人高超政治智慧和历史主动精神的集中体现。

第二节　互相成就，造就新的文化生命体

2023年6月2日，在文化传承发展座谈会上，习近平总书记高屋建瓴地指出："'结合'的结果是互相成就。""结合"并非简单的、有缝隙的、有裂痕的"拼盘"游戏，并非"1 + 1"的数字叠加，也并非无生命的物体的"物理"累积，而是经由深刻的"化学反应"的"结合"，这种相互影响、相互促进、互相成就的结合"造就了一个有机统一的新的文化生命体"[①]。这个新的文化生命体是"魂脉"和"根脉"的有机统一。一方面，马克思主义激活了中华文明的生命力，让中华优秀传统文化迸发出强大的精神力量。中华文明别开生面，实现了从传统到现代的跨越，发展出中华文明的现代形态。从民本到民主，从九州共贯到中华民族共同体，从万物并育到人与自

[①] 习近平：《在文化传承发展座谈会上的讲话》，人民出版社2023年版，第6页。

然和谐共生,从富民厚生到共同富裕,引领中国走进现代世界,推动中华文明的生命更新和现代转型。另一方面,中华优秀传统文化充实了马克思主义的文化生命,为马克思主义中国化时代化提供了丰厚的历史文化滋养。新时代以来,我们党在推动马克思主义扎根中国历史文化上展现出新气象新作为。比如,习近平总书记把马克思主义自然观与中华优秀传统文化的天人合一思想相结合,提出建设人与自然和谐共生的现代化;把马克思主义世界历史理论、共同体思想与中华优秀传统文化的协和万邦、天下大同思想相结合,提出构建人类命运共同体思想;等等。"第二个结合"让马克思主义成为中国的,中华优秀传统文化成为现代的,让经由"结合"而形成的新文化成为中国式现代化的文化形态。

一 造就中国化时代化的马克思主义

"结合"推动马克思主义在中国落地生根、开花结果,形成中国化马克思主义。"结合"就是要让马克思主义成为带有中国印记、符合中华文化表达习惯、展现中华民族孜孜以求的梦想,"让马克思主义说中国话",让中国人以自己的文化特性观照马克思主义,以中华民族的语言习惯、思维范式接纳马克思主义,将马克思主义作为激活生命力的因子注入中华文化沃土之中,使之逐步适应中国的文化土壤,使之与中华优秀传统文化的核心基因相互浸染,不断推进马克思主义的中国化。

2020年9月,习近平总书记到千年学府岳麓书院调研考察，望着高悬的"实事求是"匾额，语重心长地指出："共产党怎么能成功呢？当年在石库门，在南湖上那么一条船，那么十几个人，到今天这一步。这里面的道路一定要搞清楚，一定要把真理本土化。"① 马克思主义中国化过程，本质上就是"马克思主义成为中国的"历史过程。发轫于德国、英国等欧洲国家的马克思主义，缘何能在东方热土展现光明前景？十月革命一声炮响为什么能给中国送来马克思列宁主义？马克思主义何以能够使中国人民和中华民族觉醒？马克思列宁主义的真理之光何以能够瞬间点燃中国工人运动的革命热情？在中华民族的救亡图存之际，中国共产党为什么能靠马克思主义这个"以前没有听说过"的道理、学理在中国人的精神世界中开辟出一片新天地？这看似是不同文化思想的偶遇，实际上却是历史的必然选择，"马克思主义传入中国后，科学社会主义的主张受到中国人民热烈欢迎，并最终扎根中国大地、开花结果，决不是偶然的，而是同我国传承了几千年的优秀历史文化和广大人民日用而不觉的价值观念融通的"。② 这同样也表明，没有对中华优秀传统文化的自信，没有中华优秀传统文化自身的优势与契合性，就提不出依托自身文明优势推进马克思主义"真理本土化"的理念。

---

① 张晓松等：《贯通中华文脉 照亮复兴之路——党的十八大以来以习近平同志为核心的党中央激活中华文化的历史性贡献述评》，《人民日报》2022年1月4日。

② 《习近平著作选读》第二卷，人民出版社2023年版，第278页。

第七章 "两个结合"的成果和意义

　　运用马克思主义的普遍原理，必须与各个国家的具体国情、历史传统和文化传承相结合。中国共产党高度重视推进马克思主义中国化。马克思主义也好，社会主义也好，能够在中国取得胜利，关键是我们党不断推进其中国化，紧密结合中国实际加以运用。《实践论》《矛盾论》等著作，都是马克思主义中国化的典范。早在十月革命前后，就有一大批理论家，比如李达、艾思奇、陈望道等都曾对推进马克思主义中国化作出重要贡献。中华人民共和国成立以来，我们党也陆续培养了一大批推进马克思主义中国化的理论工作者。实践早已证明，任何科学理论和制度，必须本土化才能真正起到作用。中国的马克思主义理论工作者既要姓"马"信"马"，也要姓"中"信"华"。风雷激荡的一百多年历程，中国共产党历经一次次实践、一次次突破，都是基于马克思主义基本原理同中国具体实际、同中华优秀传统文化相结合，不断推进马克思主义中国化时代化而开创的成就。当马克思主义一经植根到中华民族历史文化沃土之中，便快速与中华文明产生了共振，中华文明的丰厚滋养使牢牢扎根在中国大地的马克思主义真理之树愈发根深叶茂。在长期的历史实践与理论创新创造中，中国共产党这个"行动的马克思主义者"与"持续创新创造的马克思主义者"，既坚定地信仰马克思主义，又以科学的态度对待马克思主义，不断推进马克思主义中国化，实现了从毛泽东思想、邓小平理论、"三个代表"重要思想、科学发展观到创立习近平新时代中国特色社会主义思想，在中国化道路上，不断开创马克思主义在中国大地发展壮大的新境界，不断激发马克思主义指导实践的真理力量。历史和实践证明，只有植根本国、本民族历史文化沃土的马克思主义，才能始终保持蓬勃生机和正确方向，才能指引中国共产党开创、坚持、捍卫和发展中国特色社会主义，发展当代中国马克思主义、二十一世纪马克思主义。

二　激活中华文明的生命力

如何使具有五千多年文明历史的中华民族全面迈向现代化，如何让中华文明在现代化进程中焕发出新的蓬勃生机；如何让马克思主义的真理之光广泛播撒到人民的园地，使马克思主义不断发展壮大，逐步成为世界人民的共同信仰；回答好这些问题，是中国共产党历经百年探索的重大使命之一。站在人类历史进程中、体现时代进步要求、始终代表人民利益的中国共产党，基于对马克思主义的坚定信仰，对社会主义的坚定信念，对实现中华民族伟大复兴的坚定信心，运用历史唯物主义基本原理，推动中华文明不断实现创造性转化和创新性发展，激活其生命力，中国化时代化的马克思主义，则进一步深化了马克思主义与具体实际、与具体文化相结合的路径，扩展了马克思主义的影响版图，"从民本到民主，从九州共贯到中华民族共同体，从万物并育到人与自然和谐共生，从富民厚生到共同富裕，中华文明别开生面，实现了从传统到现代的跨越，发展出中华文明的现代形态"①。使中国化时代化的马克思主义成为二十一世纪的马克思主义，实现了马克思主义与中华优秀传统文化的互相成就。

正是在马克思主义激活中华文明的背景下，中国共产党才能将中华文明的核心理念融入人类文明新形态，使"中华优秀传统文化成为现代的"②，"让中华优秀传统文化生生不息"③。如果中华传统文化走不出传统的窠臼，就可能陷入文化复古主义，如果马克思主义不能实现与中华优秀传统文化相结合，就有可能出现历史虚无主义、文化虚无主义等倾向。新时代中国特色社会主义必须实现马克思主义、中华优秀传统文化、新时代的伟大实践的深入结合，才能生机勃发、枝繁叶茂。比如，将民本理念激活为坚持"人民至上"的马克思主义的群众观；将"多元一体"的民族史观激活为铸牢中华民族共同体意识的马克思主义民族理论；将"天人合一"的思想激活为习近平生态文明思想；将慎独自律的廉政精华转化为新时代全面从严治党、深化自我革命、跳出历史周期率的"第二个方案"；将"民胞物与""协和万邦"的大同理想融入代表人类文明进步方向的人类命运共同体理念之中；等等。

---

① 习近平：《在文化传承发展座谈会上的讲话》，人民出版社 2023 年版，第 6 页。
② 习近平：《在文化传承发展座谈会上的讲话》，人民出版社 2023 年版，第 6 页。
③ 《习近平著作选读》第二卷，人民出版社 2023 年版，第 93 页。

激活是在"化学反应"过程中不断时代化、现实化的,把马克思主义基本原理同中华优秀传统文化相结合,不是马克思主义基本原理与中华优秀传统文化的简单相加,"不是范畴或术语的简单转换,如把'矛盾'变为'阴阳'、'规律'变为'道'等,而是内在的融合;更不是用中国传统文化去'化'马克思主义,建构所谓的'儒学马克思主义',这种'化'的结果只能使马克思主义'空心化'"[1]。

习近平新时代中国特色社会主义思想作为中华文化和中国精神的时代精华,将理论主脉和精神血脉融为一体,用马克思主义真理的力量激活了中华文明的强大生命力,实现了马克思主义思想精髓同中华优秀传统文化精神特质的融会贯通,"充分展现了中华民族独特的思维方式、生活方式、道德观念、价值追求,是扎根于中华文化沃土、洋溢着中华文明气质的科学理论"[2],充盈着浓郁的中国味、深厚的中华情、浩然的民族魂。

三 充实马克思主义的文化生命

习近平总书记指出:"中华优秀传统文化充实了马克思主义的文化生命,推动马克思主义不断实现中国化时代化的新飞跃,显示出日益鲜明的中国风格与中国气派,中国化马克思主

---

[1] 杨耕:《造就新的文化生命体》,《光明日报》2023年6月28日。
[2] 李书磊:《不断开辟马克思主义中国化时代化新境界》,《人民日报》2022年9月5日。

义成为中华文化和中国精神的时代精华。"① 中华优秀传统文化在充实马克思主义文化生命的过程中，将马克思主义"主导性"与中华优秀文化的"主体性"深度融合，不仅让马克思主义成为中国的，而且创造出中国特色的文化形态，为马克思主义中国化时代化提供了丰厚的历史文化滋养，使马克思主义扎根于中华优秀传统文化沃土，夯实了马克思主义在中国的历史基础和文化基础。

"两个结合"赋予马克思主义理论中国风格和中国气派。建党之初，以陈独秀、李大钊、毛泽东同志为代表的一大批先进青年，他们既深入学习研究中华优秀传统文化，积极批判旧文化的糟粕，又能站在中国历史的纵深来接受马克思主义。在革命斗争中，以毛泽东同志为主要代表的中国共产党人，把马克思列宁主义基本原理同中国具体实际相结合，开辟了农村包围城市、武装夺取政权的正确革命道路，创立了毛泽东思想。在毛泽东思想中，展现出很多以中华优秀传统文化"充实马克思主义文化生命"的生动例证，"实事求是"就是典型的代表。这一词出自东汉班固的《汉书·河间献王传》，本义是务实的学风，被毛泽东同志赋予了马克思主义思想路线的内涵。他在1938年的《中国共产党在民族战争中的地位》和1940年的《新民主主义论》中，提出了"实事求是"这个重大方法论命

---

① 习近平：《在文化传承发展座谈会上的讲话》，人民出版社2023年版，第6页。

题，并于1941年在《改造我们的学习》的报告中对"实事求是"作了科学解释："'实事'就是客观存在着的一切事物，'是'就是客观事物的内部联系，即规律性，'求'就是我们去研究。"① 党的七大将实事求是正式写入党章，在全党确立起实事求是的思想路线。这是毛泽东同志以一个马克思主义者赋予"实事求是"以新的马克思主义内涵的典型例证。再比如，毛泽东同志特别善于从"历史""文化传统"中寻找中国革命和建设的经验智慧，并用马克思主义立场观点方法进行解释。1939年7月9日，他在为即将出征的华北联合大学师生们送行发表的演说中指出，"送给同学们三个法宝""第一个法宝是统一战线""第二个法宝是游击战争""第三个法宝是革命中心的团结"。② "三大法宝"的最初表达来自中国明代长篇小说《封神榜》，经毛泽东同志改造后，兼具了中华优秀传统文化和马克思主义相结合的鲜明特点；1957年，毛泽东同志在莫斯科共产党和党代表会议上说"目前形势的特点是东风压倒西风，也就是说，社会主义的力量对于帝国主义的力量占了压倒的优势"③。这个极具马克思主义表达张力的伟大结论，则是从《红楼梦》里林黛玉的话语演绎而来的；20世纪六七

---

① 《毛泽东选集》第3卷，人民出版社1991年版，第801页。
② 《毛泽东年谱（一八九三——一九四九）》中卷，中央文献出版社2013年版，第132页。
③ 《毛泽东年谱（一九四九——一九七六）》第3卷，中央文献出版社2013年版，第250页。

十年代,在美苏霸权的包夹之下,毛泽东同志借鉴"广积粮、高筑墙、缓称王"的历史典故,提出"深挖洞、广积粮、不称霸"的策略方针。这些都是中华优秀传统文化充实马克思主义生命力的生动例证。

"两个结合"推动马克思主义中国化进程,使马克思主义成为中国的。在中华优秀传统文化的不断充实下,经由新民主主义革命时期、社会主义革命和建设时期、改革开放和社会主义现代化建设新时期、中国特色社会主义新时代,马克思主义与中国具体实际不断相结合,马克思主义与中华优秀传统文化不断相互成就,从而使马克思主义不断实现中国化时代化的新飞跃。以毛泽东同志为主要代表的中国共产党人,把马克思主义基本原理同中国革命和建设实际相结合,创立和发展了毛泽东思想,实现了马克思主义中国化的第一次历史性飞跃,为党和人民事业发展提供了科学指引。以邓小平、江泽民、胡锦涛同志为主要代表的中国共产党人,把马克思主义基本原理同中国社会主义现代化建设相结合,形成中国特色社会主义理论体系,实现了马克思主义中国化新的飞跃。以习近平同志为主要代表的中国共产党人,把马克思主义基本原理同中国具体实际、同中华优秀传统文化相结合,创立了习近平新时代中国特色社会主义思想,实现了马克思主义中国化时代化新飞跃。正是通过"两个结合",形成了中国化马克思主义,并成为中华文化和中国精神的时代精华。中国化马克思主义敢于说前人没有说过的新话,敢于干前人没有干过的事情,干成了许多年来想干却没干成的大事要事,为更好满足人民日益增长的美好生活需要,不断充实马克思主义的文化生命。中国化马克思主义既坚持了马克思主义基本原理,又蕴含着中国特色、本质要求、核心理念、价值追求与发展目标,成为中华文化的核心组成部分。习近平总书记指出:"实践证明,马克思主义的命运早已同中国共产党的命运、中国人民的命运、中华民族的命运紧紧连在一起,它的科学性和真理性在中国得到了充分检验,它的人民性和实践性在中国得到了充分贯彻,它的开放性和时代性在中国得到了充分彰显!"[①]

"两个结合"造就一个新的文化生命体。"两个结合"不仅推动了中国化马克思主义进程,也是推动中华优秀传统文化现代化的过程,还是形成新的文化的过程。"两个结合"的过程不是拼盘,不是简单的"物理反应",而是深刻的"化学反应"。"化学反应"的本质是不同元素经过相互作用产生了新的物质属性,马克思主义与中华优秀传统文化在结合中也产生了化学反应,从而形成了新的文化生命体。这个新的文化生命体既是马克思主义的,也是被中华优秀传统文化以"化学反应"充实过的更加与时俱进的马克思主义;这个新的文化生命体既是中华优秀传统文化,又非本来意义上的中华优秀传统文化,而是经过马克思主义以"化学反应"激活过的新的中华文化和

---

① 习近平:《在纪念马克思诞辰 200 周年大会上的讲话》,人民出版社 2018 年版,第 14 页。

时代精华。习近平文化思想是"两个结合"的产物，是经由"两个结合"而形成的新文化，是中国式现代化的文化形态的核心部分，丰富和发展了马克思主义文化理论，推动形成了习近平新时代中国特色社会主义思想的文化篇。习近平文化思想既是赓续古老文明的时代化产物，也是从中华大地长出来的现代化文化样态，更是开启了马克思主义文化理论发展、人类文明更新的新篇章。这一文化思想进一步充实了马克思主义的文化生命，夯实了马克思主义扎根中国的历史根基、文化根基，推动马克思主义大众化，显示出日益鲜明的中国风格与中国气派，彰显着坚定的文化自信和强烈的历史自觉。

马克思主义中国化的过程既是一个理论发展的过程，也是一个深刻的实践过程，还是一个文化发展的过程，内蕴中华五千多年文明的精神风骨、契合中华民族近代以来发展的历史选择，激活中华民族伟大复兴的文化张力。我们要以海纳百川的开放胸襟，坚持和发展"两个结合"，学习和借鉴人类社会一切优秀文明成果，不断丰富党的理论创新和思想文化资源，不断赋予马克思主义更多的文化内涵，不断培育壮大新的文化生命体的生命力、世界影响力。

第三节 铸牢道路根基，夯实中国特色社会主义的历史基础

"两个结合"筑牢了中国道路根基，让中国特色社会主义

道路有了更加宏阔深远的历史纵深。习近平总书记指出："我们的社会主义为什么不一样？为什么能够生机勃勃、充满活力？关键就在于中国特色。中国特色的关键就在于'两个结合'"①，"如果没有中华五千年文明，哪里有什么中国特色？如果不是中国特色，哪有我们今天这么成功的中国特色社会主义道路？"② 这一重要论述，深刻揭示出中国道路的历史必然、文化内涵和独特优势。

一 中国特色的关键在"两个结合"

党的领导是中国特色社会主义的最本质特征，是中国最大国情。政治道路的选择是一个事关根本、全局、长远的重大问题。中华民族独特的文化传统、独特的历史命运、独特的基本国情，从根本上决定了我们必然走自己的发展道路，决定了我们不能生搬硬套其他国家的政治理念和制度模式。党领导人民建立和完善中国特色社会主义制度、开辟和拓展中国特色社会主义道路。中国特色的关键在"两个结合"，让我们拥有了强大的政治优势和制度优势。

（一）强化党的领导的政治优势

中国共产党为什么能，中国特色为什么好，归根结底是因

---

① 习近平：《在文化传承发展座谈会上的讲话》，人民出版社2023年版，第7页。
② 习近平：《在文化传承发展座谈会上的讲话》，人民出版社2023年版，第5页。

第七章 "两个结合"的成果和意义

为马克思主义行，是中国化时代化的马克思主义行。"两个结合"是在党的领导下进行的，推进了马克思主义中国化时代化，为坚持和加强中国共产党的领导提供了理论支撑，强化了中国共产党领导的政治优势。

马克思主义一经中国共产党人所掌握，中华民族、中国人就从精神上由被动转入主动，正如毛泽东同志所说，"从这时起，近代世界历史上那种看不起中国人，看不起中国文化的时代应当完结了"[①]。马克思主义与中华优秀传统文化衔接越顺畅，中国人的历史主动就越能得到释放。马克思主义基本原理不管是同中国具体实际相结合，还是同中华优秀传统文化相结合，党的领导都是这个结合点的关键。始终坚持党的集中统一领导，是中国特色社会主义事业发展的必然要求，也是推进马克思主义中国化时代化的必然要求，还是坚持"两个结合"的内在要求。党的领导和中国特色社会主义发展是不可分割的，党的领导制度的完善同中国特色社会主义制度的完善是相辅相成的。没有中国共产党的领导，中国特色社会主义事业就会失去政治、思想和组织保障；离开中国特色社会主义事业的发展，中国共产党就无法践行自己的初心和使命。

同时，"两个结合"夯实了党的领导的历史文化基础。2023年6月2日，在文化传承发展座谈会上，习近平总书记指出，"结合"筑牢了道路根基，拓展了中国特色社会主义道路

[①]《毛泽东选集》第4卷，人民出版社1991年版，第1516页。

的文化根基;"结合"打开了创新空间,让我们能够在更广阔的文化空间中,充分运用中华优秀传统文化的宝贵资源。[①] 正是通过"两个结合",使我们党不仅能够更好地运用马克思主义基本原理开创、坚持和发展中国特色社会主义,同时也使我们党能够运用中华历史文化资源,建立和完善中国特色社会主义基本政治制度。我们党在开拓中国特色社会主义道路中,坚持马克思主义国家学说和政治学说的基本原则,汲取中华优秀传统文化的民本思想、天下共治理念、"共和""商量"的施政传统,"兼容并包、求同存异"的政治智慧,开创了人民代表大会制度、政治协商制度;我们党顺应向内凝聚、多元一体的中华民族发展大趋势,承继九州共贯、六合同风、四海一家的中国文化大一统传统,确立了符合国情的国家形式,实行了民族区域自治制度等。

(二) 彰显中国之治的制度优势

"两个结合"使中国特色社会主义制度更加完善。"制度优势是一个国家的最大优势,制度竞争是国家间最根本的竞争。"[②] 中国特色社会主义的制度体系最能代表人类社会的未来。新时代,以习近平同志为核心的党中央,坚持马克思主义基本原理,同新时代中国具体实际、同中华优秀传统文化相结合,坚持和完善中国特色社会主义制度,推进国家治理体系现

[①] 参见习近平《在文化传承发展座谈会上的讲话》,人民出版社2023年版,第8页。

[②] 《习近平谈治国理政》第三卷,外文出版社2020年版,第119页。

代化，带领人民不断开辟国家治理体系和治理能力现代化新境界，推动中国特色社会主义制度不断完善，并在新时代伟大实践中彰显了这一制度的优势。

"两个结合"展现中国政治文明的恒久魅力。"两个结合"使我国的政治文明既做到以马克思主义为指导，又吸纳中国传统政治文明的精华，推动了中华五千多年政治文明的现代化。"两个结合"让中国走出了一条不同于西方国家的成功发展道路，形成了一套完整的、不同于西方国家的制度体系，开创了中国式现代化与人类制度文明新形态。人民代表大会制度是我国的根本政治制度，集中体现了当代中国政治文明的优势，彰显了国体和中华优秀传统文化的政治智慧。天下为公、民为邦本、为政以德、革故鼎新、任人唯贤、天人合一、自强不息、厚德载物、讲信修睦、亲仁善邻等价值理念，既是中国人民在长期生产生活中积累的宇宙观、天下观、社会观、道德观的重要体现，也深深融入人民代表大会制度之中，贯通到咨政建言、议案提案之中。人民通过各级人民代表大会行使国家权力，践行着"民为邦本"的人民至上的理念；以良法促善治的人民代表大会的立法理念，也正是为政以德的价值理念。全过程人民民主，更是在过程民主的各个环节践行着讲信修睦、平等对话、协商机制，这是一个覆盖960多万平方千米土地、14亿中国人、56个民族的民主体系。在美国，人民只有投票的权利而没有广泛参与的权利，人民只有在投票时被唤醒，投票后就进入休眠期，只有竞选时聆听天花乱坠的口号，竞选后就毫无发言权，只有拉票时受宠，选举结束就被冷落，这样的民主不是真正的民主。"西方之乱"与"中国之治"，隐藏在背后的东西是制度的竞争和优劣。制度与治理是否能够呈现正相关状态，关键看制度的本质与设计，中国特色社会主义制度与国家治理体系之间贯通的总开关，在于中国共产党的领导制度体系控制着中枢，确保党的领导制度体系统领国家治理体系建设，把制度的优越性通过党的领导制度体系运用到具体的治理体系之中。国家治理体系和治理能力现代化，关键是要确保党的领导制度体系建设的中枢地位，不断完善中国特色社会主义的根本制度，完善人民代表大会制度这一根本政治制度，完善中国共产党领导的多党合作和政治协商制度、民族区域自治制度，完善政治、经济、文化、社会、生态、军事、外交、"一国两制"等重要制度。

"两个结合"实现了新时代马克思主义中国化时代化新的飞跃，让新时代中国特色社会主义事业具备了政治优势、制度优势、理论优势、文化优势。在新时代中国特色社会主义的伟大实践中，"两个结合"极大地巩固了中国共产党的领导和中国特色社会主义制度的优势，凸显了党的领导和中国特色社会主义制度的韧性、活力和潜能，打破了唯西方马首是瞻的治理迷思，为推进新时代中国特色社会主义发展奠定了深厚的历史基础、文化基础。

二 "两个结合"是开辟和发展中国特色社会主义的必由之路

社会主义是一项世界性事业，但社会主义在世界各地的实践必须同各国具体实际、同各国优秀传统文化结合起来，探索具有各国特色的社会主义建设道路。习近平总书记在文化传承发展座谈会上强调，"在五千多年中华文明深厚基础上开辟和发展中国特色社会主义，把马克思主义基本原理同中国具体实际、同中华优秀传统文化相结合是必由之路"[①]。

（一）"两个结合"推动开辟和发展中国特色社会主义

中国特色社会主义道路首先是社会主义，这是从马克思那里来的；同时中国文化中朴素的社会主义元素也提供了中国接受马克思主义的文化基础，中国特色社会主义道路是在马克思主义指导下走出来的，也是从五千多年中华文明史中走出来的。中国共产党百年历史，正是坚持把马克思主义基本原理同中国具体实际、同中华优秀传统文化相结合，开辟和发展了中国特色社会主义。

马克思主义经典作家揭示了人类社会发展的规律，一般按照原始社会、奴隶社会、封建社会、资本主义社会、社会主义社会、共产主义社会从低到高演进。走向社会主义，是人类社会发展的历史趋势。中国共产党自成立之日起，就以马克思主

---

① 习近平：《在文化传承发展座谈会上的讲话》，人民出版社2023年版，第5页。

义即共产主义的思想体系作为党的指导思想的理论基础,就注重弘扬中华五千多年朴素的社会主义传统,以实现社会主义和共产主义的社会制度作为自己的奋斗目标。中华人民共和国成立70多年以来,中国共产党领导中国人民坚持"两个结合",创造性地解决了在中国这样一个落后农业大国如何走上社会主义道路的问题,创造性地走出中国特色社会主义道路,创造了人类社会发展的伟大奇迹,极大地展现了社会主义制度的优越性,有力地推动了世界社会主义发展。

建立社会主义制度。中华人民共和国是在半殖民地半封建社会废墟上建立起来的。中国共产党运用马克思主义基本原理认识中国的国情,指出:"认清中国社会的性质,就是说,认清中国的国情,乃是认清一切革命问题的基本的根据。"[①] 毛泽东曾在《论联合政府》中明确指出:"只有经过民主主义,才能到达社会主义,这是马克思主义的天经地义。"[②] 在中国,"没有一个新民主主义的联合统一的国家,没有新民主主义的国家经济的发展,没有私人资本主义经济和合作社经济的发展,没有民族的科学的大众的文化即新民主主义文化的发展,没有几万万人民的个性的解放和个性的发展,一句话,没有一个由共产党领导的新式的资产阶级性质的彻底的民主革命,要想在半殖民地半封建的废墟上建立起社会主义社会来,那只是

[①] 《中国革命和中国共产党》,人民出版社1952年版,第15页。
[②] 《毛泽东选集》第3卷,人民出版社1991年版,第1060页。

第七章 "两个结合"的成果和意义

完全的空想"[①]。这些基本的结论，都是中国共产党坚持"两个结合"得出的科学认识，指导了中国共产党成功地完成新民主主义革命，为中国建立社会主义制度创造了根本的社会前提。中华人民共和国成立后，中国共产党创造性地运用马克思主义关于社会主义的基本原理，同中国具体实际相结合，特别是运用中国共产党在革命时期与民族资产阶级的合作经验，从中国民族资产阶级的独特性出发，创造性地实施了马克思主义经典作家的和平赎买设想，成功地对资本主义工商业进行了社会主义改造，同时，完成了对农业个体手工业的社会主义改造，建立了社会主义经济制度，在中国建立了社会主义社会，实现了中国历史上最广泛、最彻底的社会变革，为中国特色社会主义的开辟提供了根本的制度条件。

开辟和发展中国特色社会主义。在中国这样一个具有悠久历史的农业大国探索社会主义建设道路，对中国共产党来说是一项全新的事业，在马克思主义发展史上没有先例，一切只能在马克思主义指导下进行探索。中国共产党根据中国长期处于社会主义初级阶段的具体国情，立足于五千多年中华文明的深厚基础，对如何建设社会主义进行了艰辛探索，以"两个结合"为指导，开创了中国特色社会主义道路。改革开放前，中国探索的社会主义建设道路，总体上是参照苏联模式进行的，说明如何建设社会主义有很大的盲目性，还有许多未被认识的

---

① 《毛泽东选集》第3卷，人民出版社1991年版，第1060页。

"必然王国",需要在实践中积累经验,需要在实践中加深对规律的认识,需要解放思想,不能教条地对待马克思主义经典作家的设想和他国经验。正如1963年5月毛泽东同志在对中共中央给苏共中央复信稿的修改中所指出的:"如果不是自己能够思索、能够自己动脑筋,经过认真的调查研究工作,深知本国各阶级的准确动向,善于应用马列主义的普遍真理同本国革命的具体实践结合起来,而只是人云亦云,不加分析地照抄外国经验,跟着外国某些人的指挥棒团团打转,那就是修正主义和教条主义样样都有,成为一个大杂烩,而单单没有马列主义原则性的党。"[1]

改革开放后,"文化大革命"的历史教训使中国共产党认识到:社会主义制度建立以后,必须把发展生产力放在首要位置,必须全面反思苏联模式及其背后的理论支撑,必须正确认识中国传统文化,必须从实践中去探索什么是社会主义、怎样建设社会主义。对此,邓小平同志有过深刻论述。1984年5月20日,邓小平同志会见南斯拉夫共产主义者联盟代表团,在谈到如何建设社会主义问题时指出:"关起门来无法搞社会主义。社会主义总要有优越性。社会主义战胜资本主义要靠发展生产力。"[2] 6月21日,他在会见缅甸副总理兼计划与财政部部长

---

[1] 《毛泽东年谱(一九四九——一九七六)》第5卷,中央文献出版社2013年版,第231—232页。

[2] 《邓小平年谱(一九七五——一九九七)》(下),中央文献出版社2004年版,第975页。

吴吞丁时指出:"我们讲的中国最大的变化还是国内政策。国内政策的立足点就是搞社会主义。我们是社会主义国家,社会主义应该是生产力发展比较快的制度。建国后,如果说我们有错误,最大的一条就是不重视发展生产,所以我们国家落后了。"① 1985年9月14日,邓小平同志会见奥地利总统基希施莱格,在谈到开放问题时说:"只有对内、对外开放才有利于发展生产力,增强我国的力量。我们过去多年搞的是苏联的方式,这是一种僵化的方式,实际上是把整个社会和人民的手脚都捆起来了。"② 23日,他又提出:"改革是社会主义制度的自我完善,在一定的范围内也发生了某种程度的革命性变革……在改革中,我们始终坚持两条根本原则,一是以社会主义公有制经济为主体,一是共同富裕。"③ 以邓小平、江泽民、胡锦涛同志为主要代表的中国共产党人,坚持"两个结合",解放思想、实事求是、与时俱进、求真务实,正确对待马克思主义,正确认识时代本质和具体国情,正确对待中华优秀传统文化,通过改革开放,走中国自己的道路,开辟和发展中国特色社会主义道路。

---

① 《邓小平年谱(一九七五——九九七)》(下),中央文献出版社2004年版,第981页。
② 《邓小平年谱(一九七五——九九七)》(下),中央文献出版社2004年版,第1077页。
③ 《改革开放三十年重要文献选编》(上),中央文献出版社2008年版,第397—398页。

（二）"两个结合"开辟中国特色社会主义新时代

党的十八大以后，以习近平同志为主要代表的中国共产党人，在坚持马克思主义基本原理和新时代中国具体实际相结合的同时，明确提出"第二个结合"即把马克思主义基本原理同中华优秀传统文化相结合。"第二个结合"，让中国特色社会主义道路有了更加宏阔深远的历史纵深，拓展了中国特色社会主义道路的文化基础。

"两个结合"推动创立了习近平新时代中国特色社会主义思想。以习近平同志为核心的党中央高举马克思主义和社会主义大旗，坚定共产主义远大理想和中国特色社会主义共同理想，顺应社会主义初级阶段社会主要矛盾变化的要求，沿着中国特色社会主义道路继续探索，创造性回答了如何推进国家治理体系和治理能力现代化这个难题，推动了中国特色社会主义进入新时代，推进了社会主义制度完善和发展；创造性回答了如何建设社会主义现代化强国，开创了世界现代化新路；创造性回答了如何通过人民民主和自我革命破解马克思主义政党长期执政的国际共产主义运动难题，实现了马克思主义中国化时代化的新飞跃，为推进新时代中国特色社会主义事业发展提供了强大思想武器。

"两个结合"推动了中国特色社会主义事业发展。新时代中国特色社会主义在世界社会主义500多年发展史上具有里程碑意义。一是中国特色社会主义最本质特征充分彰显。党的十八大以来，以习近平同志为核心的党中央全面加强党的领导，明确中国特色社会主义最本质的特征是中国共产党领导、中国特色社会主义制度的最大优势是中国共产党领导、中国共产党是最高政治领导力量、党中央集中统一领导是党的领导的最高原则，系统完善了党的领导制度体系。全党增强"四个意识"，自觉在思想上政治上行动上同党中央保持高度一致，不断提高政治判断力、政治领悟力、政治执行力，确保党中央权威和集中统一领导，确保党发挥总揽全局、协调各方的领导核心作用。中国共产党这个拥有9800多万名党员的世界上最大的马克思主义执政党更加团结统一，并且找到了一条依靠自我革命跳出治乱兴衰历史周期率的第二个答案。中国特色社会主义发展获得了最根本的政治保证。二是中国特色社会主义制度日趋完善定型。中华人民共和国成立后，党领导人民进行社会主义革命，建立社会主义制度，实现了中华民族有史以来最为广泛而深刻的社会变革。改革开放以后，中国共产党探索出了充满活力的社会主义市场经济体制，不断推进社会主义制度自我完善。三是中国特色社会主义事业取得历史性成就。新时代，中国共产党立足中华民族伟大复兴战略全局和世界百年未有之大变局，坚持马克思列宁主义、毛泽东思想、邓小平理论、"三个代表"重要思想、科学发展观，全面贯彻习近平新时代中国特色社会主义思想，全面贯彻党的基本路线、基本方略，采取一系列战略性举措，推进一系列变革性实践，实现一系列突破性进展，取得一系列标志性成果，经受住了来自政治、经济、意识形态、自然界等方面的风险挑战考验，实现全面建成小康社会的第一个百年奋斗目标，党和国家事业取得历史性成就、发生历史性变革，推动我国迈上全面建设社会主义现代化国家新征程。

"两个结合"推进和拓展了中国式现代化。中国式现代化，是中国共产党领导的社会主义现代化，既有各国现代化的共同特征，更有基于自己国情的中国特色。实现现代化是近代以来世界各国的共同梦想。"近代以来，在外国列强入侵和封建腐朽统治下，我国错失了工业革命的机遇，大幅落后于时代，中华民族也遭受了前所未有的苦难。鸦片战争之后，中国人民和无数仁人志士不屈不挠，苦苦寻求中国现代化之路。"[1] 中华人民共和国成立以前，我国所进行的现代化实践本质上是学习西方资本主义现代化。历史证明了这条现代化道路在中国走不通。中国共产党成立100多年来，团结带领中国人民所进行的一切奋斗，就是为了把我国建设成为现代化强国，实现中华民族伟大复兴。现代化道路并没有固定模式，适合自己的才是最好的，不能削足适履。每个国家自主探索符合本国国情的现代化道路的努力都应该受到尊重。中华人民共和国成立以来，特别是改革开放以来，中国共产党人探索出了一条独特的现代化道路——中国式现代化道路。党的十八大以来，以习近平同志为核心的党中央，破解世界现代化史上的古今中外之难题，推进和拓展了中国式现代化，并把中国探索出的现代化道路界定

---

[1]《习近平著作选读》第二卷，人民出版社2023年版，第364页。

为"中国式现代化"。中国式现代化是强国建设、民族复兴的康庄大道，赋予中华文明以现代力量，中华文明赋予中国式现代化以深厚底蕴。中国式现代化是中华文明的旧邦新命，必将推动中华文明重焕荣光。

新征程上，习近平总书记在党的二十大报告中指出："从现在起，中国共产党的中心任务就是团结带领全国各族人民全面建成社会主义现代化强国、实现第二个百年奋斗目标，以中国式现代化全面推进中华民族伟大复兴。"[①] 这一伟大历史进程必须继续坚持和运用"两个结合"，既以马克思主义为指导，又要从中华优秀传统文化中寻找引领全党在新征程上全面推进中华民族伟大复兴的源头活水。例如，"民为邦本，本固邦宁"，是中华优秀传统文化的重要内容，也是中国历朝历代国家治理的重要思想；民本思想，与坚持"为人民服务"，以人民为中心的发展理念，有着内在的文化关联。中国式现代化就是坚持人民至上，追求共同富裕，这也是对传统民本思想的升华。再如，崇尚"天人合一"的生态理念。中国式现代化立足马克思主义自然观，强调保护大自然，改善生态环境，是对"天人合一"思想的继承和发展。中国式现代化及其系列战略思想和创新理念，是党对中国特色社会主义建设规律认识的深化和理论创新的重大成果。这是从"民族复兴"角度对新时代

---

① 习近平：《高举中国特色社会主义伟大旗帜 为全面建设社会主义现代化国家而团结奋斗——在中国共产党第二十次全国代表大会上的报告》，人民出版社2022年版，第21页。

马克思主义中国化时代化的深刻表达，是中华民族伟大复兴的历史要求。经过党带领全国各族人民的百年奋斗，取得了举世瞩目的伟大成就，擘画了全面建成社会主义现代化强国的宏伟蓝图，中华民族伟大复兴由此进入了不可逆转的历史进程。

三 "两个结合"赋予中国道路以更加深厚的文明底蕴

习近平总书记指出，"中国特色社会主义道路是在马克思主义指导下走出来的，也是从五千多年中华文明史中走出来的；'第二个结合'让中国特色社会主义道路有了更加宏阔深远的历史纵深，拓展了中国特色社会主义道路的文化根基"[1]。

"两个结合"让中国道路深植于中华五千多年历史长河当中，赋予中国特色社会主义道路以更加深厚的文明底蕴。中国特色社会主义道路是中华文明发展的历史逻辑。2013年3月17日，在第十二届全国人民代表大会第一次会议上的讲话中，习近平总书记明确指出，实现中华民族伟大复兴必须走中国特色社会主义道路，"这条道路来之不易，它是在改革开放30多年的伟大实践中走出来的，是在中华人民共和国成立60多年的持续探索中走出来的，是在对近代以来170多年中华民族发展历程的深刻总结中走出来的，是在对中华民族5000多年悠久文明的传承中走出来的，具有深厚的历史渊源和广泛的现实

---

[1] 习近平：《在文化传承发展座谈会上的讲话》，人民出版社2023年版，第7页。

基础"①。中华五千多年文明中朴素的社会主义元素为中国特色社会主义道路提供了深厚的文明基础。对天下为公的大同理想社会的追求是中国人民五千多年不变的情怀。主张公有的科学社会主义与主张天下大同的中华文化高度契合。中国特色社会主义就是这一历史逻辑的结果。习近平总书记指出："中国特色社会主义是科学社会主义理论逻辑和中国社会发展历史逻辑的辩证统一，是根植于中国大地、反映中国人民意愿、适应中国和时代发展进步要求的科学社会主义，是全面建成小康社会、加快推进社会主义现代化、实现中华民族伟大复兴的必由之路。"②"第二个结合"的提出，是对中华文明发展规律的深刻把握，让中国共产党在推进中国特色社会主义事业发展的过程中，可以更加充分地运用中华优秀传统文化的宝贵资源，推动中国特色社会主义更好地向前发展。

"两个结合"推动中国特色社会主义建设中华民族现代文明，创造人类文明新形态。"两个结合"的提出，是百年来我们党领导革命、建设、改革过程中长期探索的成果和长期积淀的结晶，是对建设中华民族现代文明的方向指引，是对马克思主义与中华文明双向互动关系的精准把握，是我们党对马克思主义文明观的重大发展，意味着我们党达到一种理论新高度、开启一种文明新境界。它表明，我们党对中国特色社会主义道

---

① 《习近平谈治国理政》第一卷，外文出版社2018年版，第39—40页。
② 习近平：《关于坚持和发展中国特色社会主义的几个问题》，《求是》2019年第7期。

路、理论、制度、文化的认识达到了新高度，实现了对中国特色社会主义事业有机整体的全面把握；表明我们党的道路自信、理论自信、制度自信、文化自信达到了新高度，并在新征程上具有高度的未来自信和理想追求；表明我们党在传承中华优秀传统文化中推进文化创新、创造社会主义新文明的自觉性达到了新高度，实现了古今中外的文化融通和人类文明新形态的创新创造。正如《中共中央关于党的百年奋斗重大成就和历史经验的决议》指出："党领导人民成功走出中国式现代化道路，创造了人类文明新形态，拓展了发展中国家走向现代化的途径，给世界上那些既希望加快发展又希望保持自身独立性的国家和民族提供了全新选择。"① 2021年7月1日，习近平总书记在庆祝中国共产党成立100周年大会上指出："我们坚持和发展中国特色社会主义，推动物质文明、政治文明、精神文明、社会文明、生态文明协调发展，创造了中国式现代化新道路，创造了人类文明新形态。"② 正是在马克思主义基本原理同中国具体实际相结合、同中华优秀传统文化相结合有机统一的创新合力推动下，中国共产党领导中国人民找到了新民主主义革命道路，选择了社会主义道路，开辟了中国特色社会主义道路，深化拓展了新时代中国特色社会主义道路，创造了以中国

---

① 《中共中央关于党的百年奋斗重大成就和历史经验的决议》，人民出版社2021年版，第64页。

② 习近平：《在庆祝中国共产党成立100周年大会上的讲话》，人民出版社2021年版，第13—14页。

式现代化为主要标志的人类文明新形态。这是中国共产党领导团结中国人民推动中华文明创造性转化和创新性发展的过程和结果，是以世界各国人民创造的文明成果为外部借鉴、把马克思主义和中华文明有机统一的自主创新。这种创新基于中华优秀传统文化和马克思主义的深厚渊源、历史脉络、美好趋向，实现了中华文明与马克思主义的独特创造、价值理念、鲜明特色的有机契合，实现了中华民族精神和马克思主义精神的融合。

深入贯彻和践行"两个结合"，推动中华文明发生了深刻变革，形成了以中国式现代化为主要标志的人类文明新形态。习近平总书记指出，中国式现代化，深深植根于中华优秀传统文化，体现科学社会主义的先进本质，借鉴吸收一切人类优秀文明成果，代表人类文明进步的发展方向，展现了不同于西方现代化模式的新图景，是一种全新的人类文明形态。中国式现代化是中国共产党领导的社会主义现代化，在文化价值和文明理念上超越了西方现代化道路，也扬弃了苏联模式的社会主义文明，创造了一种既具有鲜明中国特色，同时又可以对世界文明产生广泛影响的文明新形态，从而以马克思主义真理的伟力激活中华优秀传统文化的活力，推动中华优秀传统文化创造性转化、创新性发展，使五千多年一脉相承的中华文明迈向全面现代化。

"中国式现代化"之所以被冠以"中国"，就是因为它根植于中华文化沃土，为中华文明所滋养。比如，"民为邦本，本固邦宁"的思想，与"人口规模巨大的现代化"相契合；"治国之道，富民为始"的理念，与"全体人民共同富裕的现代化"相融通。习近平总书记鲜明指出，"中国式现代化是赓续古老文明的现代化，而不是消灭古老文明的现代化；是从中华大地长出来的现代化，不是照搬照抄其他国家的现代化；是文明更新的结果，不是文明断裂的产物"[①]。

因此，我们建设的中华民族现代文明，是中国共产党领导全国各族人民共同创造的社会主义文明，是物质与精神辩证互动、人与自然和谐共生的新型文明，是促进全体人民共同富裕、人的自由全面发展的新型文明，是维护世界和平与共同发展、构建人类命运共同体的新型文明。这种新型文明破解人类社会发展的诸多难题，展现不同于西方文明模式的新图景；遵循人类文明发展的普遍规律，具有基于自己国情和时代特征的民族特色和时代价值；体现科学社会主义先进本质，为人类对更好社会制度的探索提供中国方案；代表人类文明发展方向，具有广阔的发展空间和美好的发展前景。习近平总书记指出："对历史最好的继承就是创造新的历史，对人类文明最大的礼敬就是创造人类文明新形态。"[②] 当前，人类在世界百年未有之大变局中面临前所未有的风险挑战。通过"两个结合"进一步

---

① 习近平：《在文化传承发展座谈会上的讲话》，人民出版社2023年版，第7页。

② 习近平：《在文化传承发展座谈会上的讲话》，人民出版社2023年版，第12页。

弘扬全人类共同价值、创造人类文明新形态、构建人类命运共同体，必将为应对全球共同风险挑战贡献中国智慧、中国方案、中国力量。

第四节　打开创新空间，实现新的思想解放

2023年6月2日，习近平总书记在文化传承发展座谈会上指出："'结合'本身就是创新，同时又开启了广阔的理论和实践创新空间……更重要的是，'第二个结合'是又一次的思想解放，让我们能够在更广阔的文化空间中，充分运用中华优秀传统文化的宝贵资源，探索面向未来的理论和制度创新。"①

一　深层解决马克思主义同中华优秀传统文化融合的问题

随着1848年《共产党宣言》的发表和1864年第一国际的成立，国际共产主义运动逐渐波及全球，马克思主义分别从欧洲、日本和俄国传入中国，为苦苦寻求救国救民道路与真理的中国人指明了前进方向。诚如习近平总书记在纪念毛泽东同志诞辰130周年座谈会上的讲话所言："由于西方列强入侵和封建统治腐败，具有5000多年文明历史的中国已逐步成为半殖民地半封建社会，国家蒙辱、人民蒙难、文明蒙尘，中华民族

---

① 习近平：《在文化传承发展座谈会上的讲话》，人民出版社2023年版，第8页。

遭受了前所未有的劫难，救亡图存、振兴中华成为全体中国人民的共同梦想，为了拯救民族危亡，中国人民奋起反抗，仁人志士奔走呐喊，太平天国运动、戊戌变法、义和团运动、辛亥革命接连而起，各种救国方案轮番出台，但都以失败告终。"① 给中国人民以极大刺激。对此，梁启超曾言："所希望的渐渐都落空，渐渐有点废然思返，觉得社会文化是整套的，要拿旧心理运用新制度，决计不可能。"② 于是，先进的中国人在风雨如晦的时代开始寻找新的革命道路与思想指引。当时旅外的华人华侨和留学生在时代大潮中逐渐接触到马克思主义，特别是以陈独秀、李大钊、周恩来、陈望道等为代表的留日学生，不仅把马克思主义的部分经典论著译成汉语，传至国内，影响甚巨，成为十月革命前马克思主义传入中国的"主媒介"③，而且不少人亲自发动或参与社会主义学说的研究、宣传和实践。

第一次世界大战的爆发和俄国十月革命的胜利，促使先进的中国人认清了西方资本主义的问题，找到了社会主义道路。

---

① 习近平：《在毛泽东同志诞辰 130 周年座谈会上的讲话》，《人民日报》2023 年 12 月 27 日。

② 梁启超：《五十年中国进化概论》，《饮冰室合集》文集之三十九，中华书局 1989 年版，第 43—45 页。

③ 关于马克思主义经日本向中国的传播，以及留日学生在其中发挥的重要作用，学界已有不少研究成果，其中代表性的有：王奇生《取径东洋 转道入内——留日学生与马克思主义在中国的传播》，《中共党史研究》1989 年第 6 期；金安平《近代留日学生与中国早期共产主义运动》，《近代史研究》1990 年第 2 期；王新生《留日学生と初期の中国共産党》，《駒沢史学》第 85 号，2016 年；[日]石川祯浩《中国共产党成立史》，东京：岩波书店 2001 年版。

第七章 "两个结合"的成果和意义

1915年9月，陈独秀在上海创办《青年杂志》（后更名《新青年》），标志着新文化运动兴起。1917年1月，《新青年》编辑部迁至北京，逐渐形成了一个以陈独秀、李大钊、胡适、鲁迅等为代表的新文化阵营，他们高举"民主""科学"两面大旗，探讨马克思主义和西方社会理论，极力破除封建教条对人们思想的束缚，形成了一股思想解放潮流。原本在第一次世界大战爆发后西方各国人民就对资本主义道路和文明产生怀疑，特别是德国哲学家、文学家奥斯瓦尔德·斯宾格勒的《西方的没落》一书更是对资本主义文明表现出强烈的悲观倾向。李大钊就指出，"东洋文明衰颓于静止之中，而西洋文明又疲命于物质之下"，"世界非有第三种文明崛起，不足于渡世危崖"。① 正当中国的仁人志士苦苦探寻"第三种文明"时，俄国十月革命胜利，建立了世界上第一个社会主义国家，给先进的中国人以极大鼓舞，那就是"走俄国人的路"。于是，越来越多的先进知识分子关注、研究马克思列宁主义，高呼"由今以后，到处所见的，都是 Bolshevism 战胜的旗。到处所闻的，都是 Bolshevism 的凯歌的声"，"试看将来的环球，必是赤旗的世界"。② 随着马克思主义在中国的传播，已经被先进思想和革命真理浸染的中国人，再也无法忍受巴黎和会上的中国外交失败，1919年爆发了五四运动。

---

① 李大钊：《李大钊文集》（上），人民出版社1984年版，第560页。
② 李大钊：《Bolshevism 的胜利》，《新青年》第5卷第5号，1918年11月。

新文化运动和五四运动大大促进了马克思主义在中国广泛的传播，但也带来了来自国外的马克思主义能否适用于中国的疑问。五四运动前后具有较大影响的《新青年》《每周评论》《晨报》《国民日报》等，或出版研究专号，或开辟专栏，积极介绍和宣传马克思主义；中国各地还出现了研究马克思主义的组织，如李大钊同志在北京发起的北京大学马克思主义学说研究会、陈独秀同志在上海发起的马克思主义研究会、毛泽东同志等在长沙发起的俄罗斯研究会、周恩来同志等在天津发起的觉悟社，等等。1919—1922年，中国思想界发生了马克思主义与非马克思主义的三次大论战。一是李大钊与胡适之间的"问题与主义论战"。这次论战揭示了中国社会的改造必须以马克思主义为指导，进行"根本解决"。二是李大钊、李达、陈独秀、蔡和森等马克思主义者与基尔特社会主义拥护者张东荪、梁启超等人的论战。这次论战指明了中国社会的发展方向是社会主义，应进行社会主义革命。三是陈独秀、蔡和森、李达等马克思主义者与无政府主义者黄凌霜、区声白之间的论战。这次论战阐明了建立无产阶级政党，进行武装革命的必要性。这三次大论战不仅证明了马克思主义适用于中国，而且是指导中国救亡图存、振兴中华的革命真理，从而逐渐涌现出中国第一代马克思主义者，为中国共产党成立准备了思想基础和组织条件。随着1921年7月中国共产党的成立，中国革命的面貌焕然一新。

中国共产党带领全国各族人民进行新民主主义革命期间，也从未忽视马克思主义与中华优秀传统文化融合发展的问题。

一是中国共产党早期领导人大多有深厚的传统文化根底，他们以自身经历和所学深刻理解传统文化中的糟粕与优秀，因而自觉不自觉地把马克思主义基本原理同中华优秀传统文化相结合。这一点在中国共产党早期的纲领、文件、路线和各类理论、宣传等文章中体现得颇为明显。二是马克思主义中国化不仅要结合中国革命的具体实际，也要结合中国的优秀传统文化。张闻天指出，"马克思主义的原则、方法是国际性的，但我们是在中国做组织工作，一定要严格估计到中国政治、经济、文化、思想、民族习惯、道德的特点，正确认识这些特点，再来决定我们的斗争形式、组织形式、工作方法"①。1943年共产国际解散之际，中共中央关于共产国际执委会主席团提议解散共产国际的决定中，提出："使得马克思列宁主义这一革命科学更进一步地和中国革命实践、中国历史、中国文化深相结合起来。"② 可见，他们已经注意到马克思主义同中华优秀传统文化融合的问题。

随着新民主主义革命胜利和中华人民共和国成立，毛泽东同志提出文艺为人民服务的方向，以及艺术方面的百花齐放方针、学术方面的百家争鸣方针，即"双百"方针③，但"文化

---

① 《张闻天文集》第 2 卷，中共党史出版社 1993 年版，第 453 页。
② 《中共中央文件选集（一九四三——一九四四）》第 14 册，中共中央党校出版社 1992 年版，第 41 页。
③ 《毛泽东年谱（一九四九——一九七六）》第 2 卷，中央文献出版社 2013 年版，第 574—575 页。

大革命"初期出现了破坏传统文化的极端情况,如何正确对待中华传统文化问题,到改革开放时期仍在探讨。改革开放后,西方资产阶级思想、历史虚无主义、文化虚无主义等趁机向中国渗透,妄图通过"接触"战略,"和平演变"中国,在国内造成了一定程度的思想混乱。1982年,党的十二大提出"努力建设高度的社会主义精神文明",在全国范围开展"五讲四美三热爱"活动,在文艺界、理论界等思想战线开展清除精神污染问题,虽取得一些成绩,但在全社会仍未引起足够重视。1985年9月,邓小平同志指出:"社会主义精神文明建设,很早就提出了。中央、地方和军队都做了不少工作,特别是群众涌现出了一大批先进人物,影响很好。不过就全国来看,至今效果还不够理想。主要全党没有认真重视。"[①] 随着东欧剧变,我们党决定进一步加强社会主义精神文明建设。1991年起,中宣部组织实施精神文明建设"五个一工程"奖评选。1996年10月,党的十四届六中全会通过《中共中央关于加强社会主义精神文明建设若干重要问题的决议》,提出培育"四有"新人,对社会主义精神文明建设做出更加具体的部署。2002年11月,党的十六大提出发展社会主义文化事业和文化产业,决定开启全国文化体制改革。2006年10月,党的十六届六中全会明确了社会主义核心价值体系的基本内容,包括马克思主义指导思

[①]《中华人民共和国简史》,人民出版社、当代中国出版社2021年版,第175页。

想、中国特色社会主义共同理想、以爱国主义为核心的民族精神和以改革创新为核心的时代精神、社会主义荣辱观，重在进行社会主义精神文明建设。

党的十八大以来，习近平总书记高度重视中华优秀传统文化的创造性转化、创新性发展，创造性地提出了"两个结合"，尤其是"第二个结合"从理论、思想、体制上深层解决了马克思主义基本原理同中华优秀传统文化相结合的问题。2014年5月，习近平总书记在北京大学师生座谈会上指出："中华优秀传统文化已经成为中华民族的基因，植根在中国人内心，潜移默化影响着中国人的思想方式和行为方式。"[①] 充分肯定中华优秀传统文化的地位和作用。同年9月，习近平总书记在纪念孔子诞辰2565周年国际学术研讨会暨国际儒学联合会第五届会员大会上，提出了中华优秀传统文化的"两创"问题。2021年3月，习近平总书记在考察福建省武夷山朱熹园时强调，"我们要特别重视挖掘中华五千年文明中的精华，把弘扬优秀传统文化同马克思主义立场观点方法结合起来"[②]，为"第二个结合"的提出奠定了思想基础。同年7月1日，习近平总书记在庆祝中国共产党成立100周年大会上的讲话中，明确提出"两个结合"，这是习近平总书记的重大原创性理论贡献。

2023年6月2日，习近平总书记在文化传承发展座谈会

[①] 习近平：《青年要自觉践行社会主义核心价值观——在北京大学师生座谈会上的讲话》，人民出版社2014年版，第7页。

[②] 《习近平谈治国理政》第四卷，外文出版社2022年版，第315页。

上，阐述了"两个结合"的重大意义，尤其是"第二个结合"的内在逻辑和深刻机理。他强调："马克思主义和中华优秀传统文化来源不同，但彼此存在高度的契合性。""相互契合才能有机结合。"而"结合"的结果就是相互成就，即马克思主义以真理之光激活了中华文明生命力，推动了中华文明的生命更新和现代转型；中华优秀传统文化也得以充实马克思主义的文化生命，推动马克思主义不断实现中国化时代化的新飞跃。诚如习近平总书记所言："'第二个结合'让马克思主义成为中国的，中华优秀传统文化成为现代的，让经由'结合'而形成的新文化成为中国式现代化的文化形态。"[①] 这不仅从理论、思想、体制上解决了长期以来困扰哲学社会科学界的马克思主义同中华优秀传统文化能否融合以及如何融合的问题，消除了某一时期思想文化只是服务于当时统治阶级利益的思想束缚，从中华文化传统的长时段、大视野观察"中国特色"；而且巩固了中华文明的主体性，筑牢了中国特色社会主义道路的根基，打开了理论和制度创新的空间，有助于理解和回答传统与现代的关系问题。

二 回答传统与现代关系问题

传统与现代的关系是社会各界极为关注和广泛讨论的问

[①] 习近平：《在文化传承发展座谈会上的讲话》，人民出版社2023年版，第6页。

题，有些人囿于传统与现代两分法的思维定式，往往将两者对立起来，要么将传统视为愚昧的、落后的，甚至是封建糟粕，要么认为传统的一切都是好的。与之相对的分别是历史虚无主义和文化保守主义或复古主义，前者"从根本上否定中国历史和中华文明的价值，否定中国近代以来反帝反封建的革命历史和文化"，后者"主张退回到古代文化，在文化上坚持一种原教旨主义，认为中国古代思想文化一切都好，否定近代以来引进的西方文化和理论，同样否定马克思主义，甚至用古代思想文化抵制、改造或取消马克思主义"。[①] "两个结合"尤其是"第二个结合"的重大论断提出后，辩证且深刻地回答了传统与现代的关系问题，阐明了传统与现代并非对立或断裂的关系，而是可以在许多方面相互兼容、相互作用、相辅相成、辩证统一的关系。

习近平总书记指出："如果不从源远流长的历史连续性来认识中国，就不可能理解古代中国，也不可能理解现代中国，更不可能理解未来中国。"[②] 强调传统、现代、未来一脉相承，发展演变的历史连续性。为什么只有中华文明是世界上唯一绵延不断且以国家形态发展至今的伟大文明？一是中华文明具有自我发展、勇于回应挑战、敢于开创新局的文化主体性和持续

[①] 冯俊：《深刻理解"第二个结合"是又一次的思想解放》，《国学学刊》2023年第3期。

[②] 习近平：《在文化传承发展座谈会上的讲话》，人民出版社2023年版，第3页。

的旺盛生命力。二是深厚的家国情怀与深沉的历史意识，不仅为中华民族打下了维护大一统的人心根基，而且成为中华民族历经千难万险而不断复兴的强大精神支撑。中国源远流长的历史学虽萌芽于上古时期，但在中国史学发展中逐渐形成述往知来、秉笔直书的史官精神，孔子著《春秋》而"乱臣贼子惧"的经世思想，司马迁"究天人之际、通古今之变"而开启通史家风，司马光等编《资治通鉴》亦在鉴于往事、资于治道，这种家国情怀和经世致用思想下的修史活动绵延至今，极大地增强了中华民族的认同感和自豪感。三是中华文明的连续性，从根本上决定了中华民族必须走自己的路。近代中国的历史表明，封建社会的老路走不通，资本主义的道路也走不通，苏联模式的社会主义道路也不行，只能走中国特色社会主义道路。因此，只有了解历史中国、传统中国，才能理解现代中国、未来中国。

传统和现代连续发展的具体体现，就是中华文明的革故鼎新、辉光日新，形成了中华民族特有的物质文明、政治文明、精神文明、社会文明、生态文明基础。具体而言，一是开放包容、多元一体的物质文明。中华文明以农耕文明为主，兼具游牧文明、商业文明的特性，三者相互交融，共同促使中华文明创造了灿烂辉煌的物质文明。二是以"大一统"的中央集权制为核心的政治文明，强调"溥天之下，莫非王土；率土之滨，莫非王臣"，建立了一系列较为完备的官僚制度、军事制度、地方管理制度，如九品中正制、三省六部制、科举制、郡县制、行省制等，蕴含着丰富的政治智慧。三是以民为本、勤俭自强的精神文明。长期作为封建社会意识形态的儒家思想，强调"民为贵，社稷次之，君为轻"（《孟子·尽心下》），指出"一农不耕，民有饥者"（《管子·揆度》），提醒"忧劳可以兴国，逸豫可以亡身"（《新五代史·伶官传序》），所以，中国人民勤俭持家，安土重迁，热爱和平，没有对外侵略的基因。四是守望相助、爱国守礼的社会文明。先秦以来，中国人往往聚族而居、聚村而居，彼此协作生产、邻里互助，遇大事则由族长或乡绅按照习俗、惯例处理，"明德慎行"而"礼治"遂成。由家而族，由族而国，爱国即爱家，因而在"家国同构"的中国，不仅讲究"老吾老以及人之老，幼吾幼以及人之幼"（《孟子·梁惠王上》）这种推己及人式的社会关怀，而且在民族危亡、国家存续之际能够毁家纾难、舍身救国，这是中华民族历经磨难却生生不息的内在动力。五是道法自然、天人合一的生态文明。中国人很早就认识到自然规律，测算天文历法，指导社会生产生活"不违大时"，彰显了中国人的生态智慧。这既是中华文明"在很长的历史时期内作为最繁荣最强大的文明体屹立于世"的重要原因[①]，也是建设中华民族现代文明的基础。

传统与现代的有机衔接，既是推动中华民族生生不息、发

[①] 习近平：《在文化传承发展座谈会上的讲话》，人民出版社2023年版，第3页。

展壮大的内生动力，也"从根本上决定了中华民族守正不守旧、尊古不复古的进取精神，决定了中华民族不惧新挑战、勇于接受新事物的无畏品格"①，使传统与现代在历史进程中不停轮转与兼容。前一时期的现代，既是后一时期的传统，也是后一时期现代的基础。习近平总书记提出"第二个结合"的重大论断，即坚持把马克思主义基本原理同中华优秀传统文化相结合中的"优秀"二字，强调了中华传统文化中既有精华也有糟粕，而我们要批判继承，取其精华，去其糟粕，推动中华优秀传统文化的创造性转化、创新性发展。② 他强调，我们不是历史虚无主义者，也不是文化虚无主义者，不能数典忘祖、妄自菲薄，必须坚定文化自信，秉持开放包容，坚持守正创新。所谓"守正，守的是马克思主义在意识形态领域指导地位的根本制度，守的是'两个结合'的根本要求，守的是中国共产党的文化领导权和中华民族的文化主体性。创新，创的是新思路、新话语、新机制、新形式，要在马克思主义指导下真正做到古为今用、洋为中用、辩证取舍、推陈出新，实现传统与现代的有机衔接"③。而我们在新时代的新的文化使命，就是在新的起点上继续推动文化繁荣、建设文化强国，建设中华民族现代

---

① 习近平：《在文化传承发展座谈会上的讲话》，人民出版社2023年版，第3页。

② 参见冯俊《深刻理解"第二个结合"是又一次的思想解放》，《国学学刊》2023年第3期。

③ 习近平：《在文化传承发展座谈会上的讲话》，人民出版社2023年版，第11页。

文明。

习近平总书记提出的"两个结合"尤其是"第二个结合",回答了传统与现代的历史连续性及其具体体现、衔接机制,破除了两者对立或断裂的思维定式,阐明了两者之间的逻辑关系及其重大意义,强调了历史传统与现代中国道路之间的关系,梳理了中华文明史与中国特色社会主义道路之间的关系,破解了"古今中西之争"的世纪难题。

三 破解"古今中西之争"的世纪难题

习近平总书记提出"两个结合"尤其是"第二个结合"通过以下三点破解了"古今中西之争"的世纪难题:一是坚定文化自信,立足于中华民族伟大的历史实践和当代实践,用中国道理总结好中国经验,把中国经验提升为中国理论,既不盲从各种教条和框架限制,也不照搬任何外国理论,保持精神上的独立自主;二是秉持开放包容,积极学习借鉴人类社会创造的一切优秀文明成果,既融通中外,又贯通古今,既传承发展中华优秀传统文化,也大力促进外来文化本土化,创造属于我们新时代的中国特色社会主义文化;三是坚持守正创新,赓续历史文脉,谱写当代华章[1],用中华五千多年文明史的深厚底蕴和文化基础,开创中国特色社会主义事业的新篇章。"第二个

---

[1] 参见习近平《在文化传承发展座谈会上的讲话》,人民出版社 2023 年版,第 11 页。

结合"在熔铸古今、汇通中西的思想进程中,实现了党和国家指导思想上的又一次与时俱进,增强了历史自觉和文化自信,坚定了走中国特色社会主义道路的信心、信念和信仰。

"第二个结合"之所以超越了"全盘西化论"与"全面复古论"之争,超越了"体用论"之争,关键在于中华优秀传统文化的开放包容性。2023年6月2日,习近平总书记在文化传承发展座谈会上指出,"中华文明从来不用单一文化代替多元文化,而是由多元文化汇聚成共同文化,化解冲突,凝聚共识"。"中华文明的包容性,从根本上决定了中华民族交往交流交融的历史取向,决定了中国各宗教信仰多元并存的和谐格局,决定了中华文化对世界文明兼收并蓄的开放胸怀。"[①] 中华文明就是在中华文化认同和中外文明交流互鉴中不断丰富发展,不断超越地域乡土、血缘关系、宗教信仰等,形成了多元一体的中华民族。近代以来,中国人面对西方的坚船利炮而屡战屡败,面对西方的现代科技和社会制度而丧失信心,从原本学习西方转向了"全盘西化论",认为西方经济社会文化科技等一切都是好的、进步的,甚至照搬照抄西方。即使改革开放后,也有一些人陷入"西方中心论"而不能自拔。与之相对的则是"全面复古论",该观点虽指出了西方文化的弊端,但落入"东方文化中心论"的窠臼,主张以东方文化全面取代西方

[①] 习近平:《在文化传承发展座谈会上的讲话》,人民出版社2023年版,第4页。

第七章 "两个结合"的成果和意义

文化。从晚清魏源提出"师夷长技以制夷"到洋务运动时期的"中体西用论",再到"体用之争",至今已近两个世纪。"第二个结合"明体达用,体用贯通,强调开放包容是中华文明创新发展的活力来源,指出无论是从提升社会主义先进文化的凝聚力和感召力,还是从增强中华文明的传播力和影响力来说,都必须融会中外、贯通古今,都必须破解"古今中西之争",都需要一批熔铸古今、汇通中西的文化成果。

"第二个结合"让中国共产党人在更广阔的文化空间中,充分运用中华优秀传统文化的宝贵资源和历史智慧,解决各种文明平等对话、交流互鉴、共同发展的难题。和平、和睦、和谐是中华文明五千多年一直传承和秉持的理念,在中外文明交流中也一贯如此。例如,从印度经西域传至内地的佛教,在中国生根发芽,融合儒、道,且东传朝鲜、日本等地;隋唐时期迎来了中外文化交流的一次高潮,当时长安各国使臣、商人、留学生等云集成群,多达70多个国家与唐朝通使交好,中华文明在交流中声名远播。无论是造纸术、火药、印刷术、指南针四大发明西传后推动世界变革与文艺复兴,还是明初郑和七次下西洋的壮举;无论是《马可·波罗游记》对中国的描述,还是明末清初西方传教士来华传入现代科技知识,都是在和平、和睦、和谐的环境下进行的,推动形成了中华文明的博大气象。面对美西方的"文明冲突论""历史终结论""西方中心论"等学术霸权、话语霸权,中华文明"主张以道德秩序构造一个群己合一的世界,在人己关系中以他人为重。倡导交通成和，反对隔绝闭塞；倡导共生并进，反对强人从己；倡导保合太和，反对丛林法则"①。这就决定了中国追求文明交流互鉴而不搞文化霸权，奠定了中华文明与其他文明平等相待、和平共处的基础，也是"第二个结合"破解"古今中西之争"的重要原因。

总之，"第二个结合"从马克思主义与中华优秀传统文化的高度契合性，从中华传统文化中剔除糟粕、取其精华而批判继承出发，深层解决了马克思主义基本原理同中华优秀传统文化相结合的思想束缚、理论难点、体制机制问题，这是习近平总书记的重大原创性理论贡献，是马克思主义中国化时代化的重大理论成果。"第二个结合"强调传统与现代的历史连续性，指出必须坚持守正创新，才能实现传统与现代的有机衔接，从而破除了将传统与现代对立或断裂的思维定式，回答了传统与现代的内在机理和逻辑关系。也正是在回答传统与现代的关系中，"第二个结合"以其相互契合、开放包容、和平发展的特性，在熔铸古今、汇通中西的思想进程中破解了"古今中西之争"的世纪难题，再次彰显了马克思主义基本原理同中华优秀传统文化相结合所产生的磅礴伟力、所带来的深刻变化。因为"第二个结合"破除了马克思主义基本原理同中华优秀传统文化相结合的思想障碍，回答了传统与现代的关系，破解了"古

---

① 习近平：《在文化传承发展座谈会上的讲话》，人民出版社2023年版，第4页。

今中西之争"的世纪难题，所以从这个意义上说它是又一次的思想解放，将极大地推进马克思主义中国化时代化的历史进程。

第五节　巩固文化主体性，提供文化自信的根本依托

习近平总书记指出，任何文化要立得住、行得远，要有引领力、凝聚力、塑造力、辐射力，就必须有自己的主体性。文化主体性是指文化发展的自觉性、主动性和独立性，表现为我们对自己民族文化传统的自我认识、自我反省、自我更新。其主要意蕴，是文化认同中的自我意识和文化构建中的自主能力。新时代中华民族的文化主体性，"是中国共产党带领中国人民在中国大地上建立起来的；是在创造性转化、创新性发展中华优秀传统文化，继承革命文化，发展社会主义先进文化的基础上，借鉴吸收人类一切优秀文明成果的基础上建立起来的；是通过把马克思主义基本原理同中国具体实际、同中华优秀传统文化相结合建立起来的"[1]。通过提出并不断深化对"两个结合"的规律性认识，以习近平同志为核心的党中央不断推动党在文化理论观点上的创新和突破，从战略和全局高度谋划和推动文化事业，深刻回答了新时代中国需要怎样的

---

[1] 习近平：《在文化传承发展座谈会上的讲话》，人民出版社2023年版，第9页。

文化形态，中华文化如何走向未来等重大理论和实践命题，使新时代中国的文化主体性得到充分巩固和有力发扬。习近平新时代中国特色社会主义思想正是文化主体性的最有力体现和光辉典范，为新时代中国的文化认同、文化自信提供了根本依托和最大底气。

一 新时代文化主体性的建立

文化自信来自文化主体性。习近平总书记指出，文化自信，是更基础、更广泛、更深厚的自信。① 中华民族是一个有着悠久历史文脉和坚定文化自信的民族，这种自信就来自坚定的文化主体性。在漫长的历史演进中，传承和发扬自身的文化主体性一直是无数优秀中华儿女的共同志愿和不懈追求。从古人"为天地立心，为生民立命，为往圣继绝学，为万世开太平"（《横渠语录》）的高远理想，到近代各界人士为了"昌明国粹"多方探索，都反映出文化主体性已经深深植根于中华民族的灵魂深处，成为中华民族栉风沐雨而越挫越勇的精神命脉。特别是在近代的百年变局中，面对国家蒙辱、人民蒙难、文明蒙尘，挽救民族危机、维护民族尊严、捍卫民族文化主体性一直是国人奋起抗争的重要主题。正如习近平总书记指出的，"中华民族始终以'苟日新，日日新，又日新'的精神不

---

① 参见习近平《在庆祝中国共产党成立95周年大会上的讲话》，人民出版社2016年版，第13页。

断创造自己的物质文明、精神文明和政治文明";"中华文明的统一性,从根本上决定了中华民族各民族文化融为一体,即使遭遇重大挫折也牢固凝聚,决定了国土不可分、国家不可乱、民族不可散、文明不可断的共同信念"①。

中国共产党也是一个具有高度文化自觉和坚定文化自信的政党。从党的百余年奋斗历程看,党始终是中华文化的自觉传承者、中华文明的坚定捍卫者,用马克思主义的基本精神和原理创造一种属于中国,并能对人类文明作出更大贡献的文化形态是几代中国共产党人孜孜不倦、一以贯之的追求。中国特色社会主义进入新时代,面对很多人对中华优秀传统文化不自信,淡化马克思主义,主张中国走西方道路的现实,以习近平同志为核心的党中央高举马克思主义大旗,坚定中国特色社会主义道路自信、理论自信、制度自信、文化自信,把马克思主义基本原理同中国具体实际相结合、同中华优秀传统文化相结合,创立了习近平新时代中国特色社会主义思想,成为新时代文化主体性的最有力体现。具体而言,新时代的中国文化主体性通过以下几种途径建立起来。

第一,创造性转化、创新性发展中华优秀传统文化。习近平总书记强调,"要使中华民族最基本的文化基因与当代文化相适应、与现代社会相协调,以人们喜闻乐见、具有广泛

---

① 习近平:《在文化传承发展座谈会上的讲话》,人民出版社2023年版,第3页。

参与性的方式推广开来,把跨越时空、超越国度、富有永恒魅力、具有当代价值的文化精神弘扬起来,把继承传统优秀文化又弘扬时代精神、立足本国又面向世界的当代中国文化创新成果传播出去。要系统梳理传统文化资源,让收藏在禁宫里的文物、陈列在广阔大地上的遗产、书写在古籍里的文字都活起来"①。为此,党着力实施中华优秀传统文化传承发展工程,推动中华优秀传统文化创造性转化、创新性发展。② 以习近平同志为核心的党中央着眼于新时代国家间文化软实力的较量更加激烈,历史文化领域的斗争将长期存在的复杂形势,强调要"坚持辩证唯物主义和历史唯物主义,深入进行理论探索,包括探讨符合历史实际的人类文明特别是中华文明的认定标准,努力建设中国特色、中国风格、中国气派的考古学"③,要实施好"中华文明起源与早期发展综合研究""考古中国"等重大项目,加强考古资源调查和政策需求调研工作,提高考古工作规划水平。要围绕一些重大历史问题作出总体安排,集中力量攻关,不断取得新突破,把我国文明起源和发展以及对人类的重大贡献更加清晰、更加全面地呈现出来,还要"建立健全历史文化遗产资源资产管理制度,建设国家文物资源大数据库"④,

---

① 《习近平谈治国理政》第一卷,外文出版社2018年版,第161页。
② 参见《中共中央关于党的百年奋斗重大成就和历史经验的决议》,人民出版社2021年版,第46页。
③ 《习近平谈治国理政》第四卷,外文出版社2022年版,第313—314页。
④ 《习近平谈治国理政》第四卷,外文出版社2022年版,第313页。

"把历史文化遗产保护放在第一位，同时要合理利用，使其在提供公共文化服务、满足人民精神文化生活需求方面充分发挥作用"[1]。这些理论思考和工作安排，反映出新时代的中国共产党求历史之真知、探文明之本源的远略和勇气，推动中华优秀传统文化不断为新时代中国特色社会主义事业提供持久的精神滋养。

第二，继承革命文化。革命文化是当代中国的独特精神标识之一。习近平总书记指出，中国共产党人艰苦奋斗、牺牲奉献、开拓进取的伟大品格，深深融入我们党、国家、民族、人民的血脉之中，为我们立党兴党强党提供了丰厚滋养。[2] 党的二十大闭幕不到一周，习近平总书记带领新一届中央政治局常委瞻仰延安革命纪念地，宣示新一届中央领导集体将继承和发扬延安时期党形成的优良革命传统和作风，弘扬延安精神。习近平总书记强调，在延安时期形成和发扬的光荣传统和优良作风，培育形成的以坚定正确的政治方向、解放思想实事求是的思想路线、全心全意为人民服务的根本宗旨、自力更生艰苦奋斗的创业精神为主要内容的延安精神，是党的宝贵精神财富，要代代传承下去。[3] 在以习近平同志为核心的党中央领导

---

[1] 《习近平谈治国理政》第四卷，外文出版社2022年版，第312—314页。
[2] 参见习近平《在党史学习教育动员大会上的讲话》，人民出版社2021年版，第19—20页。
[3] 参见《弘扬伟大建党精神和延安精神 为实现党的二十大提出的目标任务而团结奋斗》，《人民日报》2022年10月28日。

下，形成了中国共产党人精神谱系，大力加强革命精神传承和革命文物保护，不断赓续共产党人的精神血脉，旗帜鲜明地反对历史虚无主义，推动全党全国各族人民鼓起了迈进新征程、奋进新时代的精气神。

第三，发展社会主义先进文化。社会主义先进文化在推动马克思主义理论研究和理论宣传、推动社会主义核心价值体系建设、推动社会主义文化创新发展等方面发挥着示范引领作用。习近平总书记强调，要弘扬社会主义先进文化，深化文化体制改革，推动社会主义文化大发展大繁荣，增强全民族文化创造活力，推动文化事业全面繁荣、文化产业快速发展，不断丰富人民精神世界、增强人民精神力量，不断增强文化整体实力和竞争力，朝着建设社会主义文化强国的目标不断前进。[①]党的十八大以来，文化事业日益繁荣，网络生态持续向好，党和国家不断完善公共文化服务体系，推动公共文化服务标准化、均等化，坚持政府主导、社会参与、重心下移、共建共享，基本形成从国家到村（社区）的六级公共文化服务网络体系。党和国家不断完善文化产品创作生产传播的引导激励机制，全面繁荣新闻出版、广播影视、文学艺术、哲学社会科学事业，不断扩大优质文化产品供给，实现满足人民文化需求和增强人民精神力量相统一。随着互联网、数字技术的飞速发展，文化产品和服务的生产、传播、消费加快了数字化、网络

[①] 参见《习近平谈治国理政》第一卷，外文出版社2018年版，第160页。

化的进程，新兴文化业态异军突起，成为文化产业发展的新动能和新增长点。①

第四，借鉴吸收人类一切优秀文明成果。强调文化的主体性，并不是妄自尊大、自我封闭。相反，这种文化主体性是昭示"何以中国""何以社会主义"的重要标志，是中华文明对世界文明作出更大贡献的基础和前提。在数千年发展过程中，中华文化不但积极吸收外来文化的精华，而且使外来文化很快走上中国化的道路，形成了多元一体格局。习近平总书记指出，有了文化主体性，中华文明就有了和世界其他文明交流互鉴的鲜明文化特性。以习近平同志为核心的党中央高度重视文明交流互鉴，促进各国人民相知相亲，尊重世界文明多样性，以文明交流超越文明隔阂、以文明互鉴超越文明冲突、以文明共存超越文明优越，共同应对各种全球性挑战。党的十八大以来，中华文明"走出去"取得重要进展，文明交流互鉴的深度、广度不断扩大，中华文明的影响力、辐射力、引领力不断增强，在塑造全人类共同价值等方面发挥了重要作用，为构建人类命运共同体提供了极富文明厚度的中国智慧。

以上四个方面，构成了新时代中国特色社会主义文化的有机整体，相辅相成，协同作用，成为新时代中国文化自信的坚实基础，其基本价值取向和实践路径正是"两个结合"。一方

---

① 参见欧阳雪梅《大力发展社会主义先进文化 丰富人民精神世界》，《当代中国史研究》2022 年第 6 期。

面，通过上述一系列创新实践，党中央切实加强了马克思主义的指导地位，大力传承和发展了中华优秀传统文化，在推动马克思主义扎根中国历史文化上展现出新气象新作为。另一方面，党在百余年奋斗中形成的文化自觉和文化自信最终被以"两个结合"的方式定型和确立下来，创造出了新的文化生命体，坚定了中国人民和中华民族"走自己的路"的信心和自觉，使新时代中国的文化自信拥有了更加坚实的基础、更加厚重的底气，充分彰显中国精神、凝聚中国力量、展现中国气象。

二 文化自信的根本依托

"两个结合"巩固了文化主体性，有了文化主体性，就有了文化意义上坚定的自我，文化自信就有了根本依托，中国共产党就有了引领时代的强大文化力量，中华民族和中国人民就有了国家认同的坚实文化基础，中华文明就有了和世界其他文明交流互鉴的鲜明文化特性。习近平新时代中国特色社会主义思想是新时代文化主体性的最有力体现，为坚定文化自信提供了根本依托。新时代新征程，坚定文化主体性要求我们坚定对习近平新时代中国特色社会主义思想的自信。马克思主义是我们立党立国、兴党兴国的根本指导思想。实践告诉我们，中国共产党为什么能，中国特色社会主义为什么好，归根结底是马克思主义行，是中国化时代化的马克思主义行。拥有马克思主义科学理论指导是我们党坚定信仰信念、把握历史主动的根本所在。习近平新时代中国特色社会主义思想是当代中国马克思主义、二十一世纪马克思主义，是中华文化和中国精神的时代精华，实现了马克思主义中国化时代化的新飞跃。这一重要思想，既立足于现实中国，又植根于历史中国，以中华文明为源头活水，把马克思主义的思想精髓与中华优秀传统文化的精华贯通起来，使中国化时代化的马克思主义具有更加鲜明的中国特色、中国风格、中国气派，让中华民族在开放包容中始终保持以我为主、为我所用，让中华优秀传统文化在新时代焕发出崭新面貌、绽放出永恒魅力。掌握了习近平新时代中国特色社会主义思想，就让新时代中华民族在文化意义上具有坚定的自信，让中华民族文化自信有了根本依托，使中国共产党具有了引领新时代的强大力量，使中华民族和中国人民增强了国家认同的文化基础。

新时代新征程，坚定对习近平新时代中国特色社会主义思想的自信，巩固新时代文化主体性，就要学习好贯彻好习近平文化思想。习近平文化思想，明体达用、体用贯通，明确了新时代文化建设的路线图和任务书，标志着我们党对中国特色社会主义文化建设规律的认识达到了新高度，并在我国社会主义文化建设中展现出了强大伟力，既是"两个结合"的理论源泉，又是"两个结合"的重大成果。一方面，习近平文化思想表明，新时代的理论和实践创新都是在坚持马克思主义为指导的前提下取得的，这是新时代中国文化主体性区别于中国古代文化和当代世界其他国家和民族文化的最显著标识，也是作为当代中国马克思主义、二十一世纪马克思主义的习近平新时代中国特色社会主义思想鲜明的文化取向。只有始终把习近平新时代中国特色社会主义思想写在自己的旗帜上，中华文化才能在守正不守旧、尊古不复古的精神中真正彰显自身的主体性。另一方面，习近平文化思想在不断推动马克思主义与中华文明的深度融合中绽放新的光芒，这是新时代中国文化主体性得以不断巩固并辉光日新的根本途径，也是习近平新时代中国特色社会主义思想文化力量的有力体现。中国近代以来的探索史、党的百余年奋斗史都充分表明，坚持马克思主义指导地位与巩固中华文化主体性不是对立的，而是相互统一、相辅相成的。中华文化的先进性需要马克思主义的改造和淬炼，马克思主义的真理性也需要中华优秀传统文化的诠释和融会。经过百余年的相遇、相知和相融，马克思主义和中华优秀传统文化终于在"两个结合"的宽广视野中创生出了新的文明形态和文化形态。这种文化形态的集大成性成果，就是习近平新时代中国特色社会主义思想。

总之，习近平文化思想既自觉而富有创造性地坚持和发展着马克思主义，又对中华优秀传统文化饱含敬意和尊重，使中国化时代化的马克思主义具有更加鲜明的中国特色、中国风格、中国气派。这一重要思想从大历史观和文明观的角度，从根本上解决了当代中国的文化主体性问题，真正创造了属于我们这个时代的新的文化生命体，体现了新时代文化自信自强的时代风貌[①]，具有被实践证明了的强大文化力量，是新时代中

[①] 参见高翔《坚持"两个结合"更好担负起文化使命》，《人民日报》2023年10月31日。

国文化主体性的突出表现。我们要把握好习近平新时代中国特色社会主义思想的世界观和方法论，用以涵养正气、淬炼思想、升华境界、指导实践，切实做到"六个必须坚持"，从"两个结合"的历史与现实中守护和发展党的理论创新的"根脉"和"魂脉"，全面系统地提出解决现实问题的科学理念、有效对策，更好担负起新的文化使命，让当代中国马克思主义、二十一世纪马克思主义在新征程上展现出更为强大、更有说服力的真理力量。

增强历史自信、坚定文化自信。习近平新时代中国特色社会主义思想，作为中华文化主体性最有力的体现，为我们增强历史自信、坚定文化自信，提供了理论自觉、思想自觉。习近平总书记明确提出"第二个结合"，彰显了大历史观和新文明观，表明我们党的历史自信、文化自信达到了前所未有的新高度，表明我们党在传承中华优秀传统文化中推进文化创新、创建新文明的自觉性达到了前所未有的新高度。新时代，"两个结合"推动了中华民族伟大复兴进入了不可逆转的历史进程，为我们增强历史自信、文化自信奠定了强大的实践基础。新时代新征程，以中国式现代化实现中华民族伟大复兴，要求我们增强历史自信、文化自信。习近平总书记强调，在新的赶考之路上，我们能否继续交出优异答卷，关键在于有没有坚定的历史自信。而这种自信就来源于我们党致力于为中国人民谋幸福、为中华民族谋复兴，致力于为人类谋进步、为世界谋大同，天下为公，人间正道，"这是我们党具有历史自信的最大底气"①。也就是说，坚定历史自信，最重要的就是坚定对党的历史和成就的自信。习近平总书记指出，在近代中国最危急的时刻，党"用马克思主义真理的力量激活了中华民族历经几千年创造的伟大文明，使中华文明再次迸发出强大精神力量"②。因此，只有坚定历史自信，才能更加坚定文化自信，而只有增强文化自信，才能不断在实践中探索实现"两个结合"的方法和途径，这是习近平总书记关于文化自信、历史自信系列重要论述的内在逻辑。

"两个结合"巩固了文化主体性，文化主体性反过来要求我们继续推进"两个结合"。继续推进"两个结合"，就必须全面准确贯彻习近平总书记关于"两个结合"的论述。习近平总书记不仅把"两个结合"作为重大课题摆在全党面前，而且系统阐释了回答和破解这项课题的原则和方法，既有文化理论观点上的创新和突破，又有文化工作布局上的部署要求，为全党在新时代新征程上探索"两个结合"的实现形式指明了方向，提供了遵循。

---

① 《弘扬伟大建党精神坚持党的百年奋斗历史经验 增加历史自信增进团结统一增强斗争精神 中共中央总书记习近平主持会议并发表重要讲话》，《人民日报》2021年12月29日。

② 习近平：《在党史学习教育动员大会上的讲话》，人民出版社2021年版，第11页。

结语　在推进"两个结合"中谱写马克思主义中国化时代化新篇章

2023年6月，习近平总书记在二十届中央政治局第六次集体学习时指出，党的二十大报告在总结历史经验的基础上，提出并阐述了"两个结合""六个必须坚持"等推进党的理论创新的科学方法，为继续推进党的理论创新提供了根本遵循，我们要坚持好、运用好。

实践没有止境，理论创新也没有止境。不断谱写马克思主义中国化时代化新篇章，是新时代中国共产党人的庄严历史责任。继续推进实践基础上的理论创新，就要坚持"两个结合"，把握好习近平新时代中国特色社会主义思想的世界观和方法论，坚持好、运用好贯穿其中的立场观点方法。习近平总书记指出："马克思主义哲学包括辩证唯物主义和历史唯物主义，是马克思主义立场、观点、方法的集中体现，是马克思主义学说的思想基础。"[①]

[①] 《习近平关于"不忘初心、牢记使命"论述选编》，党建读物出版社、中央文献出版社2019年版，第98页。

习近平新时代中国特色社会主义思想的世界观和方法论，是习近平新时代中国特色社会主义思想立场、观点、方法的集中体现，是习近平新时代中国特色社会主义思想的思想基础。坚持好、运用好贯穿其中的立场、观点、方法，就必须结合新时代新征程的伟大实践，牢牢把握必须坚持人民至上、必须坚持自信自立、必须坚持守正创新、必须坚持问题导向、必须坚持系统观念、必须坚持胸怀天下，根据新的时代特点和实践发展，不断深化认识、总结经验，坚持理论指导和实践探索辩证统一，实现理论创新和实践创新良性互动，在"实践—认识—实践"的持续深化中发展当代中国马克思主义、二十一世纪马克思主义，用马克思主义之"矢"去射新时代中国之"的"，进一步科学回答中国之问、世界之问、人民之问、时代之问，谱写马克思主义中国化时代化新篇章，让新时代中国马克思主义放射出更加灿烂的真理光芒。

坚持"两个结合"，继续推进马克思主义中国化。新征程上需要进一步回答在社会主义道路上如何全面建设社会主义现代化国家。要回答这个问题，就需要认清我国所处的历史方位和发展阶段。2021年1月11日，习近平总书记在省部级主要领导干部学习贯彻党的十九届五中全会精神专题班上的讲话中指出："正确认识党和人民事业所处的历史方位和发展阶段，是我们党明确阶段性中心任务、制定路线方针政策的根本依据，也是我们党领导革命、建设、改革不断取得胜利的重要经验。"① 中国共产党领导中国人民经过长期奋斗，全面建成小康社会、实现第一个百年奋斗目标，进入了全面建设社会主义现代化国家的新发展阶段。"新发展阶段是我国社会主义发展进程中的一个阶段。""全面建设社会主义现代化国家、基本实现社会主义现代化，既是社会主义初级阶段我国发展的要求，也是我国社会主义初级阶段向更高阶段迈进的要求。"②

新发展阶段提出了一系列重大理论和实践问题，对推进马克思主义中国化时代化提出了新的要求，要求习近平新时代中国特色社会主义思想不断丰富发展。为此，就需要做到：坚持把马克思主义基本原理同新发展阶段中国具体实际相结合、同中华优秀传统文化相结合；坚持人民至上，站稳人民立场、把握人民愿望、尊重人民创造、集中人民智慧，使习近平新时代中国特色社会主义思想成为人民所喜爱、所认同、所拥有的理论，使之成为指导人民认识世界和改造世界的强大思想武器；坚持自信自立，坚持对习近平新时代中国特色社会主义思想的坚定信仰、对中国特色社会主义的坚定信念，坚定道路自信、理论自信、制度自信、文化自信，以更加积极的历史担当和创造精神为发展习近平新时代中国特色社会主义思想作出新的贡献；坚持守正创新，以科学的态度对待科学、以真理的精神追

---

① 《习近平谈治国理政》第四卷，外文出版社2022年版，第161页。
② 《习近平谈治国理政》第四卷，外文出版社2022年版，第165页。

求真理，坚持马克思主义基本原理不动摇，坚持中国共产党的全面领导不动摇，坚持中国特色社会主义不动摇，紧跟时代步伐，顺应实践发展，以满腔热忱对待一切新生事物，不断拓展认识的广度和深度，敢于说前人没有说过的新话，敢于干前人没有干过的事情，以新的理论指导新的实践；坚持问题导向，增强问题意识，聚焦实践遇到的新问题、改革发展稳定存在的深层次问题、人民群众急难愁盼问题、国际变局中的重大问题、党的建设面临的突出问题，不断提出真正解决问题的新理念新思路新办法；坚持系统观念，善于通过历史看现实、透过现象看本质，把握好全局和局部、当前和长远、宏观和微观、主要矛盾和次要矛盾、特殊和一般的关系，不断提高战略思维、历史思维、辩证思维、系统思维、创新思维、法治思维、底线思维能力，为前瞻性思考、全局性谋划、整体性推进党和国家各项事业提供科学思想方法和工作方法。

坚持"两个结合"，继续推进马克思主义时代化。习近平新时代中国特色社会主义思想作为二十一世纪马克思主义，需要坚持胸怀天下，立足时代特点，观察时代、解读时代、引领时代，真正搞懂面临的时代课题，深刻把握世界历史的脉络和走向。2019年9月29日，习近平总书记在主持中共十九届中央政治局第四十三次集体学习时就旗帜鲜明地指出："尽管我们所处的时代同马克思所处的时代相比发生了巨大而深刻的变化，但从世界社会主义500年的大视野来看，我们依然处在马克思主义所指明的历史时代。这是我们对马克思主义保持坚定

结语　在推进"两个结合"中谱写马克思主义中国化时代化新篇章

信心、对社会主义保持必胜信念的科学根据。"① 中国共产党是为中国人民谋幸福、为中华民族谋复兴的党，也是为人类谋进步、为世界谋大同的党，始终把社会主义作为为中国人民谋幸福、为中华民族谋复兴的根本途径，把实现共产主义作为为人类谋进步、为世界谋大同的最高目标。当今世界正处于百年未有之大变局，面临人类近代以来最大的变化。世界格局正处在加速演变的历史进程中。人类站在何去何从的十字路口，人类文明面临生死存亡，社会主义与资本主义两种制度的竞争较量呈现了新的特点，产生了大量深刻复杂的现实问题，提出了大量亟待回答的理论课题。问题是时代的声音，回答并指导解决问题是理论创新的根本任务。今天所面临世界问题的复杂程度、解决世界问题的艰巨程度明显加大，对二十一世纪马克思主义发展提出了全新的要求。要坚持把马克思主义基本原理同当今时代特征相结合，坚持问题导向，深刻洞察人类发展进步潮流，积极回应普遍关切，以海纳百川的宽阔胸襟借鉴吸收人类一切优秀文明成果，推动建设美好世界，把马克思主义推进到一个新的阶段。

坚持"两个结合"，担负起新时代新的文化使命。习近平总书记强调"在新的起点上继续推动文化繁荣、建设文化强国、建设中华民族现代文明，是我们在新时代新的文化使命"②。要

---

① 《习近平谈治国理政》第二卷，外文出版社2017年版，第66页。
② 习近平：《在文化传承发展座谈会上的讲话》，人民出版社2023年版，第10页。

坚定文化自信，立足中华民族伟大历史实践和当代实践，用中国道理总结好中国经验，把中国经验提升为中国理论，既不盲从各种教条，也不照搬外国理论，实现精神上的独立自主，把文化自信融入全民族的精神气质与文化品格中，养成昂扬向上的风貌和理性平和的心态；要秉持开放包容，更加积极主动地学习借鉴人类创造的一切优秀文明成果，必须坚持马克思主义中国化时代化，传承发展中华优秀传统文化，促进外来文化本土化，不断培育和创造新时代中国特色社会主义文化；要坚持守正创新，坚持马克思主义在意识形态领域指导地位的根本制度，坚持"两个结合"的根本要求，坚持中国共产党的文化领导权和中华民族的文化主体性。

习近平总书记在党的二十大报告中指出："只有把马克思主义基本原理同中国具体实际相结合、同中华优秀传统文化相结合，坚持运用辩证唯物主义和历史唯物主义，才能正确回答时代和实践提出的重大问题，才能始终保持马克思主义的蓬勃生机和旺盛活力。"[①]"两个结合"是中国共产党百年奋斗成功经验的科学结论和最大法宝，是推进党的理论创新的科学方法和重要原则。"两个结合"是在探索中国道路过程中得出的规律性认识，是习近平新时代中国特色社会主义思想科学体系中具有原理性的重大理论成果，进一步明确了开辟马克思主义中

---

① 习近平：《高举中国特色社会主义伟大旗帜 为全面建设社会主义现代化国家而团结奋斗——在中国共产党第二十次全国代表大会上的报告》，人民出版社2022年版，第17页。

国化时代化新境界的方位、方向、方法，为实现中华民族伟大复兴和建设中华民族现代文明新的文化使命提供了根本遵循。

新时代新征程，站在历史和时代高度，必须以习近平新时代中国特色社会主义思想为指导，以中国特色社会主义建设实践为支撑，以中国式现代化推进中华民族伟大复兴为目标，坚持"两个结合"，坚定历史自信，把握历史主动，增强历史定力，站在历史正确的一边，站在人类文明进步的一边，不断谱写马克思主义中国化时代化新篇章，建设中华民族现代文明，创造人类文明新形态，构建人类命运共同体，牢牢占领道义的制高点、文明的制高点！

参考文献

《马克思恩格斯选集》第1—4卷，人民出版社2012年版。

《列宁选集》第1—4卷，人民出版社2012年版。

《毛泽东选集》第1—4卷，人民出版社1991年版。

《邓小平文选》第1卷，人民出版社1994年版。

《邓小平文选》第2卷，人民出版社1994年版。

《邓小平文选》第3卷，人民出版社1993年版。

《江泽民文选》第1—3卷，人民出版社2006年版。

《胡锦涛文选》第1—3卷，人民出版社2016年版。

《习近平著作选读》第一卷，人民出版社2023年版。

《习近平著作选读》第二卷，人民出版社2023年版。

《习近平谈治国理政》第一卷，外文出版社2018年版。

《习近平谈治国理政》第二卷，外文出版社2017年版。

《习近平谈治国理政》第三卷，外文出版社2020年版。

《习近平谈治国理政》第四卷，外文出版社2022年版。

习近平：《论坚持全面深化改革》，中央文献出版社2018年版。

习近平：《论坚持推动构建人类命运共同体》，中央文献出版社 2018 年版。

习近平：《论坚持党对一切工作的领导》，中央文献出版社 2019 年版。

习近平：《论党的宣传思想工作》，中央文献出版社 2020 年版。

习近平：《论坚持全面依法治国》，中央文献出版社 2020 年版。

习近平：《论坚持人民当家作主》，中央文献出版社 2021 年版。

习近平：《论坚持人与自然和谐共生》，中央文献出版社 2022 年版。

习近平：《在文化传承发展座谈会上的讲话》，人民出版社 2023 年版。

《习近平关于协调推进"四个全面"战略布局论述摘编》，中央文献出版社 2015 年版。

《习近平关于社会主义文化建设论述摘编》，中央文献出版社 2017 年版。

《习近平关于社会主义生态文明建设论述摘编》，中央文献出版社 2017 年版。

《习近平主席新年贺词（2014—2018）》，人民出版社 2018 年版。

《习近平外交演讲集》第 1 卷，中央文献出版社 2022 年版。

《习近平关于"三农"工作的重要论述学习读本》，人民出版社 2023 年版。

习近平：《领导干部要读点历史——在中央党校 2011 年秋季学

期开学典礼上的讲话》,《党建研究》2011 年第 10 期。

习近平:《辩证唯物主义是中国共产党人的世界观和方法论》,《求是》2019 年第 1 期。

习近平:《关于坚持和发展中国特色社会主义的几个问题》,《求是》2019 年第 7 期。

习近平:《坚持和完善中国特色社会主义制度推进国家治理体系和治理能力现代化》,《求是》2020 年第 1 期。

习近平:《在敦煌研究院座谈时的讲话》,《求是》2020 年第 3 期。

习近平:《不断开拓当代中国马克思主义政治经济学新境界》,《求是》2020 年第 16 期。

习近平:《在全国抗击新冠肺炎疫情表彰大会上的讲话》,《求是》2020 年第 20 期。

习近平:《建设中国特色中国风格中国气派的考古学 更好认识源远流长博大精深的中华文明》,《求是》2020 年第 23 期。

习近平:《以史为鉴、开创未来 埋头苦干、勇毅前行》,《求是》2022 年第 1 期。

习近平:《坚持历史唯物主义不断开辟当代中国马克思主义发展新境界》,《求是》2020 年第 2 期。

习近平:《正确认识和把握我国发展重大理论和实践问题》,《求是》2022 年第 10 期。

习近平:《更好把握和运用党的百年奋斗历史经验》,《求是》2022 年第 13 期。

习近平：《把中国文明历史研究引向深入 增强历史自觉坚定文化自信》，《求是》2022年第14期。

习近平：《为实现党的二十大确定的目标任务而团结奋斗》，《求是》2023年第1期。

《十七大以来重要文献选编》（上），中央文献出版社2009年版。

《十七大以来重要文献选编》（中），中央文献出版社2011年版。

《十七大以来重要文献选编》（下），中央文献出版社2013年版。

《十八大以来重要文献选编》（上），中央文献出版社2014年版。

《十八大以来重要文献选编》（中），中央文献出版社2016年版。

《十八大以来重要文献选编》（下），中央文献出版社2018年版。

《十九大以来重要文献选编》（上），中央文献出版社2019年版。

《十九大以来重要文献选编》（中），中央文献出版社2021年版。

《十九大以来重要文献选编》（下），中央文献出版社2023年版。

《中共中央关于党的百年奋斗重大成就和历史经验的决议》，人民出版社2021年版。

《中国共产党第二十次全国代表大会文件汇编》，人民出版社2022年版。

后 记

坚持和发展马克思主义，不断推进马克思主义中国化时代化，是我们党不懈探索实践的重大课题。党的十八大以来，习近平总书记创造性地提出"两个结合"重要思想，深刻阐述其重大意义和基本内涵，强调在五千多年中华文明深厚基础上开辟和发展中国特色社会主义，把马克思主义基本原理同中国具体实际、同中华优秀传统文化相结合是必由之路。"两个结合"重要思想的提出，深化了我们党对坚持和发展马克思主义的规律性认识，拓展了马克思主义中国化时代化的基本内涵和实践途径，也为开辟马克思主义中国化时代化新境界指明了正确方向。

为科学理解和把握"两个结合"重要思想，中国社会科学院将"两个结合"基本问题研究作为新时代党的创新理论和中华民族现代文明研究阐释的重大项目，组建跨学科、跨领域的研究团队，坚持以习近平新时代中国特色社会主义思想为指导，运用大历史观，对"两个结合"提出的时代背景、发展脉络、构成要素、哲学基础、基本路径、生动实践、理论成果和历史意义等一系列基本问题进行了深入研究，在此基础上编写了本书。本书是目前国内第一部系统、深入研究"两个结合"基本问题的学术专著，是整体性、学理性阐释"两个结合"重要思想的重要成果。

本书编写，在中国社会科学院院长、党组书记高翔指导下进行，副院长、党组成员甄占民参与组织，中国社会科学院习近平新时代中国特色社会主义思想研究中心牵头实施。

各章的分工是：导论，梁孝；第一章，何中华、郝书翠、单提平；第二章，陈建波；第三章，金民卿、陈曙光、邓佳、金思扬；第四章，张志强、陈明、胡海忠；第五章，陈志刚、陈曙光、陈建波、邓佳；第六章，张小平；第七章，杨艳秋、徐志民、刘须宽、宋儒、高希中；结语，刘仓、景向辉。

辛向阳、龚云、陈志刚等负责本书统稿。

参加本书修改的主要人员有：贺新元、张建云、杨静、任洁、龙涌霖、屠音鞘、侯迎欣、常晨、赵元珲、刘海华、岳浩天等。

本书出版，得到中国社会科学院科研局、中国社会科学出版社以及中国社会科学院有关专家学者的积极支持和帮助，在此表示衷心感谢！

作为阶段性研究成果，本书难免存在疏漏和不足之处，敬请广大读者提出宝贵意见。

中国社会科学院习近平新时代
中国特色社会主义思想研究中心
2024 年 5 月